INDUSTRIES

DU

SULFATE D'ALUMINIUM, DES ALUNS

ET DES

SULFATES DE FER

ENCYCLOPÉDIE INDUSTRIELLE
Fondée par M.-C. LECHALAS, Inspr général des Ponts et Chaussées en retraite

INDUSTRIES

DU

SULFATE D'ALUMINIUM, DES ALUNS

ET DES

SULFATES DE FER

PAR

LUCIEN GESCHWIND

INGÉNIEUR-CHIMISTE

*ÉTUDE THÉORIQUE DE L'ALUMINIUM, DU FER ET DE LEURS COMPOSÉS
FABRICATION DU SULFATE D'ALUMINIUM, DES ALUNS ET
DES SULFATES DE FER. APPLICATIONS INDUSTRIELLES DES SULFATES
D'ALUMINIUM ET DE FER. CARACTÈRES ANALYTIQUES DU FER ET
DE L'ALUMINIUM. DOSAGE. MÉTHODES D'ANALYSE.*

PARIS

GAUTHIER-VILLARS, IMPRIMEUR-LIBRAIRE
DE L'ÉCOLE POLYTECHNIQUE, DU BUREAU DES LONGITUDES, ETC.
55, quai des Grands-Augustins

1899

INTRODUCTION

Les nombreuses applications des sulfates d'aluminium et de fer à presque toutes les branches de l'industrie (teinture, papeterie, corroierie, acide sulfurique fumant, épurations d'eau, agriculture, etc.) nous ont engagé, en nous aidant de nos propres recherches, à réunir les données éparses que l'on possédait sur la fabrication de ces corps, en un tout aussi complet que possible. C'est le livre que nous présentons aujourd'hui au public.

La littérature chimique française se rapportant à la fabrication du sulfate d'aluminium, des aluns, des sulfates ferreux et ferriques, est d'ailleurs très incomplète.

Nous possédons seulement relativement à ces questions, des traités généraux tels que : Payen, *Chimie Industrielle* ; Knapp, *Chimie Technologique* ; Pommier, *Enc. Frémy, Aluns et sulfate d'alumine* ; Nivoit et Margottet, *Enc. Frémy, Aluminium,* etc. ; mais, tous ces traités sont, ou trop anciens, ou superficiels au point de vue pratique et véritablement industriel.

D'autre part, si dans de nombreuses revues et publications, en particulier dans le *Dict. de Wurtz*, le *Moniteur Scientifique Quesneville*, la *Revue hebdomadaire de chimie de Ch. Mène*, etc., il a paru de nombreux articles touchant à certains points importants de cette industrie, il n'a point été donné de description vraiment complète et à jour des principales branches telles que : traitement de la bauxite, de l'alunite, des lignites pyriteux, fabrication du mordant de Rouil, etc.

Le sujet mérite cependant d'être traité ; en effet si nous considérons le sulfate d'aluminium, nous voyons que sa consommation, en France, n'atteint pas moins de 14.000 tonnes, celle de l'alun, qui lui a en partie cédé la place dans ses diverses applications, étant cependant encore de 10 à 12.000 tonnes par an. Quant aux divers sulfates de fer, leur consommation, difficile à évaluer, est énorme.

De plus, en particulier pour les sulfates d'aluminium, nous ne pouvons suffire à cette consommation et nous nous adressons à l'étranger pour le complément de nos besoins, surtout en ce qui concerne les sortes les plus pures. Il y a mieux, malgré les richesses minérales de notre sol, nous allons chercher en Italie, à *La Tolfa*, près de *Civitta-Vecchia*, une matière première, l'alunite, dont le traitement donne annuellement 3.500 à 4.000 tonnes d'alun et 8.500 à 10.000 tonnes de sulfate d'alumine, soit en totalité, pour les deux produits 12 à 14.000 tonnes, représentant environ la moitié de notre consommation.

Ce sont toutes ces considérations qui, réunies, nous ont engagé à traiter la question et à donner une monographie aussi complète que possible des procédés de fabrication actuellement usités pour ces divers produits, pensant rendre ainsi service à nos industriels et à nos chimistes.

La tâche que nous entreprenions était cependant hérissée d'obstacles, en raison de la difficulté de se procurer des renseignements sur des industries aussi peu localisées que celles dont nous voulions traiter, surtout au point de vue de ce qui se fait à l'étranger. Nous ne nous dissimulons donc pas que notre livre comporte des lacunes que peut-être il nous sera donné plus tard de combler.

Nous avons divisé notre sujet en quatre parties :

1° Une « *étude théorique du fer, de l'aluminium et de leurs composés* ». Bien que semblant s'écarter du cadre d'un ouvrage d'ordre éminemment industriel, cette étude était cependant nécessaire pour éviter aux chimistes et aux chefs d'industrie le travail souvent fort long, qu'il est parfois nécessaire d'entreprendre, pour rechercher un renseignement théorique sur un point de la fabrication.

Nous avons surtout développé la partie relative aux sulfates et aux minéraux utilisés par les industries qui devaient être décrites dans les chapitres suivants.

Cette première partie nous permettait d'ailleurs, de dégager de toute considération théorique les parties principales de l'ouvrage, le lecteur étant ainsi édifié à l'avance sur la provenance et la composition des minerais, les réactions mises en jeu, les poids spécifiques des composés, les solubilités, les densités des solutions, etc.

2° Une étude industrielle de la « *fabrication des sulfates d'aluminium et de fer* », où nous décrivons les divers modes de préparation du sulfate d'aluminium et sa purification, les nombreuses méthodes d'obtention des divers aluns, les industries mixtes de l'alunite, des schistes, des lignites pyriteux, la préparation du sulfate ferreux, celle du sulfate ferrique normal, l'industrie des sulfates ferriques basiques et en particulier celle du mordant de Rouil.

Chaque fois que nous l'avons pu, et pour bien montrer l'état économique actuel des industries décrites, nous avons donné les prix de revient du produit fabriqué, la décomposition de ces prix et le compte général de fabrication.

Chaque fois qu'il nous a été possible de le faire et lorsque nos recherches personnelles nous y autorisaient, nous avons traité des perfectionnements à apporter, considérant qu'en industrie c'est la première condition de vitalité.

Partout d'ailleurs, quand cela était nécessaire, nous avons appuyé les descriptions que nous donnions, de nombreuses figures, le plus souvent originales, dessinées sur les lieux mêmes ou obtenues en réduisant les plans conservés par les usines.

3° Une étude industrielle des « *applications des sulfates d'aluminium et de fer* », dans laquelle, sans nous contenter d'une énumération aride et sèche de ces applications, très nombreuses et très intéressantes, nous avons tenu à les décrire d'une façon assez complète pour éviter au lecteur des recherches fastidieuses.

4° Une « *étude analytique des composés du fer et de l'aluminium* », dans laquelle nous donnons, non seulement les caractères généraux des sels de ces métaux et les méthodes de dosages les plus usitées, mais aussi des exemples d'analyses de produits naturels ou industriels, tels que bauxite, sulfate d'alumine, alumine hydratée, etc.

Cet ouvrage a été écrit plus particulièrement pour les fabricants de produits chimiques, les ingénieurs-chimistes, les contre-maîtres et chefs de fabrication des diverses industries chimiques produisant ou utilisant l'alun, le sulfate d'aluminium, les sulfates de fer, etc., et par toute personne s'occupant de l'une de ces nombreuses industries.

Avant de clore ces quelques lignes d'introduction, il nous reste un devoir à remplir auprès des personnes qui ont bien voulu nous aider dans l'accomplissement de notre tâche, et plus particulièrement auprès de MM. Lacarrière, fabricant de produits chimiques à Noyon ; Vivien, ingénieur-chimiste à St-Quentin ; Hermant, professeur à l'Institut industriel du Nord ; Gaillot, directeur de la station agronomique de Laon ; Bernier, administrateur-gérant de l'usine de Chailvet. Leurs conseils, les communications qu'ils ont bien voulu nous faire, nous ont été d'une très grande utilité, et nous prions ces messieurs de recevoir ici l'expression de toute notre gratitude.

L. GESCHWIND.

Chailvet, novembre 1898.

PREMIÈRE PARTIE

ÉTUDE THÉORIQUE DE L'ALUMINIUM, DU FER
ET DE LEURS COMPOSÉS

CHAPITRE PREMIER

ALUMINIUM ET SES COMPOSÉS

§ 1. — ALUMINIUM (Al = 27).

1. Obtention dans les laboratoires. Historique. – On peut
l'obtenir absolument pur, dans les laboratoires, en faisant agir dans un
creuset brasqué du sodium sur du bromure d'aluminium rectifié. On l'obtient encore en chauffant de l'alumine, en présence du borax, d'un peu de
silice et de charbon. L'alumine est réduite avec production d'aluminium
métallique.

Sa découverte est généralement attribuée à Wöhler. Cet illustre chimiste l'obtint, en 1827, à l'état d'une poudre grise impure, en décomposant
le chlorure d'aluminium par le potassium ; cependant, divers auteurs
anciens : Petronibus Arbiter (*Satyricon*, chap. LI); Dio Cassius (R. R. lib.
LVII, c. XXI); Pline (*Hist. naturalis*, l. XXXVI, c. LXVI, § 195), mention-
nent qu'un pauvre ouvrier a su séparer du verre, qui contient de l'alumine,
un métal nouveau, avec lequel il confectionna une coupe qu'il offrit à l'em-
pereur Tibère.

On sait combien l'acide borique est abondant en Italie. Il n'est donc pas
impossible qu'on ait pu mettre en présence, de l'acide borique, de la potasse, de la silice et du charbon, et obtenir, comme nous l'avons vu plus
haut, de l'aluminium.

La découverte de l'aluminium remonterait donc à une date bien plus
ancienne qu'on ne le croit généralement (Voir : *Rev. gén. des Sciences*,

9ᵉ année, n° 16, p. 635, l'article de M. A. Duboin). C'est à H. Sainte-Claire Deville, qui aimait à rappeler l'anecdote que nous venons de citer, que revient l'honneur d'avoir isolé, en 1854, l'aluminium à l'état de pureté et d'avoir mis en évidence ses propriétés.

Non content de ce résultat, H. Sainte-Claire Deville, après de nombreux essais faits en commun avec H. Debray et P. Morin, installa bientôt, dans l'usine de MM. Rousseau frères, à La Glacière, le premier procédé industriel de fabrication de l'aluminium.

Ce procédé, qui n'a plus maintenant qu'un intérêt historique, consistait à faire réagir du sodium, légèrement chauffé, sur des vapeurs de chlorure d'aluminium. En raison des nombreux inconvénients qu'ils constatèrent, H. Sainte-Claire Deville et ses collaborateurs, furent amenés à modifier leur procédé primitif. Ils remplacèrent le chlorure d'aluminium, sel très déliquescent, par le chlorure double d'aluminium et de sodium, puis ils ajoutèrent un fluorure comme fondant et adoptèrent le mélange suivant :

Chlorure double.	400 gr.
Sel marin.	200 gr.
Cryolithe.	200 gr.
Sodium.	75 gr.

Ce mélange, fondu à haute température, dans un creuset garni d'une brasque alumineuse, donnait de l'aluminium d'assez bonne qualité.

2. Fabrication industrielle de l'aluminium. — a. **Méthodes chimiques.** — La métallurgie de l'aluminium comprend actuellement deux méthodes principales : l'une chimique, l'autre électrique.

Dans la méthode chimique se rangent plusieurs procédés, qui tous dérivent plus ou moins du procédé classique de H. Sainte-Claire Deville.

Les plus importants parmi ces procédés sont :

Le procédé Castner, exploité à Oldbury, près de Birmingham ;

Le procédé Netto, exploité par « The Alliance Aluminium Company » à Wallsend-on-Tyne, près Newcastle ;

Le procédé Grabau.

I. *Procédé Castner.* — Les avantages du procédé Castner résident principalement dans le mode de préparation du sodium. Au lieu de partir du carbonate de sodium, dont la décomposition exige une température très élevée, on emploie la soude caustique qui est décomposée **vers 800°** suivant la réaction :

$$3\,\text{NaOH} + \text{C} = \text{CO}^3\text{Na}^2 + 3\text{H} + \text{Na}.$$

Le carbone est introduit sous la forme d'un carbure de fer **préparé** spécialement.

Le chlorure double est obtenu en traitant par le chlore un mélange d'alumine, de sel marin et de charbon, placé dans des cornues horizontales de 3 m. 60 de longueur, chauffées au gaz.

Le chlorure double, additionné de cryolithe et de la quantité nécessaire de sodium, est malaxé dans un cylindre tournant où s'opère le mélange. Le tout est alors introduit rapidement dans un four à réverbère chauffé au gaz et porté au préalable à la température nécessaire à la réaction.

Les charges sont composées de : 550 k. de chlorure double, purifié par une fusion en présence d'un peu de poudre d'aluminium ou de sodium, 275 k. de cryolithe et 68 k. de sodium.

Le métal obtenu est assez pur.

II. *Procédé Netto.* — Dans le procédé Netto, le sel d'aluminium traité n'est plus le chlorure double d'aluminium et de sodium, mais bien le fluorure double des mêmes métaux (cryolithe).

Pour préparer cette cryolithe, M. Netto a cherché à utiliser la scorie

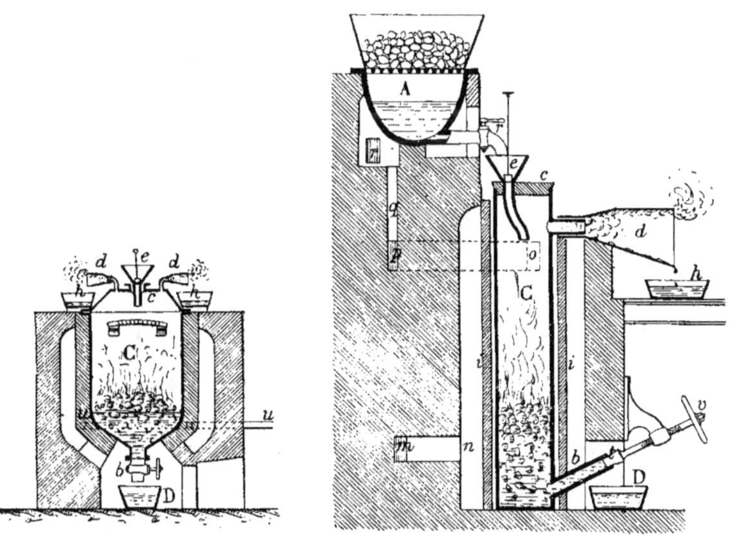

Procédé Netto.

Fig. 1 et 2. — A. Réservoir de fusion à soude. — *r.* Robinet pour l'écoulement de la soude. — *e.* Entonnoir pour l'introduction de la soude. — *c.* Couvercle. — C. Cornue de réduction. — *t.* Bouchon de fermeture manœuvré par la roue *v.* — *i.* Lut en argile. — *d.* Condenseur à Na. — *h.* Réservoir d'huile. — D. Réservoir à CO^3Na^2 résiduaire. — *b.* Tube de coulée. — *u.* Tuyère. — *m. n. o. p. q.* Carnaux.

résultant du traitement de ce sel par le sodium et constituée principalement par du fluorure de sodium. Il la fond avec du sulfate d'aluminium et lessive la masse pour enlever le sulfate de sodium formé. Le fluorure double reste insoluble.

La réaction est la suivante :

$$(SO^4)^3Al^2 + 12NaFl = Al^2Fl^6, 6NaFl + 3SO^4Na^2$$

On pourrait évidemment employer la cryolithe naturelle du Groënland, n'était son prix élevé dû au coût du transport et au monopole que les Américains ont établi sur les gisements.

Le procédé Netto, pour la préparation du sodium, a en vue de limiter autant que possible la production du carbonate de sodium, de faire la réaction à une température assez basse pour permettre l'emploi de cornues en fonte, d'opérer la séparation immédiate du sodium produit, d'avec le carbonate de soude en formation.

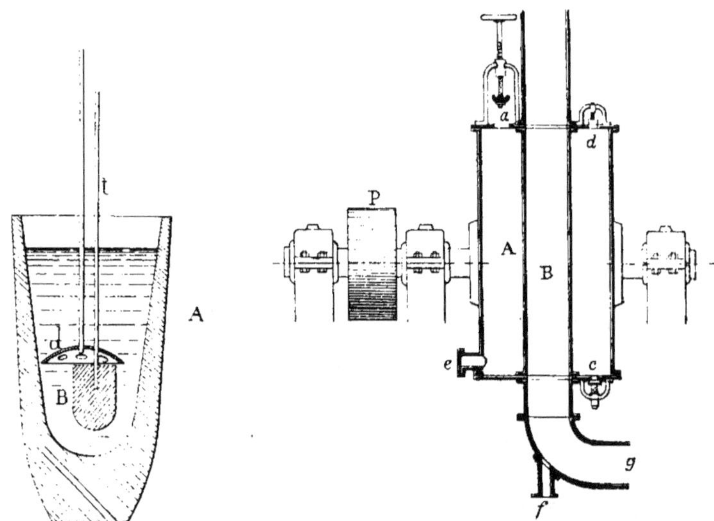

Procédé Netto.

Fig. 3. — Introduction du sodium dans la cryolithe. — A. Creuset de fusion. — B. Bloc de sodium porté par la tige *t*. — *d*. Tampon perforé.

Fig. 4. — Convertisseur pour la fabrication de l'aluminium par l'action du sodium sur la cryolithe. — A. Creuset de réduction. — *a*. Ouverture pour l'introduction de la cryolithe et du sodium. — B. Tuyau de chauffage. — *g*. Conduite venant d'un gazogène. — *f*. Introduction d'air. — P. Poulie pour la mise en rotation du convertisseur. — *e*. Orifice de coulage.

Pour cela, on fait arriver graduellement la soude sur le charbon incandescent ; les vapeurs de sodium produites s'échappent au fur et à mesure de leur formation et se condensent dans une tubulure latérale, située en haut de la cornue où se fait l'opération. Le carbonate de sodium formé s'écoule constamment par le bas (fig. 1 et 2).

La température à laquelle se fait l'opération est le rouge clair.

Une des conditions essentielles de la réussite du traitement par le sodium a été mise en lumière par MM. Netto et Grabau : c'est de laisser le sodium le moins longtemps possible en contact avec la cryolithe. Les dispositifs usités par M. Netto, ont pour objet de déterminer la réaction immédiate du sodium sur le fluorure double.

On fond au rouge, dans un creuset réfractaire, la cryolithe avec la quantité nécessaire de chlorure de sodium. Aussitôt la matière liquéfiée, on introduit au milieu, au moyen d'une barre de fer et d'un tampon, un bloc de sodium, moulé d'avance à l'extrémité de cette barre (fig. 3). La réaction est presque instantanée. On renverse alors l'appareil de manière à verser son contenu dans un moule en fonte, et, après refroidissement, on détache l'aluminium solidifié en un seul bloc.

L'opération peut également se faire dans un convertisseur analogue à l'appareil Bessemer (fig. 4).

L'aluminium obtenu est très pur.

III. *Procédé Grabau.* — Dans ce procédé, le sodium métallique est employé à la réduction du fluorure d'aluminium. Pour éviter le grand inconvénient de l'emploi des fluorures, résidant dans l'attaque des **vases**, M. Grabau chauffe séparément le sodium et le fluorure d'aluminium. Ce dernier corps, qui est infusible à la température de l'opération, est amené au contact du sodium à l'état de poudre. Il se produit ainsi une réaction très vive suivant l'équation :

$$2\ Al^2Fl^6 + 6\ Na = 2\ Al + Al^2Fl^6.\ 6\ NaFl.$$

La cryolithe, qui se forme comme résidu de l'opération, tend à se solidifier sur les parois du creuset, les protégeant ainsi contre toute action de la masse.

Pour préparer le fluorure d'aluminium, M. Grabau fait réagir le spath fluor sur le sulfate d'aluminium. Il se produit un fluosulfate d'aluminium et du sulfate de calcium, suivant la réaction :

$$(SO^4)^3\ Al^2 + 2\ CaFl^2 = Al^2Fl^4SO^4 + 2\ SO^4Ca.$$

Le fluosulfate est alors traité par la cryolithe :

$$3\ Al^2Fl^4SO^4 + Al^2Fl^6,\ 6\ NaFl. = 4\ Al^2Fl^6 + 3\ SO^4Na^2.$$

b. **Méthodes électriques.** — I. *Procédé Cowles.* — On introduit, dans un appareil disposé d'une façon analogue au creuset Siemens (fig. 5 et 6), un mélange d'alumine et de charbon, avec le métal auquel doit être allié l'aluminium. Sous l'influence d'un courant électrique de grande intensité, le carbone réagit sur l'alumine, et l'aluminium mis en liberté s'allie au métal introduit à cet effet. Il semble que dans ce procédé, l'action thermique seule du courant entre en jeu. Un essai effectué avec une machine

Procédé Cowles.
Fig. 5. — Appareil employé a l'usine de Milton.

à courants alternatifs, a donné le même rendement en aluminium, à l'état de bronze, que l'emploi des courants continus.

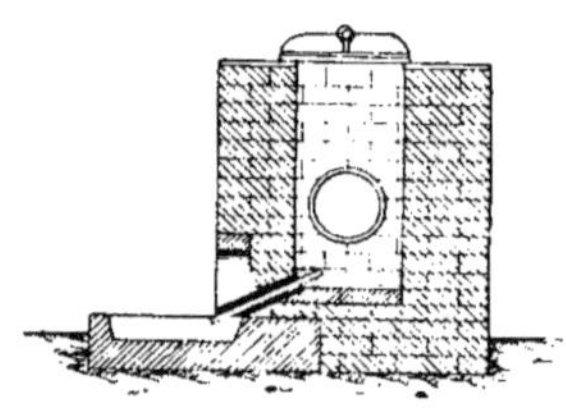

Procédé Cowles.
Fig. 6. — Vue latérale de l'appareil.

Le procédé est appliqué par la « Cowles Syndicat Company » dont l'usine est à Milton près Stoke-on-Trent. Il ne permet que l'obtention des alliages.

II. *Procédé Héroult.* — Ce procédé, analogue au procédé Cowles, fonctionne à Neuhausen, près de Schaffouse, et à l'usine de Froges (Isère).

M. Héroult emploie comme minerai, soit la bauxite exempte de silice et de fer, soit l'alumine pure.

L'appareil de fabrication consiste en un creuset en charbon comprimé, consolidé par des plaques de fer (fig. 7).

C'est dans ce creuset que M. Héroult introduit l'alumine à traiter. Il semblerait que dans ce procédé il y a d'abord fusion de l'alumine par l'arc électrique, suivie de l'électrolyse du minerai fondu.

Le fond du bain est constitué par le métal dont on veut obtenir l'alliage et qui constitue le pôle négatif.

Ce procédé est décrit par M. Héroult, dans une addition, en date du 15 avril 1887, à son brevet principal. Dans ce brevet, en date du 23 avril 1886, il revendiquait l'électrolyse de l'alumine dissoute dans la cryolithe en fusion.

III. *Procédé Minet.* — Le bain est composé de 70 parties de chlorure de sodium et de 30 parties de fluorure double d'aluminium et de sodium.

Pour un courant d'une intensité de 4000 ampères, la masse du bain est de 80 kilos environ.

A 800° ce bain est suffisamment fluide pour que l'électrolyse s'opère normalement.

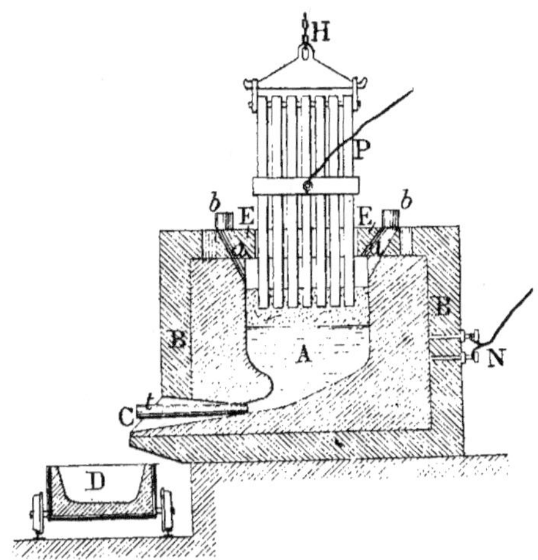

Fig. 7. — *Procédé Héroult.*

L'appareil (fig. 8) est constitué par une cuve métallique parallélipipédique, dont les arêtes présentent une longueur de 0,30 à 0,50 suivant l'intensité du courant utilisé.

Pour que cette cuve résiste à l'action du fluorure fondu, on établit une dérivation sur l'électrode négative, par l'intermédiaire d'une résistance qui ne laisse passer que le 1/100 du courant. Grâce à cet artifice, la paroi intérieure de la cuve est constamment recouverte d'une mince couche d'aluminium qui empêche l'action du bain.

Les électrodes sont constituées par du charbon aggloméré.

Immédiatement sous la cathode, se trouve disposé un petit creuset destiné à recevoir le métal obtenu.

Au passage du courant le fluorure d'aluminium se décompose le premier. L'aluminium se porte au pôle négatif en même temps qu'une quantité équivalente de fluor se dégage au pôle positif.

On alimente le bain, au fur et à mesure de la décomposition, par un mélange d'alumine et de fluorure d'aluminium.

L'alumine s'empare d'une partie du fluor dégagé, pour former du fluorure d'aluminium qui reconstitue l'électrolyte.

La production, par cheval-heure électrique, serait, par ce procédé, de 25 gr. d'aluminium. Il s'ensuit, que la dépense nécessitée pour la production de 1 kgr. d'aluminium serait, de 0 fr. 44 en ce qui concerne la force motrice.

3. Propriétés de l'aluminium. — a. Propriétés physiques. —

L'aluminium est un métal d'un blanc mat, légèrement bleuté lorsqu'on le compare à l'argent. Il prend facilement un beau poli.

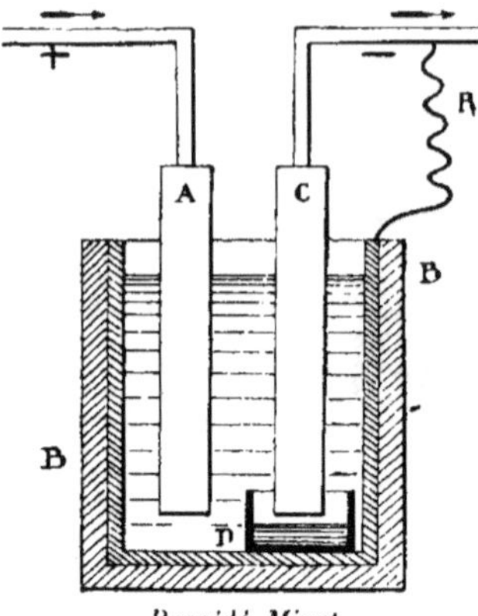

Procédé Minet.
Fig. 8. — B. Cuve. — A. Anode. — C. Cathode. — R. Résistance. — D. Creuset collecteur.

Son poids spécifique varie de 2,50 à 2,70 suivant qu'il est fondu ou écroui. Sa chaleur spécifique est de 0,2253. Son point de fusion est situé vers 600°. Il est susceptible de retenir les gaz par occlusion.

L'aluminium récemment fondu a la dureté de l'argent vierge. Par l'écrouissage, sa dureté augmente beaucoup et il prend de l'élasticité. Sa malléabilité est comparable à celle de l'or et de l'argent, sa ténacité est comprise entre celles du zinc et de l'étain; par l'écrouissage elle peut atteindre celle du cuivre écroui.

L'aluminium se laisse facilement estamper et se forge aisément à froid ou à chaud. Il est doué d'une sonorité remarquable.

Le poids atomique de l'aluminium est 27. On le considère comme trivalent, ce qui s'accorde d'ailleurs avec les analogies chimiques.

b. Propriétés chimiques. —

L'aluminium doit être considéré comme l'un des métaux les plus inaltérables. Il n'éprouve aucune modification ni dans l'air sec, ni dans l'air humide. Il n'est pas altéré par la fusion à l'air libre. Au chalumeau, il se recouvre d'une mince pellicule d'oxyde. S'il contient du silicium, il brûle avec facilité.

Il se dissout bien dans l'acide chlorhydrique et les alcalis caustiques, et résiste fortement aux acides nitrique, sulfurique, organiques.

Le soufre n'attaque l'aluminium qu'à une température très élevée. Lorsqu'il y a en présence des métaux étrangers, tels que le fer, le cuivre, etc., ceux-ci sont sulfurés à une température où l'aluminium n'éprouve encore aucune modification.

L'aluminium se combine aisément avec le chlore, le brome, l'iode, sous l'action de la chaleur. Avec le bore et le silicium, il donne des combinaisons cristallisées. Le charbon, l'azote, le phosphore, l'arsenic sont sans action sur lui. Il forme avec la plupart des métaux des alliages intéressants.

L'eau n'est pas décomposée par l'aluminium, même au voisinage du point de fusion du métal.

L'aluminium décompose un très grand nombre de dissolutions métalli-

ques en prenant la place du métal mis en liberté. Ces réductions sont sur
tout faciles, si la dissolution a été, au préalable, rendue alcaline ou ammoniacale.

A la température de fusion, l'aluminium n'est pas attaqué par le nitre ;
on a utilisé cette propriété pour son affinage.

La présence d'impuretés : silicium, sodium, etc., modifient considérablement les propriétés physiques et chimiques de l'aluminium.

4. Usages de l'aluminium. — L'aluminium est employé comme
agent purificateur des métaux. La plupart des grandes aciéries de France
et d'Allemagne emploient dans ce but l'aluminium pur. Quant à l'Angleterre et aux Etats-Unis, l'aluminium y est employé, pour le même usage,
à l'état de ferro-aluminium.

L'inoxydabilité de ce métal et l'ensemble de ses propriétés le désignent
pour être employé dans les batteries de cuisine. De nombreux essais d'application à l'armée, pour la confection des bidons, gamelles, boutons,
fers à chevaux, etc., ont été faits ou sont en cours d'exécution.

Il est tout indiqué pour la confection des clefs. On l'emploie pour la fabrication des instruments d'optique, de chirurgie, de physique.

Sa sonorité le rend applicable à la confection des instruments de
musique. Sa faible densité le fait rechercher pour les parties métalliques
des ballons. On l'emploie pour la fabrication des sonnettes.

Il est appliqué, sous la forme de tôle d'aluminium, aux constructions
nautiques. On a construit des bicyclettes en aluminium.

Ses usages, déjà nombreux, iront encore en croissant, dès que les perfectionnements des méthodes de fabrication, permettront de l'obtenir plus
pur et à meilleur compte. Ses alliages ont, déjà du reste, reçu de très nombreuses applications.

§ 2. — COMPOSÉS DE L'ALUMINIUM

5. Fluorures d'aluminium. — a. **Fluorure d'aluminium anhydre**
(Al^2Fl^6). — On peut le préparer en traitant l'alumine calcinée par un excès d'acide fluorhydrique. On dessèche le produit et on le distille dans un
tube en charbon de cornue, en faisant passer un courant d'hydrogène
(H. Sainte-Claire Deville).

On peut encore l'obtenir en fondant ensemble un mélange de sulfate
d'aluminium anhydre et de cryolithe. On obtient un mélange de sulfate de
sodium soluble et de fluorure d'aluminium insoluble que l'on sépare
par l'eau.

M. Grabau fait agir une solution de sulfate d'aluminium sur la cryolithe,
évapore à sec et reprend par l'eau.

Brunner a montré qu'on pouvait également préparer ce sel en faisant arriver de l'acide fluorhydrique gazeux sur de l'alumine, chauffée au rouge dans un creuset de platine.

Le fluorure d'aluminium est constitué par des cristaux rhomboédriques de $88°,30$, incolores, très peu réfringents, se groupant fréquemment en trémies volumineuses.

Ces cristaux sont insolubles dans les acides, même l'acide sulfurique bouillant. La dissolution de potasse les altère à peine et on ne peut les attaquer que par le carbonate de sodium au rouge.

Fondus avec de l'acide borique, ils donnent du borate d'alumine cristallisé.

b. **Fluorure hydraté** $(Al^2Fl^6, 7H^2O)$. — On le prépare en faisant réagir l'acide hydrofluosilicique étendu sur de l'alumine calcinée ou du kaolin. Il se forme d'abord, d'après M. H. Sainte-Claire Deville, un fluosilicate d'aluminium soluble $3SiFl^4, Al^2Fl^6$. Si on prolonge la digestion avec de l'alumine, il se dépose de la silice, et il reste une liqueur neutre contenant le sel $Al^2Fl^6, 7H^2O$.

Cet hydrate est soluble et facilement attaquable par les acides.

c. **Acides fluo-aluminiques.** — On fait réagir de l'acide hydrofluosilicique étendu sur de l'alumine calcinée, en ayant soin, lorsqu'on arrête l'opération, que la liqueur soit encore fortement acide. On ajoute alors de l'alcool fort. Il précipite une matière huileuse qui se solidifie rapidement et cristallise.

Ce produit est un acide fluo-aluminique et sa composition se rapporte à la formule :

$$3Al^2Fl^6, 4HFl, 10H^2O.$$

Si au lieu de traiter par l'alcool, on évapore la liqueur acide, il se dégage de l'acide fluorhydrique et il reste une matière cristalline, qui, lavée à l'eau bouillante et séchée, présente la composition suivante :

$$Al^2Fl^6, HFl, 5H^2O.$$

L'existence de ces deux acides fluo-aluminiques, et la différence profonde existant entre le fluorure anhydre et le fluorure hydraté, ont fait penser à M. H. Sainte-Claire Deville, que la cryolithe $Al^2Fl^6, 6NaFl$, dériverait d'un acide fluo-aluminique non isolé $Al^2Fl^6, 6HFl$, par le remplacement de l'hydrogène par une quantité équivalente de sodium. Le fluorure d'aluminium hydraté ne serait autre qu'un fluo-aluminate d'aluminium :

$$Al^2Fl^6, Al^2Fl^6 + 14H^2O = 2 (Al^2Fl^6, 7H^2O).$$

les 6 atomes d'hydrogène de $Al^2Fl^6, 6HFl$ étant remplacés par 2 atomes d'aluminium, ce qui s'accorderait avec ce que l'on sait sur la trivalence de l'aluminium.

Les acides fluo-aluminiques, exempts de silice, peuvent être volatilisés sans résidu, en donnant du fluorure d'aluminium anhydre, de l'eau et de l'acide fluorhydrique.

d. **Fluorure double d'aluminium et de sodium (Cryolithe).** $(Al^2Fl^6, 6NaFl)$. — On peut préparer ce sel double, en traitant un mélange, en proportions convenables, d'alumine et de carbonate de soude par l'acide fluorhydrique. On évapore la liqueur et on calcine le résidu pour chasser l'excès d'acide.

On peut encore l'obtenir en saturant à moitié une solution d'acide fluorhydrique par de l'alumine, puis en ajoutant une quantité de chlorure de sodium telle qu'il y ait 6 atomes de sodium pour 2 atomes d'aluminium. La cryolithe précipite.

Ce remarquable composé se rencontre dans la nature. Son gîte le plus important est situé sur les côtes du Groënland. Il a été utilisé, à partir de 1855, en Danemark et en Prusse, sous le nom de soude minérale, dans la fabrication des savons. Pour cela on le pulvérisait finement et on le traitait à l'ébullition par un lait de chaux. Il se précipitait du fluorure de calcium et il restait en solution un aluminate de soude avec excès de soude.

Le savon fabriqué avec cet aluminate retenait une énorme quantité d'eau.

La cryolithe sert aujourd'hui dans la fabrication de l'aluminium où on l'emploie surtout comme fondant.

6. Chlorures d'aluminium. — a. **Chlorure anhydre.** (Al^2Cl^6). — Pour le préparer, on mélange intimement 100 parties d'alumine calcinée, 40 parties de noir de fumée et assez d'huile pour faire une pâte consistante. On calcine au rouge vif dans un creuset fermé. On obtient ainsi une masse cohérente que l'on brise en petits fragments. Ces fragments sont introduits dans une cornue tubulée, munie d'un tube en porcelaine qui descend jusqu'au fond de la panse de la cornue.

Cette cornue est posée dans un fourneau à réverbère et le tube en porcelaine est mis en relation avec un appareil à chlore. On adapte au col de la cornue un entonnoir en porcelaine, dans l'ouverture duquel est lutée une cloche de verre à douille, munie d'un tube de dégagement (fig. 9).

On porte la cornue au rouge et on fait passer le courant de chlore. Le chlorure d'aluminium formé distille et vient se condenser dans la cloche, sous forme de croûtes cristallines que l'on détache quand l'opération est terminée.

Pour la préparation industrielle, M. H. Sainte-Claire Deville avait remplacé le mélange d'huile, de charbon et d'alumine par un mélange d'alumine et de goudron, la cornue tubulée par une cornue à gaz disposée verticalement dans une enveloppe parcourue par les flammes d'un foyer, et la cloche à douille par une chambre de condensation en maçonnerie.

Le chlorure d'aluminium brut est habituellement coloré en jaune par du chlorure de soufre et du chlorure de fer.

Pour le purifier, M. H. Sainte-Claire Deville a proposé de le sublimer sur du fer métallique. Le perchlorure de fer donne du protochlorure non

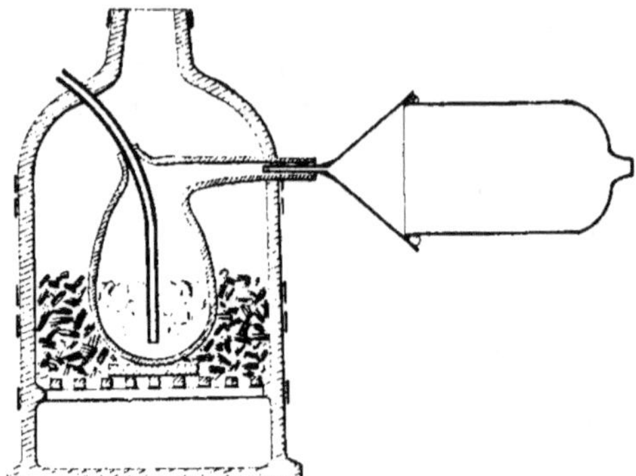

Fig. 9. — Préparation du chlorure d'aluminium.

volatil et le chlorure de soufre donne du sulfure et du protochlorure de fer.

M. Dumas le sublime une seconde fois sur de l'aluminium divisé.

Le procédé suivant, dû à Weber, donne de meilleurs résultats.

On introduit le chlorure d'aluminium avec de l'aluminium en poudre dans un tube fermé à l'une de ses extrémités ; on courbe le tube en U et on ferme la seconde branche à la lampe. On chauffe ; le chlorure fond sous la pression de sa vapeur et se décolore peu à peu au contact de l'aluminium. Il est alors facile de le sublimer dans la seconde branche du tube.

Le chlorure d'aluminium ainsi purifié se présente sous la forme d'une masse incolore et transparente composée de prismes hexagonaux.

Sous la pression atmosphérique il se sublime, sans fondre, avec facilité. Toutefois, en le chauffant rapidement et en grandes masses, on peut arriver à le fondre et à le porter à l'ébullition.

Il fond rapidement sous pression. Son point de fusion réel est situé entre 186° et 190°.

Sa densité de vapeur se rapproche beaucoup de 9.20 vers 400°, pour décroître jusque 4.6 vers 800°. Sa chaleur de formation est : Al^2. $Cl^6 = 321$ Cal. 96. Sa chaleur de dissolution est de : $Al^2.Cl^6.Aq = 153$ Cal. 69.

Le chlorure d'aluminium est un sel très déliquescent.

Il peut se combiner directement avec le perchlorure de phosphore en donnant un composé répondant à la formule : $2PCl^5$, Al^2Cl^6. C'est une masse blanche, sublimable, fondant en une masse brune qui bout vers 400°.

Avec l'oxychlorure de phosphore, il donne un sel double Al^2Cl^6, $2PO.Cl^3$, cristallisant dans un excès d'oxychlorure, en aiguilles incolores, fusibles à 165° et volatiles sans décomposition. Il est décomposé par l'eau.

Le chlorure d'aluminium absorbe l'acide sulfhydrique, en donnant de petites lamelles cristallines transparentes, que l'eau détruit instantanément en dégageant de l'II^2S.

Si on sublime le chlorure d'aluminium dans un courant d'hydrogène phosphoré, on obtient un produit cristallisé $3Al^2Cl^6 + 2PII^3$.

Le chlorure d'aluminium absorbe le gaz ammoniac sec avec facilité et avec un dégagement de chaleur suffisant pour liquéfier la combinaison qui répondrait à la formule : Al^2Cl^6, $6AzII^3$.

Si on distille ce produit dans l'hydrogène, il se dégage de l'ammoniaque et on obtient un sel correspondant à : Al^2Cl^6, $2AzH^3$.

L'anhydride sulfureux se combine avec le chlorure d'aluminium, lentement à la température ordinaire, rapidement vers 50°, en donnant un composé $AlCl^2$, SO^2Cl.

Le chlorure d'aluminium est très employé dans les laboratoires, pour produire des synthèses en chimie organique (méthode de MM. Friedel et Crafts).

b. **Chlorure hydraté** (Al^2Cl^6, $12II^2O$). — On peut le préparer par double décomposition entre le sulfate d'aluminium et le chlorure de baryum.

Le chlorure anhydre se dissout dans l'eau en dégageant beaucoup de chaleur. Par refroidissement de la solution il se dépose des cristaux formés de prismes hexagonaux terminés par un rhomboèdre de 138° environ, et répondant à la formule Al^2Cl^6, $12H^2O$.

On obtient le même résultat en faisant cristalliser dans l'acide chlorhydrique.

Si on chauffe, en tube scellé, de l'hydrate d'aluminium avec de l'acide chlorhydrique concentré, on arrive à obtenir des cristaux mieux formés.

La table suivante (Agenda du Chimiste) donne la densité des solutions de chlorure d'aluminium à 15° C.

Al^2Cl^6 %/o	Densités à 50°C.	Al^2Cl^6 %/o	Densités à 15°C.	Al^2Cl^6 %/o	Densités à 15°C.	Al^2Cl^6 %/o	Densités à 15°C
2	1,0144	12	1,0890	22	1,1709	32	1,2615
4	1,0288	14	1,1047	24	1,1881	34	1,2808
6	1,0435	16	1,1207	26	1'2058	36	1,3007
8	1,0584	18	1,1379	28	1,2241	38	1,3211
10	1,0734	20	1,1537	30	1,2422	40	1,3415

La densité de la solution saturée contenant 41,13 % de sel est : $d = 1,3536$.

On ne peut évaporer ces solutions à siccité, car le chlorure hydraté se décompose, abandonne de l'eau, de l'acide chlorhydrique et il se dépose de l'alumine.

L'hydrate cristallisé ne perd aucune trace d'eau de cristallisation lorsqu'on l'abandonne dans le vide sur l'acide sulfurique concentré.

c. Chlorures doubles d'aluminium. — Le chlorure d'aluminium se combine avec les chlorures alcalins, en donnant de véritables spinelles chlorés, dont la formule générale est : $2R.Cl, Al^2Cl^6$. Ils sont fusibles vers 200° et volatils au rouge. Dissous dans l'eau, ces produits donnent un mélange des 2 sels, cristallisant séparément.

Le plus important de ces chlorures est le chlorure double d'aluminium et de sodium. On l'obtient en faisant passer un courant de chlore sur un mélange d'alumine et de charbon additionné de sel marin.

C'est un sel cristallin, incolore. Il fond vers 185° et se volatilise au rouge. Il est très hygroscopique, moins cependant que le chlorure d'aluminium.

d. Chlorures basiques. — MM. Liechti et Suida ont préparé les dissolutions correspondantes aux sels suivants :

$$Al^2Cl^6$$
$$Al^2Cl^5(OH)$$
$$Al^2Cl^4(OH)^2$$
$$Al^2Cl^3(OH)^3$$
$$Al^2Cl^2(OH)^4$$

Ces auteurs n'on pu cependant isoler les sels dont il s'agit. Ces solutions ne sont décomposables ni par la chaleur, ni par la dilution avec l'eau.

7. Bromure d'aluminium (Al^2Br^6). — On peut le préparer en faisant couler lentement du brome sur de l'aluminium divisé. Il se dégage assez de chaleur, pendant la combinaison, pour que l'aluminium soit porté à l'incandescence.

La meilleure manière de l'obtenir consiste à faire passer des vapeurs de brome sur de l'aluminium contenu dans un tube en verre chauffé au rouge naissant. On le purifie en faisant passer sa vapeur sur de l'aluminium. Il est incolore, cristallisé sous la forme de petites feuilles brillantes. Il fond à 93° et donne un liquide limpide, mobile, bouillant à 260°. Sa densité à l'état solide est 2,54, sa densité de vapeur est 18,62 (Deville et Troost). Sa chaleur de formation : $Al^2.Br^6 = 239$ Cal. 44. Sa chaleur de dissolution est. $Al^2.Br^6,aq. = 170$ Cal. 60.

Il est très hygroscopique.

8. Iodure d'aluminium. (Al^2I^6). — L'iode et l'aluminium se combinent directement sous l'action d'une température suffisante. Cette combinaison se fait avec un grand dégagement de chaleur, suffisant même pour porter la masse à l'incandescence.

On prépare généralement l'iodure d'aluminium en faisant passer des vapeurs d'iode sur de l'aluminium porté au rouge. On le purifie comme le bromure.

Le composé ainsi obtenu est solide, cristallisable par fusion, incolore.

Il fond à 125° et bout à 350°. On ne peut le distiller que dans un gaz inerte, car, au-dessus de cette température, il détone par son mélange avec l'air en donnant de l'alumine et de l'iode. L'iodure double, Al^2I^6, $2KI$, fond aisément et peut être chauffé bien au delà du point de fusion de l'iodure d'aluminium, sans éprouver de modification.

D'après M. Berthelot, la chaleur de formation de ce composé est $Al^2.I^6 =$ 140 Cal. 78, et la chaleur de dissolution $Al^2.I^6$, aq. $= 178$ Cal.

Sa densité à l'état solide est 2,63, sa densité de vapeur à 440° est 27. La densité théorique calculée pour $Al^2I^6 = 2$ vol., est de 28,3.

MM. Deville et Troost expliquent que la divergence entre le chiffre théorique et le chiffre trouvé doit être attribuée à l'instabilité de cet iodure, qui serait partiellement décomposé à la température de l'expérience.

L'iodure d'aluminium se dissout à la température ordinaire dans le triple de son poids de sulfure de carbone.

Il se dissout également dans l'alcool et dans l'éther.

Il est déliquescent et se dissout dans l'eau avec dégagement de chaleur.

9. Alumine. — a. **Sesquioxyde d'aluminium ou alumine** (Al^2O^3). — On prépare l'alumine soit en déshydratant l'hydrate par la chaleur, soit en calcinant fortement l'alun ammoniacal.

L'alumine pure est une poudre blanche, légère, sans odeur ni saveur, hygrométrique, happant à la langue, très peu fusible. Au chalumeau à hydrogène et oxygène, elle donne un globule très fluide qui cristallise par le refroidissement en une masse extrêmement dure, susceptible de couper le verre.

Sa chaleur de formation, à partir des éléments. est : $Al^2.O^3 = +196$ Cal 3.

L'alumine calcinée est absolument insoluble dans l'eau. Si elle n'a pas été chauffée au delà du rouge sombre elle peut s'hydrater de nouveau en dégageant de la chaleur.

Calcinée et refroidie dans un air humide, elle absorbe jusqu'à 15 % de son poids d'eau, qu'elle retient énergiquement.

Selon son mode de préparation, elle est plus ou moins soluble dans les acides. Calcinée très fortement, elle devient très peu soluble, même dans les acides chauds et concentrés. Les dissolutions alcalines ne la dissolvent également qu'avec difficulté, mais on la fera facilement passer à l'état d'aluminate soluble en la calcinant avec de la potasse ou de la soude caustique, ou même avec un carbonate alcalin, dans un creuset d'argent.

b. **Hydrate d'aluminium** $(Al^2O^3.3H^2O)$. — I. *Hydrate ordinaire*. — Sa chaleur de formation, à partir des éléments, est $Al^2.O^3,3H^2O = + 197$ Cal. **8.**

Le précipité volumineux et gélatineux, obtenu en traitant un sel soluble d'aluminium par l'ammoniaque, est facilement soluble dans les acides étendus et les alcalis. Il présente après dessiccation à 100° la composition: $Al^2O^3, 3H^2O$.

On prépare le même hydrate d'aluminium, mais sous une forme beaucoup plus dense, et sous l'aspect d'un précipité grenu toujours exempt de fer, en faisant passer un courant d'acide carbonique dans une dissolution étendue et froide, d'aluminate de soude. L'hydrate obtenu de cette façon est insoluble dans l'acide acétique.

Si on porte pendant longtemps à l'ébullition au sein de l'eau le précipité obtenu par l'action de l'ammoniaque, il se déshydrate et se transforme en $Al^2O^3, 2H^2O$, insoluble comme l'alumine calcinée dans les acides faibles et les alcalis étendus.

L'alumine hydratée possède pour les matières organiques une affinité considérable. C'est ce qui explique son emploi si étendu en teinture.

II. *Alumine soluble*. — On a réussi à obtenir l'alumine sous la forme soluble. Walter-Crum l'a préparée en chauffant dans l'eau bouillante, pendant 10 jours et 10 nuits, une solution étendue de biacétate d'aluminium contenue dans un vase fermé.

En faisant alors bouillir la solution pendant une heure ou deux, en remplaçant l'eau qui s'évapore, tout l'acide acétique est chassé et il reste une solution transparente, insipide, d'alumine soluble, devenant gommeuse par la concentration.

Cette solution est coagulée en une gelée ferme par l'addition d'une faible quantité d'alcali ou d'acide.

Si on l'évapore au bain-marie on obtient l'hydrate $Al^2O^3, 2H^2O$.

Graham a également obtenu de l'alumine soluble en dialysant du chlorure d'aluminium, contenant en solution un excès d'alumine.

Mais, tandis que l'alumine soluble de Walter-Crum, ou métalumine soluble, comme on a proposé de l'appeler, ne constitue pas un mordant, celle de Graham, au contraire, constitue un mordant.

Les deux variétés sont du reste coagulées par de petites quantités d'acides, d'alcalis, ou de différents sels, en une gelée ferme.

Cette propriété est utilisée en bactériologie, pour la préparation de certains milieux de culture spéciaux.

c. **Etat naturel. Reproduction de l'alumine cristallisée.** — L'alumine à l'état de pureté est assez rare dans la nature. Cristallisée et incolore, elle constitue le corindon. Cristallisée et colorée par différents oxydes, elle porte le nom de rubis, topaze orientale, saphir oriental, améthyste, etc.

L'alumine mélangée d'oxyde de fer constitue l'émeri.

On connaît divers hydrates naturels. La gibbsite $Al^2O^3, 3H^2O$, correspond à l'hydrate ordinaire, le diaspore a pour formule Al^2O^3, H^2O. La bauxite, autre hydrate naturel de composition variable, mais se rapprochant de $Al^2O^3, 2H^2O$, est particulièrement abondante. On en a trouvé en France des gisements importants, surtout près de Tarascon.

Le corindon a été reproduit pour la première fois par Ebelmen, en chauffant dans un four à porcelaine un mélange d'alumine et de borate de soude. L'alumine cristallise au fur et à mesure de la volatilisation du borate de soude. En ajoutant un peu d'oxyde de chrome au mélange, on obtient du rubis.

Le corindon a été également reproduit par H. Sainte-Claire Deville et Caron au moyen d'une méthode très générale, qui consiste à chauffer dans un creuset de charbon, un fluorure au-dessus duquel on fixe une petite capsule de platine contenant de l'acide borique.

A une température élevée le fluorure réagit sur l'acide borique en donnant du fluorure de bore et un oxyde cristallisé, coloré si on a ajouté un oxyde colorant.

De Senarmont a obtenu un mélange de corindon et de diaspore en chauffant fortement une dissolution étendue de chlorhydrate d'aluminium.

10. Aluminates. — L'alumine peut se combiner avec les alcalis, la baryte, etc., en donnant des produits solubles. Avec la chaux on obtient des produits insolubles. Ce sont les aluminates.

On connaît d'assez nombreux aluminates naturels ; tels sont : le rubis spinelle (aluminate de magnésie), la gahnite (aluminate de zinc), la hercytine (aluminate de fer), cristallisant en octaèdres, le cymophane (aluminate de glucine) cristallisant dans le système du prisme rhomboïdal droit.

Ces aluminates ont pour formule générale :

$$RO.Al^2O^3.$$

Ebelmen les a reproduits en chauffant en présence de l'acide borique, le mélange d'alumine et d'oxyde dont on veut obtenir l'aluminate. Pour reproduire le rubis balais, il suffit d'ajouter au mélange une trace de bichromate de potassium.

Le cymophane et la gahnite ont été reproduits par MM. Deville et Caron en chauffant un mélange de fluorure d'aluminium et de florure de glucinium ou de zinc, dans un creuset de charbon contenant une petite nacelle de platine avec de l'acide borique.

Stanislas Meunier a reproduit le spinelle en chauffant fortement, pendant quelques heures, un mélange de cryolithe et de chlorure d'aluminium recouvert d'alumine et de magnésie, dans un creuset de graphite brasqué à la magnésie.

a. **Aluminate de potassium.** $(Al^2O^4K^2, 3H^2O)$ — On peut envisager cet aluminate comme dérivant de l'hydrate :

$$Al^2O^3, H^2O = \left. \begin{array}{l} Al^2 \\ H^2 \end{array} \right\} \overset{VI}{O^4}$$

Il se prépare, soit en dissolvant de l'alumine en gelée dans la potasse caustique, soit en chauffant jusqu'à fusion, au creuset d'argent, un mélange d'alumine avec de la potasse en excès.

En évaporant la solution dans le vide on obtient des cristaux durs et brillants d'aluminate de potassium qu'on peut purifier par une recristallisation.

C'est un corps blanc, très soluble dans l'eau, insoluble dans l'alcool. Sa saveur est caustique, sa réaction alcaline. Il se décompose par l'adjonction d'une grande quantité d'eau en laissant précipiter de l'alumine.

b. **Aluminate de sodium.** $(Al^4O^9Na^6)$. — On peut l'envisager comme dérivant de l'hydrate :

$$2Al^2O^3 + 3H^2O = \left. \begin{array}{l} 2Al^2 \\ H^6 \end{array} \right\} O^9$$

On le prépare de même que l'aluminate de potassium, en remplaçant la potasse par la soude. Il est très soluble dans l'eau. Sa solution, évaporée à l'air libre, se recouvre à la longue d'une couche de carbonate de soude.

Ce produit présente, en dehors de son emploi en teinture, un grand intérêt industriel pour la préparation de l'alumine pure, exempte de fer, utilisée soit pour la fabrication de l'aluminium, soit pour l'obtention du sulfate d'aluminium et de l'alun purs.

Industriellement on le prépare en chauffant au rouge un mélange de 1 p. CO^3,Na^2 et 2 p. de bauxite exempte de silice. La masse frittée est épuisée par l'eau.

L'alumine de cette solution est extraite, soit par l'action de l'acide carbonique, soit par l'agitation, en amorçant la précipitation par une petite quantité d'alumine récemment précipitée (Procédé Baeyer).

D'après M. Cavazzi, quand on dissout l'aluminium dans les alcalis caustiques on obtient le composé $Al^2O^2(ONa)^2$.

c. **Aluminate de baryum** $(Al^2O^4Ba, 4H^2O)$. — Il a été obtenu par M. Deville en chauffant au rouge un mélange d'alumine et de baryte caustique. Il est soluble dans l'eau ; l'alcool le précipite de sa solution sous la forme cristalline.

On a préparé au moyen de l'eau de baryte et de l'alumine d'autres aluminates de baryum, correspondant aux formules :

$$Al^2O^3, 2BaO, 5H^2O ; Al^2O^3, BaO, 7H^2O ; Al^2O^3, 3BaO, nH^2O.$$

d. **Aluminate de calcium.** — Ebelmen a préparé un aluminate de calcium cristallisé de la formule Al^2O^4Ca.

Les combinaisons de l'alumine et du calcium sont insolubles. Quelques-unes paraissent jouer un rôle dans le durcissement des ciments.

On connaît beaucoup d'autres aluminates ; mais, au point de vue industriel, le seul qui soit véritablement intéressant est l'aluminate de sodium.

11. Sulfure d'aluminium. — L'aluminium n'est attaqué par le soufre qu'à une température très élevée. Si on projette du soufre sur de l'aluminium porté au rouge, la combinaison s'effectue avec dégagement de chaleur.

On peut préparer le sulfure d'aluminium en entraînant de la vapeur de soufre par un courant d'hydrogène et la faisant passer sur de l'aluminium porté au rouge.

M. Fremy l'a obtenu, avec dégagement d'oxysulfure de carbone, en faisant passer des vapeurs de sulfure de carbone sur de l'alumine portée au rouge blanc dans une nacelle de platine.

C'est un corps d'un jaune clair, très peu fusible, se prenant par le refroidissement en une masse cristalline. A l'air humide, il se décompose et dégage de l'hydrogène sulfuré. L'eau le décompose instantanément avec dégagement d'hydrogène sulfuré et dépôt d'alumine. La vapeur d'eau le décompose au rouge en laissant un résidu extrêmement dur d'alumine cristallisée.

12. Sulfite d'aluminium. — L'alumine précipitée de ses sels se dissout facilement dans l'acide sulfureux, tandis que l'alumine des aluminates ne le fait pas.

Le sulfite d'aluminium est extrêmement soluble dans l'eau. Cette dissolution évaporée dans le vide sec donne une masse gommeuse. Chauffée légèrement, elle perd de l'acide sulfureux ; si on continue jusqu'au moment où le dégagement cesse, il se forme, d'après Gougginsperg, un précipité de la formule $SO^3(Al^2O^2)'', 4H^2O$.

On peut encore préparer ce sel en chauffant une solution concentrée de sulfite de sodium avec du sulfate d'aluminium. Par le refroidissement le sulfate de sodium formé cristallise et le sulfite d'aluminium reste en solution.

Jacquemart l'a préparé en faisant passer un courant d'acide sulfureux dans une solution d'aluminate de sodium. Il se précipite un sulfite basique d'aluminium, et il reste en solution du bisulfite de sodium. Le sulfite basique d'aluminium est recueilli et dissout dans un excès d'acide sulfureux.

Le sulfite d'aluminium a été utilisé dans l'industrie sucrière pour l'épuration des jus.

13. Sulfates d'aluminium. — a. **Sulfate normal anhydre**. $(SO^4)^3Al^2$. — Il s'obtient en déshydratant par la chaleur le sel cristallisé. C'est un corps blanc dont le poids spécifique est : 2,710 (Nilson et Petterson). Sa chaleur spécifique est 0,1855, sa chaleur moléculaire 63,59 et son volume moléculaire 126,50.

Chauffé au rouge blanc il perd son acide sulfurique en laissant comme résidu de l'alumine anhydre Al^2O^3.

Le départ des dernières traces d'acide sulfurique est assez difficile et demande l'action soutenue d'une forte chaleur.

Tous les sels basiques d'aluminium, obtenus en précipitant le sulfate par l'ammoniaque, le carbonate de calcium, etc., se comportent de même.

L'hydrogène réduit au rouge le sulfate d'aluminium anhydre, en mettant en liberté de l'eau et de l'acide sulfureux. Il reste de l'alumine presque complètement exempte d'acide sulfurique.

Le chlorure d'ammonium le décompose également, sous l'action de la chaleur, en donnant naissance à des produits volatils.

Fondu avec du soufre, il donne du sulfure d'aluminium en mettant en liberté de l'acide sulfureux. Sous l'action de l'acide chlorhydrique et après plusieurs traitements successifs à chaud, une faible partie se transforme en chlorure d'aluminium.

La solubilité du sulfate anhydre d'aluminium varie avec la température.

D'après Poggiale 100 parties d'eau dissolvent :

Températures $t =$	$(SO^4)^3Al^2$ dissout
0°	31.30
10	33.50
20	36.45
30	40.36
40	45.73
50	52.13
60	59.09
70	66.23
80	73.14
90	80.83
100	89.11

b. **Sulfate d'aluminium ordinaire**. $(SO^4)^3Al^2, 18H^2O$. — C'est un sel blanc, se présentant le plus souvent sous la forme de masses d'une consistance analogue à celle du suif, ou encore en poudre, en morceaux, etc. Son toucher est gras et onctueux. Il est déliquescent s'il contient un excès d'acide sulfurique. Sa solubilité dans l'eau est très grande. Il cristallise, mais difficilement, en aiguilles ou en écailles blanches d'un éclat nacré. On peut obtenir de belles cristallisations en laissant en repos absolu pendant très longtemps, dans un grand verre à précipité découvert, une solution concentrée de sulfate d'aluminium. Sa forme cristalline est un prisme orthorhombique fortement aplati suivant g_1 avec les faces mh^1a^1 à peine développées. Le sulfate d'aluminium parfaitement exempt d'acide sulfurique est efflorescent.

Sa saveur est d'abord sucrée, puis astringente.

On considère généralement ce sel comme un hydrate à 18 molécules d'eau.

D'après M. P. Margueritte Delacharlonny, le véritable hydrate type aurait pour formule :

$$(SO^4)^3Al^2, 16H^2O.$$

Sa solution est acide au papier tournesol, elle bleuit le rouge Congo.

Le sulfate d'aluminium est presque insoluble dans l'alcool. Il se dissout facilement dans l'acide chlorhydrique chaud. Par le refroidissement on obtient de belles tablettes incolores.

Sous l'action de la chaleur il se boursouffle, perd son eau en laissant une masse poreuse lentement soluble dans l'eau. Porté au rouge blanc, il laisse comme résidu de l'alumine, retenant avec énergie des traces d'acide sulfurique.

Le sel à 18 molécules d'eau a pour densité 1,767 à 22°.

En précipitant par l'alcool une solution aqueuse de sulfate d'aluminium on obtient de petites paillettes dures, d'aspect nacré, présentant la composition suivante : $(SO^4)^3Al^2, 10H^2O$.

Chauffées lentement, elles perdent leur eau et leur acide sulfurique, en laissant un squelette d'alumine insoluble, conservant l'aspect des cristaux primitifs.

Au contact de l'air humide, ce sel absorbe de l'eau et se transforme en $(SO^4)^3Al^2, 18H^2O$.

Le sulfate d'aluminium en solution est décomposé par le carbonate de calcium, le zinc, etc. Avec le carbonate de calcium il se forme du sulfate de chaux, un sulfate basique d'aluminium insoluble et de l'acide carbonique qui se dégage. Le zinc donne à chaud un abondant dégagement d'hydrogène ; il se forme du sulfate de zinc soluble, et un sous-sulfate d'aluminium qui a pour composition

$$3(SO^4.Al^2O^3) 2Al^2O^3 + 20H^2O.$$

A froid, l'action est plus lente, mais peu à peu la masse se prend en une gelée. C'est encore un sous-sel qui s'est produit. Il correspond à la formule :

$$3(SO^4.Al^2O^2)\ Al^2O^3,\ 36H^2O.$$

On l'obtient également, sous un autre aspect, dans l'action du carbonate de calcium sur l'alun (H. Debray). Ces sels basiques seront étudiés plus complètement, un peu plus loin.

En chauffant une solution concentrée de sulfite de sodium avec du sulfate d'aluminium et laissant refroidir, on obtient une cristallisation de sulfate de sodium et il reste en solution du sulfite d'aluminium (Manzoni).

Une solution concentrée de sulfate d'aluminium constitue un **excellent** réactif des sels de potassium, d'ammonium, etc. Il se forme un précipité d'alun très caractéristique.

Le sulfate d'aluminium existe dans la nature. Le produit commercial se présente sous la forme de pains, de tablettes, de morceaux, de poudre, etc. Il est plus ou moins sec, selon le degré de concentration auquel il a été coulé. Il est blanc, opaque, d'autant plus blanc qu'il est plus pur. Le sulfate ferreux lui communique une teinte verdâtre. S'il contient du sulfate ferrique, il est rougeâtre. La présence de sous-sulfate d'aluminium lui donne un aspect jaunâtre. Le sulfate d'aluminium coulé en plaquette présente l'apparence du suif ou de l'albâtre. A la longue, si le produit est pur, ces plaquettes prennent une texture cristalline.

Le sulfate d'aluminium commercial contient souvent de l'acide sulfurique libre et de l'alun de potasse.

Il est très soluble dans l'eau. D'après M. Poggiale, 100 parties d'eau dissolvent :

Températures $t =$	$(SO^4)^3Al^2, 18H^2O$ dissout
0°	86.85
10	95.80
20	106.35
30	127.60
40	167.60
50	201.40
60	262.60
70	348.20
80	467.30
90	678.80
100	1.132.00

On doit à M. Reuss la détermination de la densité des solutions du sulfate d'aluminium pur et du sulfate d'aluminium commercial préparé avec l'alunite. Ce dernier renferme toujours de l'alun de potasse.

Le tableau suivant donne, pour diverses températures, la densité de ces solutions et la teneur correspondante en $(SO^4)^3Al^2$.

$(SO^4)^3Al^2$ %	Produit pur.	Produit commercial	$(SO^4)^3Al^2$ %	Produit pur.	Produit commercial	$(SO^4)^3Al^2$ %	Produit pur.	Produit commercial
$t = 15°C$			17	1,1770	1,1199	$t = 35°C.$		
			18	1,1876	1,1269			
1	1,017	1,0069	19	1,1971	1,1339			
2	1,027	1,0144	20	1,2074	1,1440			
3	1,037	1,0221	21	1,2168	1,1488	5	1,045	1,0270
4	1,047	1,0299	22	1,2274	1,1589	10	1,096	1,0627
5	1,0569	1,0377	23	1,2375	1,1628	15	1,146	1,0974
6	1,0670	1,0416	24	1,2473	1,1689	20	1,192	1,1313
7	1,0768	1,0481	25	1,2572	1,1798	25	1,2407	1,1660
8	1,0870	1,0592						
9	1,0968	1,0650	$t = 25°C.$			$t = 45°C.$		
10	1,1071	1,0730						
11	1,1171	1,0794						
12	1,1270	1,0860	5	1,0503	1,033	5	1,0356	1,0179
13	1,1369	1,0960	10	1,1022	1,0689	10	1,0850	1,0534
14	1,1467	1,1059	15	1,1522	1,1034	15	1,1346	1,0871
15	1,1574	1,1097	20	1,2004	1,1381	20	1,1801	1,1215
16	1,1668	1,1169	25	1,2483	1,1743	25	1,2295	1,1563

c. **Sulfates d'aluminium basiques.** — Il existe un grand nombre de sulfates basiques d'aluminium. Ces composés, dont beaucoup doivent être des mélanges, sont pour la plupart peu importants. Certains d'entre eux, par suite de leur application à la teinture, présentent un intérêt assez marqué.

Il existe des sels basiques d'aluminium solubles dans l'eau. Si on neutralise partiellement une solution de sulfate normal par des carbonates alcalins ou alcalino-terreux, par de l'alumine hydratée, etc., on obtient des solutions de sels basiques. Ces sels varient en composition suivant le degré de la neutralisation.

Avec le bicarbonate de soude, par exemple, on peut obtenir :

$(SO^4)^3Al^2,18H^2O + 2CO^3NaH = (SO^4)^2Al^2O.H^2O + SO^4Na^2 + 2CO^2 + 18H^2O.$
$2[(SO^4)^3Al^2,18H^2O]+6CO^3NaH=(SO^4)^3Al^2.Al^2O^3,3H^2O+3SO^4Na^2+6CO^2+36H^2O.$
$(SO^4)^3Al^2,18H^2O + 4CO^3NaH = SO^4Al^2O^2,2H^2O + 2SO^4Na^2 + 4CO^2 + 18H^2O.$

On peut envisager les sulfates basiques d'aluminium comme dérivant de l'acide sulfurique SO^4H^2 par la substitution à l'hydrogène de radicaux oxygénés Al^2O et Al^2O^2, ou comme résultant de la soudure de deux sulfates rentrant dans les types suivants :

$$3SO^4H^2..... \quad (SO^4)^3\,Al^{2(VI)},$$
$$2SO^4H^2..... \quad (SO^4)^2(Al^2O)^{(IV)},$$
$$SO^4H^2..... \quad SO^4(Al^2O^2)''.$$

On peut encore les envisager comme résultant du remplacement de un ou deux groupes bivalents SO^4 du sulfate neutre $(SO^4)^3Al^2$ par 1 ou 2 atomes bivalents d'oxygène.

D'après Berzelius, si on précipite une solution aqueuse de sulfate d'aluminium normal par l'ammoniaque en quantité insuffisante, on obtient un sulfate basique. Le précipité lavé et séché, aurait pour formule :

$$SO^4(Al^2O^2)'', 9H^2O = (SO^4, O^2)Al^2, 9H^2O.$$

Ce composé se rencontre dans la nature sous la forme d'une masse blanche terreuse de densité $d = 1,705$ (Webstérite).

D'après Bley, en ajoutant à une solution d'alun ou de sulfate d'aluminium, une quantité insuffisante d'ammoniaque pour précipiter totalement l'alumine, et en laissant le précipité se rassembler pendant 2 ou 3 jours, on obtient après filtration et lavage. un sous-sel correspondant à :

$$(SO^4)^2Al^2O, 2Al^2O^3, 20H^2O.$$

L'alun précipité dans les mèmes conditions par le carbonate d'ammoniaque donnerait le même sous-sel, mais retenant toujours 1 0/0 de potasse.

D'après le même auteur, lorsqu'on précipite une solution d'alun par la potasse ou son carbonate, en évitant d'en mettre un excès, les précipités qui ne se rassemblent que lentement, ont pour formule :

$$SO^4Al^2O^2, Al^2O^3, 12H^2O.$$

Si à une solution d'acétate d'alumine, ne contenant pas plus de 0,3 0/0 d'alumine, on ajoute du sulfate de potasse en maintenant la température du mélange à 38°, on détermine, d'après Walter-Crum, la précipitation d'un sulfate basique, lent à se déposer, contenant toute l'alumine en dissolution et correspondant à :

$$SO^4Al^2O^2, Al^2O^3, 10H^2O.$$

Certains produits naturels tels que la *felsobanyte* $SO^4Al^2O^2$, Al^2O^3, $10H^2O$ et la *paraluminite* $SO^4Al^2O^2$, Al^2O^3, $15H^2O$ présentent une composition analogue.

On obtient facilement un sulfate basique en chauffant une solution aqueuse et concentrée de sulfate d'aluminium avec de l'hydrate d'aluminium. Ce sel basique aurait, d'après Maus, la composition suivante :

$$(SO^4)^2Al^2O. nH^2O.$$

Ce composé se rencontre dans la nature à l'état anhydre (alumiane).

D'après Marguerite. en dissolvant la quantité voulue d'alumine dans le sulfate neutre ; en traitant le sulfate neutre par le zinc ; en chauffant avec soin l'alun de potasse ou d'ammoniaque, on obtient toujours le sel :

$$(SO^4)^2Al^2O, 12H^2O.$$

En faisant bouillir une solution concentrée de sulfate d'aluminium avec
de l'hydrate d'alumine, on obtient une masse gommeuse qui contient
deux fois plus d'alumine que le sulfate neutre, pour la même quantité
d'acide. Ce sel est soluble dans une petite quantité d'eau ; mais si on le
fait bouillir avec une plus grande quantité de liquide, il se dédouble en
sulfate normal qui reste dans la liqueur et en sulfate plus basique qui se
dépose. Berzelius croit que ce sous-sel a pour composition :

$$2(SO^4Al^2O^2) + (SO^4)^2Al^2O + 30H^2O.$$

En abandonnant à elle-même une solution très étendue d'acide sulfurique, complètement saturée d'hydrate d'alumine, Rammelsberg a obtenu
après plusieurs années, un dépôt d'aiguilles microscopiques transparentes, présentant la composition précédente.

Le zinc, en contact avec une solution de sulfate neutre d'aluminium,
donne à chaud un abondant dégagement d'hydrogène. En chauffant à
l'ébullition une telle solution, avec du zinc, dans une capsule de platine,
M. Debray a obtenu un précipité grenu, facile à laver, soluble dans les
acides étendus et ayant pour formule :

$$3(SO^4, Al^2O^2), 2Al^2O^3, 20H^2O.$$

A froid l'action est plus lente. En laissant en contact pendant 8 jours
une solution froide de sulfate d'aluminium avec du zinc et du platine, le
même expérimentateur a obtenu un précipité gélatineux, qui, après lavage
et dessiccation, était constitué par des morceaux durs, à cassure vitreuse.

La composition de ce sel était :

$$3(SO^4, Al^2O^2), Al^2O^3, 36H^2O.$$

Ce même sel a été également obtenu par M. Debray sous la forme d'un
précipité cristallin, en laissant digérer du carbonate de chaux avec une
dissolution froide d'alun ordinaire.

En introduisant à la fois du zinc et du platine dans une solution aqueuse
et froide d'alun, le zinc se dissout peu à peu en dégageant de l'hydrogène
et il se forme un précipité cristallin correspondant à $5(SO^4Al^2O^2), 3Al^2O^3,$
$25H^2O$. Athanasesco a obtenu un sulfate basique de la formule $2(SO^4Al^2O^2),$
$(SO^4)^2 Al^2O, 9H^2O$. en chauffant vers 250° une solution à 3 0/0 de sulfate
neutre d'aluminium. Ce sel était cristallisé en petits rhomboèdres transparents, incolores, ressemblant beaucoup à des cubes.

Une solution aqueuse de sulfate neutre d'aluminium, contenant du chlorure de sodium. chauffée pendant 2 h. à 130° — 140°. a donné à Böttinger
un précipité pulvérulent, blanc, insoluble dans l'eau et l'acide acétique,
ne perdant que 2 molécules d'eau au rouge sombre et renfermant
$SO^4Al^2O^2, 6H^2O$.

L'existence des sulfates basiques, en tant qu'espèces chimiques définies, est niée par certains auteurs. M. S. U. Pickering dit ne pas avoir réussi à obtenir de sulfates basiques de composition constante.

14. Aluns. — a. **Généralités.** — L'aluminium forme assez facilement des sels doubles avec les métaux. Les plus importants de ces corps sont les aluns.

On donne ce nom à une série remarquable de composés, dont l'alun de potasse, auquel il était d'abord exclusivement appliqué, est le type.

La formule générale est :

$$(SO^4)^3M^2, SO^4R^2, 24H^2O.$$

Ces corps sont plus ou moins solubles dans l'eau. Ils cristallisent facilement en octaèdres réguliers. On peut, au premier abord, ne pas toujours reconnaître l'octaèdre dans les cristaux obtenus. Le volume, les dimensions relatives des faces et des arêtes peuvent varier dans une large mesure suivant les conditions dans lesquelles la cristallisation s'est effectuée. Ces conditions peuvent amener des déformations qui modifient du tout au tout l'apparence extérieure, les angles dièdres suivant lesquels les faces se coupent restant toujours immuables. Les figures 10, 11, 12 et 13 indiquent les diverses formes que peut présenter l'octaèdre.

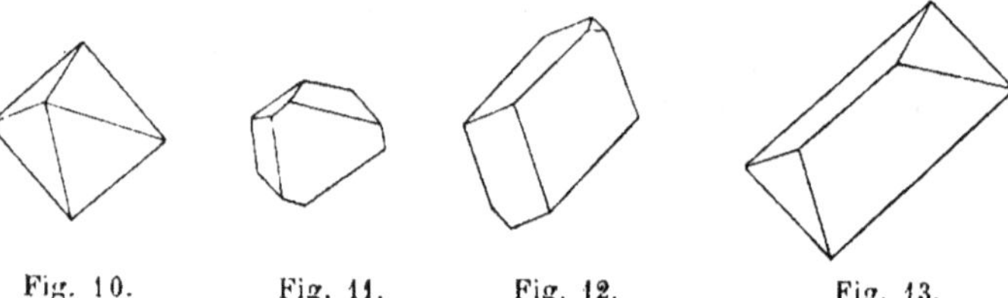

Fig. 10.   Fig. 11.   Fig. 12.   Fig. 13.

Les aluns ne diffèrent les uns des autres que parce que l'alumine et la potasse y sont remplacées en tout ou en partie par leurs isomorphes.

Ainsi on peut substituer à l'alumine, les sesquioxydes de fer, de manganèse, de chrome, etc. ; et à la potasse, la soude, l'ammoniaque, les oxydes de rubidium, de cœsium, de thallium, etc.

On a préparé également des aluns à base organique, tels que l'alun de triméthylamine, l'alun d'éthylamine, les aluns de méthylamine et d'amylamine.

L'acide sélénique, isomorphe de l'acide sulfurique, peut le remplacer dans ses combinaisons et donner ainsi des aluns.

On peut aussi préparer des aluns mixtes en mélangeant des solutions des divers aluns et laissant cristalliser. On favorise la cristallisation de certains aluns en ajoutant à leur dissolution une certaine quantité d'alun ordinaire. Ainsi les aluns de fer à base de thallium s'obtiennent plus aisément en cristaux volumineux quand l'alumine y remplace une quantité correspondante d'oxyde ferrique.

On peut faire croître un cristal d'un alun quelconque dans une solution d'un autre alun. Cela résulte de l'isomorphisme de ces sels. C'est ainsi que l'on peut faire croître un cristal d'alun de chrome dans une solution saturée d'alun ordinaire et vice versa.

La manière de désigner ces composés permet de les reconnaître facilement. Si on ne spécifie que le nom du métal ou de l'oxyde qui remplace le potassium, l'alun contient toujours de l'alumine.

Par exemple :

L'alun de soude $(SO^4)^3Al^2$, $SO^4Na^2 + 24H^2O$.

L'alun d'ammoniaque $(SO^4)^3Al^2$. $SO^4(AzH^4)^2 + 24H^2O$.

Lorsqu'on ne spécifie que le nom du métal ou de l'oxyde remplaçant l'alumine, le second métal est toujours le potassium.

Par exemple :

L'alun de chrome $(SO^4)^3Cr^2$, SO^4K^2, $24H^2O$.

Si les 2 métaux, aluminium et potassium ont été remplacés par leurs isomorphes, on désigne l'alun en spécifiant les 2 métaux qui entrent dans sa composition.

Par exemple :

L'alun de fer et d'ammoniaque $(SO^4)^3Fe^2$, SO^4, $(AzH^4)^2$, $24H^2O$.

Lorsque l'acide est autre que l'acide sulfurique, on le désigne également.

On connaît actuellement de nombreux aluns parmi lesquels nous citerons :

L'alun ordinaire,
$$(SO^4)^3Al^2, SO^4K^2 + 24H^2O ;$$

L'alun ammoniacal,
$$(SO^4)^3Al^2, SO^4(AzH^4)^2 + 24H^2O ;$$

L'alun de soude,
$$(SO^4)^3Al^2, SO^4Na^2 + 24H^2O ;$$

L'alun de rubidium,
$$(SO^4)^3Al^2, SO^4Ru^2 + 24H^2O ;$$

L'alun de cœsium,
$$(SO^4)^3Al^2, SO^4Cœ^2 + 24H^2O ;$$

L'alun de thallium,
$$(SO^4)^3Al^2, SO^4Tl^2 + 24H^2O ;$$

L'alun de manganèse,
$$(SO^4)^3Mn^2, SO^4K^2 + 24H^2O ;$$

L'alun de chrome,
$$(SO^4)^3Cr^2, SO^4K^2 + 24H^2O ;$$

L'alun de fer,
$$(SO^4)^3Fe^2, SO^4K^2 + 24H^2O ;$$

L'alun de chrome et d'ammoniaque,

$$(SO^4)^3Cr^2, SO^4(AzH^4)^2 + 24H^2O ;$$

L'alun de fer et d'ammoniaque,

$$(SO^4)^3Fe^2, SO^4(AzH^4)^2 + 24H^2O ;$$

L'alun de fer et de thallium,

$$(SO^4)^3Fe^2, SO^4Tl^2 + 24H^2O ;$$

L'alun sélénique,

$$(SeO^4)^3Al^2, SeO^4K^2 + 24H^2O ;$$

Nous avons déjà cité les aluns à base organique ; nous n'y reviendrons plus.

De même qu'avec le sulfate d'alumine on prépare des sulfates basiques, on peut, avec les aluns, préparer des sels basiques doubles, qui d'ailleurs se rencontrent dans la nature (alunite, lœvigite).

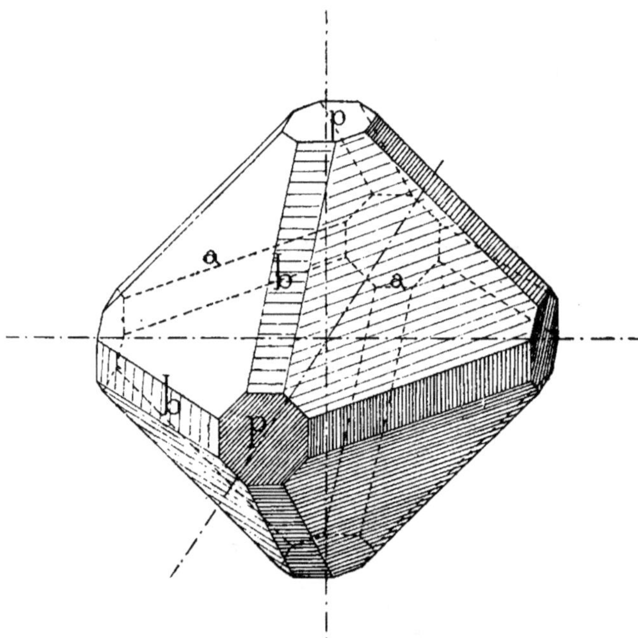

Fig. 14. — Octaèdre modifié par les faces du cube et du dodécaèdre rhomboïdal.

Parmi tous ces composés, les uns n'ont d'intérêt qu'au point de vue théorique, les autres ont reçu nombre d'applications et sont l'objet d'un commerce et d'une industrie considérables.

Nous ne décrirons que les principaux.

b. **Alun de potasse.** 1. *Alun ordinaire* $(SO^4)^3Al^2$, $SO^4K^2 + 24H^2O$. — On le prépare dans les laboratoires en faisant dissoudre et cristalliser des quantités équivalentes de sulfate d'aluminium pur et de sulfate de potassium. On le purifie facilement par des cristallisations répétées, pourvu qu'il n'y ait pas en présence une quantité, même faible, d'un autre alun ; dans ce cas la séparation serait très difficile et même souvent impossible.

La dissolution de ce composé a une réaction acide et une saveur d'abord sucrée, puis astringente. Elle cristallise en cristaux octaédriques que l'on peut obtenir très volumineux, incolores, transparents, appartenant au système régulier. Les octaèdres sont le plus souvent modifiés par les

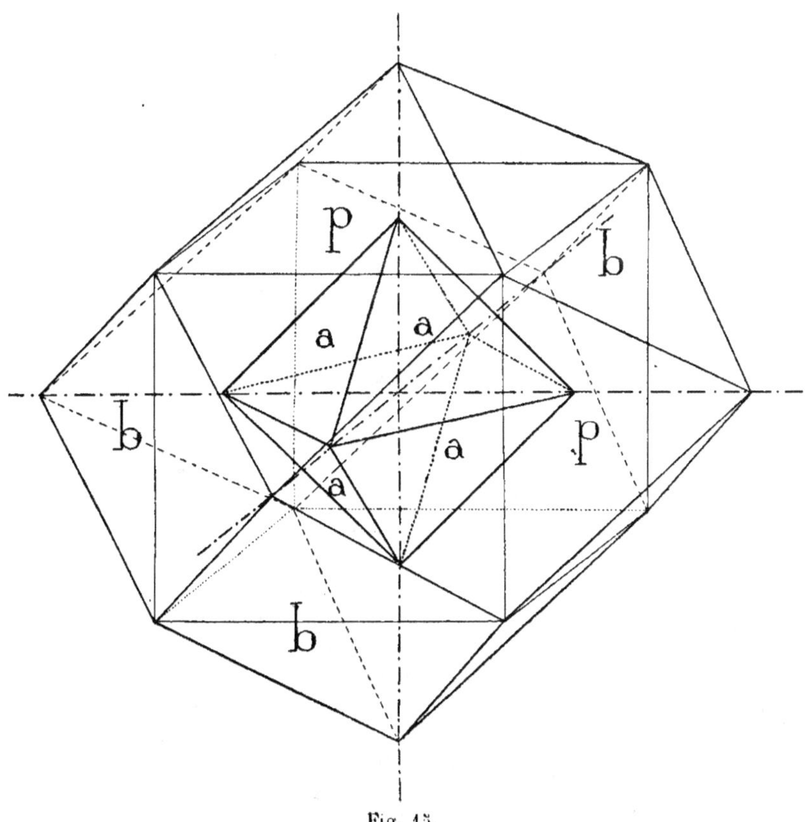

Fig. 15.

faces du cube et par celles du dodécaèdre rhomboïdal (fig. 14). Ces modifications s'établissent facilement. La figure 15 montre les relations du cristal avec le cube et le dodécaèdre.

La solution d'alun ordinaire se sursature facilement ; l'alcool précipite ce sel de ses solutions.

Fraîchement préparés, les cristaux sont translucides. Au bout de quelques jours, ils deviennent opaques. Exposés pendant longtemps au contact de l'air, ils prennent un aspect laiteux rappelant celui du marbre ou de l'albâtre, en s'effleurissant légèrement, mais surtout par suite de la formation à la surface des ces cristaux d'une couche de sous-sel, sous l'action des traces d'ammoniaque de l'atmosphère.

D'après Poggiale, 100 parties d'eau dissolvent :

Température $t =$	$(SO^4)^3Al^2, SO^4K^2, 24H^2O$ dissout
0°	3,90
10	9,52
20	15,13
30	22,01
40	30.92
50	44,11
60	66,65
70	90,67
80	134,47
90	209,31
100	357,48

Maintenu en vase clos sur l'acide sulfurique, ou porté à 61°, l'alun perd 18 molécules d'eau (Graham). A 92°5 il fond dans son eau de cristallisation. Si on élève la température, il se déshydrate lentement et perd successivement ses 24 molécules d'eau, soit 45,5 0/0 de son poids.

Si on porte au rouge un creuset contenant de l'alun, la masse se boursoufle et forme un champignon qui s'élève notablement au-dessus de l'ouverture du creuset (fig. 16). La masse poreuse et friable constituant ce champignon est de l'alun calciné employé comme caustique.

Au rouge vif l'alun se décompose. Il abandonne de l'anhydride sulfurique, de l'acide sulfureux et de l'oxygène. Il reste de l'alumine et du sulfate de potasse. A une température plus élevée et longtemps soutenue, on obtient de l'aluminate de potasse.

Fig. 16

Lorsqu'on chauffe modérément dans une cornue, un mélange de 3 parties d'alun calciné et 1 partie de noir de fumée, on obtient une masse pulvérulente qui s'enflamme spontanément au contact de l'air (pyrophore de Homberg). C'est un mélange très divisé d'alumine, de charbon et de sulfure de potassium.

On peut obtenir l'alun anhydre, à l'état cristallisé, en chauffant jusqu'à fusion un mélange d'alumine et de bisulfate de potasse. En reprenant la masse par l'eau chaude, on obtient un résidu de petits cristaux à six pans, d'alun anhydre (Salm-Horstmar).

L'alun anhydre est soluble dans l'eau, mais lentement. D'après Poggiale 100 parties d'eau dissolvent :

Température $t =$	$(SO^4)^3Al^2, SO^4K^2$ dissout
0°	2,10
10	4,99
20	7,74
30	10,94
40	14,88
50	20,09
60	26,70
70	35,11
80	45,66
90	58,68
100	74,53

La densité des solutions d'alun est donnée par le tableau suivant :

Densité $d =$	$(SO^4)^3Al^2, SO^4K^2 + 24H^2O$ 0 0
1,0065	1
1,0110	2
1,0166	3
1,0218	4
1,0269	5
1,0320	6

Nous avons vu que l'alun cristallise en octaèdres.

Il existe dans le commerce un alun cristallisé en cubes (alun de Rome) qui était préféré anciennement aux autres aluns parce qu'il ne contient pas de fer soluble. Cet alun, préparé avec l'alunite, ne diffère de l'alun ordinaire que parce qu'il contient un petit excès d'alumine (Leblanc).

Un cristal d'alun ordinaire octaédrique, taillé en cube, placé dans une solution d'alun rendue basique par un peu d'ammoniaque, continue à s'accroître en conservant la forme cubique ; si on introduit un cristal cubique sur lequel on a pratiqué des facettes octaédriques, on voit celles-ci disparaître peu à peu et le cristal régénérer le cube. L'inverse a lieu en employant une solution d'alun ordinaire.

De Hauer a obtenu l'alun hémiédrique en pratiquant sur un cristal d'alun cubique les facettes du tétraèdre et en le faisant croître ensuite dans une solution d'alun basique.

L'alun ordinaire peut donner naissance à des sulfates doubles, basiques, improprement nommés aluns basiques.

II. *Alunite*. — Si à une dissolution d'alun on ajoute lentement de la potasse, de la soude, de l'ammoniaque, un carbonate alcalin, il se produit un précipité qui se redissout par l'agitation, tant qu'on n'a pas employé un léger excès de réactif dans le cas de l'ammoniaque et des carbonates alcalins. La réaction du liquide, d'acide qu'elle était est devenue neutre. Si on laisse le liquide s'évaporer à la température ordinaire, on obtient des croûtes cristallines qui correspondent à la formule :

$$SO^4Al^2O^2, (SO^4)^2Al^2O, SO^4K^2, 3H^2O.$$

En évaporant à 40°, le précipité a pour formule :

$$3(SO^4, Al^2O^2), SO^4K^2, 6H^2O.$$

D'après A. Mitscherlich, en chauffant à 230°, un mélange de **3 gr.** de sulfate d'aluminium, 1 gr. d'alun de potasse et 10 cmc. d'eau, on obtient des cristaux rhomboédriques dont les angles sont de 91°30 et 88°30 et qui présentent la composition de l'alunite.

L'alunite existe à l'état naturel. C'est un minerai d'alun très important.

III. *Lœvigite*. — En faisant bouillir une dissolution concentrée d'alun avec du zinc dans une capsule de platine, il se dégage de l'hydrogène et on obtient une matière cristalline présentant la composition suivante :

$$3(SO^4Al^2O^2), SO^4K^2, 9H^2O.$$

C'est la lœvigite. Ce précipité, d'après M. Debray, est presque insoluble dans l'acide chlorhydrique et l'acide nitrique concentrés, mais soluble dans un mélange à poids égaux d'eau et d'acide sulfurique.

Ce même sel, mais facilement soluble dans les acides, a été obtenu par Riffault en ajoutant de la potasse à une dissolution d'alun, en évitant tout excès de réactif.

Le même expérimentateur l'a encore obtenu en faisant bouillir une solution d'alun avec de l'alumine hydratée.

Walter-Crum obtient la lœvigite en chauffant une dissolution d'alun avec de l'hydrate d'alumine ou du biacétate d'alumine insoluble.

Mitscherlich l'a préparée en portant à 230°, en tube scellé, une dissolution d'alun ordinaire. C'est cet auteur qui a donné le nom de lœvigite au précipité qu'il avait obtenu et qui présentait la composition suivante :

$$3(SO^4Al^2O^2), SO^4K^2, 9H^2O.$$

Ce même savant a encore reproduit cette substance en chauffant du sulfate de potasse avec du sous-sulfate d'aluminium.

La lœvigite ne diffère de l'alunite que par une proportion d'eau un peu plus élevée. Sous l'action de la chaleur elle perd de l'eau plus facilement que l'alunite et se distingue de cette dernière en ce que, reprise ensuite par l'eau, elle lui cède non pas de l'alun, mais du sulfate de potasse.

IV. *Alun de Rome.* — L'alun de Rome dont nous avons déjà dit quelques mots, ne diffère de l'alun ordinaire qu'en ce qu'il contient un léger excès d'alumine et qu'il cristallise en cube. Il a pendant longtemps été un produit industriel très important, supérieur dans beaucoup de cas aux autres aluns, par suite de l'absence de fer soluble. On le préparait avec l'alunite. On peut facilement le reproduire en ajoutant à une dissolution d'alun ordinaire chauffée à 30° ou 40°, un peu d'ammoniaque ou d'un carbonate alcalin. Par le refroidissement il se dépose de l'alun cubique. Si on chauffe une dissolution d'alun cubique au delà de 50°, il se dépose un peu de sous-sulfate d'aluminium et la solution en cristallisant ne fournit plus que de l'alun octaédrique.

c. **Alun ammoniacal.** I. *Alun ordinaire* $(SO^4)^3Al^2$, $SO^4(AzH^4)^2 + 24H^2O$. — Ce sel peut remplacer dans l'industrie l'alun ordinaire dans presque toutes ses applications. Les deux sels ont d'ailleurs été produits alternativement par les aluneries ; la considération qui influe le plus sur leur production est le prix comparatif des réactifs cristalliseurs, sulfate de potasse ou sulfate d'ammoniaque. Actuellement on fabrique surtout l'alun ammoniacal, le sulfate d'ammoniaque étant à très bas prix.

L'alun ammoniacal ressemble beaucoup à l'alun de potasse. Son aspect est le même, il donne les mêmes cristallisations (fig. 17). Les solubilités respectives des deux sels sont à peu près semblables.

Fig. 17. — Bloc d'alun.

Chauffé, l'alun ammoniacal fond et se boursoufle comme l'alun potassique ; comme lui. il est légèrement efflorescent. Chauffé fortement. il laisse comme résidu de l'alumine pure.

La température à laquelle il faut le porter pour que cette décomposition soit complète est beaucoup plus élevée que celle qui est nécessaire pour volatiliser le sulfate d'ammoniaque. On peut, en chauffant avec précaution de l'alun ammoniacal recouvert de sulfate d'ammoniaque, volatiliser ce dernier, sans faire éprouver de décomposition à l'alun.

La densité de l'alun ammoniacal est de 1,631.

L'alun déshydraté est un peu moins soluble dans l'eau que l'alun ammoniacal ordinaire.

100 parties d'eau dissolvent, d'après Poggiale :

Température $t =$	$(SO^4)^3Al^2, SO^4(AzH^4)^2 + 24H^2O$ dissout	$(SO^4)^3Al^2, SO^4(AzH^4)^2$ dissout
0°	5,22	2,63
10	9,16	4,50
20	13,66	6,57
30	19,29	9,05
40	27,27	12,35
50	36,51	15,90
60	51,29	21,09
70	71,97	26,95
80	103,08	35,19
90	187,82	50,30
100	421,90	70,83

La densité des solutions d'alun ammoniacal est donnée par le tableau suivant, donnant les richesses correspondantes en : $(SO^4)^3Al^2, SO^4(AzH^4)^2, 2 H^2O$.

$$t = 17°5$$

Densité $d =$	$(SO^4)^3Al^2, SO^4(AzH^4)^2, 24H^2O.$ 0/0
1,0060	1
1,0109	2
1,0156	3
1,0200	4
1,0255	5
1,0305	6

D'après Mulder, la dissolution saturée bout à 110°6 et contient 207,7 parties d'alun exprimé en alun anhydre.

II. *Sels basiques.* — De même qu'avec l'alun de potasse on obtient l'alunite et la lœvigite, on peut obtenir avec l'alun ammoniacal des sels doubles basiques.

En ajoutant de l'ammoniaque à une dissolution froide d'alun, on obtient un précipité qui se redissout par l'agitation tant qu'il n'y a pas d'ammoniaque en excès. La solution renferme alors le sel :

$$(SO^4)^2Al^2O, SO^4(AzH^4)^2,$$

qui ne cristallise que difficilement.

D'après Riffault, en ajoutant de l'ammoniaque à une solution bouillante d'alun, jusqu'à ce que le précipité persiste, on obtient une lœvigite ammoniacale :

$$3(SO^4.\ Al^2O^2),\ SO^4(AzH^4)^2,\ 9H^2O.$$

En maintenant à 190° un mélange de sulfate d'ammoniaque. de sulfate d'alumine et d'eau, on obtient une alunite, analogue à l'alunite potassique ;

$$3(SO^4,\ Al^2O^2),\ SO^4(AzH^4)^2,6H^2O.$$

L'alun ammoniacal a été trouvé dans la nature en petite quantité.

d. **Alun de soude.**

$$(SO^4)^3Al^2,\ SO^4Na^2 + 24H^2O.$$

On peut préparer ce sel en faisant cristalliser une solution de doses équivalentes de sulfate d'aluminium et de sulfate de sodium.

Il a la même forme cristalline que l'alun ordinaire, mais il est très efflorescent. Ses cristaux se résolvent en poudre au bout de quelques jours.

La densité de l'alun de soude est de 1,567, d'après Buignet.

Il est très soluble dans l'eau. A 16°, 100 parties d'eau en dissolvent 110 parties. Cette grande solubilité fait qu'industriellement on ne peut opérer sa séparation d'avec le sulfate de fer. ce qui interdit pour sa préparation l'emploi de minerais ferrugineux.

La solution d'alun de soude se sursature avec une grande facilité.

Si on évapore une solution de cet alun jusqu'à ce qu'elle se prenne en masse par le refroidissement, on observe qu'en arrosant le produit avec un peu d'eau, on obtient des cristaux assez volumineux. Cette cristallisation gagne de proche en proche toute la masse en allant de la surface à l'intérieur ; elle est activée si on malaxe légèrement avec un agitateur.

L'alun de soude est insoluble dans l'alcool. Il a été trouvé dans la nature (mendozite).

15. Hyposulfate ou dithionate d'aluminium. — On l'a obtenu en décomposant l'hyposulfate de baryum par le sulfate d'aluminium.

Il se décompose en grande partie, quand on évapore sa solution.

16. Azoture d'aluminium. Al^2Az^2. — Ce corps se présente en cristaux ayant l'apparence de prismes orthorhombiques courts. à sommets dièdres. A l'état amorphe il est jaune pâle ; les cristaux sont translucides et d'un jaune miel.

Il a été obtenu par Mallet dans diverses expériences, dans lesquelles l'aluminium était porté à haute température dans un creuset de charbon. On obtenait à la surface du culot métallique des particules cristallines jaunes, que l'acide chlorhydrique étendu mettait en liberté en même temps qu'une masse amorphe de même couleur. Dans ces expériences, l'azote provenait évidemment de l'air qui traversait les parois du creuset.

L'azoture était toujours accompagné d'un peu d'alumine cristallisée.

Pour l'obtenir en quantité suffisante pour l'étude, Mallet a chauffé à très haute température de l'aluminium dans du carbonate de soude sec. Ces matières étaient placées dans un creuset en charbon ou en chaux, contenu dans un second creuset en graphite ; l'intervalle entre les deux creusets était comblé par du noir de fumée.

Calciné au contact de l'air, ce corps abandonne lentement son azote et l'aluminium s'oxyde.

Au contact de l'air humide, il se décompose spontanément en donnant de l'alumine et en dégageant de l'ammoniaque. L'azoture amorphe est plus altérable que le même corps cristallisé.

17. Nitrate d'aluminium. $Al^2(AzO^3)^6$, $2H^2O$. — On obtient ce sel en dissolvant de l'hydrate d'aluminium dans l'acide nitrique. On évapore, en ayant soin que la liqueur contienne un excès d'acide, et par le refroidissement il se dépose de volumineux cristaux contenant 15 molécules d'eau.

Lorsqu'on le fait cristalliser dans l'acide nitrique concentré il ne retient que 2 molécules d'eau.

C'est un sel très déliquescent. Il se décompose vers 140°, en donnant de l'alumine et de l'acide nitrique. Cette propriété a été utilisée en analyse pour la séparation de l'aluminium d'avec le calcium et le magnésium.

Les cristaux d'azotate d'aluminium fondent à 72°8 en donnant une liqueur incolore qui, par le refroidissement, se solidifie en prenant une texture cristalline. Ils sont solubles dans l'eau, l'acide nitrique, l'alcool.

18. Phosphates d'aluminium. — Ils dérivent des acides :

$$PO^4H^3 \qquad \text{acide orthophosphorique.}$$
$$P^2O^7H^4 \qquad \text{» pyrophosphorique.}$$
$$PO^3H \qquad \text{» métaphosphorique.}$$

a. **Orthophosphate d'aluminium**. $(PO^4)^2Al^2$. — On l'obtient en précipitant une solution neutre d'alumine par le phosphate de soude ordinaire, sous la forme d'une matière blanche, gélatineuse, qui, desséchée à l'air retient 9 molécules d'eau (Rammelsberg). La teneur en eau varie suivant les auteurs qui ont étudié ce sel ; elle ne paraît pas bien constante.

La matière ainsi obtenue est soluble dans la potasse, insoluble dans l'acide acétique. Cette propriété, partagée par le phosphate de fer, permet de les séparer facilement des phosphates de chaux, magnésie, etc.

Lorsqu'à une solution concentrée d'aluminate de sodium, on ajoute de l'acide phosphorique jusqu'à réaction acide et que l'on chauffe le mélange

jusqu'à 250° sous pression, on obtient le sel $(PO^4)^2Al^2$ en prismes hexagonaux d'une densité de 2,59, infusibles au rouge, insolubles dans les acides HCl et AzO^3H, difficilement solubles dans SO^4H^2 concentré. MM. Hautefeuille et Margottet, en chauffant des dissolutions d'alumine dans l'acide
phosphorique, ont obtenu :

À 100°, le sel $Al^2O^3. 3P^2O^5. 6H^2O$ cristallisé en prismes incolores ;

À 150°-200°, le sel $Al^2O^3, 3P^2O^5, 4H^2O$ en aiguilles ;

Au-dessus de 200°. le sel $Al^2O^3. 3P^2O^5$ cristallisé en tétraèdres réguliers.

D'après Rammelsberg. lorsqu'on ajoute de l'ammoniaque à une liqueur
acide contenant du phosphate d'alumine. on obtient un sel basique :

$$4(Al^2O^3), 3(P^2O^5), 18H^2O.$$

C'est ce phosphate, qui. dans la nature. combiné au fluorure d'aluminium donne le minéral connu sous le nom de wawellite, et qui, d'après
Berthier, a pour composition :

$$Al^2Fl^6, [(Al^2O^3)^4, (P^2O^5)^3]^3. 36H^2O.$$

D'après Millot. en faisant bouillir un mélange de sulfate d'aluminium et
de phosphate d'ammoniaque ordinaire en dissolution, en ajoutant au mélange un peu d'acide sulfurique. on obtient un phosphate acide :

$$2(PO^4)^3Al^2H^3 + 17H^2O.$$

En traitant ce composé par l'acide phosphorique en quantité convenable.
lavant le résidu obtenu. et analysant ce résidu. on obtient des nombres
correspondant à :

$$(PO^4)^4Al^2H^6, 5H^2O.$$

En précipitant la solution dans un acide de l'un des phosphates précédents, par l'ammoniaque, sans en mettre un excès. Millot a obtenu un
phosphate basique :

$$2(PO^4)^2Al^2, Al^2O^3, 8H^2O.$$

b. **Pyrophosphate d'aluminium.** — Il s'obtient sous la forme d'un précipité blanc. amorphe. soluble dans les acides minéraux. dans la dissolution de pyrophosphate de soude. dans l'ammoniaque. etc.. en ajoutant du
pyrophosphate de soude à une dissolution de chlorure d'aluminium, jusqu'à neutralisation.

Il s'obtient également, et cette fois en très beaux cristaux clinorhombiques, en traitant le métaphosphate d'aluminium, par l'acide métaphosphorique fondu additionné d'une certaine quantité de phosphate tribasique
d'argent (Hautefeuille et Margottet).

c. **Métaphosphate d'aluminium.** — MM. Hautefeuille et Margottet l'ont
obtenu en traitant l'alumine par l'acide métaphosphorique fondu.

En traitant la masse par l'eau bouillante. on obtient le métaphosphate d'aluminium sous la forme de cristaux cubiques. présentant des modifications conduisant à l'octaèdre, au dodécaèdre rhomboïdal ou au trioctaèdre.

Cependant, en suivant ce mode de préparation. on n'obtient le plus souvent que des cristaux mal formés. parce qu'ils se ramollissent à la température nécessitée par la fusion de l'acide métaphosphorique.

En ajoutant à la masse une petite quantité de phosphate triargentique on donne de la fluidité à l'acide métaphosphorique et on obtient ainsi de beaux et gros cristaux exempts d'argent.

Si le phosphate triargentique se trouve en proportion un peu notable dans le bain et notamment lorsqu'on ajoute 2 parties d'alumine à un bain formé de 4 à 6 parties d'acide métaphosphorique et de 8 parties de phosphate triargentique, ou encore en traitant directement les cristaux de métaphosphate d'aluminium par 3 fois environ leur poids de phosphate triargentique, on obtient des cristaux incolores, d'une transparence parfaite, biréfringents, agissant énergiquement sur la lumière polarisée et dérivant d'un prisme orthorhombique. Leur formule est : $2Al^2O^3. Ag^2O, 4P^2O^5$.

Un léger excès d'acide métaphosphorique donne naissance à des cristaux clinorhombiques de pyrophosphate d'aluminium. tandis qu'un excès de phosphate triargentique donne des octaèdres aigus, semblant dériver d'un prisme clinorhombique et répondant à la formule $2Al^2O^3, 3P^2O^5$.

Le phosphate d'aluminium se trouve dans la nature, le plus souvent à l'état de phosphate double (wawellite, amblygonite, childrénite, turquoise).

19. Arsénite d'aluminium. — On peut l'obtenir en précipitant une solution de sulfate d'aluminium par l'arsénite de baryum et concentrant la liqueur filtrée, d'abord à une douce chaleur, puis sur l'acide sulfurique. Il cristallise en beaux octaèdres rhomboédriques. Si on concentrait la solution de ces cristaux à une température de 70°, elle donnerait de l'acide arsénieux et il resterait en solution, un arsénite basique.

20. Arséniates d'aluminium. — M. Coloriano a obtenu l'arséniate $(As^5O^4)^2Al^2$ en cristaux lenticulaires, en chauffant à 200° des solutions d'arséniate trisodique et de sulfate d'aluminium. L'arséniate dit neutre, de Berzélius $(As^2O^7)^3Al^4$, serait le pyroarséniate. Peut-être ce sel est-il hydraté et correspondant à :

$$\left.\begin{array}{l}(Al^2)^{VI}\\ H^3\end{array}\right\}(AsO^4)^3.$$

Ce sel est insoluble ; mais il existe un sel acide très soluble. incristallisable et répondant probablement à la formule :

$$\left.\begin{array}{l}(Al^2)^{VI}\\ H^6\end{array}\right\}(AsO^4)^4.$$

21. Silicates d'aluminium. — Les silicates d'aluminium se rencontrent dans la nature en quantité considérable. Ce sont eux qui constituent le disthène, les feldspaths, les kaolins et les argiles, etc. Nous étudierons ces roches d'une manière plus détaillée en parlant des minéraux de l'aluminium.

L'aluminium forme facilement des silicates doubles. C'est même sous cet état qu'il est rencontré le plus fréquemment.

En chauffant au rouge cerise un mélange intime de 4 parties de kaolin et de 3 parties de sel marin, M. Gorgeu a obtenu un silicate double d'aluminium et de sodium $2SiO^2$, Al^2O^3, Na^2O.

Le même auteur a préparé le silicate double d'aluminium et de potassium $2SiO^2$, Al^2O^3, K^2O en chauffant pendant 2 h. dans un creuset de platine couvert. 1 partie de kaolin avec 2 parties d'iodure de potassium.

Le sel obtenu est amorphe et insoluble dans l'eau. Il retient 2 0 0 d'iodure.

Ces silicates doubles sont solubles dans l'acide chlorhydrique et l'acide nitrique étendu, insolubles dans les solutions alcalines ou carbonatées, infusibles ou peu fusibles au rouge vif.

En chauffant une partie de kaolin $2SiO^2$. Al^2O^3, $2H^2O$ avec 13 parties de carbonate de soude, on observe au rouge cerise un premier dégagement d'acide carbonique, puis un second vers le rouge orangé.

Il y a donc là deux réactions successives donnant naissance à des silicates différents.

Le premier correspondrait assez bien à la formule :

$$3SiO^2. 2Al^2O^3, 3Na^2O ;$$

Tandis que le second se rapprocherait de :

$$SiO^2, Al^2O^3, Na^2O.$$

L'action de la soude fondue sur le kaolin est très rapide.

§ 3. MINÉRAUX DE L'ALUMINIUM

L'aluminium est très abondant dans la nature sous la forme de nombreux composés, dont les plus importants appartiennent à la série des minéraux silicatés.

Beaucoup, soit parmi ces derniers, soit parmi les oxydes et les hydrates, soit parmi les minéraux sulfatés, etc., ont reçu de nombreuses applications et sont utilisés par la joaillerie et par des industries diverses.

Nous étudierons les plus intéressants de ces corps.

22. Minéraux contenant du fluor. — a. Fluellite. — Croûtes cris tallines blanches, vitreuses, trouvées sur du quartz à Stenno-Gwyn (Cornouailles) et constituées par du fluorure d'aluminium. Sa dureté est 3 sa forme cristalline un octaèdre orthorhombique $a^1a^1 = 109°6'$ et $82°12'$.

b. **Topaze.** $SiO^4(Al^2Fl^2)$. — (Syn. Chrysolithe, physalithe, pyrophysalithe, alumine fluatée siliceuse, pycnite.)

Cristaux jaune miel ou brunâtres, rougeâtres, bleuâtres ou incolores. On les trouve dans le gneiss, le granite, associés à la tourmaline, le mica, l'émeraude ; souvent aussi avec l'apatite, la fluorine, la cassiterite, etc. On les rencontre aussi dans les roches talcqueuses ou les micaschistes. Les gisements les plus importants sont dans l'Oural et au Brésil.

Les topazes sont faiblement attaquées par SO^4H^2 avec dégagement de HFl. Au chalumeau elles perdent du fluorure de silicium sans fondre. Avec le nitrate de cobalt elles donnent la réaction de l'alumine.

Leur dureté est de 8, leur densité de 3,4 à 3,65. Elles cristallisent en prismes orthorhombiques. Voir fig. 18, 19 et 20.

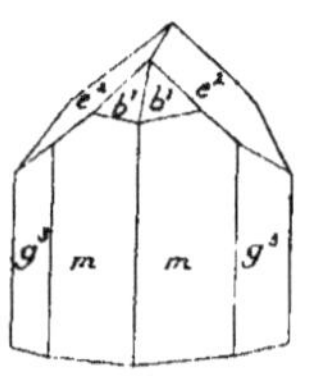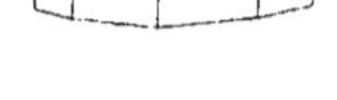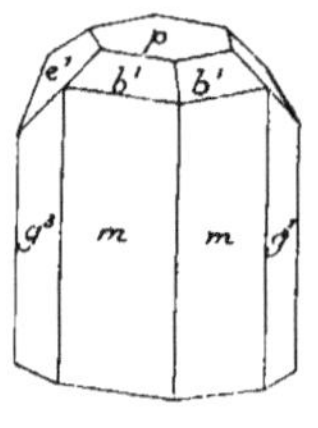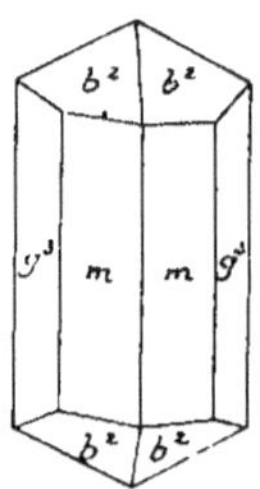

Fig. 18. — Topaze.   Fig. 19. — Topaze.   Fig. 20. — Topaze.

c. **Cryolithe.** — C'est un fluorure double d'aluminium et de sodium Al^2Fl^6, $6NaFl$. On la trouve en masses cristallines blanchâtres, fragiles, clivables dans trois directions rectangulaires au Groënland et dans l'Oural. On l'appelle encore *alumine fluatée alcaline*.

L'acide sulfurique la décompose en donnant HFl. Elle est très fusible. Sa dureté est de 2.5 et sa densité 2.9 à 3.07.

La cryolithe cristallise dans le type anorthique.

23. Oxyde anhydre. Al^2O^3. — a. **Corindon.** — Le corindon est du sesquioxyde d'alumine pur, cristallisé. Il est incolore et appartient, par ses formes cristallines, au système rhomboédrique. Le rhomboèdre primitif de $86°4$ est rare et le corindon se présente le plus souvent sous la forme de prismes hexagonaux basés d_1a_1, portant souvent des pyramides à leurs extrémités.

Sa dureté est égale à 9, sa densité oscille entre 3.9 et 4.2, son pouvoir réfringent est 0.739. Il possède la double réfraction à un axe négatif.

Le corindon est inattaquable par les acides et infusible au chalumeau.

Sa dureté et sa forte réfringence en font une pierre très précieuse employée en joaillerie.

En dehors de la variété incolore, il existe des corindons contenant des traces d'oxyde de fer, de chrome, de titane, constituant des gemmes colorées ayant chacune leur nom spécial.

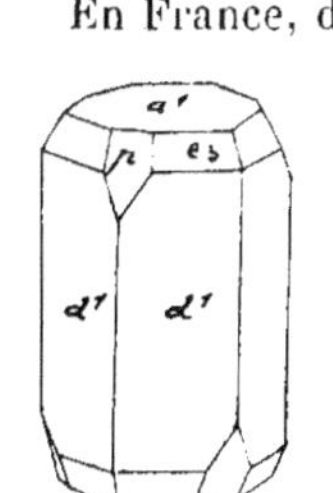

Coloré au rouge par des traces d'oxyde de chrome c'est le *rubis oriental* dont la valeur atteint et dépasse celle du diamant. Les plus beaux échantillons viennent de Ceylan, de l'Inde et de la Chine.

Coloré en bleu, c'est le *saphir* dont la teinte varie du bleu foncé au bleu très pâle. Sa valeur est moindre que celle du rubis.

Le corindon vert ou *émeraude* est très rare. Il vient de Ceylan.

Fig. 21. — Corindon.

La *topaze orientale* est du corindon jaune. Sa valeur est moindre que celle des gemmes précédentes.

Le corindon violet ou *améthyste orientale* est assez rare.

En France, dans les volcans éteints de l'Auvergne, on rencontre une assez grande quantité de corindon, qui d'ailleurs n'a aucune valeur par suite du manque de transparence des cristaux.

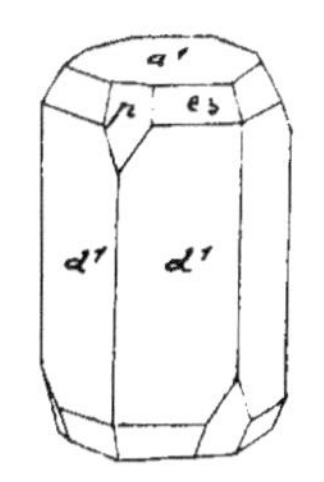

L'*émeri* est un mélange d'oxyde de fer, en quantité atteignant parfois 30 0/0, avec du corindon.

C'est une roche de couleur foncée, dont il existe deux types à structure ou compacte ou grenue, et contenant souvent du quartz, de la chlorite, etc.

Fig. 22. — Corindon.

L'émeri se trouve en couches ou en amas stratiformes dans les étages des gneiss et des micaschistes, en Saxe, en Chine, dans les Indes et surtout en Asie Mineure.

Le premier gisement fut rencontré dans cette dernière région à Gumuch-Dagh, près de l'antique ville de Magnésie.

Sa dureté le fait employer au polissage des corps durs, des métaux, etc.

21. Oxydes hydratés. — a. Diaspore. Al^2O^3, H^2O. — Le diaspore se trouve habituellement avec le corindon dans la dolomie, les schistes chloriteux, etc. On l'a trouvé à Bournac (Haute-Loire), dans un gneiss.

Il cristallise dans le système orthorhombique. Il se présente le plus généralement sous la forme d'un prisme orthorhombique mm. de 129°47', ordinairement tronqué par g_1 et terminé par un octaèdre $b_1 b_1 = 151°34'$.

Il se clive suivant g_1 et moins bien suivant m. Sa dureté varie de 6,5 à 7 et sa densité de 3.2 à 3.5. Sa couleur est le blanc ou le blanc jaunâtre. Il est transparent. Sa cassure est conchoïdale et est très brillante.

Dans le tube fermé, le diaspore décrépite fortement et se sépare en écailles blanches perlées.

A haute température il donne de l'eau. Avec le nitrate de cobalt il donne une belle coloration bleue. Il est inattaquable par les acides, mais le devient après calcination.

b. **Bauxite**. Al^2O^3, $2H^2O$. — La bauxite est tantôt compacte, tantôt oolithique et se présente en grains concrétionnés arrondis ou en masses terreuses. Sa couleur est variable : blanche, grise, jaune, rouge, brune, etc. Elle est dure, cassante, d'autant plus rouge qu'elle est plus riche en oxyde de fer.

Fig. 23. — Diaspore.

Voici, d'après M. Pommier, l'analyse de diverses variétés de ce minéral.

Désignation des éléments dosés.	Bauxite.				
	Rose	Jaune avec veines brunes	Rouge clair	Rouge brun	Brun foncé
Alumine	66,82	54,10	53,00	44,40	44,10
Oxyde ferrique	1,92	10,40	24,20	30,30	37,20
Silice	16,26	12,00	7,50	15,00	4,70
Chaux	»	»	1,50	»	»
Eau	15,00	21,90	13,10	9,79	12,00

D'autres échantillons analysés à l'Ecole des mines ont donné :

Désignation des éléments dosés.	Bauxite.		
	Blanche	Rose	Rouge
Silice	8,30	10,20	15,00
Alumine	75,70	52,50	35,30
Oxyde ferrique	1,90	24,60	27,90
Chaux	0,30	0,35	0,38
Magnésie	0,18	0,27	0,36
Perte à la calcination	13,50	12,00	11,00

Comme on le voit, la composition de la bauxite est extrêmement variable. Les sortes les plus pures sont seules utilisées par l'industrie. Pour la fabrication du sulfate d'alumine, notamment, il faut un minerai le plus possible exempt de fer, aussi les fabricants exigent-ils des fournisseurs un maximum de dosage en oxyde de fer. D'après M. Lacarrière, la bauxite traitée à son usine de Noyon, contient en moyenne :

Désignation des éléments dosés	Bauxite de Villevayrac
Alumine	63,00
Oxyde de fer	2,90
Carbonate de chaux	5,10
Insoluble dans SO^4H^2	10,50
Perte au rouge	19,00

Le maximum de dosage en oxyde de fer exigé est de 3 0/0 et le minimum en alumine est de 60 0/0.

La bauxite a été découverte à Baux, près d'Arles par Berthier, en grains disséminés dans du calcaire compact ; à Revest, près de Toulon : à Allauch (Var), etc. Sa densité est de 2,5.

Loin de ne former qu'un accident restreint, la bauxite constitue des gîtes isolés, mais nombreux, enchassés dans le terrain crétacé et alignés suivant une ligne qui s'étend de Tarascon à Antibes sur plus de 150 km. de longueur.

Elle a été trouvée et exploitée par M. Augé, de Montpellier, à Villevayrac, dans l'Hérault.

On en a découvert au Sénégal, en Calabre, en Irlande, en Autriche, etc.

L'extraction de ce minerai se fait à ciel ouvert ou par galeries souterraines. L'attaque des terrains et l'abattage du minerai se font à la poudre.

La bauxite brute est triée à la main et broyée avant l'emploi.

Ce minéral a reçu de nombreuses applications : il sert à la fabrication de l'aluminate de soude, de l'alumine pure, de l'aluminium, du sulfate d'alumine, des aluns, etc.

25. Aluminates. — Ces minéraux appartiennent au groupe des spinelles dont la formule générale est MR^2O^4 : $M = Mg$ ou Fe, Zn, Mn et $R = Al$, Fe, Mn, Cr, Ti, etc. Ils cristallisent généralement en cubes.

a. **Rubis spinelle** $MgAl^2O^4$ (syn. rubis balais). — Il se présente en octaèdres plus ou moins modifiés. La cassure est conchoïdale, l'éclat vitreux. La couleur est variable, mais le plus souvent rouge. La densité du rubis balais oscille entre 3,5 et 3,8, sa dureté est de 8. Il est infusible au chalumeau, peu soluble dans le borax, soluble dans le sel de phosphore.

Quand il contient des quantités variables d'oxyde de fer, il est le plus souvent noir et prend les noms de *ceylanite*, *pléonaste*, *chlorospinelle*, etc. Associé au chrome il est jaune ou jaune verdâtre ; c'est la *picotite*.

Les spinelles rouge, rose ou violacé sont employés en joaillerie, mais sont moins estimés que le rubis oriental.

Les spinelles se trouvent dans les calcaires cristallins, les gneiss, les serpentines. Le rubis spinelle est souvent associé au rubis oriental. Le pléonaste se trouve dans des cipolins situés dans les gneiss de Mercus et d'Arignac au nord de Tarascon. On le trouve aussi en grains disséminés dans la lherzolite près de Montpellier.

La gahnite est un spinelle zincifère.

b. **Cymophane**. $GlAl^2O^4$. — (Syn. : chrysobéryl, chrysolite orientale, etc.).

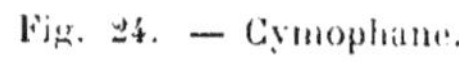

Fig. 24. — Cymophane.

C'est un aluminate de glucine cristallisant dans le système du prisme orthorhombique.

Il se présente généralement sous la forme de cristaux tabulaires d'apparence hexagonale (fig. 24).

Sa couleur est le blanc verdâtre passant au gris.

La cymophane est trichroïque, opalescente, non transparente. Sa densité est 3,75, sa dureté 8,5.

Une variété verte est connue sous le nom d'œil de chat à cause de ses reflets chatoyants. Elle vient de Ceylan.

On trouve la cymophane dans les granites, les gneiss, les micaschistes, etc.

26. Minéraux sulfatés. — a. **Alunogène**. $Al^2(SO^4)^3, 18H^2O$. — (Syn. alun de plume, halotrichite, etc.).

L'alunogène est monoclinique. Il constitue des masses fibreuses ou écailleuses que l'on trouve dans des solfatares. Il est translucide, très soluble. Sa dureté est de 1,5 à 2 et sa densité de 1,6 à 1,8.

On l'a rencontré dans les carrières de bitume de Chamalières.

b. **Alumiane**. — C'est du sulfate d'alumine anhydre. On l'a rencontré dans les mines de la Sierra Almagrera. Il est blanc, en masse vitreuse ou en petits cristaux microscopiques.

Dureté 2 à 3 ; densité 2,70 à 2,78.

c. **Websterite**. — (Syn. Aluminite, hallite, etc.).

Sa formule est $SO^3Al^2O^3), 9H^2O$.

C'est un sous-sulfate d'aluminium hydraté, en rognons terreux, blanc mat, tendre, doux au toucher, happant à la langue.

La webstérite est soluble dans les acides. Dans le tube elle donne de l'eau. Avec le nitrate de cobalt elle fournit une belle coloration bleue.

On la rencontre à la partie inférieure des terrains tertiaires, en veines ou en nodules dans l'argile plastique, à Auteuil, à Halle, New-Haven, etc.

d. **Aluns**. — L'alun potassique se trouve en efflorescence ou en masses fibreuses dans les schistes alumineux. L'alun sodique a été rencontré en croûtes fibreuses dans les solfatares à Naples, Milo, etc. L'alun ammoniacal a été trouvé dans les lignites de Tschermig (Bohême) et dans le cratère de l'Etna.

e. **Alunite** $K^2O, 3Al^2O^3, 4SO^3, 6H^2O$. — (Syn. alumine sous-sulfatée alcaline, pierre d'alun, etc.).

Il y a quatre types à distinguer suivant que l'alunite est compacte, porphyroïde, terreuse ou bréchoïde.

C'est une roche blanchâtre, grisâtre, jaunâtre ou rougeâtre que l'on trouve à La Tolfa près de Civita-Vecchia, à Montioni dans le duché de Piombino, à Mursaly, Munkact et Tokay en Hongrie, dans les îles de Milo, d'Argentino, de Nipoligo dans l'Archipel Grec, au Puy de Sancy, à Madriat, en Auvergne, à Samsin en Asie Mineure, en Australie.

On la rencontre parfois cristallisée en rhomboèdres, mais le plus souvent sous la forme d'une roche grisâtre clair, dure comme le quartz, de densité $d = 2.5$ en moyenne.

Au chalumeau l'alunite décrépite et est infusible. Dans le tube fermé, elle donne de l'eau. Elle est soluble dans SO^4H^2.

Sa dureté est de 3,5 à 4, sa densité 2,6 à 2,75. Elle est partiellement soluble dans l'eau après calcination.

A La Tolfa, l'alunite se rencontre sous la forme de gisements circonscrits au milieu des schistes argileux rougeâtres de l'époque jurassique.

Le gisement de Madriat a environ 15 kilomètres carrés d'étendue. Il est situé dans l'arrondissement d'Issoire, au sud-est des montagnes du Mont-Dore. L'alunite s'y rencontre dans des argiles d'un rouge sang de bœuf appartenant aux assises inférieures des terrains tertiaires, où elle se trouve disséminée sous la forme de boules, de rognons, etc.

La composition de l'alunite est extrêmement variable. Voici, d'après M. Pommier, quelques analyses de l'alunite de Madriat :

Eléments dosés	Alunite			
	Blanche	Rose	Rouge	Rouge foncé
Potasse	10,6	6,3	7,5	4,0
Alumine et oxyde de fer	36,3	38,1	38,3	39,8
Chaux	1,9	2,4	2,1	2,6
Silice	2,3	13,4	11,0	17,3
Acide sulfurique	34,7	23,9	25,2	19,7
Eau	14,5	14,6	14,6	16,1

Vauquelin donne de l'alunite du Mont-Dore l'analyse suivante :

Silice.	28,40
Acide sulfurique.	27,03
Alumine.	31,80
Potasse.	5,79
Protoxyde de fer.	1,44
Eau.	3,72
Perte.	1,82

M. Pommier donne pour l'alunite de La Tolfa, les chiffres suivants :

Eléments dosés	1	2	3
Acide sulfurique	25,00	16,50	27,63
Alumine	43,92	19,00	26,29
Potasse	3,08	4,00	7,17
Eau	4,00	3,00	12,04
Silice	24,00	56,50	»
Silicates	»	»	23,59
Divers	»	»	3,28

Voici, d'après différents auteurs, l'analyse d'échantillons de différents gîtes.

Eléments dosés	La Tolfa — Stein	Zabrze — Löwig	Zabrze — Mitscherlich	Montione — Descotils
Acide sulfurique	37,50	34,81	34,81	35,60
Alumine	35,00	33,37	34,95	40,00
Peroxyde de fer	2,10	»	0,68	»
Potasse	8,00	10,40	9,30	13,80
Soude	»	»	0,39	»
Eau	14,50	18,32	17,88	10,60
Silice	1,90	3,37 (1)	0,26	»
Reste			1,74 (2)	»

(1) Y compris les substances organiques.
(2) Magnésie, 0,55 : chaux, 0,28 : baryte, 0,44 : matières organiques, 0,47.

Éléments dosés	La Tolfa		Beregszaz (Hongrie) Klaproth	Mazsai (Hongrie) Mitscherlich	Gleichenberg (Styrie) Fridau	Pic-de-Sancy (Puy-de-Dôme) Cordier
	Vauquelin	Mitscherlich				
Acide sulfurique..	25,00	27,63	12,50	27,10	16,50	27,00
Alumine.........	43,92	26,29	17,50	28,82	19,06	31,80
Peroxyde de fer..	»	»	»	»	1,13	1,40
Potasse.........	3,08	7,17	4,00	»	3,97	5,80
Eau.............	4,00	12,04	5,00	»	7,23	3,70
Silice..........	24 »	»	62,25	28,10	50,71	28,40
Silicates.........	»	23,59	»	»	»	»
Reste..........	»	3,28 (1)	»	15,85 (2)	1,40 (3)	

(1) 3,21. magnésie : 0,7, chaux.
(2) Y compris 0,13 de baryte et de l'indosé.
(3) 0,56, chaux : 0,44, magnésie : 0,9, sulfate de magnésie ; 0,03, chlorure de magnésium ; 0,31, silicate de potasse.

Citons encore. pour la même roche, les analyses de Vivien (1). Cordier (2), Klaproth (3).

Éléments dosés	1 Vivien	2 Cordier	3 Klaproth
Potasse.....................	7,77	10,021	4,00
Alumine....................	37,00	39,654	19,90
Acide sulfurique..............	40,17	35,495	16,50
Oxyde de fer................	1,70	»	»
Eau et divers................	13,36	14,830	3,00
Silice......................	»	»	36,50

Voici maintenant, à titre de renseignement comparatif. la composition moyenne de l'alunite crue de la Tolfa. traitée pour sulfate d'alumine.

Sulfate de potasse.	14,00
Alumine.	28,00
Acide sulfurique (SO^3).	20,00
Oxyde de fer (Fe^2O^3).	2,00

L'alunite est exploitée en grande quantité pour la fabrication de l'alun et du sulfate d'alumine.

Ce minerai était déjà utilisé pour cet usage au XV° siècle « La Tolfa ».

f. **Lœwigite**. — C'est également un sulfate hydraté d'alumine et de potasse. $SO^4K^2,3 (SO^4Al^2O^2),9 H^2O$.

Elle se présente en masses arrondies, semblables à l'alunite compacte, à Zabrze (Silésie) et à La Tolfa. Au chalumeau elle présente les caractères de l'alunite. Sa dureté est de 3 à 4. Sa cassure est conchoïdale, sa densité de 2,6.

27. Minéraux phosphatés. — a. Wawellite ($PO^4)^2(Al.OH)^3$, $41/2 H^2O$. — La wawellite cristallise dans le système orthorhombique.

Les cristaux sont souvent en forme d'aiguilles et se groupent en masses sphériques ou hémisphériques à structure radiée.

Parfois aussi ils se présentent sous la forme de petits prismes verdâtres. La couleur est variable, grise, verte, jaune, brune, bleue, etc.

La cassure est imparfaitement conchoïdale. Les clivages sont assez faciles. La dureté est 3,5 à 4, la densité 2,32 à 2,34.

La wawellite se gonfle au chalumeau. Avec le nitrate de cobalt elle donne la réaction de l'alumine.

Elle est soluble dans les acides et la potasse caustique et contient du fluor.

On l'a trouvée dans les fissures des schistes argileux du Devonshire, dans l'hématite brune contenue dans un calcaire jurassique a Amberg (Bavière), dans les filons stannifères de Montebras (Creuse), à Saint-Girons (Ariège), en Amérique.

b. **Turquoise** (PO^4, $Al^2(OH)^3$, H^2O). — La turquoise se présente avec une structure microcristalline, sa cassure est conchoïdale ou inégale. Elle est bleue d'azur, vert pomme, etc. Elle possède un éclat vitreux faible.

Sa dureté est 6, sa densité 2,6 à 2,8. Sa poussière est blanche ou verdâtre. L'oxyde de cuivre entre dans sa composition pour 2 a 5 0/0.

La turquoise est infusible au chalumeau et colore la flamme en vert. Dans le tube fermé elle décrépite, donne de l'eau et devient noire ou brune. Elle est soluble dans les acides. Avec le sel de phosphore au feu de réduction, elle donne un verre rouge cuivre.

Elle est utilisée en joaillerie. La plus appréciée vient de Nichapour en Perse, ou elle se trouve en veines sur un schiste argileux.
On l'a trouvée à Hölsnitz (Saxe), dans le Sinaï, à Suez, à Simorre (Gers).

28. Silicates. — L'alumine se rencontre comme élément constituant d'un grand nombre de silicates multiples.

Les plus importants des minéraux silicatés de l'aluminium sont les argiles et les felsdpaths.

a. **Argiles.** — On groupe sous ce nom un certain nombre de substances amorphes provenant de la décomposition d'autres minéraux, et auxquelles on a donné un grand nombre de noms.

Ce sont des silicates d'aluminium hydratés plus ou moins purs. Ils sont tous plus ou moins attaquables par les acides.

On divise les argiles en 4 classes.

I. Argiles proprement dites ou argiles à poteries, produites par voie de sédimentation.

II. Kaolins, produits par la décomposition sur place des roches felsdpathiques.

III. Argiles smectiques et argiles produites par voie de dépôt chimique.

IV. Bols et ocres.

I. *Argiles proprement dites.* — Leur densité oscille entre 1,7 à 2,7.

Ce sont des masses blanches, grises, jaunes ou noires, à cassure terreuse, happant à la langue, formant avec l'eau une pâte liante

Elles perdent en partie leur eau à l'air sec et subissent un retrait considérable. Elles l'abandonnent complètement par la calcination, et le retrait s'accentue encore avec la température.

Chauffées au rouge-blanc, elles deviennent assez dures pour faire feu sous le briquet.

Ces argiles sont attaquables en partie par les acides HCl et AzO^3H bouillants, presque totalement par SO^4H^2 ; elles sont infusibles au chalumeau.

On peut les rapporter aux deux types suivants analysés par Berthier.

	Argile de Dreux.	Argile de Forges.
Silice	50,60	65,00
Alumine	35,20	24,00
Oxyde ferrique	0,40	traces
Eau	13,10	11,00

La marne est de l'argile renfermant de 20 à 50 0 0 de calcaire

II. *Kaolin.* — C'est une argile très pure provenant de la décomposition des felsdpaths. Elle est ordinairement mélangée de fragments de la roche qui lui a donné naissance, de mica, de quartz, etc.

On la purifie par la lévigation.

Le kaolin pur est blanc, onctueux au toucher. Sa densité oscille entre 2,21 et 2,26.

Il est attaqué par l'acide sulfurique à chaud.

Au chalumeau il est infusible ou peu fusible.

L'amphigène et l'émeraude peuvent se kaoliniser.

Le tableau ci-après donne les analyses de kaolins de diverses provenances.

Eléments dosés	Kaolin de :								
	St-Yrieix	St-Yrieix	Sy-Kanz (Chine)	Toug-Kong (Chine)	Lochkarewska	Sosa	Aue	Passau	Plymton (Devonshire)
Silice..........	36,25	48,68	55,30	50,50	46,75	45,07	35,89	45,34	44,26
Alumine.......	33,35	36,92	30,30	33,70	34,98	38,15	34,12	35,18	36,81
Chaux.........	»	»	»	»	1,25	»	»	} 1,55	2,72
Magnésie......	2,40	0,52	0,40	0,80	0,48	1,80	0,69		
Potasse........	»	»	1,10	1,90	0,29	»	»	»	»
Soude.........	»	0,58	2,70	»	1,34	»	»	»	»
Oxyde de fer...	»	»	2,00	»	»	»	»	»	»
Eau	12,00	13,13	8,20	11,20	13,70	9,69	11,09	17,24	12,74

III. *Argiles smectiques*. — Elles forment des couches intercalées dans les terrains oolithiques et crétacés. Ces argiles sont translucides sur les bords, blanches, brunes, diversement colorées, happant à la langue, formant avec l'eau une pâte courte, absorbant les graisses.

Elles sont attaquables par les acides et fondent au chalumeau en un émail grisâtre. Leur densité varie de 1,7 à 2,4.

La farine fossile des Chinois est blanche, terreuse, possède une légère odeur aromatique et renferme 2/10.000 d'azote. Elle a la réputation d'être alimentaire.

L'halloysite est une argile compacte, translucide sur les bords, d'un éclat cireux, diversement colorée, se rencontrant dans les filons et les gîtes de contact.

Elle est soluble en gelée dans les acides, et infusible au chalumeau. Sa densité est de 1,92 à 2,12.

La lithomarge se rapproche de l'halloysite.

L'allophane remplit habituellement des cavités irrégulières dans les gîtes de limonite et de chessylithe.

Les analyses suivantes donnent la composition de ces argiles :

Eléments dosés	Argile de Condé	Halloysite d'Angleur	Allophane de Firmy
Silice..................	43,00	44,94	23,76
Alumine................	32,50	39,06	39,68
Oxyde ferreux..........	1,20	»	»
Oxyde de cuivre........	»	»	0,65
Magnésie...............	0,30	»	»
Chaux.................	1,02	»	»
Soude et potasse.......	0,40	»	»
Eau...................	21,70	16,00	35,49
Silice gélatineuse.......	1,50	»	»

IV. *Bols et ocres.* — Ce sont des substances argileuses contenant une forte proportion d'oxyde de fer, à cassure terreuse. Ces corps sont opaques, bruns, rouges ou jaunes, happant à la langue, se brisant dans l'eau.

Les bols et ocres sont attaquables en partie par les acides. Leur densité varie entre 1,6 et 2,50. Leur dureté est de 1,5 à 2.

Certains de ces corps sont employés en peinture soit tels quels, soit calcinés. Les terres de Sienne, d'Ombre, de Sinope, etc. sont dans ce cas.

Nous donnons ci-après la composition de deux de ces corps.

Éléments dosés	Bol de Säsebühl	Ocre d'Amberg
Alumine	20,90	14,21
Silice	41,90	33,23
Oxyde ferrique	12,20	37,76
Magnésie	»	1,38
Eau	24,90	13,24

Il faut ranger dans ce groupe un silicate hydraté, jaune serin, à toucher onctueux, la *nontronite* de Nontron (Dordogne), Montmort et Autun (Saône-et-Loire), ainsi que des argiles chromifères, le *chromocre* des environs du Creusot qui colore en vert des arkoses triasiques et la *wolkonskoïte* du gouvernement de Perm (Russie) qui est employée en peinture.

Les argiles sont employées par l'industrie céramique, la porcelainerie, etc. Les plus alumineuses, en particulier le kaolin, ont été très employées à la fabrication du sulfate d'alumine.

b. **Andalousite.** — (Syn. Feldspath apyre). C'est un silicate d'alumine $Al^2SiO^5 = Al^2O^3SiO^2$. Ce corps se trouve en prismes rhomboïdaux presque carrés, recouverts et même pénétrés de mica et de disthène, dans les schistes cristallisés.

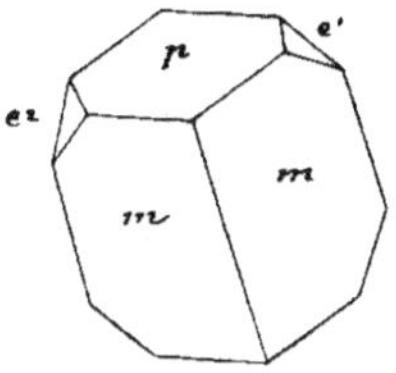

L'andalousite est opaque, grise ou rosée.

Il en existe au Brésil une variété transparente, jaune verdâtre, polychroïque.

Elle est inattaquable aux acides, infusible au chalumeau. Sa dureté est de 7,5, sa densité de 3,16 à 3,20. Elle cristallise dans le système du prisme orthorhombique.

Fig. 25. — Andalousite.

c. **Feldspaths.** — Les feldspaths occupent une place considérable parmi les éléments des roches éruptives. Ils sont incolores ou blancs et ne prennent une coloration verdâtre ou rose que par altération. Ils sont souvent transparents.

Leur caractère distinctif réside dans l'existence de deux plans de clivage faisant un angle de 90° à 87°. Leur dureté varie de 6 à 7 et leur densité de 2,4 à 2,8.

Ce sont tous des silicates d'alumine et d'un alcali tel que la soude, la potasse, ou d'une terre alcaline comme la chaux et parfois la baryte.

Le rapport de l'oxygène de l'alumine à celui des autres bases est toujours de 3 à 1. Quant à l'oxygène de la silice sa proportion caractérise essentiellement les diverses espèces.

On peut admettre que tous les feldspaths constituent une série de polysilicates dont chaque terme diffère du précédent par l'addition d'une molécule de silice.

Le tableau suivant donne leur classification par ordre de richesse croissante en silice.

	Rapports d'oxygène.		
	R^2O ou RO	Al^2O^3	SiO^2
Anorthite	1 :	3 :	4
Labradorite	1 :	3 :	6
Andésine	1 :	3 :	8
Oligoclase	1 :	3 :	10
Albite	1 :	3 :	12

I. *Anorthite* $Si^2O^8Al^2Ca$. — L'anorthite n'existe en cristaux bien nets que dans les roches volcaniques de quelques localités, dans les blocs rejetés de la Somma, dans des laves en Islande, à Java, etc.

En France on la rencontre en masses laminaires dans quelques galbros, (St-Clément, Puy-de-Dôme), pyroxérite (Roguedon, Morbihan) ou diorite (diorite orbiculaire de Corse).

Certaines variétés sont roses ou gris rosé.

Ce felsdpath est complètement attaqué par les acides avec dépôt de silice. Au chalumeau il fond en un verre bulleux.

Sa dureté est 6, sa densité 2,69 à 2,75.

Sa forme cristalline est le prisme anorthique $ml = 120°,30'$; $pm = 111°,40'$; $pt = 114°,7'$.

II. *Labradorite* $Si^3O^{10}Al^2Ca$. — La labradorite est extrèmement rare en cristaux. On la trouve en masses lamellaires blanches dans les diorites, diabases, euphotides, norites, etc.

Les plus beaux échantillons viennent de la côte du Labrador où ils constituent une roche avec l'hypersthène et l'amphibole.

La forme cristalline de la labradorite est le prisme anorthique $ml = 121°,37'$; $pm = 110°,50'$; $pa \frac{1}{2} = 98°,58'$.

L'acide chlorhydrique l'attaque difficilement. Elle fond assez rapidement au chalumeau en un verre incolore.

Sa densité est de 2,67 à 2,76.

III. *Andésine* $Si^6O^{12}Al^2R$.

$$R = Ca \text{ ou } Na^2.$$

Elle forme des cristaux d'un blanc de lait dans la phorphyre bleu (dacite), de l'Esterel, des masses laminaires dans les gneiss de l'Autunois.

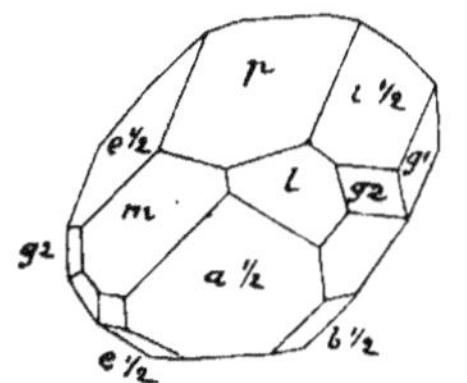

Sa forme cristalline est le prisme anorthique $ml = 120^\circ$: $pg^1 = 86^\circ,10$; $pt = 115^\circ$.

Elle est incomplètement attaquable par les acides. Elle fond assez difficilement au chalumeau et seulement sur les bords en un verre laiteux.

IV. *Oligoclase* $Si^3O^{11}Al^2Na^2$. — Elle est rare en cristaux ; on la trouve le plus souvent en masses laminaires blanches ou verdâtres dans les granites, syénites, porphyres, basaltes etc.

Fig. 26. — Oligoclase.

Elle fond difficilement au chalumeau et est presque inattaquable aux acides.

Sa dureté est 6. Sa densité 2,63 à 2,73.

Sa forme cristalline est le prisme anorthique $ml = 120^\circ,42'$; $lg^1 = 120^\circ,24'$; $pt = 114^\circ,40'$; $pg' = 86^\circ,10'$.

V. *Albite* $Si^6O^{16}Al^2Na^2$. — Ce feldspath se présente en cristaux d'un éclat vitreux, d'un blanc laiteux. Ils sont presque toujours maclés. La macle dite de *l'albite* est celle qui présente une gouttière caractéristique formée par le rapprochement de deux faces p, inclinées en sens inverse.

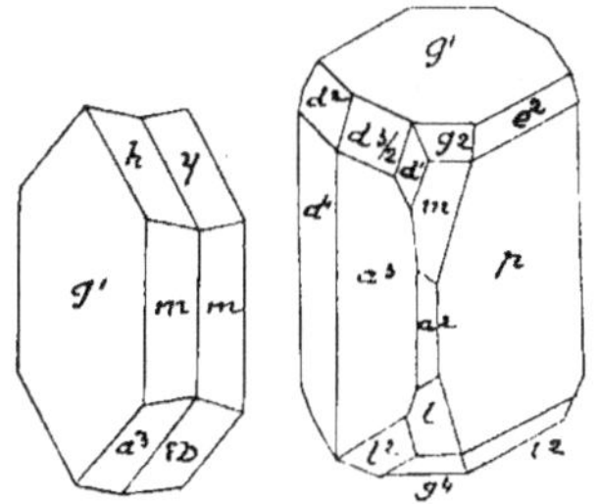

L'albite se trouve fréquemment en filons dans les granites, les gneiss, les diorites. etc.

Elle est inattaquable aux acides. Au chalumeau elle fond difficilement en un verre bulleux, en colorant la flamme en jaune.

Fig. 27 et 28. — Albite.

Sa dureté varie de 6 à 6,5 et sa densité de 2,54 à 2,64.

Sa forme cristalline est le prisme anorthique $ml = 120^\circ,47$; $pm = 110^\circ,50$; $pt = 114^\circ,52'$; $pg' = 86^\circ,24$.

VI. *Orthose* $Si^6O^{16}Al^2K^2$. — L'orthose se présente fréquemment dans les granites et les microgranulites en cristaux simples ou maclés. La macle la plus fréquente est la macle dite de *Karlsbad* dans laquelle deux cristaux sont accolés suivant leur plan de symétrie. l'un des cristaux restant fixe, le second tournant de 180° autour de l'arête verticale du prisme.

Souvent l'orthose se trouve en masses laminaires ou granulaires rouge chair. rosées ou blanches.

Ce feldsdpath forme l'un des éléments essentiels des granites, pegmatites, syénites, gneiss, porphyres, etc.

Quelquefois des cristaux d'albite sont déposés régulièrement sur ceux

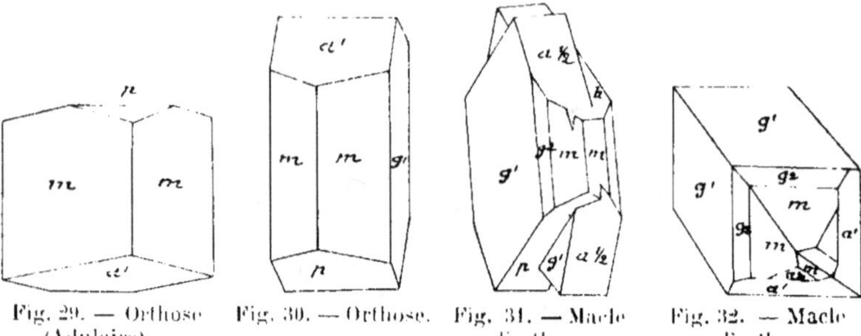

Fig. 29. — Orthose (Adulaire).　　Fig. 30. — Orthose.　　Fig. 31. — Macle d'orthose.　　Fig. 32. — Macle d'orthose.

d'orthose ou réciproquement. L'orthose des roches volcaniques est toujours transparente.

L'orthose éprouve facilement une décomposition dont les autres feldspaths sont également susceptibles et qui donne comme produit final du kaolin avec perte d'un silicate de potasse soluble dans l'eau.

Elle est inattaquable aux acides et fond difficilement en un verre bulleux.

Sa dureté varie de 6 à 6.5, et sa densité de 2,44 à 2,62.

Sa forme cristalline est un prisme clinorhombique $mm = 118^{\circ}, 48'$; $pa^1 = 129^{\circ}. 40$.

Les feldspaths sont beaucoup employés dans l'industrie céramique et la fabrication de la porcelaine. Certains ont été employés à la fabrication des aluns.

CHAPITRE II

FER ET SES COMPOSÉS

§ 1. — FER (Fe = 56).

29. Obtention dans les laboratoires. — Nous ne parlerons pas ici de l'obtention du fer pur, dans les laboratoires. Pour l'étude de la métallurgie de ce métal nous renverrons le lecteur aux ouvrages spéciaux où sont décrites les méthodes si nombreuses et si intéressantes au moyen desquelles on extrait le fer de ses minerais, celles que l'on emploie pour son affinage et sa transformation en une série de produits dont les qualités diverses sont réclamées par l'industrie.

Qu'il nous suffise de rappeler que la base de la métallurgie du fer est la réduction, par le charbon, des minerais oxydés dans des appareils spéciaux.

Pour obtenir dans les laboratoires du fer chimiquement pur on peut traiter au feu de forge dans un creuset réfractaire le fer commercial le plus pur (fil de clavecin) par de l'oxyde ferrique et un fondant tel que le verre. On obtient ainsi un culot métallique blanc d'argent.

Il est toujours plus commode de soumettre l'oxyde de fer ou le chlorure à la réduction par l'hydrogène. Avec le protochlorure de fer anhydre que l'on obtient facilement à l'état de pureté et sous l'influence de la calcination dans un courant d'hydrogène pur, il se dégage de l'HCl et il reste du fer métallique en cristaux cubiques.

La réduction du peroxyde par l'hydrogène donne du fer métallique très divisé si la réduction a eu lieu à haute température. Si la température n'a pas été trop élevée on obtient une masse très divisée, constituée, ainsi que l'a montré M. Moissan, par du protoxyde de fer.

C'est ce produit que l'on nomme : *fer pyrophorique*.

On obtient encore facilement du fer pur, en soumettant à l'action de la chaleur l'oxalate de fer précipité. $C^2O^4Fe = Fe + 2CO^2$.

30. Propriétés du fer. — a. **Propriétés physiques**. — Le fer est gris bleuâtre, doué de l'éclat métallique. Il a une légère odeur et une saveur métallique.

Il est très tenace. Un fil de fer de 1 $^m/_m$ de diamètre exige pour se rompre, un effort de 55^k. Sa cassure est grenue. Le grain est d'autant plus fin et brillant que le métal est plus pur. L'écrouissage le rend cassant, mais il reprend ses propriétés sous l'influence du recuit. Il est malléable et ductile et se laisse forger avec facilité à froid et à chaud. Sa densité est de 7,8 en moyenne, mais varie suivant les préparations qu'il a subies.

Fondu, sa densité est de 7,25. Forgé, elle oscille entre 7,4 et 7,9. Il fond à une température de 1500° environ, mais, avant de fondre, il se ramollit suffisamment pour qu'on puisse le souder à lui-même. C'est le plus dur des métaux usuels. Il est rayé par le verre.

Sa conductibilité calorifique est représentée par 119, celle de l'argent étant 1000. Sa conductibilité électrique est égale à 14,44 à 20°, celle de l'argent à 0 étant 1000.

Le fer fondu cristallise en cubes ou en octaèdres ce qui le rend cassant. Le martelage à chaud l'empêche de prendre une structure cristalline ; il reprend cependant cette structure, peu à peu, lorsqu'il est soumis après le martelage à des vibrations répétées.

Le fer est magnétique et perd cette propriété vers 800°. Il est attiré par l'aimant et se comporte lui-même comme un aimant, aussi longtemps qu'il est soumis à cette influence. Il perd cette propriété, ne garde pas l'aimantation, dès qu'il y est soustrait. Le fer carburé, ou acier, s'aimante au contraire d'une manière durable.

Chauffé au rouge, le fer est perméable aux gaz, notamment à l'hydrogène. Il les absorbe en quantité assez notable. Il renferme toujours environ 12 fois son volume de gaz, qu'il perd peu à peu lorsqu'on le chauffe dans le vide. Le fer électrolytique en contient beaucoup plus.

Lorsqu'il contient de 2 à 5 0/0 de carbone, il constitue *la fonte* dont le point de fusion est situé vers 1250°. Lorsque la teneur en carbone descend et oscille entre 0,7 et 2 0/0 il constitue l'acier, fusible vers 1400°.

b. **Propriétés chimiques**. — Le fer est inaltérable dans l'air sec à la température ordinaire. Au rouge il absorbe l'oxygène et se transforme en oxyde magnétique Fe^3O^4. Cette combustion s'accomplit avec une grande vivacité dans l'oxygène pur.

A l'air humide, le fer éprouve une oxydation lente qui ne s'établit qu'à la longue. Le fer se recouvre ainsi d'une couche d'hydrate appelée *rouille*. Dès qu'il s'est formé une couche de cet hydrate, celui-ci forme avec le restant du métal un couple voltaïque et l'oxydation se poursuit avec rapidité. Pour garantir le fer contre cette attaque on le recouvre d'un corps gras, d'un vernis, d'une couche de couleur, ou mieux de zinc (fer galvanisé), d'étain (fer blanc), d'émail, etc.

Le fer décompose l'eau au rouge en donnant de l'hydrogène et se transformant en Fe^3O^4.

Le fer s'unit avec un grand nombre de corps simples ; avec les métaux, il donne des alliages. Les métalloïdes de la famille du chlore l'attaquent à la température ordinaire. Le soufre s'y combine à haute température en donnant un sulfure assez fusible.

Le fer décompose AzH^3 au rouge en donnant naissance à un azoture de fer Fe^3Az^2.

Un grand nombre d'acides étendus sont décomposés par le fer avec mise en liberté d'hydrogène et formation du sel de fer correspondant.

L'acide sulfurique concentré est décomposé à chaud par le fer avec production d'acide sulfureux. L'acide nitrique concentré et fumant n'attaque pas le fer ; il communique au métal qui a été en contact avec lui la propriété singulière de ne plus être attaqué par un acide de concentration plus faible.

Le fer est devenu *passif*. D'après quelques savants, il semblerait que cette passivité du fer doit être attribuée à la formation d'une couche de bioxyde d'azote, condensé à la surface du métal sous la forme d'une gaine gazeuse. D'autres prétendent que cette explication du phénomène est erronée et attribuent la passivité du fer à un dépôt d'oxyde ferrosoferrique protégeant le reste du métal contre toute attaque ultérieure. La *passivité*, d'ailleurs, n'est qu'apparente, car le fer *passif* se dissout à la longue sans dégagement de gaz.

Quoi qu'il en soit, si, après avoir transporté le fer rendu passif par son séjour dans l'acide concentré, dans un acide étendu, on vient à le toucher avec un fil de cuivre, la passivité cesse et l'attaque se fait avec énergie.

L'acide azotique très étendu dissout le fer sans dégagement de gaz. Dans ce cas, il se produit de l'hydrogène naissant, qui, rencontrant un excès d'acide nitrique, le transforme en ammoniaque qui reste dans la solution à l'état d'azotate.

L'acide carbonique, dissous dans l'eau, agit sur le fer en donnant du carbonate et de l'hydrogène.

La chaleur de combinaison du fer avec l'oxygène et les éléments halogènes a été déterminée par M. Berthelot qui a donné les chiffres suivants :

Oxygène	Chlore	Brome	Iode
34.100 Cal.	41.100 Cal.	35.000 Cal.	20.000 Cal.

La combinaison avec le carbone a lieu avec absorption de chaleur et est donc comparable à une dissolution.

Avec le manganèse il y a dégagement de chaleur.

c. **Atomicité du fer**. — Le fer peut manifester plusieurs capacités de combinaison. Il donne naissance à 2 séries de composés bien distincts correspondant à 2 valences différentes du métal. Dans l'une, le fer joue le rôle d'élément diatomique et est représenté par le symbole $(Fe)'' = 56$, que l'on désigne sous le nom de *ferrosum*. Dans l'autre, le fer joue le rôle d'élément hexatomique $Ffe^{VI} = (Fe^2)^{VI}$ appelé *ferricum*.

La notion de la diatomicité du fer n'a pas besoin d'être beaucoup développée. Elle est suffisamment démontrée par la connaissance du chlorure ferreux $(Fe)''Cl^2$ où le fer est allié à 2 atomes d'un élément monovalent, le chlore. La série des composés du fer bivalent est dite *composés de ferrosum* ou *composés ferreux*.

Quant au ferricum $(Fe^2)^{VI} = 112$, il représente un atome double de fer. On peut se demander pourquoi il a été nécessaire de doubler l'atome de Fe et s'il n'eût pas été plus simple de considérer le ferricum comme trivalent $(Fe)''' = 56$. L'analyse du perchlorure donne en effet des chiffres se rapportant à $(Fe)'''Cl^3 = 162.5$. Mais si on considère le chiffre donné par la détermination de la densité de vapeur, par rapport à l'hydrogène soit 164.4 (Deville et Troost), on est conduit pour ce composé, au poids moléculaire 325 correspondant à la formule $(Fe^2)^{VI}Cl^6$ et non à $(Fe)'''Cl^3$. La densité de vapeur du perchlorure obtenue par le calcul est en effet de 162,5, chiffre se rapprochant de celui donné par MM. Deville et Troost. On est donc forcé d'admettre l'existence de l'atome double de fer $(Fe^2)^{VI}$ constituant un couple hexatomique. Ce fait, une fois établi, peut d'ailleurs s'interpréter. Si nous considérons la pyrite martiale ou bisulfure de fer, nous voyons que le fer semble y jouer le rôle d'élément tétratomique. Ce n'est là pourtant qu'une hypothèse, car la tétravalence du fer ne serait établie que s'il existait une combinaison de son atome avec 4 atomes d'un corps monovalent. Si nous admettons cependant cette tétravalence, nous pouvons également admettre que l'atome de fer tétravalent se soude à un autre atome de fer également tétravalent en échangeant deux atomicités, pour donner le groupe hexavalent :

$$(Fe^{IV} - Fe^{IV})^{VI}.$$

Ce qui revient à dire que le fer bivalent dans le chlorure ferreux et devenu tétravalent sous l'influence d'un excès de chlore, échange avec lui-même les 2 valences qui correspondraient au 4e atome de chlore des 2 molécules de tétrachlorure, qui dès lors ne se forment pas.

Le chlorure ferrique ou de ferricum est donc :

$$Cl^3Fe - FeCl^3 = \left.\begin{array}{c} Fe^{IV} \\[1mm] Fe^{VI} \end{array}\right\} Cl^6 = Fe^2Cl^6$$

§ 2. — COMPOSÉS DU FER.

31. Fluorures de fer. — a. Fluorures ferreux. — I. *Fluorure ferreux* $FeFl^2$. — Il se prépare par l'action du fer sur HFl. Le fluorure se dépose en petits cristaux blancs, peu solubles dans l'eau, plus solubles dans un excès d'acide.

Le fer se dissout lentement dans un acide fluorhydrique de 1,07 de densité, en donnant après plusieurs jours une solution verte qui fournit par évaporation des prismes verts, fortement adhérents aux parois du cristallisoir, et répondant à la formule :

$$FeFl^2, 8H^2O$$

À une température élevée, ce sel fond dans son eau de cristallisation, puis, se dessèche en laissant une masse saline blanche si on a opéré à l'abri de l'air. Au contact de l'air il se serait dégagé HFl et il serait resté un mélange d'oxyde et de fluorure ferrique. L'acide nitrique ajouté à une solution de fluorure ferreux donne une dissolution incolore, qui, par la concentration, fournit une masse cristalline blanche constituée par un mélange d'azotate et de fluorure ferrique.

II. *Fluorure ferroso-potassique* K^2FeFl^4. — Il est soluble et cristallise en cristaux grenus, verdâtres.

III. *Fluosilicate ferreux* $FeFl^2, SiFl^4$. — On l'obtient en dissolvant du fer dans l'acide hydrofluosilicique. Il est très soluble et cristallise difficilement en prismes hexagonaux réguliers, d'un vert bleuâtre.

b. **Fluorures ferriques.** — I. *Fluorure ferrique* Fe^2Fl^6. — On l'obtient en traitant de l'oxyde de fer calciné, par HFl liquide en excès. Le mélange s'échauffe.

On l'introduit dans un grand creuset en platine dont on chauffe la partie inférieure au blanc. La masse fondue est colorée en rouge, probablement par de l'oxyde de fer.

Le fluorure ferrique est isomorphe avec le fluorure d'aluminium. Il est plus fusible et aussi volatil que ce dernier.

Le fluorure ferrique hydraté s'obtient en oxydant le fluorure ferreux par AzO^3H en présence de HFl. On obtient ainsi une solution qu'il est facile de faire cristalliser.

On peut encore l'obtenir en dissolvant de l'hydrate ferrique dans de l'acide fluorhydrique.

Le fluorure ferrique cristallise en cristaux incolores ou jaunâtres, peu solubles dans l'eau, insolubles dans l'alcool. Leur composition est la suivante :

$$Fe^2Fl^6, 9H^2O.$$

A 100° il perd le 1/3 de son eau et donne le sel.

$$Fe^2Fl^6, 6H^2O.$$

Si on chauffe plus fortement pour le déshydrater complètement, il se dégage en même temps que de l'eau, de l'acide fluorhydrique. Le fluorure ferrique possède la remarquable propriété de ne pas être décomposé complètement par les alcalis.

L'ammoniaque produit dans sa solution un précipité jaune, auquel la potasse enlève un peu d'acide fluorhydrique, mais non la totalité.

Ce sel présente une composition constante qui correspond à la formule :

$$(Fe^2)H^3FlO^4 = \left.\begin{array}{c}(Fe^2)^{vi}\\H^3\\Fl\end{array}\right\}O^4$$

II. *Fluorures ferrico-potassiques.* — Le sel Fe^2Fl^6, $6KFl$ se forme en présence d'un excès de fluorure de potassium, tandis que le sel Fe^2Fl^6, $4KFl$ se forme en présence d'un excès de fluorure ferrique.

Ces 2 composés sont cristallins et solubles. Ils ont été décrits par Berzélius.

III. *Fluorure ferrico-sodique.* — Sa formule est Fe^2Fl^6, $4NaFl + H^2O$.

Il s'obtient en mêlant des solutions de chlorure ferrique et de fluorure de sodium. Il se forme un précipité qui se dissout dans un excès de perchlorure. L'alcool ajouté ensuite à cette solution en précipite, sous forme de flocons jaunes, le sel :

$$Fe^2Fl^6, 4NaFl, H^2O.$$

La présence du fer dans ce composé, n'est pas révélée par le sulfocyanate de potasse, et même plus, le sulfocyanate rougi par un sel ferrique se décolore si on y ajoute un fluorure alcalin, par suite de la formation d'un composé de ce genre.

IV. *Fluorure ferrico-ammonique.* Fe^2Fl^6. $6AzH^4Fl$. — Ce composé a été décrit par Marignac. Il se présente sous la forme d'un sel peu soluble dans l'eau, cristallisé en petits cristaux incolores très brillants, constitués par des octaédres réguliers, ne perdant rien de leur poids à 100°.

V. *Fluosilicate ferrique.* — On l'obtient en dissolvant dans l'acide hydrofluosilicique de l'hydrate ferrique.

32. Chlorures de fer. — a. **Chlorures ferreux.** — I. *Chlorure ferreux* $FeCl^2$. — On le prépare en faisant passer sur du fer porté au rouge un courant de gaz HCl sec. Il se dégage de l'hydrogène, et il se sublime dans les parties froides de l'appareil, des paillettes cristallines de chlorure ferreux.

On peut aussi l'obtenir en chauffant du sel ammoniac avec de la limaille de fer. Il reste comme résidu, du chlorure ferreux.

En chauffant dans un courant d'hydrogène du chlorure ferrique, on obtient, si le chauffage a été fait avec précaution et d'une façon ménagée, du chlorure ferreux bien cristallisé.

Le chlorure ferreux est un sel blanc, légèrement jaunâtre. Il est volatil, très soluble dans l'eau, soluble dans l'alcool.

Lorsqu'on le chauffe dans un courant d'hydrogène il se forme HCl et il reste du fer cristallisé en cristaux cubiques. Dans un courant d'oxygène, il se forme du chlorure ferrique avec mise en liberté de chlore.

Le chlorure ferreux hydraté $FeCl^2$, $4H^2O$ s'obtient par la dissolution dans l'eau du chlorure anhydre, ou encore en attaquant le fer par HCl. On obtient ainsi une solution verte, qui, par la concentration donne le chlorure hydraté en cristaux verts, volumineux, dérivant d'un prisme clinorhombique. Le chlorure ferreux est moins soluble dans l'acide HCl que dans H^2O. Si dans une solution de ce chlorure on fait arriver du gaz HCl il se dépose des cristaux. Si on dissout du protochlorure de fer anhydre dans l'acide chlorhydrique concentré et chaud et qu'on laisse cristalliser, on obtient des aiguilles fines et transparentes correspondant à la formule $FeCl^2$, $2H^2O$.

Chauffé fortement, $FeCl^2$, $4H^2O$ fond dans son eau de cristallisation. Si on continue l'application de la chaleur, il perd son eau peu à peu et il reste finalement une masse blanche, si la calcination a eu lieu en l'absence de l'air. Au contact de l'air, il se serait produit du chlorure ferrique que la vapeur d'eau aurait entraîné, et il serait resté une masse verte, fusible, cédant à l'eau du chlorure ferreux et laissant comme résidu de l'oxyde ferreux s'oxydant rapidement à l'air.

La solution de chlorure ferreux absorbe le bioxyde d'azote. A l'état sec, ce sel en absorbe beaucoup moins. La solution du même sel dans l'alcool en absorbe davantage.

Le gaz ammoniac agit au rouge sur le chlorure ferreux, en donnant de l'azoture de fer Fe^3Az^2. A froid, le chlorure ferreux absorbe AzH^3 en donnant $FeCl^2$, $6AzH^3$.

Le chlorure ferreux est insoluble dans l'éther.

II. *Chlorure ferroso-potassique*. $FeCl^2$, $2KCl$. — Le chlorure ferreux et le chlorure de potassium cristallisent facilement ensemble en donnant le composé $FeCl^2$, $2KCl$ lorsqu'on laisse refroidir une solution contenant un mélange en proportions convenables des 2 chlorures.

III. *Chlorure ferroso-ammonique*. — Il ressemble au précédent et se prépare de même.

IV. *Chlorure de fer intermédiaire*. — Hensgen a obtenu un chlorure Fe^3Cl^4, $5H^2O$ en fines aiguilles vert clair, en dissolvant du sulfate ferreux dans HCl et saturant le mélange par du gaz chlorhydrique au contact de l'air.

V. *Chlorure ferroso-ferrique*. — D'après Lefort, on obtient le composé Fe^3Cl^4, $18H^2O$ en évaporant sur SO^4H^2 et CaO la dissolution de l'oxyde ferroso-ferrique dans HCl. La chaux est destinée à absorber l'excès d'HCl.

b. **Chlorures ferriques**. 1. *Chlorure anhydre* $Fe^2Cl^6 = 325$. — On le prépare en faisant passer sur du fer chauffé au rouge un courant de chlore sec. Nous avons vu que, pour obtenir le chlorure ferreux, on traitait le fer par HCl. Ces 2 méthodes de préparation sont générales. Quand un métal forme avec le chlore 2 composés, le moins riche en chlore s'obtient par l'action de HCl et le plus riche par l'action de Cl.

Le chlorure ferrique sublimé se présente sous la forme de cristaux tabulaires hexagonaux d'un rouge foncé, doués de reflets verts.

La densité de vapeur de ce corps est de 162.5, MM. Deville et Troost avaient trouvé 164,4 pour H = 1.

Le chlorure ferrique est soluble dans l'eau. Il s'y dissout avec dégagement de chaleur, en formant différents hydrates. La table suivante (Franz) donne la densité des so'utions de ce sel à 17°5.

Densités	Fe^2Cl^6 0.0	Densités	Fe^2Cl^6 0/0
1,0146	2	1,2778	32
1,0292	4	1,2988	34
1,0439	6	1,3199	36
1,0587	8	1,3441	38
1,0734	10	1,3622	40
1,0894	12	1,3870	42
1,1054	14	1,4118	44
1,1215	16	1,4367	46
1,1378	18	1,4617	48
1,1542	20	1,4867	50
1,1746	22	1,5153	52
1,1950	24	1,5439	54
1,2155	26	1,5729	56
1,2365	28	1,6023	58
1,2568	30	1,6317	60

Le chlorure ferrique est également soluble dans l'alcool et l'éther. Ces dissolutions ne sont pas stables et se transforment à la lumière en donnant du chlore libre qui agit sur le dissolvant et du chlorure ferreux.

Le chlorure ferrique est décomposé au rouge par la vapeur d'eau en donnant de l'acide chlorhydrique et du peroxyde de fer. Cette décomposition, qui s'effectue aussi en vase clos, a été utilisée par de Sénarmont pour reproduire le peroxyde cristallisé.

Chauffé dans l'oxygène, il se transforme en peroxyde et donne du chlore.

Le chlorure ferrique anhydre se combine facilement avec différents corps. Avec l'ammoniaque il donne une masse rouge, soluble dans l'eau, assez facilement décomposable par la chaleur et répondant à la formule :

$$Fe^2Cl^6, 2AzH^3$$

Avec le perchlorure de phosphore il donne une masse brune, fusible, correspondant à

$$Fe^2Cl^6, 2PCl^5$$

Avec le chlorure de nitrosyle on obtient également une masse foncée, déliquescente

$$Fe^2Cl^6, 2AzOCl.$$

II. *Chlorure hydraté.* — On peut l'obtenir par l'action de l'eau sur le chlorure anhydre ou en traitant par le chlore une solution de chlorure ferreux ou encore en traitant le chlorure ferreux par AzO^3H ou l'eau régale.

En traitant l'hydrate ferrique par HCl. on obtient une solution de chlorure ferrique, retenant en dissolution de l'hydrate ferrique en excès.

Par la concentration, la solution du chlorure ferrique laisse déposer des lames rhomboédriques d'un beau jaune, renfermant 6 ou 4 molécules d'eau $Fe^2Cl^6, 6H^2O$ ou $Fe^2Cl^6, 4H^2O$.

Le premier de ces sels fond à 31° et le second à 35°5. Lorsqu'on évapore lentement une solution étendue de chlorure ferrique, les premiers cristaux qui se déposent répondent à la formule $Fe^2Cl^6, 12H^2O$.

Suivant A. Vogel, le chlorure ferrique en solution se volatilise en petite quantité avant l'ébullition. Avec l'éther cette volatilisation a déjà lieu vers 30°.

Si on chauffe une solution de ce sel assez étendue pour paraître à peu près incolore, elle se colore fortement à partir de 27°, sans cependant perdre d'acide chlorhydrique. Les propriétés primitives sont alors profondément modifiées. Cette solution ne donne plus avec le ferrocyanure de potassium qu'un précipité blanc bleuâtre assez pâle : les solutions salines y produisent un précipité d'hydrate ferrique modifié, soluble dans l'eau. Dyalisée, elle se dédouble en hydrate soluble et acide chlorhydrique.

Si, après avoir précipité l'hydrate modifié par le chlorure de sodium, on le laisse en repos pendant 24 h. avant de filtrer, il ne se dissout plus dans l'eau.

La solution dissociée par la chaleur renferme de l'acide chlorhydrique libre et de l'hydrate colloïdal de Graham.

Les solutions de chlorure ferrique sont d'autant plus facilement dissociées par la chaleur qu'elles sont plus étendues. Les produits de cette dissociation varient suivant la température, le temps du chauffage, la concentration de la solution en expérience.

Une solution renfermant plus de 4 0/0 de sel, ne se dissocie pas avant 100°. Une solution à 32 0/0 fournit à 120° un oxychlorure jaune, à 140° de l'oxyde ferrique brun. Une solution à 8 0/0 donne à 110° un oxychlorure de composition variable ; une solution à 4 0/0 se colore de plus en plus jusqu'à 90° et donne alors un oxychlorure. Ces solutions, avant de précipiter contiennent l'hydrate colloïdal de Graham que l'on peut en séparer avec NaCl.

Si la température n'a pas été poussée trop loin, ni maintenue trop longtemps, les solutions contenant de 4 à 32 0/0 reprennent leur état primitif par le refroidissement. Le retour à l'état initial est plus lent pour les solutions de 1 à 4 0/0. Il est incomplet pour les solutions à moins de 1 0/0.

Une solution qui contient 1/16 0/0 de Fe^2Cl^6 se décompose à la lumière, même à 5° ou 6°. Une solution à 1/8 0/0 se conserve à la lumière à la température ordinaire.

Quand une solution se décompose ainsi, sa densité change, mais très faiblement.

Quand on chauffe longtemps à 100° une solution de Fe^2Cl^6, l'oxyde hydraté soluble, se transforme en oxyde hydraté insoluble dans les acides faibles et donnant avec l'eau une solution transparente par transmission et trouble par réflexion.

A 250°-300° sous pression, c'est l'oxyde anhydre qui prend naissance.

En solution alcoolique, même étendue, le Fe^2Cl^6 n'est pas sensiblement dissocié.

Quand on électrolyse une solution acide de Fe^2Cl^6 on obtient au pôle négatif du protochlorure, tandis que le chlore se rend au pôle positif.

En traitant une molécule de Fe^2Cl^6 pur et neutre par une molécule de sulfite de soude en solution, il se produit, au moment du mélange, une coloration rouge sang très intense mais éphémère, que Buignet a attribuée à la formation d'un sulfite de sesquioxyde de fer.

Le chlorure ferrique est ramené au minimum par la plupart des agents réducteurs, hydrogène naissant, métaux etc. Le platine même est assez facilement attaqué par Fe^2Cl^6, probablement par le chlore qui se dégage toujours d'après Personne, quand on soumet à l'ébullition une solution de Fe^2Cl^6 suffisamment concentrée.

L'hydrogène sulfuré, l'anhydride sulfureux, le protochlorure d'étain réduisent également Fe^2Cl^6.

L'éther agité avec une solution de Fe^2Cl^6 se colore en jaune en enlevant le sel à la solution aqueuse.

Le chlorure ferrique a été beaucoup employé comme hémostatique. On peut l'administrer à l'intérieur sans aucun danger. On l'a préconisé dans le traitement du croup. Il a été utilisé pour l'épuration des eaux résiduaires.

III. *Combinaisons avec les chlorures.* — D'après Hensgen on obtient le sel $Fe^2Cl^6, 2AzH^4Cl, 2H^2O$ en traitant le sulfate ferroso-ammonique, au contact de l'air, par HCl.

Le Fe^2Cl^6 forme avec $PtCl^4$ un composé bien cristallisé en prismes clinorhombiques déliquescents, perdant $10H^2O$ à 100° et répondant à la formule $Fe^2Cl^6, 2PtCl^4, 21H^2O$.

IV. *Oxychlorures de fer.* — Il en existe un grand nombre formant 2 séries : les oxychlorures solubles et les oxychlorures insolubles. Ils représentent soit des combinaisons d'hydrate soluble avec Fe^2Cl^6, soit des combinaisons d'hydrate insoluble avec le même sel.

Lorsqu'on abandonne à elle-même une solution de chlorure ferrique, il se dépose à la longue une poudre jaune brun, correspondant à :

$$Fe^2Cl^6, 6Fe^2O^3, 9H^2O.$$

qui, calcinée légèrement à l'air se transforme en :

$$Fe^2Cl^6, 3Fe^2O^3, H^2O.$$

Lorsqu'on peroxyde une solution concentrée de protochlorure de fer par la quantité théorique d'acide nitrique, en présence d'une quantité d'HCl moindre que ne l'indique l'équation et en ajoutant l'acide nitrique par petites portions à la solution portée à 100°, la réaction est très vive ; la liqueur d'abord noire devient jaune et trouble, et par la filtration on peut en séparer un précipité jaune remarquable par l'énergie avec laquelle il retient le chlore. Ce précipité est insoluble dans l'eau, difficilement soluble dans HCl, de composition variable lorsqu'on fait varier la proportion des réactifs entrant en jeu et renfermant, lorsque la proportion d'HCl est à peu près le 1/3 de celle théoriquement nécessaire pour former Fe^2Cl^6 :

$$Fe^2Cl^6, 12Fe^2O^3.$$

Ce précipité mis en digestion avec de l'eau se transforme en oxychlorure encore plus basique :

$$Fe^2Cl^6, 17Fe^2O^3.$$

Mis en digestion avec AzH^3, après 24 heures ce précipité présentait la composition :

$$Fe^2Cl^6, 144Fe^2O^3.$$

Après ébullition avec AzH^3, il renfermait encore 0,85 0/0 Fe^2Cl^6.

Les oxychlorures les plus nombreux s'obtiennent en dissolvant l'hydrate ferrique récemment précipité, dans une solution de Fe^2Cl^6. Cette dissolution se fait rapidement d'abord, mais il arrive un moment où elle se ralentit et où la solution se prend en une gelée foncée soluble dans l'eau et contenant :

$$Fe^2Cl^6, 12Fe^2O^3.$$

En ajoutant de l'eau on peut arriver à dissoudre encore une certaine quantité d'hydrate et à obtenir une solution contenant $Fe^2Cl^6, 20Fe^2O^3$ d'après Béchamp et même $Fe^2Cl^6, 23Fe^2O^3$ d'après Ordway.

Les composés allant de $Fe^2Cl^6, 5Fe^2O^3$ à $Fe^2Cl^6, 10Fe^2O^3$ peuvent être desséchés sans perdre leur solubilité ; les autres deviennent insolubles.

Ces dissolutions conservent une réaction acide ; elles précipitent par l'addition d'un sel ou d'HCl.

Les dissolutions d'oxychlorure sont précipitées par AzH^3 et donnent de l'hydrate exempt de chlore.

Les oxychlorures insolubles, bouillis, même pendant longtemps, avec AzH³, conservent toujours un peu de Cl. Béchamp attribue ce fait à une différence d'état moléculaire.

Béchamp a obtenu une combinaison soluble de chlorure ferrique et d'oxyde de chrome, en faisant digérer pendant plusieurs mois, de l'hydrate chromique récemment précipité, avec une solution de Fe^2Cl^6. La solution obtenue renfermait $Fe^2Cl^6, 4Cr^2O^3$.

Les oxychlorures ont été surtout étudiés par Béchamp et par Ordway.

33. Chlorates de fer. — a. **Chlorate ferreux** $(ClO^3)^2Fe$. — Il se prépare par double décomposition entre le chlorate de baryum et le sulfate ferreux. Sa solution est décomposée à l'ébullition avec production de chlorure et de chlorate ferrique.

b. **Chlorate ferrique** $(ClO^3)^6(Fe^2)^{VI}$. — Nonobstant la réaction précédente il paraît encore se former par l'action du chlore sur l'hydrate ferreux en suspension dans l'eau. On obtient ainsi un liquide d'un rouge jaune.

c. **Perchlorate ferreux** $(ClO^4)^2Fe$. — On l'obtient en dissolvant du fer dans l'acide perchlorique ou par double décomposition. Il cristallise en petits cristaux verdâtres, déliquescents, renfermant $6H^2O$. Sa solution s'oxyde à l'air en laissant déposer un perchlorate ferrique basique. Il se décompose au-dessus de 100°.

d. **Perchlorate ferrique** $(ClO^4)^6(Fe^2)^{VI}$. — On ne l'a obtenu qu'à l'état de dissolution.

34. Bromures de fer. — a. **Bromure ferreux** $FeBr^2$. — Il s'obtient en traitant le fer en excès par le brome. Anhydre il forme une masse lamelleuse, fusible, d'un jaune clair, donnant avec H^2O une solution verdâtre, qui, par la concentration, laisse cristalliser le sel $FeBr^2, 6H^2O$. Sous l'action de l'air cette solution laisse déposer un oxybromure jaune insoluble.

b. **Bromures ferriques**. — I. *Bromure ferrique*. Fe^2Br^6. — On l'obtient en solution en traitant du fer par un excès de brome et à l'état anhydre en traitant du fer chauffé, par de la vapeur de brome. Dans ce dernier cas il se sublime des paillettes rouge-foncé de bromure ferrique.

II. *Oxybromures*. — Ils se forment dans les mêmes conditions que les oxychlorures.

Béchamp a obtenu, en dissolvant de l'hydrate ferrique dans une solution de bromure ferrique, le composé $Fe^2Br^6, 14Fe^2O^3$.

Les dissolutions d'oxybromures, de même que celles d'oxychlorures sont d'un rouge foncé et possèdent un pouvoir colorant considérable.

35. Bromates de fer. — a. **Bromate ferreux** BrO^3Fe. — On l'obtient en dissolvant du carbonate ferreux dans l'acide bromique. Par évaporation de sa solution dans le vide, il cristallise en octaèdres réguliers. Ce sel est peu stable et tend toujours à se décomposer avec production d'un sous-sel ferrique.

b. **Bromate ferrique** $(BrO^3)^6(Fe^2)^{vi}$. — L'hydrate ferrique récemment précipité se dissout dans l'acide bromique étendu en donnant du bromate ferrique. Cette solution est incristallisable et se décompose facilement avec production d'un sel basique.

36. Iodures de fer. — a. **Iodure ferreux** FeI^2. — Quand on fait un mélange de limaille de fer et d'iode, que l'on chauffe rapidement au rouge, en rajoutant de l'iode dès que cette température est atteinte, on obtient une masse fondue contenant du périodure, qui, en se refroidissant, à un certain moment, dégage brusquement de l'iode ; il reste une masse lamelleuse grise, d'iodure ferreux.

On peut l'obtenir, en ajoutant peu à peu de l'iode à de la limaille de fer en excès placée sous l'eau. On obtient ainsi une solution vert pâle, très oxydable, qu'on ne peut concentrer que dans un courant d'hydrogène. Il se dépose alors le sel FeI^2, $4H^2O$, de densité $d = 2,873$. Pur et anhydre, l'iodure ferreux est blanc et pulvérulent. Chauffé à l'air, il perd de l'iode et laisse un résidu magnétique. Exposé à l'air humide, il devient verdâtre et prend une texture cristalline.

b. **Iodure ferrique** Fe^2I^c. — On l'obtient en traitant l'hydrate ferrique par l'acide iodhydrique ou encore en attaquant le fer par un excès d'iode.
C'est une solution brune incristallisable.

37. Iodates de fer. — a. **Iodate ferreux** $(IO^3)^2Fe$. — C'est un précipité rouge clair, légèrement soluble, obtenu par double décomposition.

b. **Iodate ferrique** $(IO^3)^6(Fe^2)^{vi}$. — On l'obtient sous forme d'un précipité jaune, en chauffant avec AzO^3H en excès, un mélange de chlorure ferreux et d'un iodate alcalin.

c. **Periodate ferrique** $I^2O^{13}Fe^2$, $21H^2O$. — On peut l'obtenir au moyen de l'acide périodique et de l'hydrate ferrique sous la forme d'un précipité jaune brun. Il ne peut s'obtenir par double décomposition parce qu'il se transforme alors en iodate.

38. Oxydes de fer. — a. **Sous-oxyde de fer**. — C'est le produit qui se forme d'après Marchand, lorsqu'on fait fondre un fil de fer au chalumeau oxhydrique. C'est une masse noire, fusible, malléable, qui se dissout assez difficilement dans HCl et SO^4H^2. Marchand a trouvé à ce produit une teneur constante de $6,79$ 0/0 d'oxygène. D'après Dusart, il se formerait aussi un sous-oxyde de fer, quand on réduit le sesquioxyde par l'hydrogène, mais ce fait n'a pas été confirmé par Moissan qui a étudié avec soin cette réduction.

b. Oxyde ferreux. — I. *Oxyde anhydre* FeO. — Il a été obtenu par Debray en faisant passer sur du sesquioxyde chauffé au rouge, un mélange à volumes égaux d'oxyde de carbone et d'acide carbonique.

On l'obtient cristallin, noir, brillant et magnétique en réduisant l'acide carbonique par le fer. L'oxyde ferreux anhydre se convertit en oxyde magnétique Fe^3O^4 quand on le calcine à l'air ou dans la vapeur d'eau.

On obtient un oxyde ferreux pyrophorique et décomposant l'eau, en chauffant l'oxalate à 500° dans un courant d'hydrogène. A 350° on obtient de l'oxyde ferroso-ferrique et entre 500° et 700° du fer métallique.

II. *Hydrate ferreux.* — Si on précipite par une base un sel ferreux parfaitement au minimum, on obtient des flocons blancs d'hydrate ferreux très altérable à l'air et qu'on ne peut laver et sécher sans altération.

L'hydrate ferreux est légèrement soluble dans l'eau qui prend une saveur ferrugineuse prononcée, une réaction alcaline, et se trouble rapidement à l'air.

Traité à l'ébullition par KOH il devient noir et se transforme en oxyde magnétique, pendant qu'il se dégage de l'hydrogène.

c. Oxyde ferroso-ferrique ou oxyde magnétique. — I. *Oxyde anhydre* Fe^2O^3, FeO $= (Fe^2)^{vi}Fe''O^4 = Fe^3O^4$. — L'oxyde ferroso-ferrique a pour formule brute Fe^3O^4, mais il peut s'envisager comme une combinaison de sesquioxyde de fer avec l'oxyde ferreux Fe^2O^3, FeO, c'est-à-dire comme un ferrite d'oxyde ferreux. On peut aussi le considérer comme un oxyde intermédiaire entre FeO et Fe^2O^3, c'est pourquoi nous ne reporterons pas son étude avec celle des ferrites.

L'oxyde Fe^3O^4 se trouve dans les roches terrestres, cristallisé en octaèdres ou amorphe, et dans les météorites. Il est caractérisé par son pouvoir magnétique. C'est le meilleur minerai de fer. Il constitue l'aimant naturel très abondant en Suède et en Norwège où on le trouve en masses compactes d'un éclat métallique, d'une densité de 5,09.

Il se forme dans plusieurs circonstances. C'est lui qu'on obtient dans la combustion du fer en présence d'un excès d'oxygène ; on le prépare encore sous la forme d'une poudre noire, dense, en fondant du protochlorure de fer, à basse température, avec du carbonate de soude sec. On l'obtient aussi par le grillage du fer à l'air, par l'action de l'eau bouillante sur l'hydrate ferreux, par l'action de la limaille de fer sur l'hydrate ferrique au sein de l'eau bouillante, etc. Dans ces deux derniers cas il y a dégagement d'hydrogène.

D'après Deville, on obtient l'oxyde ferroso-ferrique cristallisé en octaèdres, mélangé de perchlorure, en faisant passer un courant lent d'HCl sur
de l'oxyde ferreux.

Il a été obtenu par Sidot, également cristallisé en octaèdres, en chauffant pendant deux heures le colcothar à une température très élevée.

M. Moissan a obtenu deux variétés allotropiques d'oxyde ferroso-ferrique.

L'une s'obtient en chauffant l'oxyde ferrique vers $350^°$-$400^°$ dans un
courant d'hydrogène ou d'oxyde de carbone, ou encore en chauffant vers
$300^°$ l'hydrate ferroso-ferrique ou le carbonate ferreux.

La seconde se produit par des réactions s'effectuant à une température
élevée, telle que la combustion du fer dans l'oxygène.

La première modification est noire, très magnétique, attaquable par
AzO^3H. Sa densité est de 4,86.

La seconde est noire, magnétique, inattaquable par AzO^3H et d'une
densité de 5 à 5,10.

II. *Hydrate ferroso-ferrique.* — On l'obtient en précipitant une solution
équimoléculaire des sulfates ferreux et ferrique par AzH^3, en versant cette
solution dans l'ammoniaque.

Si on faisait l'inverse, il se précipiterait un mélange d'hydrate ferreux
et d'hydrate ferrique, mais non leur combinaison.

L'hydrate ferroso-ferrique est vert foncé et donne par la dessiccation
une poudre noire.

III. *Oxydes des battitures.* — On a donné ce nom à des oxydes intermédiaires, plus riches en FeO que l'oxyde magnétique, et qui se forment
lorsqu'on chauffe le fer au rouge en présence de l'air.

Les auteurs ne sont pas d'accord sur la composition de ces oxydes dont
un grand nombre ont été décrits.

Berthier a obtenu Fe^2O^3, $4FeO$ et Mosander $6FeO$, Fe^2O^3.

D'après Mosander les différents chiffres donnés par les auteurs tiennent
à ce fait que pendant le chauffage au rouge du fer dans l'air, il se forme
à sa surface des couches successives d'oxydes de compositions différentes.

Ces oxydes ne peuvent être envisagés comme des combinaisons définies.

IV. *Oxyde* Fe^2O^3, $9FeO$. — Ce produit a été rencontré par O. Vœlker,
sur un oxyde magnétique naturel de Prévali (Carinthie).

d. **Oxyde ferrique.** — I. *Oxyde anhydre.* (Syn. Sesquioxyde ou peroxyde
de fer) Fe^2O^3. — En calcinant le métal ou l'oxyde ferroso-ferrique pendant
longtemps au contact de l'air on obtient Fe^2O^3 ; mais il est plus commode
de calciner l'hydrate ferrique obtenu en précipitant un sel ferrique par
un alcali. On peut aussi aisément l'obtenir en calcinant les nitrates ou les
sulfates de fer. Ce dernier mode de faire est employé industriellement à

la préparation de l'acide sulfurique de Nordhausen et du colcothar ou oxyde ferrique du commerce :

$$(SO^4)^3Fe^2 = Fe^2O^3 + 3SO^3$$
$$2SO^3 Fe = SO^3 + SO^2 + Fe^2O^3.$$

Si le sulfate de fer est mélangé de sel marin la calcination donne Fe^2O^3 cristallisé en paillettes presque noires.

La calcination du sulfure de fer donne également Fe^2O^3.

On peut obtenir l'oxyde ferrique cristallisé, en décomposant le perchlorure de fer par de la chaux au rouge (Daubrée). En fondant au chalumeau de l'oxyde ferrique avec du borax et dissolvant la masse vert-grisâtre obtenue, dans AzO^3H à chaud, Fe^2O^3 reste à l'état de prismes rhomboïdaux à 5 ou 6 pans, et présentant une couleur orangée.

L'oxyde ferrique est rouge plus ou moins foncé, parfois presque noir, hygrométrique, très dur. Il est employé au polissage des métaux, des glaces, etc.

Si on le chauffe longtemps au rouge blanc il se transforme en Fe^2O^3, FeO.

Il n'est pas magnétique, il existe cependant d'après Malaguti, un oxyde ferrique anhydre magnétique.

Il s'obtient par la calcination à l'air des sels ferreux organiques, du carbonate ferreux oxydé spontanément à l'air, etc. Lorsqu'on fait déflagrer l'oxyde ferroso-ferrique avec ClO^3K, il se transforme en oxyde ferrique magnétique.

Chauffé vers 300°, l'oxyde ferrique offre la couleur du phosphore amorphe très divisé; l'oxyde ferrique magnétique est dans les mêmes conditions, d'un rouge brique-clair.

Cet oxyde diffère également de l'oxyde ordinaire par sa densité et sa chaleur spécifique.

L'oxyde ordinaire a pour densité moyenne 4,784 à 15°; la densité de l'oxyde ferrique magnétique est de 4.686.

Par une forte calcination, et cela dans les deux cas, cette densité s'élève à 5.144, mais l'oxyde magnétique est devenu inerte.

L'oxyde non magnétique a pour chaleur spécifique 0,1794, l'oxyde magnétique 0,1863.

Par une forte calcination, rendant inerte l'oxyde magnétique, cette chaleur spécifique devient dans les deux cas 0.1730 à 0.1734.

L'oxyde obtenu avec le fer météorique est aussi magnétique. Smith a montré que ce fait devait être attribué à la présence d'une petite quantité de nickel et de cobalt.

L'oxyde ferrique ordinaire, chauffé au rouge, éprouve un phénomène d'incandescence; il est alors devenu d'un rouge plus vif, il est plus dur et beaucoup plus difficilement soluble dans les acides. Il est insoluble, dans

AzO^3H. Son meilleur dissolvant est un mélange de 8 p. SO^4H^2 et 3 p. H^2O. La chaleur spécifique de cet oxyde calciné est plus faible que celle de l'oxyde ordinaire.

L'oxyde ferrique est réduit par le charbon. l'hydrogène etc.

L'oxyde ferrique est transformé par SO^2 en protoxyde de fer qui s'unit avec l'acide sulfurique formé. Il est attaqué par le perchlorure de phosphore. Le gaz ammoniac le réduit à l'état de fer métallique contenant de l'azote.

Le protochlorure d'étain, même en solution bouillante, ne le réduit pas.

L'oxyde ferrique est un oxydant énergique et son pouvoir est pour ainsi dire indéfini, par suite de ce fait. qu'après avoir cédé son oxygène aux substances oxydables, il redevient immédiatement apte à se réoxyder au contact de l'air pour reconstituer Fe^2O^3, qui peut ainsi céder une nouvelle quantité d'oxygène.

C'est ainsi qu'à la longue, les clous enfoncés dans le bois détériorent les parties immédiatement en contact avec eux. Les tissus portant des taches de rouille sont rapidement troués.

P. Thénard attribue à l'oxyde ferrique. dans la nature, un rôle considérable D'après lui, il oxyde les matières organiques et transforme leur azote en nitrate.

L'oxyde ferrique est très répandu dans la nature. Il constitue le minerai de fer le plus abondant.

Il est employé dans l'industrie sous le nom de colcothar pour polir le verre et les métaux, comme couleur, pour décolorer les jus sucrés en sucrerie. Il entre dans la composition des émaux et vernis de l'industrie céramique.

II. *Hydrates ferriques.* — On connait plusieurs hydrates ferriques. Leur étude est assez délicate et il est difficile de fixer leur formule exacte.

L'examen des divers hydrates que l'on rencontre dans la nature peut servir de point de repère dans l'étude de ces produits.

La *turgite* ou *hydrohématite* a pour composition $2Fe^2O^3$, H^2O ; la *gœthite* Fe^2O^3, H^2O ; la limonite $2Fe^2O^3$, $3H^2O$; le minerai brun de Huttenrode (Murray) Fe^2O^3, $2H^2O$.

Quand on précipite une solution étendue de chlorure ferrique par AzH^3, qu'on lave le précipité à l'alcool, puis à l'éther et qu'on le dessèche sur l'acide sulfurique, il présente au bout de deux mois la composition Fe^2O^3, $2H^2O$ analogue à celle du minerai de Huttenrode.

Lorsqu'on précipite le chlorure ferrique par un alcali, c'est probablement l'hydrate Fe^2O^3, $3H^2O$ que l'on obtient. Cet hydrate se dissout facilement dans l'acide acétique et sa solution donne alors avec le ferrocyanure de potassium un précipité de bleu de Prusse.

Il perd facilement de l'eau. Si on le dessèche dans le vide il renferme

$2Fe^2O^3$, $3H^2O$, et correspond par conséquent à la limonite. Porté à l'ébullition au sein de l'eau, pendant quelques minutes, il se déshydrate encore et devient Fe^2O^3, H^2O analogue à la gœthite.

Par une ébullition plus prolongée, il se déshydrate de plus en plus et peut même perdre entièrement son eau lorsqu'on le chauffe en tube scellé vers 160° (de Sénarmont).

L'hydrate Fe^2O^3, H^2O se prépare encore en précipitant à l'ébullition une solution de sulfate ferreux par un mélange de carbonate et d'hypochlorite de sodium. A froid l'action serait plus lente et le précipité renfermerait :

$$Fe^2O^3, \; 2H^2O.$$

On obtient un composé $3Fe^2O^3$, $5H^2O$ en ajoutant du sulfate ferrique basique à de la potasse en fusion. H. Brunck et C. Graebe, ont trouvé au produit de l'attaque d'une chaudière en fonte, par la soude, la composition Fe^2O^3, H^2O. Ce corps se trouvait sous la forme d'une masse friable, composée de lamelles brillantes, d'une densité de 2,91, inattaquables à froid par SO^4H^2 et AzO^3H, solubles lentement à froid dans HCl.

Ces divers hydrates possèdent une coloration variant du jaune au brun foncé.

D. Tommasi les classe selon la facilité avec laquelle ils perdent leur eau :

1° *Les hydrates bruns, qui sont obtenus en précipitant les sels ferriques par un alcali ;*

2° *Les hydrates jaunes, résultant de l'oxydation des hydrates ferreux et ferroso-ferrique et du carbonate ferreux.*

Les premiers se déshydratent plus aisément que les seconds, en donnant un oxyde anhydre brun, d'une densité de 5,11, facilement soluble dans les acides. Les seconds donnent un oxyde rouge de 3,95 de densité, difficilement soluble dans les acides.

Lorsqu'on chauffe doucement l'hydrate obtenu en précipitant le chlorure ferrique par l'ammoniaque, de façon à faire partir toute l'eau et si on chauffe ensuite plus fortement, la masse devient tout à coup incandescente sans changement de poids et il reste un oxyde anhydre plus inerte que l'oxyde qui aurait été obtenu à plus basse température.

Quand on chauffe pendant 7 ou 8 heures à 100° l'hydrate ferrique ordinaire, il acquiert des propriétés différentes de ses propriétés primitives. Au bout de quelques minutes sa composition a changé et est devenue, comme nous l'avons vu, Fe^2O^3, H^2O. De jaune ocreux, sa couleur est devenue rouge brique. L'acide nitrique concentré et bouillant ne le dissout plus que lentement, HCl ne le dissout qu'à l'ébullition ou par une longue digestion. En contact avec l'acide acétique et le ferrocyanure de potassium, il ne donne plus de bleu de Prusse ; chauffé au rouge il ne devient plus incandescent et se comporte ainsi comme de l'oxyde déjà calciné.

Desséché, cet hydrate modifié est pulvérulent tandis que l'hydrate ordinaire donne des fragments durs et cassants.

Les faits suivants étudiés par MM. Péan de St-Gilles, Scheurer-Kestner, Graham, tendent également à démontrer l'existence d'une modification de l'hydrate ferrique ordinaire.

Si on prépare à froid de l'acétate ferrique par l'hydrate précipité et l'acide acétique, on obtient un liquide plus ou moins coloré en rouge et présentant tous les caractères des sels de fer au maximum. Si on fait bouillir ce liquide, sa couleur devient tout à coup 4 ou 5 fois plus intense, en même temps qu'il se dégage une forte odeur d'acide acétique et sans qu'il se produise aucun dépôt. Si on effectue le chauffage en tubes scellés, au bain-marie, à près de 100°, on voit au bout de quelques heures le liquide se modifier de plus en plus ; sa couleur devient peu à peu d'un rouge plus clair sans changer d'intensité ; vu par reflexion il paraît trouble, mais par transmission il est tout à fait limpide et homogène ; il a perdu entièrement la saveur des sels de fer et ne présente plus que celle de l'acide acétique ; le ferrocyanure ne donne plus de bleu de Prusse et l'addition de sulfocyanate de potassium ne fonce pas la coloration rouge. Une trace d'H^2S ou d'un sel alcalin détermine la précipitation de tout l'hydrate ferrique que le liquide contient, coloré en rouge et insoluble dans les acides. Cet hydrate séché sur une plaque de verre forme de petites plaques noir-brun brillant, solubles dans l'eau pure en reproduisant un liquide trouble par reflexion, transparent par transmission, très coloré et ne présentant pas de saveur sensible. Ce liquide peut être précipité de nouveau par HCl, AzO^3H etc. concentrés.

Avec l'azotate ferrique on obtient le même résultat. Scheurer-Kestner a observé avec l'azotate que la lumière joue le même rôle que la chaleur.

Ces phénomènes sont évidemment de même ordre que ceux que l'on observe avec la dissolution de chlorure ferrique soumise à l'action de la chaleur.

Les liqueurs ainsi obtenues ne peuvent plus être envisagées comme des solutions de sels ferriques, des acides acétique, nitrique, chlorhydrique, etc. On est forcé de les considérer comme des solutions acides d'hydrate modifié ou comme des émulsions de cet hydrate, à la faveur des acides étendus, agissant mécaniquement, en divisant à l'extrême les particules d'hydrate.

Si on sature du chlorure ferrique par de l'hydrate ferrique et qu'on soumette à la dyalyse le liquide rouge obtenu, cette solution perd presque tout son acide et il reste dans le dyaliseur un liquide rouge sang foncé, fortement chargé d'hydrate ferrique, que l'on peut concentrer par l'ébullition, jusqu'à un certain degré, sans qu'elle se coagule.

Cette solution est coagulée à froid par une trace d'SO^4H^2, par un alcali, un grand nombre de sels. Les acides AzO^3H, HCl, l'alcool ne la troublent pas.

Le coagulum forme une gelée d'un rouge foncé. ne se redissolvant pas dans l'eau. mais le faisant facilement dans les acides étendus. C'est l'hydrate colloïdal de Graham.

Si on évapore dans le vide le liquide provenant de la dyalyse, il abandonne l'hydrate $2Fe^2O^3$, $3H^2O$ (Magnier de la Source), tandis que l'hydrate modifié paraît renfermer toujours Fe^2O^3, H^2O.

L'hydrate ferrique récemment précipité est employé comme antidote de l'acide arsénieux.

39. **Ferrites**. — On désigne sous ce nom des combinaisons de l'oxyde ferrique avec divers protoxydes, dont l'oxyde ferroso-ferrique déjà décrit est le type. La plupart de ces combinaisons sont magnétiques.

a. **Ferrite de potassium**. — M. Frémy a obtenu ce composé en chauffant au rouge un mélange de 1 p. de fer avec 2 p. d'azotate potassique. Mitscherlich l'a obtenu par la calcination de l'oxalate ferrico-potassique. Il est jaune verdâtre et décomposable par l'eau qui lui enlève de l'alcali.

b. **Ferrite de sodium**. — Il s'obtient au moyen des mêmes réactions que le ferrite de potassium dont il possède d'ailleurs les propriétés.

c. **Ferrite de calcium** $Fe^2O^3(CaO)^4$. — Il a été obtenu par la précipitation par la potasse, d'un mélange de 1 molécule de Fe^2Cl^6 et de 4 molécules de $CaCl^2$. Le précipité d'abord jaune devient peu à peu blanc si on a soin de le préserver du contact de l'air dont l'acide carbonique le décompose. A l'ébullition le précipité est blanc immédiatement. C'est une poudre légère, parfaitement blanche, insoluble, décomposable par les acides faibles, même par CO^2 ; l'eau ni l'eau sucrée ne lui enlèvent de chaux.

List a obtenu le composé CaO, Fe^2O^3 en précipitant une solution neutre de Fe^2Cl^6 par l'eau de chaux, puis séchant et calcinant le précipité. Ce produit est brun, friable, magnétique.

J. Percy a préparé un ferrite de calcium en cristaux volumineux, d'un éclat métallique, de densité $d = 4,693$, en chauffant au rouge blanc et laissant ensuite refroidir lentement, un mélange d'oxyde ferrique et de chaux.

d. **Ferrite de baryum**. — List a obtenu par la même méthode que pour le ferrite de calcium, un composé brun, friable, magnétique de la formule BaO, Fe^2O^3.

e. **Ferrite de magnésium**. — On l'obtient d'une manière analogue aux précédents. avec un lait de magnésie calcinée, sous la forme d'un précipité brun, qui, par la calcination. se réunit en fragments frittés brun-cannelle, très magnétiques. Séché sur SO^4H^2 ce précipité répond à la formule MgO, Fe^2O^3, $4H^2O$.

f. **Ferrite de zinc**. — On obtient suivant Ebelmen, le composé ZnO,

Fe^2O^3 en chauffant au rouge blanc, pendant plusieurs jours, un mélange de :

1 p. oxyde ferrique.

2 p. oxyde de zinc.

2 p. acide borique.

La masse traitée par HCl étendu et froid, lui cède du borate de zinc et il reste une poudre noire, cristallisée en octaèdres réguliers, de ferrite de zinc, soluble dans HCl concentré et bouillant.

g. **Ferrite de manganèse.** — C'est un précipité brun-noir, obtenu en traitant un mélange à équivalents égaux de protochlorure de manganèse et de perchlorure de fer, par la potasse.

h. **Ferrite de cuivre** CuO, Fe^2O^3, $5H^2O$. — On l'obtient de la même façon, sous la forme d'un précipité volumineux, jaune sale, devenant brun noir par la calcination.

40. Acide ferrique. — L'anhydride ferrique découverte par M. Frémy a pour composition FeO^3. Ce composé, ni son hydrate, l'acide ferrique FeO^4H^2, ne sont connus à l'état de liberté ; mais on connaît diverses combinaisons, entre autres, K^2FeO^4 qui correspond au manganate K^2MnO^4.

Si on cherche à mettre l'acide ferrique en liberté, il se décompose :

$$2H^2FeO^4 = Fe^2O^3 + 2H^2O + O^3.$$

M. J. de Mollins a confirmé la formule FeO^3 par l'analyse du ferrate de baryum, en déterminant la quantité d'iode que ce sel peut mettre en liberté d'après l'équation :

$$2FeO^4Ba + 8KI + 16HCl = 2BaCl^2 + 8KCl + 2FeCl^2 + 8H^2O + 4I^2.$$

41. Ferrates. — a. **Ferrate de potassium** FeO^4K^2. — On peut le préparer par plusieurs procédés :

1° *Par la voie sèche.* On place un creuset de Hesse dans des charbons ardents et on y projette 5 gr. de limaille de fer pur. Quand le fer est rouge on ajoute dans le creuset 10 gr. de salpêtre pulvérisé, que l'on avait préalablement fondu pour le déshydrater. La réaction est instantanée et très vive. On recouvre le creuset et on laisse refroidir. On obtient ainsi une masse rouge violacé, très riche en ferrate de potasse.

On peut aussi obtenir ce produit par l'action du salpêtre sur l'oxyde de fer ;

2° *Par la voie humide.* On fait passer un courant de chlore dans 30 p. de potasse dissoute dans 50 p. d'eau, en présence de 1 p. d'hydrate ferrique récemment précipité. On maintient toujours la potasse en excès en en ajoutant au cours de la réaction. On finit par obtenir une poudre noire, insoluble dans la potasse et qui doit se dissoudre dans l'eau sans résidu, en la colorant en rose. C'est le ferrate de potassium.

Le ferrate de potassium prend encore naissance dans beaucoup d'autres circonstances Il s'en forme quand on traite du peroxyde de potassium par du sesquioxyde de fer ; par l'action de la pile sur une solution de potasse renfermée dans un vase de fonte (Poggendorf) ; lorsqu'on sature d'iode une solution de potasse et qu'on calcine le résidu salin dans un creuset en fer, etc. etc.

Le ferrate de potassium est assez stable lorsqu'il est solide ou en solution concentrée, mais il se décompose très rapidement lorsqu'on l'étend d'eau. Il donne alors de l'oxygène et laisse déposer Fe^2O^3. Sa solution concentrée supporte l'ébullition, surtout si elle contient un sel minéral ; l'addition d'un acide produit une décomposition immédiate ; les sels ammoniacaux et les réducteurs ramènent l'acide ferrique à l'état d'hydrate de sesquioxyde.

Le ferrate de potasse est très soluble dans l'eau et s'y dissout en lui communiquant une belle teinte rouge ou rose-violacé.

b. **Ferrate de sodium.** — Il se forme avec facilité par la voie humide en faisant passer un courant de chlore dans de la soude concentrée tenant en suspension de l'hydrate ferrique. Il est soluble dans l'eau.

c. **Ferrate d'ammonium.** — Il ne paraît pas exister, car les ferrates sont immédiatement décomposés par AzH^3 avec dégagement d'Az et précipitation de Fe^2O^3.

$$2K^2FeO^4 + 2AzH^3 = Az^2 + Fe^2O^3 + 4KHO + H^2O.$$

d. **Ferrate de baryum** $BaFeO^4$. — Il s'obtient par double décomposition en précipitant le ferrate de potassium par du nitrate ou du chlorure de baryum. Il se forme un précipité insoluble d'un beau rouge pourpre.

Il est beaucoup plus stable que les ferrates alcalins. Les matières organiques exercent peu d'action sur lui. Les acides énergiques en dégagent de l'oxygène, en formant les sels correspondants de baryum et de ferricum.

Avec l'acide acétique il forme une solution d'un beau rouge qui se décolore en chauffant.

Les ferrates de calcium et de strontium sont également insolubles et s'obtiennent par double décomposition.

12. Sulfures de fer. — Les sulfures de fer sont plus nombreux que les oxydes. Nous les étudierons successivement en commençant par les moins riches en soufre.

a. **Sous-sulfure de fer** Fe^8S. — Ce composé décrit par Arfvedson se forme en réduisant un sulfate ferrique basique par l'hydrogène. Il se dissout dans les acides en dégageant $6/7\,H$ et $1/7\,H^2S$. C'est une poudre terne, gris-foncé.

b. **Sous-sulfure de fer Fe²S.** — Il a été obtenu en réduisant le sulfate ferreux anhydre par l'hydrogène. On obtient au début SO^2 et H^2O puis H^2S.

La réaction peut s'exprimer suivant une des deux équations suivantes :

1) $$2SO^4Fe + 18H = Fe^2S + H^2S + 8H^2O.$$
2) $$4SO^4Fe + 30H = 2Fe^2S + H^2S + SO^2 + 14H^2O,$$

Traité à chaud par H^2S, ce sulfure, de même que le précédent, se transforme en pyrite magnétique.

c. **Sulfure ferreux FeS.** — On l'obtient en mélangeant 60 p. de limaille de fer, 40 p. de soufre, et une quantité suffisante d'eau chaude pour faire une pâte (volcan de Lemery). La combinaison s'effectue avec dégagement de chaleur. Le sulfure ainsi obtenu est très oxydable.

On obtient FeS cristallisé par l'action de H^2S sur l'oxyde ferroso-ferrique. Il se dégage H^2O et H^2S. Si on chauffe plus fort il se dégage S et il reste des cristaux hexagonaux noirs ou jaunes (Sidot). En chauffant ensemble 56 p. de fer avec 32 p. de soufre, on obtient une masse noire, poreuse, assez fusible, dont la principale application est la production de l'hydrogène sulfuré dans les laboratoires.

On peut obtenir FeS par la voie humide en précipitant un sel ferreux par un sulfure alcalin :

$$SO^4Fe + Na^2S = FeS + SO^4Na^2$$

ou encore par un sulfhydrate :

$$SO^4Fe + 2NaHS = FeS + H^2S + SO^4Na^2.$$

Avec les sels ferriques il se forme également FeS, mais alors il y a dépôt de soufre :

$$(SO^4)^3Fe^2 + 3Na^2S = 3SO^4Na^2 + 2FeS + S.$$

Les sulfures supérieurs du fer, chauffés au rouge vif perdent du soufre et donnent FeS.

Le sulfure FeS, précipité, est noir, insoluble dans H^2O, soluble dans les acides sans dépôt de soufre et sans dégagement d'hydrogène libre ; soluble également dans les alcalis. Il est très oxydable et devient gris par suite de la mise en liberté d'une partie de son soufre. Il se forme en même temps du sulfate ferreux et de l'oxyde ferrique :

$$3FeS + 7O = SO^4Fe + Fe^2O^3 + 2S.$$

Le sulfure ferreux préparé par la voie sèche est fusible, cassant, indécomposable par la chaleur, même au rouge blanc, indécomposable également par l'hydrogène, le charbon, etc. S'il y a en présence de la chaux, des carbonates terreux, des silicates, le charbon le décompose.

L'acide azotique, au contact de FeS, dégage AzO et il se forme Fe^2O^3 et SO^4H^2.

Le sulfure ferreux est assez rare dans la nature.

d. **Pyrite magnétique** Fe^7S^8. — Cette pyrite peut être envisagée comme un sulfure salin résultant de l'union du sesquisulfure ou du bisulfure de fer avec du sulfure ferreux :

$$FeS^2, 6FeS \text{ ou } Fe^2S^3, 5FeS.$$

On l'obtient artificiellement par la calcination du bisulfure ou encore en traitant le fer chauffé au blanc par du soufre, ou enfin en faisant tomber du soufre dans un creuset chauffé au rouge, plein de tournure de fer.

On connaît un sulfure Fe^8S^4 correspondant à l'oxyde magnétique Fe^3O^4 et auquel on peut appliquer plus rationnellement qu'à Fe^7S^8 le nom de pyrite magnétique.

D'après Rammelsberg on peut obtenir un sulfure Fe^3S^6 en projetant du soufre sur du fer incandescent.

e. **Sesquisulfure de fer** Fe^2S^3. — On obtient ce composé en chauffant au rouge sombre un mélange de soufre et de protosulfure. On peut aussi le préparer en faisant passer un courant d'H^2S sur Fe^2O^3 chauffé vers 100°.

Anhydre il est inaltérable à l'air, d'un gris jaunâtre, présentant une nuance verte ou grise, soluble en partie dans les acides.

Il se trouve dans la nature où il est souvent associé au cuivre, en formant la pyrite cuivreuse CuS, Fe^2S^3 et parfois $3CuS$, Fe^2S^3.

f. **Bisulfure de fer** (Syn, Pyrite martiale) FeS^2. — C'est le plus important des sulfures de fer. On peut le reproduire artificiellement en chauffant doucement du fer avec un excès de soufre.

Wœhler a obtenu ce sulfure, cristallisé en octaèdres, en chauffant au bain de sable un mélange d'oxyde de fer, de soufre et de sel ammoniac.

On peut encore le préparer, par l'action de l'hydrogène sulfuré sur le sesquioxyde de fer, sur l'oxyde ferroso-ferrique ou le carbonate ferreux, en opérant à une température comprise entre 100° et le rouge sombre. Au-dessous de 100° on obtiendrait principalement du sesquisulfure et au-dessus du rouge de la pyrite magnétique.

Chauffé à l'air le bisulfure dégage de l'acide sulfureux et il reste du sulfate ferreux ou un sulfate ferrique basique si la température est suffisante pour décomposer le sulfate ferreux.

Quand on le chauffe dans un courant d'hydrogène phosphoré, à une température inférieure à celle où il perd du soufre spontanément, il se forme du phosphure de fer et il se dégage du soufre et de l'hydrogène sulfuré.

Il est très abondant dans la nature où il constitue la pyrite martiale que l'on rencontre sous deux modifications dimorphes.

1. La *pyrite cubique* est jaune de laiton. Sa densité est de 4,8 à 5,2. Elle fait feu sous le briquet.

2. La *pyrite prismatique* est moins commune. Elle est blanche. Sa

densité est de 4,74. Wœhler a fait la remarque que ces deux densités sont
entre elles dans le même rapport que les densités du soufre octaédrique
et du soufre prismatique 2,066 et 1,962.

g. **Persulfure de fer** FeS^3. — De même que l'anhydride ferrique, ce
sulfure n'a pu être isolé. On le connaît à l'état de combinaison soluble
avec le sulfure de potassium, combinaison que l'on prépare en faisant passer H^2S dans une solution de ferrate de potassium.

43. Nitrosulfures de fer. — Ces sels découverts par M. Roussin
constituent un groupe remarquable de corps, dans lesquels le fer n'est ré-
vélé par aucun de ses réactifs habituels, comme cela a lieu du reste pour
les ferrocyanures.

La nature de ces combinaisons est encore fort discutée. Les recherches
de Porczinsky, de Rosenberg, de Pawel, de Demel, ont encore compliqué
la question en conduisant à des formules variables d'un auteur à l'autre.
suivant le procédé de préparation employé. D'après M. Roussin, si on mêle
deux dissolutions, l'une de sulfhydrate d'ammoniaque, l'autre d'azotite
de potassium et que dans cette liqueur on verse goutte à goutte, en agitant
sans cesse, une solution de perchlorure de fer ou de sulfate ferrique, on
remarque, en portant le mélange à l'ébullition, que tout le précipité noirâtre se redissout. Si on filtre après l'ébullition il passe un liquide très
foncé, qui laisse déposer par le refroidissement une grande quantité de
cristaux noirs, tandis qu'il reste sur le filtre un dépôt de soufre. Si on emploie du sulfate ferreux, la réaction est aussi nette, mais il n'y a plus de
dépôt de soufre et si on a employé un léger excès de sulfure alcalin presque tout le précipité se redissout.

Porckzinsky opère d'une manière un peu différente, en ajoutant du
sulfhydrate d'ammoniaque à une solution de sulfate ferreux saturée de
bioxyde d'azote, chauffant à 100°, filtrant et évaporant la liqueur filtrée.

Demel opère en ajoutant 4 cc. d'une solution de sulfhydrate d'ammoniaque à 20 gr. d'azotite de potassium dissous dans 300 cc. d'eau bouillante ;
il continue l'ébullition pendant quelques minutes, puis il verse 33 gr. de
sulfate ferreux dissous dans 200 cc. d'eau.

Pawel ajoute 40 gr. de sulfure de sodium dissous dans 300 cc. d'eau,
dans une solution bouillante de 40 gr. d'azotite de potassium dissous dans
600 cc. d'eau. Il introduit alors 70 gr. de sulfate ferreux dissous dans
300 cc. d'eau, chauffe à 70°-80° pendant une demi-heure, puis, filtre et
laisse refroidir.

Les cristaux qui se déposent par un refroidissement lent sont en général très bien formés. Ils acquièrent parfois 1 à 2 centimètres de longueur
et se lavent avec facilité. Ils sont très lourds, peu solubles à froid dans
l'eau, beaucoup plus à chaud.

Ils sont très solubles dans l'alcool, l'acide acétique cristallisable, l'alcool amylique, légèrement dans l'huile de naphte, l'essence de térébenthine. Ils sont solubles en toutes proportions dans l'éther ordinaire et se liquéfient instantanément au contact de la vapeur de ce liquide. Ils sont absolument insolubles dans CS^2.

Ces cristaux ont une teinte très foncée, il possèdent l'éclat métallique et ressemblent beaucoup à l'iode. Leur pouvoir colorant est très considérable. Leur saveur est d'abord styptique, puis amère.

Ils sont inaltérables à l'air si la liqueur d'où ils se sont déposés est légèrement alcaline. A 100° ils ne se décomposent pas et le font entre 115° et 140°.

Ils sont attaqués vivement à la température ordinaire par l'acide sulfurique, l'acide chlorhydrique, l'acide nitrique, concentrés.

Ces corps sont précipités presque entièrement de leur solution par AzH^3, AzH^4S, H^2S, les ferro et ferricyanures ; les tannins sont sans action.

Avec le chlorure d'or, ils dégagent du bioxyde d'azote et il se précipite de l'or métallique.

Avec l'azotate d'argent il se dégage du bioxyde d'azote et il se forme un précipité noir de sulfure d'argent et de sulfure de fer.

Les divers auteurs assignent aux composés qu'ils ont obtenus par des méthodes peu différentes cependant, des formules très dissemblables.

Roussin qui donne à son composé le nom de dinitrosulfure de fer, lui attribue la composition :

$$Fe^3S^5H^2 (AzO)^4 = Fe^2S^3(AzO)^3.H^2S.FeS.AzO.$$

Le corps obtenu par Porckzinsky serait :

$$Fe^3S^3(AzO)^4, 2H^2O = FeS.Fe^2S^2(AzO)^4 + 2H^2O.$$

Celui de Rosenberg correspondrait à :

$$Fe^6S^3(AzO)^{10}, 4H^2O.$$

Pawel donne comme formule :

$$Fe^7S^5(AzO)^{12}H^2.$$

Demel a décrit la combinaison ammoniacale du nitrosulfure qu'il a obtenu. Il la considère comme une amide nitrée et lui attribue la composition :

$$Fe^2S^2(AzO^2)^2(AzH^2)^2 = \begin{array}{c} Fe \big\langle {\scriptstyle AzO^2 \atop \scriptstyle S - AzH^2} \\[6pt] \| \\[6pt] Fe \big\langle {\scriptstyle S - AzH^2 \atop \scriptstyle AzO^2} \end{array}$$

La potasse et la soude n'agissent pas à froid sur le dinitrosulfure de fer, mais, par une ébullition prolongée il se dégage de l'ammoniaque, il se dépose de l'hydrate ferrique cristallin et rouge $Fe^2H^2O^4$ et il reste une liqueur moins colorée, qui, par la concentration sur l'acide sulfurique, laisse déposer des cristaux volumineux, noirs, disposés en trémies. Les cristaux obtenus par l'action de la soude, auxquels Roussin a donné le nom de *nitrosulfure sulfuré de fer et de sodium*, ont pour composition :

$$Fe^2S^3(AzO)^2, 3Na^2S + aq.$$

Porckzinsky donne à ce composé desséché à 100°, la formule :

$$Na^2S, Fe^2S^2(AzO)^4.$$

Tandis que d'après Rosenberg leur formule serait :

$$Fe^8S^9(AzO)^{18}Na^8 + 24H^2O,$$

et d'après Pawel.

$$Fe^{10}S^{10}(AzO)^{18}Na^{10} + 27H^2O.$$

Ces cristaux sont solubles dans l'eau et l'alcool et insolubles dans l'éther.

L'azotate de plomb donne avec leur solution un précipité rougeâtre soluble dans la potasse.

Le sulfate de zinc donne un précipité brun, renfermant du zinc, du soufre, du fer, du bioxyde d'azote.

Le perchlorure de fer donne un précipité noir.

Le tannin, l'hydrogène sulfuré, le ferrocyanure de potassium ne donnent rien, le ferricyanure donne du bleu de Prusse.

Traitée à froid par les acides, cette solution donne un précipité floconneux rougeâtre, qui perd facilement de l'hydrogène sulfuré et qui a pour composition $Fe^2S^3(AzO)^2$, $4H^2S$. Roussin nomme ce corps *nitrosulfure sulfuré de fer*.

Si on fait agir un acide étendu sur une solution bouillante de nitrosulfure sulfuré de fer et de sodium, il se dégage H^2S et il se sépare un corps noir, dense, insoluble dans l'eau, l'alcool, l'éther et qui renferme :

$$Fe^2S^3(AzO)^2.$$

C'est le *nitrosulfure de fer*. Il est très inflammable. Sec il se décompose peu à peu. Avec le sulfure de sodium il fournit de grands prismes, rouges par transparence, noirs par réflexion, solubles dans l'eau, l'alcool, l'éther, insolubles dans le sulfure de carbone, le chloroforme, et d'une composition correspondant à :

$$Fe^2S^3(AzO)^2.Na^2S.H^2O.$$

Ce sel mis en solution et traité par un acide régénère le nitrosulfure de fer.

Les combinaisons nitrosulfurées du fer, sont comparables aux nitroprussiates, dans lesquels d'ailleurs elles peuvent se transformer sous l'action du cyanure de mercure ou du cyanure de potassium.

Inversement les nitroprussiates, sous l'action de l'hydrogène sulfuré, ou d'un sulfure alcalin peuvent donner des nitrosulfures.

44. Sulfites de fer. — a. Sulfite ferreux. $SO^3Fe, 3H^2O$. — Lorsqu'on dissout à l'abri de l'air, le fer dans l'acide sulfureux, on obtient une liqueur qui contient à la fois SO^3Fe et S^2O^3Fe.

Lorsqu'on évapore dans le vide la liqueur obtenue, le sulfite ferreux cristallise en aiguilles verdâtres renfermant $3H^2O$. Il s'oxyde facilement à l'air humide : il est peu soluble dans l'eau froide, plus soluble en présence de SO^2.

b. **Sulfite ferrique** $(SO^3)^3(Fe^2)$. — On ne le connaît pas à l'état solide et sa solution est très instable.

Lorsqu'on dissout de l'hydrate ferrique dans l'acide sulfureux, la liqueur se colore d'abord en rouge, puis se décolore rapidement par suite de la formation de sulfate ferreux :

$$(SO^3)^3(Fe^2) = SO^4Fe + SO^3Fe + SO^2.$$

Quand on fait bouillir la solution de sulfite ferrique, on obtient une poudre ocreuse, insoluble, de sulfite basique :

$$(Fe^2O^3)^3SO^2, 7H^2O.$$

Si au lieu de faire bouillir on ajoute de l'alcool, il se précipite également un sulfite basique.

45. Hyposulfite ferreux S^2O^3Fe. — On l'obtient comme résidu dans la préparation de sulfite ferreux ou par double décomposition entre l'hyposulfite de baryum et le sulfate ferreux, ou encore en faisant digérer du soufre avec le sulfite ferreux.

Ce sel est sous la forme de petites aiguilles verdâtres, solubles dans l'alcool.

46. Hyposulfates de fer. — a. Hyposulfate ferreux $S^2O^6Fe, 5H^2O$. — On l'obtient par double décomposition entre l'hyposulfate de baryum et le sulfate ferreux. La liqueur filtrée donne par évaporation spontanée de petits prismes verdâtres, oxydables à l'air, solubles dans l'eau.

b. **Hyposulfate ferrique** $(S^2O^6)^3(Fe^2)$. — Lorsqu'on traite l'acide hyposulfurique par de l'hydrate ferrique, on obtient un hyposulfate basique, sous la forme d'une poudre rouge brun.

On obtient l'hyposulfate $(S^2O^6)^3(Fe^2)$ par double décomposition, à l'état d'une solution rouge.

47. Tétrathionate ferreux S^4O^6Fe. — C'est un sel très instable se dédoublant facilement en sulfate ferreux, acide sulfureux et soufre. On le produit en ajoutant goutte à goutte de l'hyposulfite ferreux à une solution de Fe^2Cl^6

$$Fe^2Cl^6 + 2S^2O^3Fe = 3FeCl^2 + S^4O^6Fe.$$

48. Sulfates de fer. — a. **Sulfates ferreux.** — 1. *Sulfate normal*
$SO^4Fe. 7H^2O$. — Ce produit, encore appelé *vitriol de fer, couperose verte*, etc.,
est un des sels de fer les plus importants.

On le prépare industriellement en attaquant le fer par l'acide sulfurique,
par l'oxydation des pyrites ou des schistes pyriteux, etc. Ainsi préparé il
n'est pas pur et contient du cuivre, du zinc, de l'étain, du manganèse, de

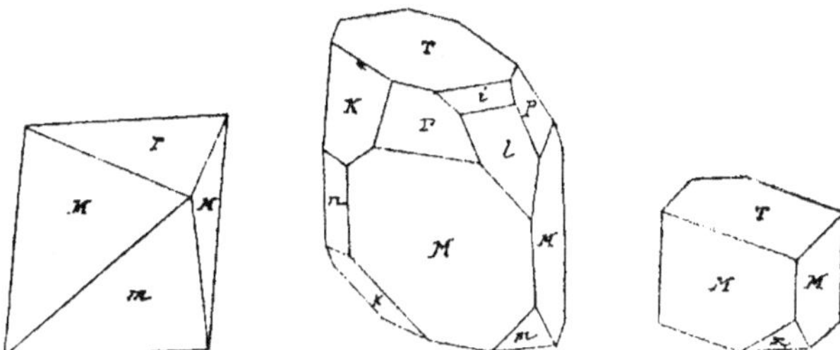

Fig. 33, 34 et 35. — Formes sous lesquelles le sulfate ferreux se présente le plus
souvent.

l'alumine, de la magnésie, de la chaux, de la silice, de l'acide sulfurique
libre, des matières organiques etc.

Dans les laboratoires on l'obtient en traitant du fer en excès par SO^4H^2
pur ou encore en faisant recristalliser plusieurs fois le sel du commerce.

Le sulfate ferreux cristallise dans le système du prisme oblique en cristaux rhomboïdaux, d'un vert bleuâtre, contenant $7H^2O$, d'une saveur
styptique, désagréable, d'une densité de 1.884.

Il est soluble dans l'eau.

100 parties de sulfate ferreux cristallisé se dissolvent :

a	10°	dans	164 p.	d'eau.
»	15°	«	143	«
«	24°	«	87	»
«	43°	«	66	«
«	60°	«	38	«
«	90°	«	27	«
«	100°	«	30	«

La densité des solutions de ce sel, à la température de 17°2 est donnée
par le tableau suivant (R. Jagnaux. *Aide-mémoire du Chimiste*).

Densité	$SO^4Fe,7H^2O$ %	SO^4Fe %	Densité	$SO^4Fe,7H^2O$ %	SO^4Fe %	Densité	$SO^4Fe,7H^2O$ %	SO^4Fe %	Densité	$SO^4Fe,7H^2O$ %	SO^4Fe %
1,0052	1	0,547	1,0605	11	6,017	1,1214	21	11,487	1,1876	31	16,957
1,0105	2	1,094	1,0664	12	6,564	1,1278	22	12,034	1,1945	32	17,504
1,0158	3	1,641	1,0723	13	7,111	1,1313	23	12,581	1,2014	33	18,051
1,0212	4	2,188	1,0782	14	7,658	1,1408	24	13,128	1,2084	34	18,598
1,0266	5	2,735	1,0842	15	8,205	1,1473	25	13,675	1,2154	35	19,145
1,0321	6	3,282	1,0903	16	8,752	1,1539	26	14,222	1,2225	36	19,692
1,0377	7	3,829	1,0964	17	9,299	1,1606	27	14,769	1,2296	37	20,239
1,0433	8	4,376	1,1026	18	9,846	1,1673	28	15,316	1,2368	38	20,786
1,0490	9	4,923	1,1088	19	10,393	1,1740	29	15,863	1,2440	39	21,333
1,0547	10	5,470	1,1157	20	10,940	1,1808	30	16,410	1,2513	40	21,880

D'après Gerlach, la densité des solutions de sulfate ferreux à 15° est de :

Densité	$SO^4Fe,7H^2O$ 0/0	Densité	$SO^4Fe,7H^2O$ 0/0
1,011	2	1,082	15
1,021	4	1,112	20
1,032	6	1,143	25
1,043	8	1,174	30
1,054	10	1,206	35
1,065	12	1,239	40

Le sulfate ferreux est à peu près insoluble dans l'alcool fort, tout à fait dans l'acide acétique glacial. L'alcool à 50° en dissout à peu près 3 gr. par litre.

Quand on chauffe le sulfate ferreux cristallisé, il fond dans son eau de cristallisation, puis se déshydrate peu à peu. A 100° il perd 6 molécules d'eau, la 7⁰ molécule d'eau n'est dégagée que vers 300°. Cette 7⁰ molécule d'eau semble donc jouer un rôle différent des autres puisqu'elle est plus difficile à enlever. C'est aussi ce que démontre l'existence des sels doubles tels que

$$(SO^4)^2K^2Fe, 6H^2O$$

isomorphe avec $SO^4Fe.7H^2O$, que l'on peut considérer comme dérivant de ce dernier sel, par la substitution de 1 molécule de SO^4K^2 à 1 molécule d'eau.

Chauffé au rouge sombre le sulfate ferreux se décompose en donnant SO^2, SO^3 et Fe^2O^3 :

$$2SO^4Fe = Fe^2O^3 + SO^3 + SO^2.$$

Le sulfate ferreux cristallisé est d'une conservation difficile. Exposé à l'air il se suroxyde et jaunit, en se recouvrant d'une couche ocreuse de sulfate ferrique basique, contenant $(SO^4)^3Fe^2$, $5Fe^2O^3$ ou $(Fe^2O^3)^2SO^3$. C'est le sel ainsi oxydé qui sert à la préparation de l'acide de Nordhausen. Dans les laboratoires, pour le préserver de cette oxydation, on a conseillé d'ajouter à la solution d'où il cristallise, de la glucose ou de la gomme. Welborn recommande pour conserver les cristaux de sulfate ferreux, d'y ajouter un morceau de camphre enveloppé dans du papier. Ils se conservent plus facilement s'ils contiennent une légère quantité d'acide sulfurique libre. Leur conservation est également plus facile quand ils sont très secs et conservés dans une atmosphère sèche.

La solution de sulfate ferreux s'oxyde également à l'air et se trouble en laissant déposer des sels basiques. On peut cependant la conserver assez longtemps en l'additionnant d'acide sulfurique et en l'exposant au soleil.

Si on soumet une solution de sulfate ferreux à l'action de l'air il se dépose une poudre ocreuse $(Fe^2O^3)^2SO^3$, $3H^2O$. La solution contient alors outre le sulfate ferreux, du sulfate ferrique normal $(SO^4)^3(Fe^2)$ et un sulfate basique $(SO^4)^3Fe^2)$, Fe^2O^3.

La composition du précipité n'est du reste pas constante et varie avec la concentration de la solution, la durée de l'exposition à l'air, etc.

Si on ajoute de l'eau, il se forme un nouveau précipité de composition variable et il reste en solution un sulfate ferroso-ferrique.

Le sulfate ferreux dissous, absorbe avec facilité le bioxyde d'azote et la liqueur prend une teinte brun noir foncé. Lorsqu'on évapore dans le vide une telle solution, AzO se dégage. Si on la chauffe, il se dégage du protoxyde d'azote et il se forme du sulfate ferrique.

Si on porte cette solution à l'ébullition, après un certain temps elle se décompose brusquement en moussant abondamment et en dégageant des vapeurs rutilantes s'il y a en présence un léger excès d'AzO^3H.

Traitée à chaud par un alcali elle donne de l'ammoniaque.

Traitée par l'alcool absolu jusqu'à ce que le précipité cesse de se redissoudre on obtient, en refroidissant le mélange à l'abri de l'air, des cristaux bruns très instables. Avec un excès d'alcool on obtient un précipité brun plus stable.

Tous les oxydants agissent sur le sulfate ferreux.

L'acide nitrique agit pour donner du sulfate ferrique.

Le chlore agit comme agent oxydant et il n'y a pas production de sels basiques :

$$6SO^4Fe + 3Cl^2 = Fe^2Cl^6 + 2(SO^4)^3(Fe^2).$$

Le sulfate ferreux cristallisé se dissout dans 400 molécules d'eau en absorbant 4,510 cal. par molécule de sel.

Le sulfate ferreux normal contient 7 molécules d'eau et est isomorphe de la série dite magnésienne, mais dans certaines conditions il se déshydrate partiellement ou complètement en donnant, soit des hydrates à 1, 2, 3, 4, etc., molécules d'eau, soit du sel anhydre.

II. *Sulfate ferreux anhydre*. SO⁴Fe. — C'est une poudre blanc-grisâtre que l'on obtient en soumettant le sulfate hydraté à l'action d'une température de 300° environ. Lorsqu'on le met en présence de l'eau il s'hydrate et reprend sa couleur verte.

III. *Hydrate à 1 molécule d'eau*, SO⁴Fe, H²O. — On l'obtient en chauffant vers 140° l'hydrate ordinaire. Il perd son eau vers 300°.

IV. *Hydrate à 2 molécules d'eau*, SO⁴Fe, 2H²O. — On l'obtient, d'après Bonsdorff, en traitant une solution saturée de sulfate ferreux, par l'acide sulfurique. On ajoute cet acide lentement pour ne pas avoir une trop grande élévation de température, jusqu'à ce que la densité de la liqueur se soit élevée à 1,33. On laisse alors la solution s'évaporer. Il cristallise d'abord du sulfate à 4H²O, puis en dernier lieu le sulfate SO⁴Fe, 2H²O.

V. *Hydrate à 3 molécules d'eau* SO⁴Fe, 3H²O. — En faisant cristalliser du sulfate ferreux dans HCl, on obtient par le refroidissement le sel SO⁴Fe, 3H²O : on l'obtient encore sous la forme d'une croûte blanche en évaporant une solution de SO⁴Fe, 7H²O fortement acidifiée par SO⁴H².

VI. *Hydrate à 4 molécules d'eau* SO⁴Fe, 4H²O. — D'après Regnault, cet hydrate se forme lorsqu'on fait cristalliser une solution de sulfate ferreux à 80°.

Nous avons retrouvé ce sel, mélangé d'un peu de sulfate ferrique basique, de sulfate d'alumine, de sulfate de chaux, etc., comme produit accidentel de l'évaporation des liqueurs servant à la fabrication de l'alun et du sulfate de fer, dans le traitement des lignites pyriteux.

Nous l'avons reproduit au laboratoire en maintenant à l'ébullition, et en remplaçant l'eau qui s'évaporait, une solution concentrée de sulfate ferreux, légèrement acidifiée par SO⁴H². C'est une poudre cristalline blanc-verdâtre, lourde. Au contact de l'eau elle se réhydrate en faisant prise comme le plâtre. Ce sel cristallise dans le système monoclinique.

VII. *Hydrate à 5 molécules d'eau* SO⁴Fe, 5H²O. — Il cristallise en cristaux tricliniques. Marignac a obtenu ce sel en évaporant dans le vide une solution acidulée de sulfate ferreux. Il se dépose d'abord du sel à 7H²O, puis à 5H²O, puis enfin du sel à 4H²O.

VIII. *Hydrate à 6 molécules d'eau* SO⁴Fe, 6H²O. — Il s'obtient en faisant cristalliser du sulfate ferreux dans l'acide chlorhydrique, en faisant en même temps passer un courant de gaz HCl. Le sulfate est partiellement transformé, grâce au concours de l'air, en chlorure Fe²Cl³, qui cristallise. Les eaux-mères laissent déposer des cristaux tabulaires de SO⁴Fe, 6H²O.

IX. *Anhydrosulfate ferreux* S²O⁷Fe. — C'est une poudre blanche, hygroscopique, qui se dépose par l'addition de 9SO⁴H² à un volume de solution aqueuse de sulfate ferreux.

X. *Sulfate ferreux acide*. — Bonsdorff dit avoir obtenu dans la préparation de l'hydrate à 2H²O un sulfate acide contenant :

Oxyde ferreux	28,38 0 0
Acide sulfurique	45,42 0 0
Eau	25,97 0 0

XI. *Sulfate ferroso-potassique* $(SO^4)^2 K^2Fe$, $6H^2O$. — Il s'obtient en dissolvant du fer dans du bisulfate de potasse.

Ce sont des prismes clinorhombiques verdâtres, de densité $d = 2,189$. En présence d'un excès d'SO^4H^2 on obtient des cristaux à $4H^2O$ et à 60° des cristaux à $2H^2O$.

XII. *Sulfate ferroso-sodique*. — Il est moins stable que le précédent. Pour l'obtenir il faut faire cristalliser le mélange des deux sulfates au-dessus de 35°. On obtient ainsi des cristaux clinorhombiques à $4H^2O$.

XIII. *Sulfate ferroso-ammonique*. — On l'obtient en faisant cristalliser une solution de quantités équivalentes des deux sulfates. On obtient ainsi des cristaux répondant à la formule $(SO^4)^2(AzH^4)^2Fe$, $6H^2O$.

Ce sont des cristaux d'un vert pâle, volumineux, de densité $d = 1,813$, beaucoup moins altérables à l'air que le sulfate ferreux.

L'acide chlorhydrique concentré le transforme avec le concours de l'air en chlorure ferrico-ammonique.

La densité de ses solutions est donnée par le tableau suivant :

Densité	$(SO^4)^2(AzH^4)^2$, $6H^2O$ 0/0	Densité	$(SO^4)^2(AzH^4)^2$, $6H^2O$ 0/0
1,021	4	1,070	12
1,030	6	1,090	15
1,045	8	1,111	20
1,055	10	1,163	33,33

Le sulfate ferreux forme encore d'autres sels doubles, notamment avec les sulfates de zinc, de cuivre, etc., ainsi qu'avec les sulfates isomorphes du sulfate d'alumine. On considère souvent ces corps comme de simples mélanges.

XIV. *Sulfate ferreux et sulfate de zinc*. — Les deux sels cristallisent ensemble. S'il y a au moins 15 0/0 de sulfate ferreux dans le mélange, les cristaux obtenus se rapprochent de ceux du sulfate ferreux. Si au contraire, le sulfate de zinc domine, les cristaux ressemblent à ceux du sulfate de zinc.

XV. *Sulfate ferreux et sulfate de cuivre*. — Si le sulfate ferreux domine dans les cristaux, ceux-ci ont la forme du sulfate ferreux et contiennent $7H^2O$. Si c'est le sulfate de cuivre qui domine, les cristaux ressemblent à ceux du sulfate de cuivre et contiennent $5H^2O$.

XVI. *Sulfates ferroso-ferriques*. — Le sulfate ferreux et le sulfate ferrique forment entre eux des sels doubles bien définis.

En ajoutant à une solution, maintenue froide, de trois molécules de sulfate ferreux et de deux molécules de sulfate ferrique, de l'acide sulfurique concentré, il se forme un précipité instable qui renferme :

$$(SO^4)^9Fe^3, (Fe^2)^2, 4H^2O$$

En ajoutant cinq ou six fois leur poids d'eau à un mélange de sulfates ferreux et ferrique, la température s'élève de 25°, et par le refroidissement il se dépose de longs prismes vert-pâle correspondant à :

$$SO^4Fe + 6[(SO^4)^3(Fe^2)] + 10H^2O$$

Par le refroidissement d'une solution concentrée des deux sulfates, contenant un grand excès d'SO^4H^2, et chauffée vers 200°, il se dépose des lamelles hexagonales rosées d'un sulfate ferroso-ferrique acide contenant :

$$(SO^4)^3(Fe^2), SO^4Fe, 2SO^4H^2$$

b. **Sulfates ferriques.** — I. *Sulfate ferrique normal* $(SO^4)^3(Fe^2)$. — On peut l'obtenir en dissolvant de l'hydrate ferrique dans l'acide sulfurique, ou encore en ajoutant petit à petit, à une solution contenant de l'acide nitrique et de l'acide sulfurique, du sulfate ferreux en quantité représentant deux molécules pour une molécule d'SO^4H^2

$$6SO^4Fe, 7H^2O + 3SO^4H^2 + 2AzO^3H = 3[(SO^4)^3(Fe^2)] + 2AzO + 46H^2O.$$

On évapore à sec pour chasser l'excès d'AzO^3H et on obtient ainsi un résidu blanc-jaunâtre de sulfate ferrique normal.

Le sulfate ferrique ainsi obtenu est, comme nous venons de le dire, une poudre blanc-jaunâtre, insoluble dans HCl, soluble lentement dans l'eau en s'hydratant. Le fer et les métaux analogues le réduisent à l'état de sulfate ferreux avec dégagement d'hydrogène.

La chaleur le décompose en SO^3 et Fe^2O^3.

Soumise à l'ébullition, sa solution se décompose en partie en laissant précipiter un sel basique hydraté. Lorsqu'on y ajoute un carbonate alcalin, cette solution laisse précipiter un corps qui se redissout avec effervescence par l'agitation. La liqueur obtenue, fortement colorée, laisse déposer à la longue un précipité jaune de sulfate basique.

Lorsqu'on ajoute de l'alcool à une solution de sulfate ferrique, additionnée d'un peu de carbonate de potasse, il reste en solution du sulfate normal et il se précipite une masse saline, jaune-rougeâtre, instable, d'un sulfate ferrico-potassique complexe, qui se décompose lui-même à la longue, en donnant un sulfate ferrique basique insoluble.

L'hydrate du sulfate ferrique est d'un brun foncé. L'hydrate normal contient $9H^2O$ et a été rencontré au Chili à l'état naturel. On a obtenu du sulfate ferrique hydraté contenant $10H^2O$, en lamelles rhomboïdales nacrées, en peroxydant le sulfate ferreux par AzO^3H et faisant bouillir avec SO^4H^2 en excès.

Le sulfate ferrique est très soluble dans l'eau. Le tableau suivant donne la densité de ses solutions à une température de 17°5 ;

Densités	$(SO^4)^3Fe^2$ 0/0	Densités	$(SO^4)^3Fe^2$ 0/0
1,0170	2	1,3368	32
1,0340	4	1,3646	34
1,0512	6	1,3927	36
1,0684	8	1,4217	38
1,0854	10	1,4506	40
1,1042	12	1,4824	42
1,1230	14	1,5142	44
1,1420	16	1,5468	46
1,1624	18	1,5808	48
1,1826	20	1,6148	50
1,2066	22	1,6508	52
1,2306	24	1,6868	54
1,2559	26	1,7241	56
1,2825	28	1,7623	58
1,3090	30	1,8006	60

Il existe de nombreux sulfates ferriques basiques. On peut les obtenir, d'une façon générale, de la même manière que le sulfate normal, par l'action des agents oxydants sur le sulfate ferreux. Comme nous l'avons vu à propos de la valence du fer, nous avons admis que la molécule double hexavalente (Fe^2) résultait de la jonction de deux atomes Fe jouant le rôle d'un corps tétravalent, ce qui permet de mettre le chlorure sous la forme $Cl^3Fe - FeCl^3$. Le sulfate ferrique normal a pour formule $(SO^4)^3Fe^2$. Les sulfates basiques peuvent s'envisager comme du sulfate normal dans lequel un ou deux atomes bivalents d'oxygène ont remplacé un ou deux groupes bivalents SO^4.

II. *Sulfate basique* $Fe^2O^3, 2SO^3 = (Fe^2) \Big\{ \begin{matrix} (SO^4)^2 \\ O \end{matrix}$. — On obtient ce composé au moyen du sulfate normal, en le neutralisant partiellement par du carbonate de chaux, jusqu'à ce que le précipité reste permanent. On filtre la liqueur, qui contient en solution $(Fe^2) \Big\{ \begin{matrix} (SO^4)^2 \\ O \end{matrix}$.

On peut encore préparer ce sel en faisant digérer du sulfate normal avec de l'hydrate ferrique. Il se forme par la dessiccation de la liqueur rouge obtenue, une masse gommeuse incristallisable.

Ce sel se décompose lorsqu'on étend d'eau sa solution ou qu'on la fait bouillir. Il se précipite un sel basique insoluble et il reste en solution du sulfate normal.

O. Meister a décrit un hydrate de ce corps qui se serait déposé d'un mordant employé en teinture, sous la forme de cristaux clinorhombiques. Ils étaient peu solubles à froid et se décomposaient à l'ébullition. Ils avaient pour formule $2SO^3, Fe^2O^3, 15H^2O$. Sur les 15 molécules d'eau, 12 étaient éliminables à 100°.

D'après S. Umfréville Pickering, le seul sulfate basique à composition définie, que l'on obtienne par l'action de l'eau sur le sulfate normal est : $2SO^3, Fe^2O^3$.

Ce sulfate forme des sels doubles avec les sulfates alcalins, pour lesquels il a une affinité plus grande que le sulfate normal, car il déplace ce dernier dans les aluns.

III. *Sulfate basique* $5SO^3, 3Fe^2O^3 = (Fe^2)^3 \begin{cases} (SO^4)^5 \\ O^4 \end{cases}$. — Ce composé s'obtient par l'action ménagée de AzO^3H sur un mélange de sulfate ferreux et d'SO^4H^2. Quand les vapeurs rutilantes ont cessé de se dégager on ajoute une nouvelle dose de sulfate ferreux. On obtient ainsi une solution d'un rouge foncé, peu stable en présence de l'eau qui la décompose en sel normal et sel basique.

IV. *Sulfate basique* $(Fe^2O^3)^2, SO^3)^5 = (Fe^2)^2 \begin{cases} (SO^4)^5 \\ O \end{cases}$. — On l'obtient en solution rouge foncé en ajoutant petit à petit du sulfate ferreux, à l'ébullition, à un mélange en proportions convenables de AzO^3H et SO^4H^2.

Il se sépare pendant l'opération un peu de sous-sel. Une solution, connue industriellement sous le nom de *Rouil* dont nous étudierons la fabrication d'une façon détaillée et formant un mordant fort employé pour la teinture des soies, est préparée en grand de la même façon, de manière à obtenir entre Fe et SO^4 le même rapport que dans $(Fe^2)^2 \begin{cases} (SO^4)^5 \\ O \end{cases}$.

V. *Sulfate basique* $(Fe^2)^2 \begin{cases} SO^4 \\ O^2 \end{cases}$. — On l'obtient à l'état d'un précipité floconneux. rouge, par l'ébullition d'une solution de sous-sulfate ferrico-potassique.

Il renferme $3H^2O$.

VI. *Sulfate* $(Fe^2)^2 \begin{cases} SO^4 \\ O^5 \end{cases}$. — Il se forme par l'action de l'air sur le sulfate ferreux ou par une précipitation incomplète du sulfate ferrique par un alcali. Il se produit aussi par l'action de la chaleur sur le sulfate normal en solution étendue. Le précipité est rouge, il jaunit par la dessiccation. Anhydre, il est brun. Ce sous-sel est employé dans la peinture sur porcelaine.

VII. *Sulfate* $(Fe^2)^4 \begin{cases} SO^4 \\ O^{11} \end{cases}$. — Il s'obtient, d'après Anthon, en précipitant le sulfate normal par l'acétate de baryum. Il se forme du sulfate de baryum et des flocons jaunâtres que l'on sépare par lévigation.

VIII. *Sulfate* $(Fe^2)^7 \begin{cases} SO^4 \\ O^{20} \end{cases}$. — Ce corps a été trouvé en Norwège, à Modum. sous la forme d'une masse brune hydratée.

IX. *Sulfate* $(Fe^2)^7 \begin{cases} (SO^4)^{12} \\ O^9 \end{cases}$. — L'analyse d'un dépôt de sel basique, jaune ocreux, provenant de la fabrication d'un mordant de Rouil, nous a donné après lavage et dessiccation à l'air libre :

	Trouvé	Calculé
SO^3	37,80	37,38
Fe^2O^3	43,20	43,62
	81,00	81,00

Ce qui correspondrait à la formule :

$$12SO^3,\ 7Fe^2O^3 = (Fe^2)^7 \begin{cases} (SO^4)^{12} \\ O'' \end{cases}.$$

c. **Sels doubles.** — I. *Alun ferrico-ammonique* $(SO^4)^3 Fe^2, SO^4(AzH^4)^2, 24H^2O$. — Quand on mélange du sulfate d'ammoniaque avec du sulfate ferrique normal et qu'on laisse cristalliser la solution, on obtient des cubo-octaèdres ou des octaèdres de densité 1,712, d'alun de fer.

II. *Alun ferrico-potassique.* — On peut obtenir ce sel en faisant cristalliser un mélange des deux sulfates, ou encore en ajoutant de l'acide AzO^3H à une solution renfermant deux molécules de sulfate ferreux, une molécule de sulfate de potasse et une molécule d'acide sulfurique. On peut aussi traiter par SO^4H^2 un mélange d'AzO^3K et SO^4Fe, $7H^2O$. On obtient ainsi des cristaux d'alun de fer. Ce sont des octaèdres réguliers, souvent volumineux, colorés en violet améthyste.

La densité des solutions de cet alun est donnée dans le tableau suivant :

Température $= 17°5$.

Densité	Alun 0/0	Densité	Alun 0/0	Densité	Alun 0/0
1,0108	2	1,0630	14	1,1136	26
1,0216	4	1,0716	16	1,1320	28
1,0308	6	1,0804	18	1,1422	30
1,0386	8	1,0894	20		
1,0466	10	1,0990	22		
1,0548	12	1,1086	24		

III. *Sels doubles divers.* — On peut obtenir des sels doubles basiques tels que :

$$2(SO^4K^2),\ Fe^2O^3,\ 2SO^3,\ 6H^2O$$
$$2(SO^4(AzH^4)^2),\ Fe^2O^3,\ 2SO^3,\ 6H^2O$$
$$5(SO^4K^2)\ (Fe^2O^3)^3(SO^3)^7,\ 21H^2O$$

soit par l'action de l'ammoniaque sur l'alun de fer ammonique ou potassique, soit par la calcination de ces aluns.

On a trouvé dans des lignites, en Bohême, le sel SO^4K^2, $4Fe^2O^3$, SO^3, $9H^2O$, en masses ocreuses. Dans les schistes alumineux de Modum (Norwège) on a trouvé le sel de sodium correspondant à ce dernier sel double, sous la forme de masses jaune-clair.

Etard a fait connaître un grand nombre de sels ferriques doubles, soit normaux, soit acides, et résultant de l'union de deux sesquisulfates.

Pour les obtenir, il dissout ces sesquisulfates dans un grand excès d'acide sulfurique et chauffe en agitant jusqu'à ce qu'il se forme un précipité. Il le recueille sur du verre filé et le lave avec l'acide sulfurique froid, puis avec l'acide acétique cristallisable.

Le sulfate ferrico-aluminique est en lamelles hexagonales, blanches, microscopiques, insolubles dans l'eau qui d'ailleurs les décompose peu à peu. Ce sel a pour formule $(Al^2)(SO^4)^6Fe^2, SO^4H^2$ et peut être représenté par le schéma suivant :

$$SO^4H - Al^2 \left\}\begin{matrix} SO^4 \\ SO^4 \\ - SO^4 - \\ SO^4 \\ SO^4 \end{matrix}\right\{ Fe^2 - SO^4H$$

La chaleur le transforme en sel neutre cristallin et incolore $(Al^2)(SO^4)^6(Fe^2)$. On connaît encore le composé ferro-chromique :

$$(Fe^2)(SO^4)^6(Cr^2)$$

Le composé acide $(Fe^2)(SO^4)^6(Cr^2),SO^4H^2$ est cristallin, jaunâtre, insoluble.

Le composé ferrico-manganique $(Mn^2)(SO^4)^6Fe^2)$ est cristallin, d'un beau vert, décomposable par l'acide chlorhydrique avec dégagement de chlore.

49. Séléniure de fer. — On obtient Fe^2Se^4 en faisant passer des vapeurs de sélénium sur du fer chauffé au rouge et fondant le produit avec un excès de sélénium et du borax. Ce corps a l'aspect métallique, sa densité est de 6,38. Il est fusible et se décompose à l'air.

50. Sélénites de fer. — a. **Sélénite ferreux** SeO^3Fe. — On l'obtient par double décomposition. C'est un précipité blanc, qui devient gris, puis jaune, lorsqu'il reste exposé à l'air.

b. **Sélénite ferrique** $(SeO^3)^3Fe^2$. — C'est une poudre blanche, jaunâtre après dessiccation, qui s'obtient par double décomposition (Muspratt). Chauffée, elle perd de l'eau, puis à une température plus élevée, de l'anhydride sélénieux, et il reste Fe^2O^3.

Quand on dissout du fer dans l'acide sélénieux en excès additionné d'AzO^3H on obtient une liqueur qui cristallise par le refroidissement en donnant de petites lamelles vert pistache de la composition $(SeO^3)^3Fe^2,3SeO^2$.

En traitant ces sels par l'ammoniaque, on obtient un sel basique jaune, passant au travers du filtre.

51. Séléniates de fer. — a. **Séléniate ferreux** $SeO^4Fe, 7H^2O$. — Il s'obtient par la dissolution du fer dans l'acide sélénique étendu. Il se dégage de l'hydrogène et il reste un sel qui cristallise à $0°$ comme le sulfate ferreux. A une température plus élevée il cristallise comme le sulfate de cuivre. Il perd facilement son eau et devient opaque.

b. **Séléniate ferrique** $(SeO^4)^3(Fe^2)$. — On l'obtient par double décomposition.

Il ressemble au sulfate ferrique et, comme lui, donne des sels basiques.

52. Tellurites de fer. — a. **Tellurite ferreux**. — Flocons légers, gris-jaunâtre, obtenus par double décomposition.

b. **Tellurite ferrique**. — Précipité jaune obtenu de la même façon.

53. Tellurates de fer. — a. **Tellurate ferreux**. — Précipité blanc, devenant à l'air rapidement gris, puis couleur de rouille.

b. **Tellurate ferrique**. — Précipité jaune pâle, soluble dans un excès de sel ferrique. Il est peu stable.

54. Azotures de fer. — Le fer et l'azote se combinent difficilement.

Le fer, soumis au rouge à l'action du gaz AzH^3, devient blanc, cassant et augmente de 12 à 13 0/0 de son poids. ce qui correspond à Fe^4Az^2.

La meilleure manière de préparer l'azoture de fer repose sur l'action du gaz AzH^3 sec sur le chlorure ferreux anhydre, au rouge sombre. dans un tube en porcelaine. Il se dégage AzH^4Cl, il se sublime un corps que l'eau décompose en Fe^2O^3 et AzH^3, et il reste dans le tube une masse boursouflée, grisâtre, brillante, dont les propriétés sont les mêmes que celles de l'azoture obtenu avec Fe et AzH^3.

D'après Rogstadius, si on chauffe avec précaution dans AzH^3 gazeux du fer réduit de l'oxalate, on obtient une masse noire, mate, qui renferme Fe^3Az^2 et qui. par une forte chaleur. abandonne de l'azote et se transforme en Fe^6Az^2.

Réduit en poudre, l'azoture de fer brûle facilement. Calciné, il perd peu à peu son azote dont les dernières portions se dégagent difficilement. Chauffé dans un courant d'hydrogène, il donne du fer et de l'ammoniaque.

La vapeur d'eau au rouge donne de l'oxyde ferrique et de l'ammoniaque. L'acide nitrique l'attaque lentement avec dégagement d'azote. Les acides HCl et SO^4H^2 le dissolvent en dégageant de l'hydrogène et avec formation d'un sel ferreux et d'un sel ammoniacal.

55. Azotates de fer. — a. **Azotate ferreux** $(AzO^3)^2Fe''$. — On le prépare soit en dissolvant du sulfure ferreux dans AzO^3H étendu et froid, soit par double décomposition entre le nitrate de baryum et le sulfate ferreux.

Par la dissolution du fer dans l'acide nitrique étendu, il se forme en même temps du nitrate d'ammonium et du nitrate ferrique.

Les solutions neutres, évaporées à basse température, laissent cristalliser des cristaux renfermant $6H^2O$.

Le nitrate ferreux est peu stable, verdâtre. Il se dissout dans 1/2 p. d'eau à 0° et 1/3 p. à 25°. La densité de cette dernière solution est de 1,50.

Le nitrate ferreux se transforme par l'ébullition en nitrate ferrique insoluble. La présence d'un acide facilite cette décomposition.

b. **Azotates ferriques.** — I. *Azotate ferrique normal* $(AzO^3)^6(Fe^2)^{VI}$. — On peut l'obtenir en dissolvant l'hydrate ferrique dans AzO^3H, ou encore, en attaquant le fer avec de l'acide nitrique de densité égale à 1,15. Avec un acide de concentration moindre on n'obtiendrait que de l'azotate ferreux ou un mélange d'azotate ferreux et ferrique avec du nitrate d'ammonium.

La liqueur obtenue avec l'acide à 1,115 est brune et cristallise difficilement, par suite de la présence d'un azotate basique.

Il vaut mieux prendre, pour obtenir l'azotate cristallisé, un acide de densité $d = 1,332$ et y dissoudre du fer jusqu'à arriver à $d = 1,500$. On obtient alors par le refroidissement des cristaux limpides et incolores.

Il faut aussi pour obtenir l'azotate normal, avoir soin de ne pas employer d'excès de fer, car on obtient alors des azotates basiques.

L'azotate ferrique normal forme plusieurs hydrates.

L'évaporation lente ou le refroidissement d'une solution concentrée de ce sel, abandonne des cristaux clinorhombiques, contenant $18H^2O$. C'est le cas le plus général.

D'après Ordway, le sel doit être en dissolution acide renfermant $3H^2O$ pour $2AzO^3H$.

Avec une solution contenant $(AzO^3)^6Fe^2$ pour $2(AzO^3H + H^2O)$ on obtient des cristaux contenant $12H^2O$. Cet hydrate à $12H^2O$ se forme surtout, d'après Scheurer-Kestner, lorsqu'on évapore la solution au bain-marie, ce qui produit la sursaturation. Par le refroidissement au-dessous de 0°, on obtient une masse cristalline renfermant $2H^2O$, dont les eaux-mères laissent déposer des cristaux à $12H^2O$.

Ordway a observé un hydrate à $6H^2O$; mais ce fait n'a pas été confirmé.

L'azotate de fer du commerce, servant de mordant en teinture, concentré à $50^oB.$, laisse également déposer le sel à $12H^2O$.

L'azotate ferrique à $18H^2O$ fond à 47^o2 et bout à 125° en se décomposant. Sa densité à l'état cristallisé est de 1,6835. Celle du sel fondu est de 1,6712. Mélangé au sulfate de sodium, il produit un abaissement de température en se dissolvant dans l'eau.

Le tableau suivant donne la densité des solutions de nitrate ferrique à 17^o5 (Franz).

Densité	$(AzO^3)^6Fe^2$	Densité	$(AzO^3)^6Fe^2$
	0,0		0,0
1,0100	2	1,3054	34
1,0320	4	1,3286	36
1,0472	6	1,3512	38
1,0620	8	1,3746	40
1,0770	10	1,3982	42
1,0934	12	1,4218	44
1,1098	14	1,4465	46
1,1268	16	1,4719	48
1,1440	18	1,4972	50
1,1612	20	1,5272	52
1,1812	22	1,5572	54
1,2012	24	1,5892	56
1,2212	26	1,6232	58
1,2416	28	1,6572	60
1,2622	30	1,6956	62
1,2838	32	1,7340	64

II. *Azotates basiques*. — On obtient divers azotates basiques par la dyalyse, mais la composition de ces corps varie avec le temps de l'opération.

Quand on dissout du fer à saturation dans l'acide nitrique, il se forme
toujours des sels basiques et, pour obtenir le sel normal, les proportions
doivent être celles de l'équation :

$$8AzO^3H + 2Fe = (AzO^3)^6Fe^2 + 2AzO + 4H^2O.$$

Les azotates basiques sont incristallisables. Ils empêchent par leur présence la cristallisation du sel normal.

En traitant l'azotate normal par le carbonate de soude, ou en dissolvant de l'hydrate ferrique dans cet azotate normal, on obtient un azotate
soluble dans l'eau et l'alcool, précipité de ses solutions par l'acide nitrique
et répondant à la formule :

$$Fe^2O^3, 2Az^2O^5 = 2[(AzO^3)^6(Fe^2)], Fe^2O^3.$$

En dissolvant de l'hydrate ferrique en proportions voulues, dans l'azotate normal, on obtient le sel :

$$Fe^2O^3, Az^2O^5 = (AzO^3)^6(Fe^2), 2Fe^2O^3 = (AzO^4)^2(Fe^2)^{VI},$$

qui représente l'orthoazotate dérivant de l'acide orthoazotique $(AzO^4)H$
et correspondant à l'acide phosphorique $(PO^4)'''H^3$.

En faisant agir de l'eau bouillante sur ces azotates ou sur le sel normal
on obtient les sels :

(1) $\quad 2Fe^2O^3, Az^2O^5 + H^2O = (AzO^3)^6(Fe^2), 5Fe^2O^3 + 3H^2O$
(2) $\quad 3Fe^2O^3, Az^2O^5 + 2H^2O = (AzO^3)^6(Fe^2), 8Fe^2O^3 + 6H^2O$
(3) $\quad 4Fe^2O^3, Az^2O^5 + 3H^2O = (AzO^3)^6(Fe^2), 11Fe^2O^3 + 9H^2O$

Ces azotates sont d'ailleurs mal définis, incristallisables et leur mode même de préparation indique que l'on peut obtenir toute une série de produits analogues de composition variable.

Quand on fait bouillir les solutions d'azotate ferrique elles perdent de l'acide azotique et laissent déposer un azotate plus basique.

Si on empêche l'élimination de l'acide nitrique, en chauffant en tube scellé, la liqueur change d'aspect, devient rouge brique et on peut en précipiter de l'hydrate modifié.

La lumière produit un résultat analogue.

56. Phosphures de fer. — On en a décrit un grand nombre, mais, d'après C. Freese, on ne peut considérer comme combinaisons définies que Fe^3P^4, Fe^2P^2, Fe^3P^2.

Tous ces phosphures sont solubles dans l'eau régale et l'acide nitrique en donnant de l'acide phosphorique. L'acide chlorhydrique et l'acide sulfurique étendus ne les dissolvent que lentement en donnant de l'hydrogène phosphoré. Ils sont peu fusibles. Chauffés à l'air ils donnent les phosphates correspondants, sauf Fe^3P^4 qui commence par perdre du phosphore.

57. Phosphites de fer. — a. **Phosphite ferreux** FeH, PO^3. — On le prépare en précipitant le sulfate ferreux par le trichlorure de phosphore. On neutralise la liqueur par l'ammoniaque et on lave le précipité à l'eau bouillante. On le sèche dans le vide. Il est facilement oxydable. Lorsqu'on le chauffe il se décompose en dégageant de l'hydrogène et avec production de lumière.

b. **Phosphite ferrique** $(Fe^2)H^3 (PO^3)^3$. — On le prépare en traitant le sulfate double de peroxyde de fer et d'ammonium par un mélange d'ammoniaque et de trichlorure de phosphore. Il se forme un précipité blanc qui disparaît d'abord, pour rester ensuite permanent. On le lave à l'eau froide et on le sèche dans le vide; il contient $9H^2O$. La chaleur le décompose avec dégagement de lumière.

58. Hypophosphites de fer. — a. **Hypophosphite ferreux**. — On le prépare en dissolvant du fer dans l'acide hypophosphoreux, en ayant soin d'opérer à l'abri de l'air. La solution évaporée dans le vide laisse déposer une masse cristalline qui renferme :

$$FeH^4(PO^2)^2$$

b. **Hypophosphite ferrique** $(Fe^2)H^{12}(PO^2)^6$. — On le prépare en dissolvant de l'hydrate ferrique dans l'acide hypophosphoreux à froid.

C'est un sel blanc peu soluble.

59. Phosphates de fer. — a. **Phosphates ferreux**. — I. *Phosphate* $(PO^4)^2Fe^3$. — Il dérive de l'acide orthophosphorique PO^4H^3.

On le prépare à l'état d'un précipité volumineux, blanc, gélatineux en ajoutant goutte à goutte du phosphate de sodium à un sel ferreux.

Il s'oxyde rapidement en se colorant en bleu. On l'obtient avec une molécule d'eau, par l'action de l'eau à 50° sur le phosphate differreux. Il se présente alors en petits grains cristallins vert foncé.

Ce phosphate est insoluble dans l'eau pure, soluble dans l'eau acidulée, légèrement soluble dans l'eau chargée d'acide carbonique.

Il est connu dans la nature sous le nom de *vivianite*, de *triplite* etc.

On obtient le phosphate (PO^4) HFe. sous la forme d'une poudre blanche presque translucide, en précipitant incomplètement le sulfate ferreux par du phosphate disodique, ou encore en faisant bouillir de l'acide phosphorique avec du fer. Dans ce dernier cas il se précipite de petites aiguilles incolores, bleuissant à l'air et renfermant $(PO^4 HFe + H^2O)$.

Erlenmayer a obtenu le phosphate :

$$\left. \begin{matrix} PO^4\ H^2 \\ PO^4\ H^2 \end{matrix} \right\} Fe + 2H^2O,$$

en dissolvant du fer divisé dans l'acide phosphorique à 48 0/0.

Il se forme une solution verte d'où l'eau sépare un précipité amorphe blanc. Si on concentre cette solution dans une atmosphère d'hydrogène, il s'en sépare une croûte cristalline qui, lavée à l'éther, se résoud en une poudre blanche également cristalline et répondant à la formule :

$$\left. \begin{matrix} PO^4\ H^2 \\ PO^4\ H^2 \end{matrix} \right\} Fe + 2H^2O.$$

II. *Pyrophosphate ferreux* P^2O^7, Fe''^2. — Ce sel dérive de l'acide pyrophosphorique P^2O^7, H^4.

Le pyrophosphate de soude donne avec les sels ferreux un précipité blanc, altérable à l'air, insoluble dans l'eau, soluble dans les acides étendus et l'ammoniaque, soluble également dans un excès de sel ferreux et dans un excès de pyrophosphate alcalin.

En agitant un mélange de sulfate ferreux et de phosphate de soude avec de l'ammoniaque on obtient un précipité floconneux de pyrophosphate ammoniacal, se changeant en paillettes cristallines qui, séchées dans le vide, sont blanches.

En traitant un sel ferreux saturé de bioxyde d'azote par du phosphate de soude on obtient un précipité brun de nitro-pyrophosphate ferreux P^2O^7, $Fe^2 + AzO$.

Ce précipité absorbe l'oxygène de l'air en devenant blanc et en se transformant en un mélange de phosphate et de nitrate ferrique.

b. **Phosphates ferriques.** I. *Phosphate* $(PO^4)^2$ $(Fe^2) + 4H^2O$ (orthophosphate ferrique). — On l'obtient en précipitant une solution de chlorure ferrique par le phosphate de soude ordinaire.

Ce phosphate précipité est soluble dans HCl et AzO³H, également dans les acides citrique et tartrique, insoluble dans le phosphate de sodium et l'acide phosphorique. Il se dissout légèrement dans l'eau chargée d'acide carbonique.

II. *Phosphate* $(P^2O^7)^3(Fe^2)^2$ (pyrophosphate ferrique). — On l'obtient en précipitant par le chlorure ferrique une solution de pyrophosphate de sodium. Le précipité est soluble dans le pyrophosphate de sodium tant qu'on n'a pas atteint le rapport $Fe^2Cl^6 : 3P^2O^7Na^4$.

Lorsque le rapport $2Fe^2Cl^6 : 3P^2O^7Na^4$ est atteint, la précipitation est complète et la solution ne renferme plus de fer. Le précipité est soluble dans un grand excès de Fe^2Cl^6.

Les rapports ci-dessus indiquent l'existence d'un sel ferrico-sodique

$$(P^2O^7)^3 \diagdown^{\displaystyle Na^6}_{\displaystyle (Fe^2),}$$

et du pyrophosphate ferrique $(P^2O^7)^3(Fe^2)^2$.

Le sel double n'a pas été isolé.

Le pyrophosphate de fer est soluble dans les acides, mais la solution est précipitée à l'ébullition. Le précipité offre la composition du sel primitif, mais il n'est plus soluble dans les acides étendus, tandis qu'il est soluble dans l'ammoniaque.

Le pyrophosphate ferrique est utilisé en médecine. Le sel de la pharmacopée allemande renferme une à deux molécules de pyrophosphate de soude en excès et le sel présumé :

$$(P^2O^7)^3 \diagdown^{\displaystyle (Fe^2)}_{\displaystyle Na^6} + 7H^2O.$$

Rieckher a préparé le sel ammoniacal correspondant, avec $10H^2O$.

c. **Phosphates ferriques divers.** 1. *Phosphate* $(PO^4H)^3(Fe^2) + 2\ 1/2\ H^2O$ (triphosphate ferrique). — Ce sel a été signalé par Rammelsberg qui l'a obtenu cristallisé en cubes en abandonnant pendant un an une solution saturée de sel normal dans un excès d'acide. Millot le prépare en dissolvant de l'oxyde de fer dans l'acide phosphorique en excès, étendant d'eau et faisant bouillir. Le précipité cristallin blanc, se redissout lentement à froid dans son eau-mère. Le sel calciné est insoluble dans les acides.

II. *Phosphate* $\genfrac{}{}{0pt}{}{(PO^4H^2)^2}{(PO^4H)^2} \diagup Fe^2 + 5H^2O$ (Tétraphosphate ferrique). — Il se forme par l'action de l'air sur le phosphate ferreux acide :

$$\genfrac{}{}{0pt}{}{PO^4H^2}{PO^4H^2} \diagup Fe + 2H^2O.$$

Il a été obtenu par Erlenmayer, en cristaux quadratiques d'un rouge vif, en abandonnant à l'évaporation une solution de phosphate triferrique dans un excès d'acide phosphorique. Ces cristaux sont inaltérables à l'air, insolubles dans l'eau froide, décomposés par l'eau bouillante en acide phosphorique et phosphate triferrique.

Millot prépare ce sel en dissolvant l'hydrate ferrique dans l'acide phosphorique.

Erlenmayer a obtenu le sel $\dfrac{(PO^4H^2)^2}{(PO^4H)^3}\Big\rangle (Fe^2)^2$ sous la forme d'une poudre cristalline rose, en concentrant à l'air la solution de phosphate ferreux acide.

III. *Phosphate* $(PO^4H^2)^6(Fe^2)$ (hexaphosphate ferrique). — Pour le préparer on introduit de l'hydrate ferrique dans une solution d'acide phosphorique à 48 0/0 jusqu'à ce qu'il se produise un dépôt blanc. La solution renferme alors 14 PO^4H^3 pour Fe^2O^3. On l'évapore au bain-marie. Il se forme une croûte cristalline qui, lavée à l'éther, donne une poudre cristalline rose se dédoublant à l'air en acide phosphorique et phosphate moins acide $2P^2O^5$, Fe^2O^3, $8H^2O$.

L'eau froide convertit l'hexaphosphate ferrique en un phosphate se rapprochant de la neutralité :

$$\dfrac{(PO^4)^6}{(PO^4H)^3}\Big\rangle (Fe^2)^4,$$

qui s'obtient encore lorsqu'on verse dans 21 fois son volume d'eau bouillante, la solution phosphorique d'oxyde ferrique renfermant $14PO^4H^3$ pour Fe^2O^3.

La même solution additionnée d'eau froide fournit un précipité gris jaunâtre renfermant :

$$\dfrac{(PO^4)^4}{(PO^4H)^3}\Big\rangle (Fe^2)^3.$$

Avec l'alcool on obtient :

$$\dfrac{(PO^4)^2}{(PO^4H)^9}\Big\rangle (Fe^2)^4.$$

L'eau bouillante décompose tous ces sels en les rapprochant de plus en plus du phosphate normal $(PO^4)^2(Fe^2)$.

IV. *Phosphates ferriques basiques*. — Lorsqu'on précipite par l'ammoniaque la solution acide des phosphates acides précédents, on obtient $2(PO^4)^2(Fe^2)$, $Fe^2O^3 + 8H^2O$, caractérisé par son insolubilité dans le citrate d'ammoniaque et sa solubilité dans l'oxalate d'ammoniaque.

Si on ajoute de l'ammoniaque à la solution acide de ce sel basique on obtient le sel $(PO^4)^2 (Fe^2)$, Fe^2O^3 peu soluble dans le citrate ou l'oxalate d'ammoniaque.

On rencontre à Bernau, en France, et à l'île Maurice un phosphate basique naturel formant une masse brune présentant la composition suivante :

$$(PO^4)^2(Fe^2),\ Fe^2O^3 + 12 \text{ ou } 24H^2O.$$

60. Arséniures de fer. — L'arsenic se combine au fer en plusieurs proportions en formant des corps plus durs, plus cassants et plus fusibles que le fer.

Les arséniures de fer donnent un sublimé arsénical quand on les chauffe. Grillés au contact de l'air ils donnent de l'anhydride arsénieux et un résidu magnétique. Ils se dissolvent dans AzO^3H et l'eau régale.

61. Arsénites de fer. — a. **Arsénite ferreux** $FeII, AsO^3$. — C'est un précipité blanc, soluble dans AzH^3, s'oxydant rapidement à l'air en devenant jaune ocreux et obtenu en traitant le sulfate ferreux par l'arsénite d'ammonium. Calciné il perd de l'eau, de l'anhydride arsénieux et laisse un résidu couleur de rouille.

b. **Arsénite ferrique** $(Fe^2)^{VI}(AsO^3)^2$. — L'arsénite de potassium donne avec Fe^2Cl^6 un précipité couleur de rouille qui est un arsénite plus basique que le sel normal. Le même sel basique se forme par la digestion de l'hydrate ferrique avec de l'anhydride arsénieux et de l'eau, et l'insolubilité de cette combinaison explique l'emploi de l'hydrate ferrique *récemment précipité* comme contre-poison de l'acide arsénieux.

62. Arséniates de fer. — a. **Arséniate ferreux** $FeII, AsO^4$. — C'est un précipité blanc qui s'obtient en traitant le sulfate ferreux par l'arséniate d'ammonium. Il se colore rapidement en devenant vert sale et en se transformant en arséniate ferroso-ferrique. Chauffé il perd de l'anhydride arsénieux et laisse un résidu d'oxyde et d'arséniate ferriques. Il est peu soluble dans AzH^3.

b. **Arséniates ferriques.** — On obtient l'arséniate neutre $(AsO^4)^2(Fe^2)^{VI}$ en oxydant le sel ferreux par AzO^3H et précipitant la solution par AzH^3.

Cet arséniate, chauffé au rouge, devient subitement incandescent. La potasse n'enlève à ce sel qu'une partie de son acide arsénique. Pour le décomposer complètement il faut le faire digérer avec du sulfure ammonique.

L'arséniate acide $(Fe^2)^{VI}H^3(AsO^4)^3 + 4 1\ 2\ H^2O$ est une poudre blanche insoluble dans l'eau.

Chauffée, elle perd de l'eau, devient rouge puis jaunâtre en se transformant en pyro-arséniate $(Fe^2)^2(As^2O^7)^3$.

On rencontre dans la nature plusieurs arséniates ferriques, parmi lesquels :

L'*eisensister* : $(Fe^2)^{VI}(AsO^4)^2 + Fe^2H^6O^6 + 9H^2O$;

La *scorodite* : $(Fe^2)^{VI}(AsO^4)^2 + 4H^2O$;

Le *wurfelerz* : $(Fe'')^3(AsO^4)^2 + 2\,(Fe^2)^{VI}(AsO^4)^2 + 4(Fe^2)^{VI}H^6O^6 + 18H^2O$.

63. Sulfarsénites de fer. — a. **Pyrosulfarsénite ferreux** $Fe''_2As^2S^5$.
— C'est un précipité brun noir, soluble en jaune dans un excès de sulfarsénite alcalin. Chauffé. il perd As et laisse un résidu de sulfure ferreux.

b. **Sulfarsénite ferrique**. — Précipité vert olive, soluble dans un excès
de précipitant, fusible, décomposable au rouge en laissant un résidu de sulfure ferreux. Berzélius lui assigne la composition :

$$Fe^2S^3 \ (As^2S^3)^5.$$

64. Sulfarséniates de fer. — a. **Pyrosulfarséniate ferreux**
$(As^3S^7) \ Fe''_2$. — Précipité brun foncé, soluble dans un excès de précipitant,
décomposable par la dessiccation.

b. **Sulfarséniate ferrique normal** $(Fe^2)^{vi}(AsS^4)^2$. — Précipité gris-verdâtre, floconneux, légèrement soluble dans un excès de sulfarséniate alcalin.

65. Carbures de fer. — Le fer en fusion se combine directement
au carbone en donnant des carbures divers. Si le carbone est en excès,
il se dissout dans le métal liquide, mais une partie s'en sépare par le refroidissement, à l'état de graphite cristallisé qui reste empâté dans la masse
métallique.

Le carbure Fe^3C, appelé *cémentite* (carbure normal, carbure de la fonte
blanche, carbure de cémentation) est le seul carbure de fer défini, connu
(H. Le Châtelier. *Revue générale des sciences* 15/1 1897). On ne peut le
préparer en fondant du fer en présence de carbone, par suite de la tendance qu'a ce composé de se dissocier aux températures élevées en fer
et en graphite. Il a été obtenu par Marguerite en chauffant au rouge naissant de l'oxyde de fer très divisé dans l'oxyde de carbone. Abel, Muller,
Arnold, en traitant par des réactifs appropriés, les aciers recuits et la
fonte blanche, en ont retiré des paillettes métalliques, d'une très grande
dureté répondant à la même formule Fe^3C.

Par la calcination des ferrocyanures, on obtient un carbure qui renferme
C^2Fe, sous la forme d'une poudre noire facilement inflammable.

La calcination du bleu de Prusse donne un autre carbure correspondant
à C^3Fe^2.

Les fontes et aciers ne sont autres que des carbures de fer de composition variable.

66. Carbonates de fer. — a. **Carbonate ferreux** $FeCO^3$. — Le fer
métallique se dissout lentement dans l'eau chargée d'acide carbonique, en
donnant du carbonate ferreux. En faisant passer un courant de CO^2 dans
de l'eau, tenant en suspension du fer réduit par l'hydrogène, on obtient
après quelques heures, une solution renfermant 0,91 de carbonate ferreux,
par litre.

On obtient CO^3Fe hydraté par double décomposition, sous la forme d'un précipité blanc, volumineux, brunissant à l'air en s'oxydant, insoluble dans H^2O, mais soluble sous la forme de bicarbonate dans H^2O chargée de CO^2, Cette solubilité diminue rapidement avec la température. A 15°, la solution saturée de carbonate ferreux en renferme 1,39 par litre; à 24°, elle n'en renferme plus que 0,098. Lorsqu'on chasse CO^2, tout CO^3Fe est précipité.

Les carbonates alcalins le précipitent également; les bicarbonates sont sans action. Les chlorures et sulfates semblent donner de la stabilité à la solution.

Le carbonate ferreux se rencontre dans la nature à l'état cristallisé ou amorphe (sidérose, fer spathique). C'est un des meilleurs minerais de fer. Soumis à la calcination, le carbonate ferreux dégage de l'oxyde de carbone et de l'acide carbonique et laisse un résidu d'oxyde intermédiaire magnétique.

b. **Carbonate ferrique**. — On ne connaît pas le sel normal. Quand on cherche à le préparer par double décomposition, on n'obtient que de l'hydrate, retenant plus ou moins de CO^2.

Les bicarbonates alcalins dissolvent l'hydrate ferrique en donnant une solution rouge, précipitable à l'ébullition et de laquelle les alcalis séparent de l'hydrate ferrique.

67. Sulfocarbonates de fer. — a. **Sulfocarbonate ferreux** CS^3Fe. — En ajoutant un sulfocarbonate alcalin à du sulfate ferreux, on obtient un liquide rouge devenant peu à peu presque noir. Un excès de sulfocarbonate fonce la couleur de la solution, tandis qu'un excès de sel ferreux précipite la combinaison sous forme d'une poudre noire.

b. **Sulfocarbonate ferrique**. — C'est un précipité brun foncé, se réunissant en grumeaux insolubles dans l'eau. Ce produit, sous l'action de la chaleur, perd du soufre et du sulfure de carbone et laisse du sulfure ferreux.

68. Nitrososulfocarbonate de fer $Fe^4S(AzO)^6$, $CS^2 + 3H^2O$. — Ce corps se rattache aux nitrosulfures de Roussin. Il a été découvert par O. Lœw. On le prépare en ajoutant peu à peu et en remuant, un mélange de solutions de sulfocarbonate et de nitrite de sodium, à une solution de sulfate ferreux. On porte à l'ébullition et on filtre la liqueur noire. Par le refroidissement on obtient des aiguilles noires, qu'on purifie par cristallisation dans l'eau et l'éther, et qui répondent à la formule $Fe^4S(AzO)^6$ CS^2, $3H^2O$.

Ces cristaux sont solubles dans l'eau, l'alcool, l'éther etc. La solution aqueuse est noire et cède son sel à l'éther.

Conservés longtemps, ces cristaux perdent de l'eau et du bioxyde d'azote.

A froid, les acides et les alcalis ont peu d'action sur leur solution. A chaud, les alcalis donnent de l'ammoniaque et précipitent de l'hydrate ferrique, en donnant naissance à une nouvelle classe de sels alcalins.

Le cyanure de potassium transforme le nitrososulfocarbonate de fer en nitroprussiate alcalin. O. Lœw envisage ce nitrososulfocarbonate comme le dérivé nitrosé d'un sulfocarbonate hypothétique $Fe^4S^3CS^2$.

69. Silicates de fer. — Le silicate ferreux normal SiO^4Fe^2 se forme pendant l'affinage de la fonte. Il est très fusible, attaquable par les acides et se présente soit en masses amorphes, soit en cristaux gris, d'aspect métallique.

Lorsqu'on introduit un cristal de sulfate ferreux dans une solution de silicate potassique, en partie carbonatée, il se recouvre d'une végétation grise (arbre de Mars) qui renferme du silicate ferreux basique et du carbonate de potassium, dans la proportion de $2CO^3K^2$ pour $3Fe'''^2SiO^4$, $6FeO$. Ce produit est insoluble dans l'eau ; au contact de l'air, il s'oxyde et se transforme en silicate ferrique $(Fe^2)^2SiO^4)^3 + 4Fe^2O^3$.

Les silicates de fer sont très nombreux dans la nature.

70. Borure de fer. — Il s'obtient en réduisant le borate de fer par l'hydrogène. C'est un corps blanc, dur, se dissolvant dans les acides, avec dégagement d'hydrogène et production d'acide borique et d'un sel ferreux. L'eau bouillante le transforme en acide borique et en fer.

71. Borates de fer. — a. **Borate ferreux.** — Obtenu par double décomposition, il paraît répondre à la formule $(BoO^2)Fe$ mais perd de l'acide borique par les lavages.

b. **Borate ferrique.** — Ce sel forme une poudre jaune, insoluble, brunissant par la calcination, se vitrifiant au rouge vif.

§ 3. MINÉRAUX DU FER.

72. Oxydes anhydres. — a. **Oxyde ferroso-ferrique.** — I. *Fer oxydulé* (Synonymes : magnétite, pierre d'aimant) Fe^3O^4. — C'est de l'oxyde ferroso-ferrique, renfermant souvent de petites quantités de titane, de manganèse, de magnésium.

On trouve la *magnétite* en cristaux isolés, ou en masses grenues, lamelleuses ou compactes, ou encore en grains roulés. Sa couleur est le gris fer foncé, plus clair pour les cristaux qui possèdent un éclat plus vif. La poussière est noire.

Le fer oxydulé se trouve presque exclusivement dans les roches cristallines, métamorphiques, en amas souvent considérables, comme à Taberg (Suède), à Blagodat, (Oural), où il constitue de véritables montagnes.

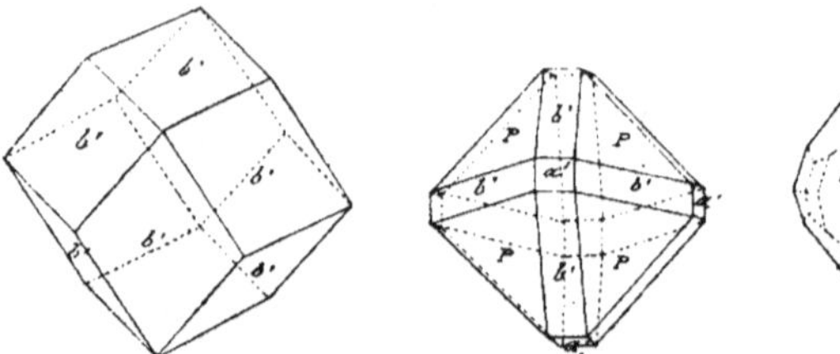

Fig. 36, 37 et 38. — Oxyde ferroso-ferrique (fer oxydulé).

Il fait l'objet d'une exploitation importante. C'est le meilleur minerai de fer, employé à la fabrication des aciers supérieurs. Il est disséminé en petits grains dans beaucoup de roches schisteuses et dans la plupart des roches éruptives. Les plus beaux cristaux viennent de Traverselle (Piémont) et de Normark (Wermeland).

Fig. 39. — Magnétite.

La *magnétite* est soluble dans HCl, difficilement fusible au chalumeau ; au feu d'oxydation, elle perd son action sur l'aimant ; avec les flux, elle donne la réaction du fer.

La *magnétite* raye la chaux fluatée, mais est rayée par le quartz. Sa dureté est de 5,5 à 6. Sa densité est de 5 à 5,2. Elle est fortement magnétique. Elle cristallise dans le système cubique. Ses cristaux les plus habituels sont des octaèdres réguliers. Parfois, elle affecte la forme du dodécaèdre rhomboïdal, ou la combinaison de ces deux formes avec l'icositétraèdre, le trioctaèdre. Les faces du cube sont rares.

b. Oxyde ferrique. — I. *Hématite* (Syn. Fer oligiste, fer spéculaire, fer oxydé rouge etc.) Fe^2O^3. — On le trouve le plus souvent en cristaux, ou encore en masses lamelleuses, ou pailletées. L'*hématite* est gris d'acier à éclat métallique. Les cristaux ont la surface irisée. Les lames minces sont translucides, la poussière est rouge.

L'*hématite* est une des substances minérales les plus répandues. La variété cristallisée appartient surtout aux roches cristallines, où elle se trouve en filons ou en amas, associée au quartz, en Suède, en Norwège, aux monts Ourals, à l'île d'Elbe, etc. Au Brésil, elle constitue des couches et une véritable roche (Itabirite), formée par son mélange avec du quartz. Dans les roches volcaniques, on la rencontre en lames brillantes.

Les variétés compactes ou fibreuses forment des gîtes, au contact des gneiss ou du granite avec les calcaires du lias ou autres. On en trouve dans certaines couches des terrains primaires ou secondaires comme les grès rouges, le grès vosgien etc. Elle entre dans la constitution des ocres.

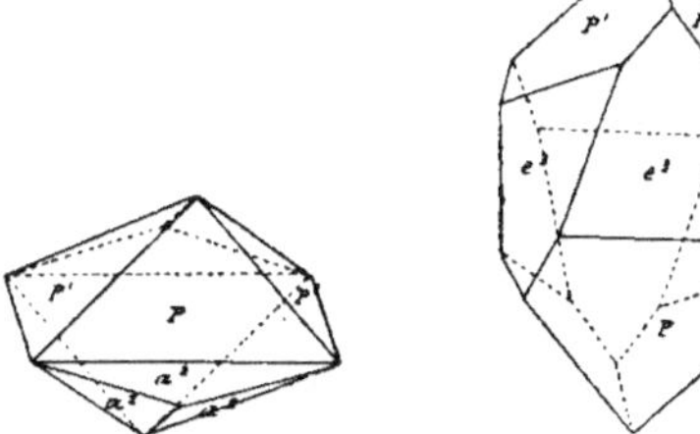

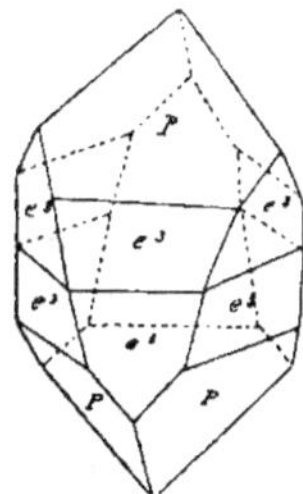

Fig. 40. — Fer oligiste (Forme primitive basée).　Fig. 41. — Fer oligiste (Primitif et rhomboèdre).　Fig. 42. — Fer oligiste (Mines d'Altenberg).

Sa densité est de 5,2 à 5,3. Sa dureté est de 5,5 à 6,5. Elle est soluble dans HCl concentré et bouillant, infusible au feu d'oxydation, peu fusible au feu de réduction en se transformant en magnétite.

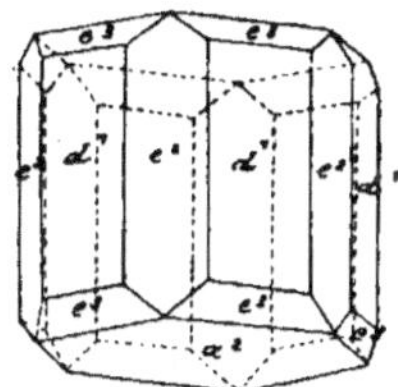

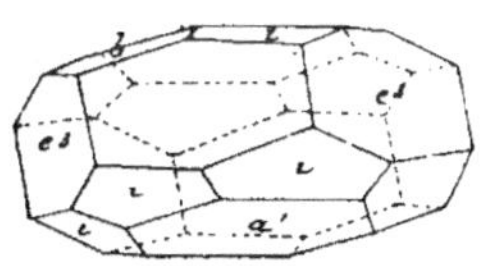

Fig. 43. — Fer oligiste (Framont).　Fig. 44. Fer oligiste (St-Gothard).

Sa forme cristalline est le rhomboèdre de 86° 10′ très rare sans modifications.

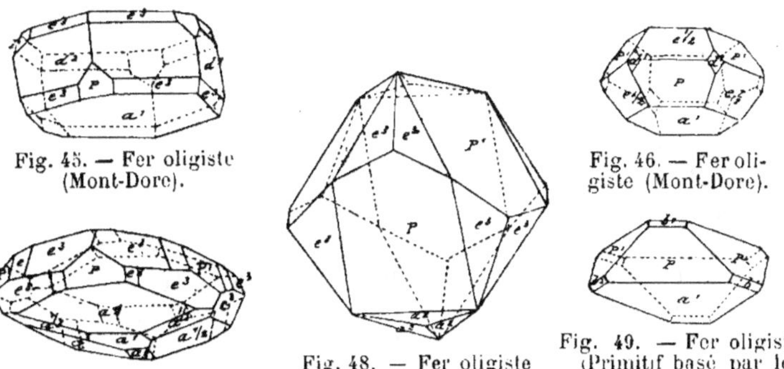

Fig. 45. — Fer oligiste (Mont-Dore).

Fig. 46. — Fer oligiste (Mont-Dore).

Fig. 47. — Fer oligiste.

Fig. 48. — Fer oligiste (Ile d'Elbe).

Fig. 49. — Fer oligiste (Primitif basé par les faces du rhomboèdre équiaxe).

On a donné le nom de *martite* à de l'hématite cristallisée en octaèdre, et qui résulte d'une pseudomorphose de magnétite en hématite. Cependant, quelques minéralogistes ont pensé que l'hématite était réellement dimorphe.

11. *Ilménite*. — L'ilménite est constituée par du sesquioxyde de fer Fe^2O^3, dans lequel une partie de Fe est remplacé par Ti.

Elle se présente en cristaux rhomboédriques ressemblant à ceux de l'hématite; souvent en lamelles aplaties suivant la base, quelquefois en rhomboèdres très aigus, à éclat faiblement métallique, d'un noir de fer.

La cassure est conchoïdale. On la trouve dans les roches granitiques, les sables, etc.

Elle est difficilement soluble dans HCl. La solution bouillie avec de l'étain, se colore en bleu. Avec le sel de phosphore et l'étain, au feu de réduction, elle donne la coloration violacée du titane.

Fig. 50.
Ilménite.

Sa dureté oscille entre 5 et 6 et sa densité entre 4,5 et 5.

73 Oxydes hydratés. — a. **Limonite** (Syn. fer oxydé brun, hématite brune). — C'est un hydrate ferrique naturel $2Fe^2O^3$, $3H^2O$. Elle constitue une espèce minérale extrêmement fréquente, formant un minerai de fer très important. Elle se rencontre à l'état de *limonite fibreuse*, en rognons concrétionnés ou en masses à surface noire luisante, ou encore en masses compactes brun foncé, à cassure unie, en filons dans les terrains anciens et les gîtes de contact (Pyrénées, Isère, etc.).

Le minerai pisolithique se rencontre en globules à cassure compacte, disséminés dans les argiles des terrains tertiaires moyens, ou cimentés par une pâte argilo-calcaire. Ces dépôts recouvrent souvent les plateaux du calcaire jurassique ou de la craie. Ils sont communs dans le Berry, le Bourbonnais, la Lorraine, la Franche-Comté, etc.

Le minerai oolithique est en grains plus petits que la variété précédente. Ces grains, souvent soudés, forment des roches situées pour la plupart à la base des calcaires oolithiques. Ce minerai renferme des fossiles, et est moins bon que le précédent.

Il est exploité dans le Gard, l'Ardèche, l'Aveyron, la Côte-d'Or, le Jura, la Haute-Marne, etc.

La *limonite terreuse* a une cassure unie. Elle est souvent très argileuse. On la trouve dans des terrains divers, secondaires ou tertiaires.

Le *minerai des marais* renferme beaucoup d'acide phosphorique et donne une fonte phosphoreuse.

La limonite est soluble dans les acides et laisse souvent un résidu siliceux. Dans le tube elle donne de l'eau. Sa poussière est brun jaune. Sa dureté varie de 5 à 5,5 et sa densité de 3,6 à 4.

Le tableau suivant donne quelques analyses se rapportant à diverses variétés de limonite.

Éléments dosés	Hématite de Vicdessos	Hématite en grains du Mont-Girard près St. Dizier.	Minerai en grains de Eurville (H^{te}-Marne)	Minerai en grains des Bruères (Nièvre)	Minerai oolithique de Moulazac (Aveyron)	Minerai oolithique de Vellesprey (H^{te}-Saône)
Fe^2O^3	82,00	69,00	58 20	46,40	48,60	37,00
Mn^2O^3	2,00	»	»	»	0,35	1,40
Eau	14,00	16,00	15,00	13,00	12,60	13,50
Silice	1,00	»	»	»	»	»
Argile	»	14,20	26,80	40,00	12,41	37,20
Acide phosphorique	»	»	»	»	0,21	0,22
Alumine soluble	»	»	»	»	4,10	1,00
Carbonate de chaux	»	»	»	»	20,60	9,40
Carbonate de magnésie	»	»	»	»	»	0,18

b. **Gœthite** (Syn. Lépidocrocite, pyrrhosidérite). — C'est un hydrate ferrique $Fe^2O'H^2$, en cristaux striés longitudinalement, en lamelles cristallines, en écailles, en masses fibreuses, brunes, jaunes ou rouges. On le trouve avec les autres minerais de fer, mais plus spécialement près de Siegen et en Cornouailles.

Sa forme cristalline est le prisme orthorhombique, $mm = 94°52'$, $b^1/_2b^1/_2 = 121°4'$, $b^1/_2b^1/_2$ en avant $126°18'$. Clivage g_1 parfait.

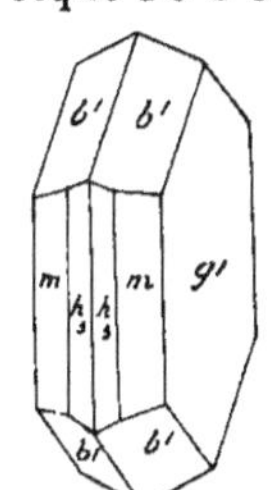

Fig. 51.
Gœthite.

c. **Turgite** (Syn. Hydrohématite) — C'est encore un hydrate ferrique $2Fe^2O^3$, H^2O. C'est un minerai de fer abondant, ressemblant à la limonite, mais plus dur et donnant une poussière d'un rouge plus clair. Il décrépite dans le tube en donnant de l'eau.

71. Spinelles de fer. — a. **Franklinite.** — Spinelle de fer, de zinc et de manganèse :

$$RR^2O^4; R = Fe, Zn, Mn ; R^2 = Fe^2, Mn^2.$$

Cristaux octaédriques, ou masses granulaires ou compactes, noires, accompagnant le zinc oxydé rouge dans un calcaire cristallin à Hambourg (New-Jersey).

Ce corps est soluble dans HCl. Au chalumeau il ne fond pas. Avec le borax il donne à la flamme oxydante une perle violet améthyste, et au feu de réduction une perle vert bouteille.

Sa dureté varie de 5,5 à 6,5, et sa densité de 5,6 à 5,9. Sa poussière est brun-rouge. Sa forme cristalline est l'octaèdre régulier modifié par les faces du dodécaèdre rhomboïdal.

75. Minéraux sulfurés. — a. **Pyrrhotine** (Syn. Pyrite hépatique, fer sulfuré magnétique, pyrite magnétique). — Sa composition se rapproche de Fe^7S^8. Ce sulfure se présente rarement en très beaux cristaux hexagonaux aplatis, plus souvent en lamelles ou en masses compactes, d'un éclat métallique faible, jaunes ou bronzées, à cassure conchoïdale, à Kongsberg, Modum, Snarum (Norwège). Andréasberg (Hartz), Bodenmais (Bavière).

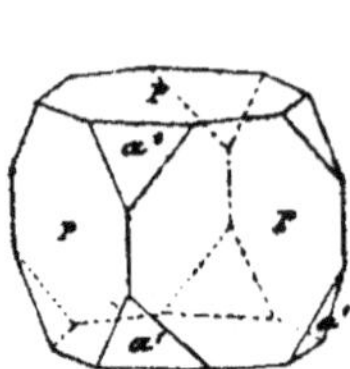
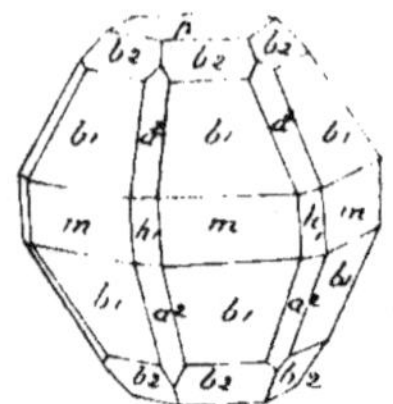

Fig. 52. — Pyrite magnétique.   Fig. 53. — Pyrrhotine.

Il est souvent nickelifère et constitue alors un important minerai de nickel (Varalle, Piémont, etc.). Les plus beaux cristaux viennent des mines d'or de Moro-Velho (Brésil). On en rencontre des pseudomorphoses en pyrite, limonite et sidérose.

Ce minéral est soluble dans les acides ; dans le tube ouvert, il donne de l'acide sulfureux. Sur le charbon, il donne une masse noire magnétique qui, avec les flux, fournit les réactions du cobalt et du nickel.

Sa dureté est de 3,5 à 4.5, sa densité de 4,4 à 4,7.

Le fer sulfuré magnétique, cristallise sous la forme d'un prisme hexagonal régulier dans lequel un des côtés de la base est à peu près égal à la hauteur. Les cristaux présentent des clivages parallèles aux 6 faces du prisme et un dans le sens de la base. Ce dernier est surtout marqué.

b. **Troïlite**. — La troïlite est constituée par du sulfure ferreux en grains

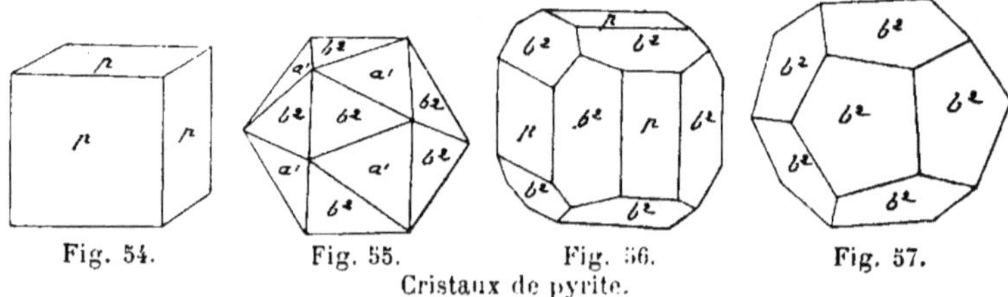

Fig. 54.   Fig. 55.   Fig. 56.   Fig. 57.
Cristaux de pyrite.

ou en nodules plus ou moins gros empâtés dans le fer météorique. Sa cassure est inégale.

c. **Pyrite** (Syn Fer sulfuré jaune). — La pyrite est constituée par du sulfure de fer FeS^2.

Ce minéral est presque toujours cristallisé. Parfois cependant on le trouve en concrétion, en masses compactes, globulaires, stalactitiques, granulaires, pseudomorphiques, modelées sur des cristaux d'autres substances ou sur des fossiles.

Les cristaux sont souvent fort beaux, d'un vif éclat métallique, d'un jaune d'or, présentant un beau poli.

La pyrite est abondamment répandue dans presque tous les étages géologiques. Elle subit parfois une altération qui la transforme en limonite.

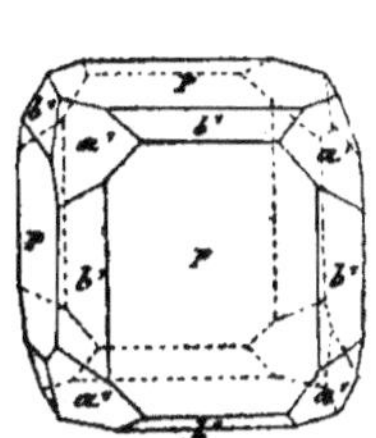

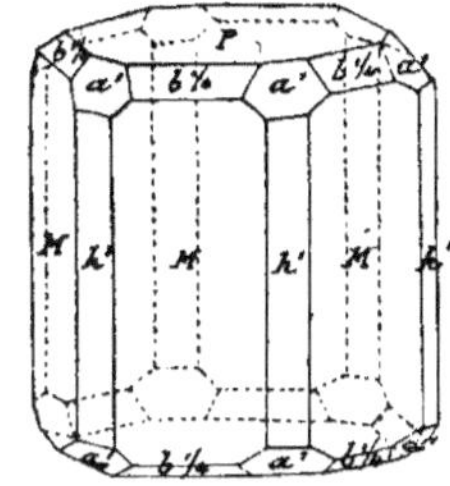

Fig. 58. — Pyrite cubo-dodécaèdre.   Fig. 59. — Pyrite, mine de Cumberland.

On l'exploite à Chessy (près Lyon) en quantité considérable, comme minerai de soufre et pour la fabrication de l'acide sulfurique.

Elle est inattaquable par l'acide chlorhydrique. L'acide nitrique la dis-

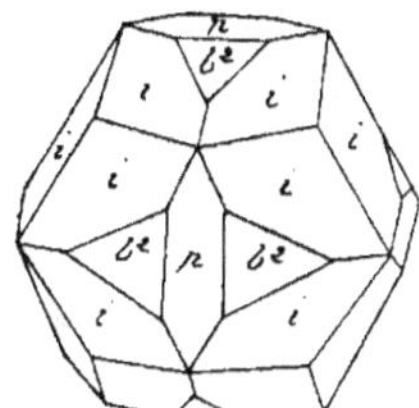

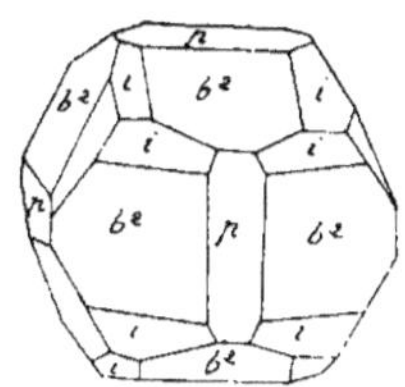

Fig. 60 et 61. — Cristaux de pyrite.

sout et en sépare du soufre. Dans le tube elle donne du soufre sublimé et un résidu magnétique. Sur le charbon elle brûle avec une flamme bleue. Sa dureté varie de 6 à 6,5, elle fait feu au briquet. Elle est fragile, à cassure inégale ou conchoïde. Sa densité est de 4,8 à 5,2. Sa poussière est gris-verdâtre.

Les cristaux de pyrite appartiennent au système cubique, mais sont affectés d'hémiédrie à faces parallèles. Cette hémiédrie se révèle d'ordinaire, même sur les cubes, par des stries qui, sur chaque face, sont parallèles à deux côtés opposés de la face de manière à être perpendiculaires entre elles sur trois faces adjacentes. Outre le cube, on rencontre fréquemment l'octaèdre a^1, souvent modifié par les faces du dodécaèdre pentagonal b^2 et donnant lieu, lorsque les formes s'équilibrent, à l'icosaèdre $a^1 \dfrac{b^2}{2}$.

Le dodécaèdre pentagonal b^2 est très fréquent, ainsi que les hemihex-octaèdres à faces parallèles $(b^1, b^1/_3, b^1/_2)$ etc. On rencontre aussi les faces : $b^1, b^3, b^5/_2, b^3/_2, {}^4b/_3, b^6/_5$ (ces deux dernières souvent d'un sens opposé au dodécaèdre b^2) $(b^1, b^1/_3\ b^1/_{10})\ (b^1\ b^1/_5\ b^1/_8)\ b^1\ b^1/_3\ b^1/_4)$ etc.

Malgré le nombre des facettes dont les cristaux sont souvent surchargés, presque toujours le cube est la forme générale.

Il existe des groupements de cristaux parallèles aux faces du cube ou à celles de l'octaèdre ; parfois deux cristaux se pénètrent dans deux positions rectangulaires entre elles.

d. **Marcassite** (Syn. fer sulfuré blanc, pyrite blanche). — Comme le minéral précédent la marcassite est constituée par le sulfure FeS^2.

Cette seconde espèce est d'un blanc jaunâtre ou verdâtre, avec éclat

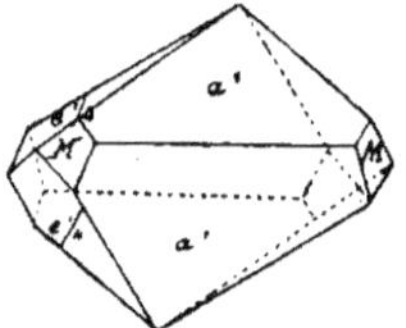

Fig. 62. — Fer sulfuré blanc.

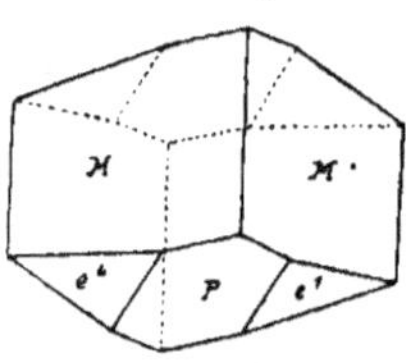

Fig. 63. — Fer sulfuré blanc.

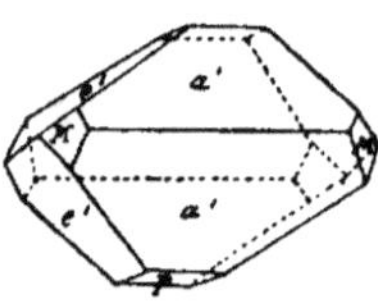

Fig. 64. — Fer sulfuré blanc.

métallique. Elle se rencontre en cristaux dans les filons, en boules et en rognons fibreux, à structure radiée, disséminés dans les argiles, les marnes, la craie, etc. ; en particules souvent imperceptibles, dans les schistes, les lignites, la houille, etc. Elle s'oxyde facilement à l'air. Cette propriété donne lieu à des exploitations importantes pour la fabrication du sulfate

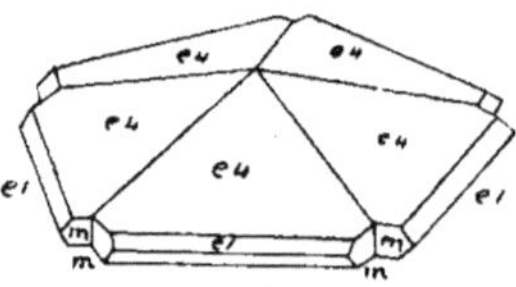

Fig. 65. — Marcassite (Groupement désigné sous le nom de crête de coq).

ferreux et de l'alun. Les schistes ou les lignites alumineux qui renferment la marcassite sont attaqués par l'acide sulfureux résultant de l'oxydation de ce sulfure et sa transformation en sulfate ferreux.

Cette pyrite se présente aussi en formes imitatives, dendritiques ou pseudomorphiques.

Elle est insoluble dans HCl, attaquable par AzO^3H. Dans le tube fermé elle donne un sublimé de soufre.

Sa dureté est de 6 à 6,5, sa densité de 4,6 à 4,8. Sa cassure est inégale, sa poussière gris-verdâtre.

Sa forme cristalline est le prisme orthorhombique. Les formes les plus fréquentes sont prismatiques ou octaédriques. Les cristaux sont souvent maclés parallèlement à m, de manière à former des lentilles pentagonales.

e. **Chalcopyrite** (Syn. Pyrite cuivreuse). — C'est un sulfure de fer et de cuivre de la formule Cu^2S, Fe^2S^3, qui constitue l'un des minerais de cuivre les plus abondants.

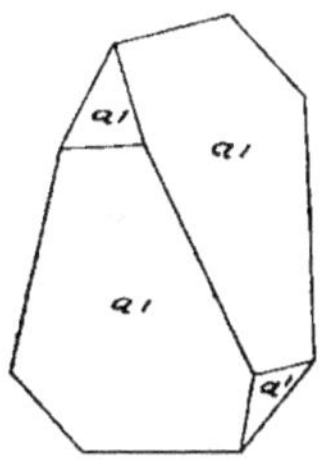

Il se rencontre en masses compactes, concrétionnées ou en cristaux octaédriques ou tétraédriques, d'un jaune d'or foncé à reflets irisés, en filons dans les gneiss, les schistes argileux, etc.

Sa forme cristalline est l'octaèdre quadratique.

Fig. 66. — Chalco-pyrite.

76. Minéraux sulfatés. — a. **Mélantérite** (Syn. Fer sulfaté vert, vitriol vert). — C'est du sulfate ferreux $SO^4Fe, 7H^2O$.

On le trouve en cristaux limpides, en masses fibreuses ou concrétionnées, provenant de la décomposition des pyrites. Il s'altère à l'air en brunissant. Sa dureté est 2, sa densité 1,8 à 2.

Sa forme cristalline est le prisme clinorhombique.

b. **Fibro-ferrite.** (Syn. Stypticite). — C'est un sous-sulfate ferrique hydraté, $3Fe^2O^3, 5SO^3 + 27H^2O$, formant des masses ou des enduits fibreux, jaune clair ou verdâtre, d'un éclat soyeux, translucides.

Il est insoluble dans l'eau. Dans le tube il donne de l'eau et à haute température, de l'acide sulfureux, de l'anhydride sulfurique et laisse un résidu d'oxyde ferrique.

c. **Copiapite.** — C'est également un sous-sulfate hydraté de peroxyde de fer, $2Fe^2O^3, 5SO^3 + 18H^2O$, en tables hexagonales ou en masses fibreuses ou granulaires jaunes ; il a été trouvé dans les mines de cuivre de Copiapo (Chili).

d. **Coquimbite.** — Autre sulfate ferrique hydraté de la formule $Fe^2O^3, 3SO^3 + 9H^2O$.

C'est un sel blanc-jaunâtre entièrement soluble dans l'eau, qui cristallise en tables hexagonales clivables parallèlement à la base, ou encore formé en masses grenues. Les prismes hexagonaux sont souvent modifiés sur les arêtes des bases.

e. **Botryogène** (Syn. Fer sulfaté rouge, vitriol rouge). — Sulfate ferrosoferrique hydraté contenant de la magnésie et de la chaux, et formant de petits cristaux ou des masses botryoïdes rouges ou brunes recouvrant du gypse ou de la pyrite dans les mines de Fahlun.

Ce sel est partiellement soluble dans l'eau en laissant un résidu ocreux. Sa dureté est de 2 à 2,5. Sa densité est de 2,04, sa forme cristalline, le prisme clinorhombique.

77. Minéraux phosphatés. — a. **Vivianite** (Syn. Fer phosphaté).

— La vivianite est du phosphate ferreux hydraté. Sa formule est $(PO^4)^2Fe^3$, $8H^2O$. Elle forme des cristaux prismatiques plus ou moins allongés, bleu clair, souvent altérés et présentant alors une couleur noirâtre. La vivianite est transparente, tendre, flexible.

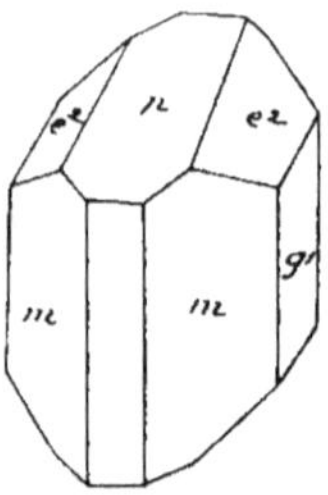

On la trouve souvent associée à la pyrrhotine et à la chalcopyrite dans les filons stannifères de Sainte-Agnès (Cornouailles), dans les couches d'argiles, dans les cavités des fossiles (Crimée). On en a trouvé dans des houillères incendiées (Cransac) (Aveyron).

Elle est soluble dans HCl. Dans le tube elle donne de l'eau, blanchit et s'exfolie. Au chalumeau elle fond facilement en colorant la flamme en bleu-verdâtre. Sa poussière est blanc-bleuâtre, sa dureté est de 1,5 à 2, sa densité de 2,5 à 2,7. Sa forme cristalline est le prisme clinorhombique.

Fig. 67. — Vivianite.

b. **Triphylline**. — C'est un phosphate de manganèse, de fer et de lithine $RLiPO^4$; R = Fe, Mn, avec Mg, Ca, Na etc.

Elle se présente parfois en très grands cristaux et plus souvent en masses clivables, gris-verdâtre ou noirâtres.

Elle cristallise en prismes orthorhombiques.

M. Nordenskiold a donné le nom de tétraphylline à un minéral qu'il a découvert à Keild, en Finlande, et qui présente la même forme et les mêmes caractères extérieurs que la triphylline.

c. **Triplite**. — Ce phosphate se présente en masses imparfaitement lamellaires, brun-noirâtre. Il admet trois clivages qui paraissent rectangulaires.

C'est un fluophosphate de fer et de manganèse $PO^4R(R''Fl)'$; R = Mn, Fe, avec traces de chaux.

Son éclat est gras ou résineux, sa cassure subconchoïdale. Il est fragile, soluble lentement dans les acides. Sa dureté est de 4 à 5,5, sa densité de 3,4 à 3,8. On l'a trouvé dans les pegmatites des environs de Limoges et à Peilau (Silésie).

d. **Dufrenite** (Syn. Delvauxine). — C'est un phosphate ferrique hydraté $PO^4 Fe^2$, $3(OH)''' = 1\,2\,P^2O^5$, $2Fe^2O^3$, $3H^2O$.

Il forme des masses concrétionnées et fibreuses d'un vert foncé, passant au jaune et au brun par altération.

Il est soluble dans les acides. Sa dureté est de 3,5 à 4 et sa densité de 3,2 à 3,4.

Il cristallise en prismes orthorhombiques.

e. **Cacoxène**. — C'est un phosphate hydraté de fer et d'alumine, se rencontrant en masses fibreuses, jaune d'ocre, à éclat faiblement métallique. Sa densité est de 2,3 à 3,3. Sa composition est mal déterminée.

78. Minéraux contenant de l'arsenic. — a. **Mispickel** (Syn. Pyrite arsénicale, fer arsénical, arsénopyrite).

Sa formule est :

$$FeAsS = 1/2(FeS^2 + FeAs^2).$$

Il forme des cristaux prismatiques allongés ou des masses cristallines, fibreuses, compactes, d'un beau blanc d'argent. quelquefois jaunâtres à la surface et d'un vif éclat métallique.

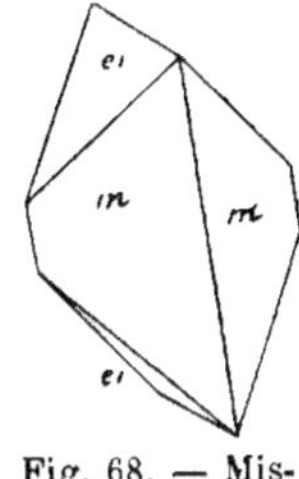

Fig. 68. — Mispickel.

Le mispickel se rencontre principalement dans les roches cristallines, associé aux minerais d'étain et d'argent.

L'acide nitrique l'attaque en séparant du soufre et de l'acide arsénique. Dans le tube ouvert il donne un sublimé blanc d'acide arsénieux. Dans le tube fermé il donne d'abord un sublimé rouge de sulfure d'arsenic, puis un sublimé noir d'arsenic métallique.

Sa dureté oscille entre 5,5 et 6 et sa densité entre 6 et 6,4. Sa forme cristalline est le prisme orthorombique $mm = 111°53'$; $e^1e^1 = 99°52'$.

b. **Fer arséniaté** (Syn. Pharmocosidérite). — C'est un arséniate ferrique hydraté contenant un peu d'acide phosphorique et de cuivre :

$$2As^2O^3, 3Fe^2O^3, 12H^2O.$$

Ce minéral, d'un vert foncé, est toujours cristallisé. Les cristaux sont parfois bruns. On le rencontre encore en masses granulaires translucides, d'un éclat assez vif (Cornouailles, Saint-Léonard près Limoges, Horhausen (Nassau).

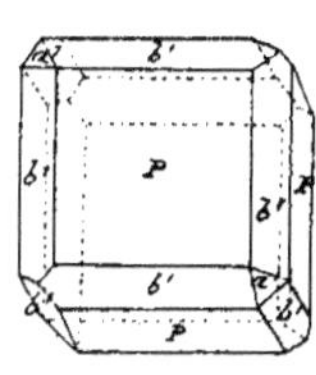

Fig. 69. — Fer arséniaté.

La dureté du fer arséniaté est comparable à celle de la chaux carbonatée, sa densité est de 2,9 à 3.

Il est soluble dans HCl. Dans le tube fermé, il devient rouge et donne de l'eau. Au chalumeau, sur le charbon, il émet des fumées arsénicales.

La forme habituelle de ses cristaux est le cube avec hémiédrie tétraédrique.

79. Fer carbonaté. — a. **Sidérose.** — Le *fer carbonaté*, ou *sidérose*, ou *fer spathique* est du carbonate ferreux CO^3Fe, renfermant, à l'état de mélange, des quantités variables de CO^3Ca, CO^3Mg, CO^3Mn, etc.

Il se présente parfois en assez grands cristaux, plus souvent en masses lamelleuses, grenues, amorphes ou en rognons.

La variété lamelleuse a reçu le nom de *fer spathique*, la variété amorphe le nom de *fer carbonaté lithoïde*.

La sidérose est d'un blanc tirant sur le blond ; quand elle est altérée

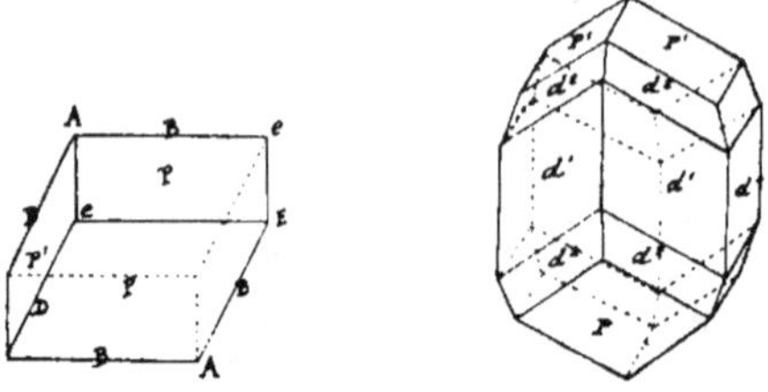

Fig. 70 et 71. — Fer spathique.

elle présente diverses colorations ; elle est jaune, brune ou rouge d'ocre. Elle est parfois noire (fer carbonaté lithoïde des houillères). Son éclat est vitreux ou terne. Elle est transparente, translucide ou opaque.

Sa poussière est grise.

On la rencontre en amas ou en filons dans les roches anciennes. C'est un

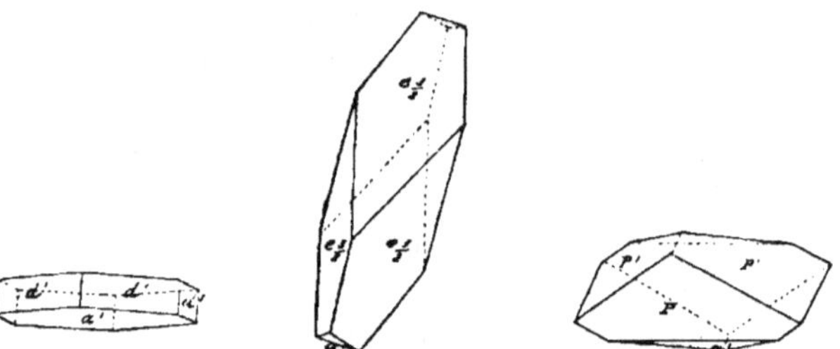

Fig. 72, 73 et 74. — Fer spathique.

minerai de fer très recherché. La variété lithoïde est en couches continues ou en rognons alignés, dans le terrain houiller. La variété oolithique se rencontre dans les grès et les argiles des terrains secondaires ou tertiaires.

Elle est soluble dans les acides avec effervescence lente à froid, très vive à chaud. Au chalumeau, le fer carbonaté noircit et donne une poussière qui s'agglutine et agit sur le barreau aimanté.

Sa dureté est de 3,5 à 4,5. Sa densité qui oscille entre 3,7 et 3,9, s'abaisse jusqu'à 3 dans les sortes terreuses.

Sa forme cristalline primitive est un rhomboèdre obtus $pp = 107°$. C'est la forme la plus répandue. Il possède 3 clivages parallèles aux faces du rhomboèdre ; ces clivages sont très faciles.

Les faces sont souvent courbes.

Le rhomboèdre obtus b', donné par des modifications tangentes sur les arêtes et désigné sous le nom d'équiaxe, est aussi fréquent que le rhomboèdre primitif.

80. Silicates de fer. — Ces corps sont extrèmement nombreux dans la nature, mais se présentent surtout à l'état de combinaisons avec d'autres silicates.

a. **Fayalite**. — Ce minéral recueilli à l'île de Fayal est un silicate de fer anhydre SiO^4, $Fe^2 = 2FeO$, SiO^2. Il se présente en masses composées de grains cristallins vert-foncé, présentant des teintes rougeâtres, parfois noires. Ces cristaux appartiennent au type orthorhombique. Leur dureté est de 6,5 et leur densité de 4.

La fayalite fait gelée avec les acides et fond au chalumeau en un globule noir magnétique.

Ce composé s'obtient artificiellement dans le traitement des minerais de fer au haut-fourneau et aussi dans l'affinage du cuivre brut.

b. **Chlorophéite**. — C'est un silicate ferreux hydraté, renfermant un peu de magnésie, formant de petites masses fibreuses ou compactes, translucides ou opaques, vert pistache ou noires. On le trouve aussi en aiguilles cristallines. On l'a rencontré dans une roche amygdaline verdâtre, liée aux basaltes de l'île de Rum, dans le Fifeshire, en Ecosse.

Sa dureté varie de 1,5 à 2 et sa densité de 1,8 à 2.

c. **Knebélite**. — Silicate ferroso-manganeux $MnFeSiO^4$ formant des masses cristallines ou amorphes grises, rougeâtres, brunes ou vertes, trouvé dans le granite d'Ilmenau et dans le gisement de fer de Danemora (Suède).

Dureté 6,5. Densité 3,7 à 4,1.

d. **Hisingérite**. — C'est un hydrosilicate de fer de composition variable, renfermant du peroxyde et du protoxyde, d'une dureté égale à 3, d'une densité de 3,04, formant des masses compactes à Riddarhyttan (Suède), à Bodenmais (Bavière), etc.

e. **Nontronite**. — Silicate ferrique hydraté, formant un minéral jaune, paille ou jaune-serin, verdâtre, quelquefois rose, onctueux, tendre, rayé par l'ongle, facilement soluble dans HCl. On le trouve en rognons à Saint-Pardoux dans la Dordogne, à Andréasberg dans le Hartz, etc.

81. Silicates multiples de fer. — a. **Silicates anhydres**. — 1. *Péridot*. — Le péridot est un orthosilicate de magnésium SiO^4Mg^2, dans lequel une partie de la magnésie est remplacée par du fer, à l'état d'oxyde ferreux.

Sa couleur est le vert bouteille plus ou moins brunâtre. Sa cassure est conchoïde et éclatante. Il est transparent ou translucide.

Les cristaux ont été désignés sous le nom de chrysolithe, tandis que la variété granuleuse a été appelée olivine.

Au chalumeau le péridot est infusible, à moins que la proportion de fer ne soit considérable. Il est soluble dans les acides.

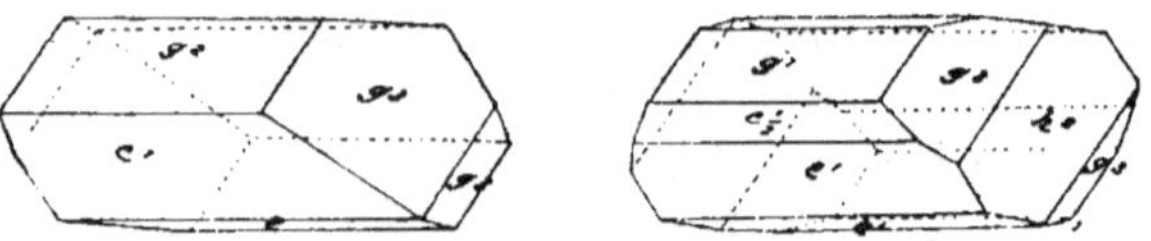

Fig. 75 et 76. — Péridot.

Sa dureté est de 6 à 7, sa densité de 3,1 à 3,5.

Sa forme cristalline est le prisme orthorhombique.

Les cristaux les plus simples sont ceux du Vésuve et du Puy. Ils n'offrent aucune des faces de la forme primitive.

II. *Augite.* — On réunit sous ce nom les pyroxènes alumineux ou non, de chaux et de magnésie dans lesquels la proportion d'oxyde ferreux dé-

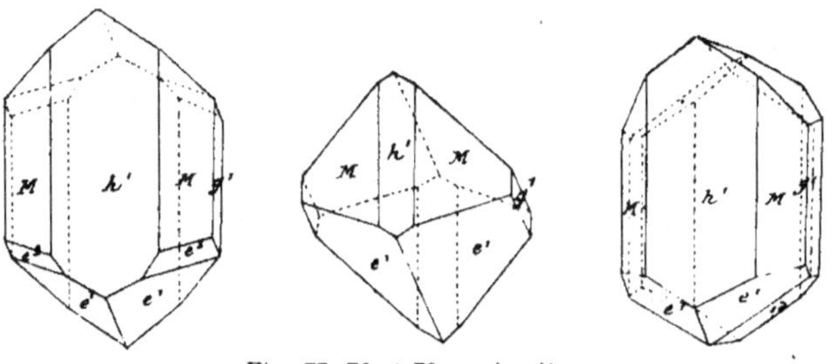

Fig. 77, 78 et 79. — Augite.

passe 5 0/0 sans cependant s'élever au-dessus de la proportion de magnésie.

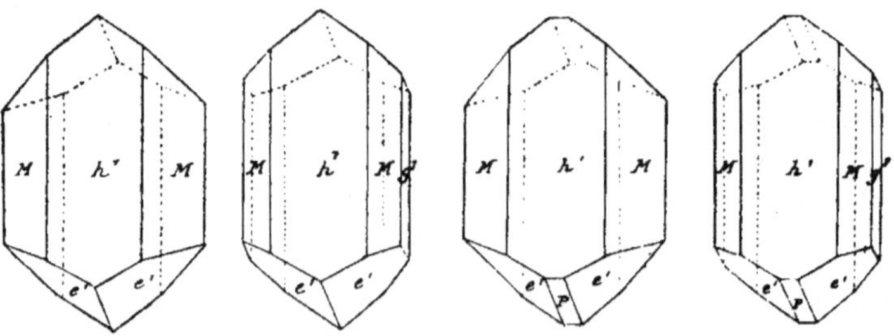

Fig. 80, 81, 82 et 83. — Augite.

L'augite proprement dite est le pyroxène des laves et des basaltes (Vésuve, Auvergne).

Elle dérive d'un prisme rhomboïdal oblique. Les formes secondaires de ses cristaux sont en prismes à 6 faces aplaties par suite de l'élargissement de la modification h^1 ; leur terminaison a lieu généralement par le biseau $e'e'$ qui est très développé. Si d'autres facettes viennent s'y joindre, elles sont fort petites et n'altèrent pas la forme générale du pointement. Les cristaux sont souvent maclés parallèlement à h^1.

L'augite est d'un noir foncé, elle a une densité de 3,3 à 3,4. Sa dureté est de 6.

III. *Hédenbergite.* — C'est encore une variété de pyroxène caractérisée par le remplacement de la magnésie par de l'oxyde de fer. Sa formule est $(Ca, Fe) SiO^3$. Il est rare qu'elle ne renferme pas de traces de magnésie. Sa dureté est de 5,5 et sa densité de 3,5.

Elle se trouve en masses laminaires avec du calcaire, de la pyrite cuivreuse, du quartz et du mica, aux environs de Tunaberg (Suède).

IV. *Hypersthène.* — Ce minéral qu'on a souvent réuni au pyroxène s'en rapproche par sa composition et par ses angles de clivage.

Sa cassure est lamelleuse, sa couleur est le noir ou le rouge bronzé. Il raye le verre.

Sa densité est de 3,4 environ.

V. *Grenat almandin.* — Ce corps appartient au groupe des grenats. On

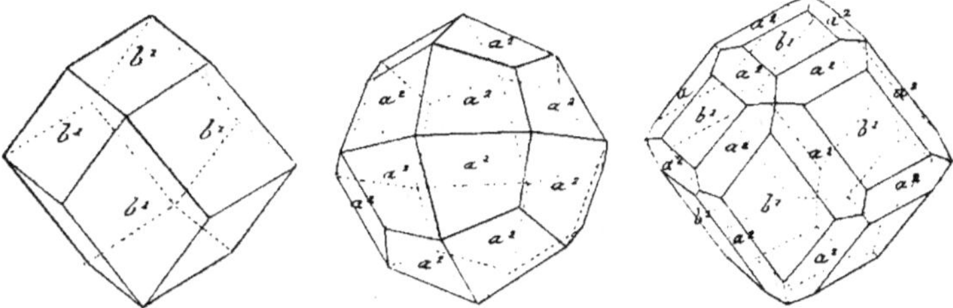

Fig. 84, 85 et 86. — Grenat almandin.

l'appelle encore *grenat syrien, grenat oriental, escarboucle* Sa formule est $Fe^3Al^2Si^3O^{12}$.

C'est le plus fréquent des grenats. Il est d'un beau rouge et employé en joaillerie.

Il est difficilement attaquable par les acides Au chalumeau, il fond en un verre noir, translucide, magnétique.

Sa densité oscille entre 3,7 et 4,3 et sa dureté de 7 à 7,5.

Il cristallise dans le système cubique. Ses formes les plus fréquentes sont le dodécaèdre rhomboïdal et le trapézoèdre. On trouve aussi des cristaux portant des facettes de ces deux formes. Les autres formes, principalement celles qui portent les faces du cube, sont plus rares.

VI. *Épidote*. — Les épidotes forment une famille importante dont les espèces diffèrent les unes des autres par la proportion des bases qui y entrent. Elles sont constituées par un orthosilicate d'alumine et de chaux dans lequel, du sesquioxyde de fer remplace une partie de l'alumine, et du protoxyde de fer et de la magnésie remplacent une partie de la chaux.

Les épidotes qui contiennent du fer paraissent se rapprocher d'une formule moyenne :

$$18CaO \ (4Fe^2O^3, \ 8Al^2O^3) \ 27SiO^2.$$

Elles cristallisent dans le système clinorhombique.

VII. *Ilvaïte* (Syn. Liévrite, yénite, fer calcareo siliceux). — L'*ilvaïte* se trouve en cristaux, en masses bacillaires et en masses amorphes, d'un noir

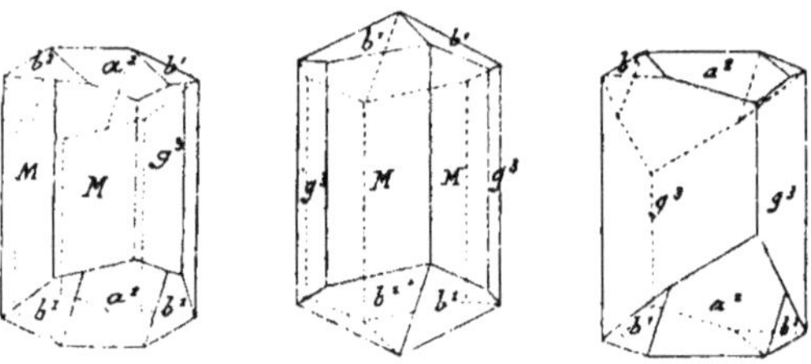

Fig. 87, 88 et 89. — Ilvaïte.

foncé. Sa cassure est résineuse et assez éclatante. Elle est rayée par le feldspath et raye le verre. Sa densité est de 3,8 à 4. Elle est faiblement magnétique et fond facilement au chalumeau en un verre opaque. Elle est soluble dans HCl.

C'est un silicate de fer et de chaux, contenant un peu de manganèse et d'eau.

Rammelsberg a déduit de ses analyses les rapports d'oxygène suivants :

$$(RO \ + \ R^2O^3) : SiO^2 : H^2O = 9 : 8 : 0,75$$

On trouve ce minéral dans les schistes cristallins, avec de l'amphibole, du quartz, etc., à Rio la Marina (île d'Elbe), à Kangerdluarsuk (Gröenland).

Les cristaux d'ilvaïte dérivent d'un prisme orthorhombique. Ils sont en général terminés par un pointement dans lequel le biseau a^2 domine.

Dans presque tous les cristaux, les faces b existent en concurrence avec le biseau a^2, quelquefois elles deviennent dominantes et le prisme est terminé par un pointement à 4 faces.

VIII. *Achmite*. — C'est un silicate de fer et de sodium renfermant un peu de Mn, d'acide titanique et de chaux et formant des cristaux d'un brunnoir, opaques, allongés, engagés dans un granite de Rundemyr (Norwège). Son éclat est vitreux. Elle est faiblement attaquée par les acides, fond facilement au chalumeau en un globule noir attirable à l'aimant. Sa dureté est 6 et sa densité 3,2 à 3,6.

Ces cristaux d'achmite dérivent d'un prisme rhomboïdal oblique qui offre à peu près les incidences du pyroxène.

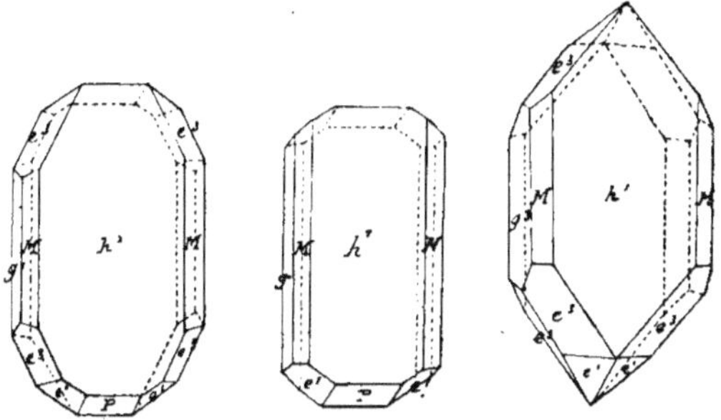

Fig. 90, 91 et 92. — Achmite.

Ces cristaux sont des prismes à 8 faces, fortement aplatis par l'élargissement de la face h^1. La plupart sont terminés par un pointement aigu à 4 faces, résultant de la modification e^3, à laquelle vient parfois se joindre le biseau e^1. On trouve également des cristaux basés.

Les cristaux d'achmite sont fréquemment maclés parallèlement à h^1.

IX. *Arfvedsonite*. — Silicate ferro-sodique remarquable par la grande quantité de fer qu'il contient. Les cristaux sont imparfaits et probablement isomorphes avec ceux de l'amphibole.

X. *Wichtine*. — Silicate d'alumine et de protoxyde de fer formant des masses noires à cassure imparfaitement conchoïdale, trouvé dans la paroisse de Wichtis (Finlande).

b. **Silicates hydratés.** — I. *Stilpnomélane*. — C'est un silicate hydraté de fer avec 5 à 6 0/0 d'alumine, un peu de magnésie, de chaux et de potasse, trouvé à Obergründ près de Zuckmantel en Silésie.

Ce corps est difficilement attaquable aux acides, donne de l'eau dans le tube, possède une dureté de 3 à 4 et une densité de 3 à 3,4.

II. *Cronstedtite*. — Silicate hydraté de fer, de magnésie et de manganèse formant des masses réniformes à aiguilles bacillaires divergentes, d'un beau noir, d'un éclat vitreux, opaques, trouvé à Przibram (Bohème) et considéré d'abord comme une variété de tourmaline.

Ce corps est facilement attaquable par AzO^3H avec dégagement de vapeurs rutilantes. La solution finit par se prendre en gelée. Sa dureté est de 2,5, sa densité de 2,35. Sa poussière est vert-sombre.

Il cristallise en prismes hexagonaux réguliers, ainsi qu'en cristaux radiés formant des rognons orbiculaires. Les aiguilles qui composent ces groupes sont des pyramides triangulaires, appartenant à des pointes d'un rhomboèdre aigu.

III. *Glauconite* (Syn. Chlorite, terre verte). — Elle est constituée par un hydrosilicate ferreux renfermant de la potasse, de la chaux, etc.

Sa composition est très variable.

DEUXIÈME PARTIE

FABRICATION DES SULFATES D'ALUMINIUM ET DE FER

CHAPITRE III

FABRICATION DU SULFATE D'ALUMINIUM ET DES ALUNS

§ 1. FABRICATION DU SULFATE D'ALUMINIUM

82. Généralités. — Il n'y a pas bien longtemps encore, le sulfate d'aluminium n'était considéré que comme un produit de laboratoire. Ce ne fut guère que vers 1845, époque à laquelle M. Pommier, de Paris, commença à le fabriquer d'une manière vraiment industrielle, qu'il commença à être utilisé par l'industrie. Ses débuts furent difficiles. Les industriels n'osaient remplacer l'alun qu'ils employaient, qui se présentait à eux avec toutes les garanties de pureté qu'ils pouvaient réclamer, par un produit amorphe, pâteux, déliquescent, acide, souvent impur, comme l'était le sulfate d'aluminium alors fabriqué.

Divers accidents de fabrication dans son emploi comme mordant en teinture et dans l'encollage du papier, et dus à la trop grande acidité du produit ne firent qu'exagérer cette méfiance.

Dès qu'on sut fabriquer un sulfate d'aluminium suffisamment neutre et exempt de fer, il fut promptement adopté et supplanta l'alun dans de nombreuses industries.

La raison en est bien simple. Les applications de l'alun reposent sur sa teneur en alumine qui n'est guère que de 10 à 10, 6 0/0, tandis que le sulfate d'aluminium en renferme de 14 à 16 0/0. A égalité de prix le sulfate d'aluminium est donc plus économique que l'alun, et de plus, étant beaucoup plus soluble, il est d'un emploi plus commode.

La matière première qui servit d'abord à la fabrication du sulfate d'aluminium fut le kaolin en même temps que diverses argiles alumineuses. L'emploi de ces matières est presque entièrement abandonné aujourd'hui. Cette industrie du traitement des argiles, pour fabriquer du sulfate d'aluminium de toutes pièces, est due à Curaudeau, qui l'établit, il y a plus de 100 ans, à Javel, près de Paris, et à Chaptal qui l'introduisit à Montpellier à peu près à la même époque.

Le but que ces savants voulaient atteindre, était non pas de faire du sulfate d'aluminium pour l'industrie, mais de transformer en alun, par le brévetage, le sulfate qu'ils obtenaient (Girardin, *Chimie élémentaire*, p. 411).

Le traitement des schistes et des lignites pyriteux a donné d'assez grandes quantités d'un sulfate d'aluminium impur, mais cette fabrication a presque entièrement disparu, sauf peut-être en Belgique.

Différentes matières alumineuses ont également servi pour la fabrication de ce produit, entr'autres, le phosphate d'aluminium.

Actuellement, on n'emploie plus guère comme matière première que l'*alunite* et la *bauxite* dont le traitement, en France, fournit environ de 12 à 14.000 tonnes de sulfate d'alumine.

Cette industrie est peu rémunératrice. Les causes en sont la concurrence, surtout des Allemands, qui, possédant des usines mieux outillées, de l'acide sulfurique moins cher, de la main-d'œuvre moins coûteuse, peuvent vendre à un prix plus bas un produit plus pur.

Quoique la fabrication du sulfate d'aluminium, au moyen du kaolin et des argiles, n'ait plus, pour ainsi dire, qu'un intérêt historique, nous ne pouvons cependant la passer sous silence. Nous décrirons donc succinctement, d'après les auteurs, ces procédés anciens, nous réservant d'étudier d'une façon détaillée, le mode de traitement actuellement employé avec l'alunite et la bauxite.

83. Fabrication du sulfate d'aluminium au moyen du kaolin ou des argiles et de l'acide sulfurique. — Les principaux gisements de kaolin sont : en Angleterre dans le comté de Cornouailles ; en France, à St-Yrieix près de Limoges et dans les départements de l'Allier, du Puy-de-Dôme, en Bretagne etc. Nous avons vu Chapitre I, § 3, quelle était la composition des divers kaolins, nous n'y reviendrons donc pas.

D'après Pommier (*Encyclopédie chimique*, Tome V), « pour obtenir le sulfate d'alumine on commence par pulvériser le kaolin aussi finement que possible à l'aide de meules et de tamis, puis on le calcine pendant 2 ou 3 heures dans des fours à réverbère à voûtes surbaissées. Chaque four contient 2 à 300 kil. de matière. La calcination a pour but de peroxyder le fer contenu dans le kaolin et par là de le rendre moins attaquable par l'acide ; elle rend au contraire l'alumine plus apte à être attaquée, pourvu

que l'on n'exagère pas la température de la calcination. La température
du rouge sombre est celle qui convient. Le kaolin calciné est retiré du
four à l'aide d'un récipient en fer et versé tel quel dans une chaudière
cylindrique en plomb, d'une capacité de 12 à 1500 litres et chauffée à la
vapeur à l'aide d'un barbotteur. L'opération se fait sur 200 kilogrammes
de kaolin qui nécessitent pour être attaqués 300 k. d'acide sulfurique
à 53° Bé.

« On fait arriver l'acide sulfurique dans la chaudière sur le kaolin encore
chaud. L'attaque commence immédiatement. Comme la masse serait trop
épaisse, on la noie avec de l'eau en même temps que l'on ouvre progressivement le robinet de vapeur. On a soin de remuer vigoureusement avec
une spatule en bois durant toute la réaction, afin qu'aucune partie du kaolin
ne reste inattaquée. Lorsque la réaction est terminée, on abandonne la
masse au repos pendant 2 ou 3 jours, pour laisser déposer la silice qui
se trouve à l'état libre et se précipite. On décante ensuite, au moyen d'un
syphon, le liquide clair qui n'est autre qu'une solution de sulfate d'alumine marquant de 20° à 25° Bé et on l'envoie dans une autre chaudière
en plomb, hémisphérique, chauffée par la vapeur à l'aide d'un serpentin également en plomb. Là, on le concentre à un degré variable, suivant
la qualité que l'on veut obtenir, puis on le coule sur une table en plomb
à bords relevés, à laquelle on donne le nom de cristallisoir.

« En refroidissant, la masse s'épaissit rapidement. On la divise en plaquettes de différentes dimensions, avant qu'elle ne soit entièrement solide,
au moyen de rateaux en bois à dents largement espacées, puis on attend
le refroidissement complet. On décolle alors les plaquettes que l'on
emballe et l'opération est ainsi terminée.

« Pour attaquer toute l'alumine contenue dans le kaolin, on est obligé
d'employer une proportion d'acide, supérieure à celle théoriquement
nécessaire. Il en résulte que le sulfate d'alumine ainsi fabriqué renferme
un peu d'acide libre, ce qui d'ailleurs, pour certains usages, n'a aucun
inconvénient. Mais, lorsqu'on veut obtenir un sulfate neutre, on peut,
durant la concentration, saturer l'excès d'acide par de l'alumine hydratée
pure qui provient du traitement de la cryolithe. Il est important cependant de ne pas ajouter un excès d'alumine, car il se formerait du sulfate
d'alumine basique, naturellement jaune qui teinterait toute la masse et
par suite la rendrait impropre à être livrée au commerce. »

Le traitement des diverses argiles s'effectuerait de même. Ce procédé
n'a plus guère qu'un intérêt historique. Nous ne nous y étendrons pas.
Il paraîtrait cependant que la *Société Industrielle de Landernau* (Finistère)
fabrique du sulfate d'aluminium au moyen du kaolin. Nous n'avons pas
de données sur les procédés qui sont employés par cette firme, mais il est
probable que l'on opère comme dans le traitement de l'alunite ou de la

bauxite, c'est-à-dire en épuisant le minerai méthodiquement par une série d'attaques successives, ainsi que nous le verrons par la suite.

84. Alum cake. — L'*alum cake* n'est que du sulfate d'aluminium brut, chargé de silice que l'on utilise dans la fabrication des papiers communs. Ce produit a été surtout fabriqué en Angleterre. On l'obtient en utilisant comme matière première, du kaolin ou différentes argiles. On a fait également une sorte d'alum cake en utilisant la bauxite comme matière première.

On fait arriver dans une chaudière en fonte le kaolin ou l'argile préalablement moulue et chaude, c'est-à-dire sortant du four de calcination. On laisse couler sur ce minerai de l'acide sulfurique à 53°Bé, préalablement chauffé, dans la proportion de 150 k. d'acide pour 100 k. de minerai. L'attaque est très vive et se termine rapidement. Pendant tout le cours de la réaction on remue la masse avec des ringards en fer.

La pâte obtenue est coulée dans des moules ou bien divisée avant son entier durcissement.

Le produit ainsi obtenu renferme à l'état de mélange toute la silice du kaolin ou de l'argile. Cette silice, dans la fabrication du papier, se mélange à la pâte et en augmente le poids.

85. Fabrication du sulfate d'aluminium par les schistes, les argiles et l'acide sulfureux. — L'acide sulfureux agit assez énergiquement sur les matières argileuses en donnant du sulfate d'aluminium. Cette action repose évidemment sur la transformation de l'acide sulfureux en acide sulfurique au contact de l'oxygène de l'air. L'oxyde ferrique, lorsqu'il est en présence. agit également pour cette transformation, d'une manière très énergique, à titre d'agent oxydant.

La préparation du sulfate d'aluminium au moyen de l'acide sulfureux a été longtemps en usage dans certaines localités. Les métallurgistes qui traitaient les blendes ou la galène avaient là un moyen simple d'utiliser l'acide sulfureux qui se dégage pendant le grillage de leur minerai.

Comme exemple, citons l'usine d'Ampsine, en Belgique, où M. de Laminne fait circuler de l'acide sulfureux dans des canaux pratiqués au sein d'une série de monticules formés de vieux schistes argileux, ayant déjà servi à la fabrication de l'alun. Ces schistes, déjà traités, renferment :

Silice......................	63 0/0
Alumine...................	18 »
Oxyde de fer	13 »
Magnésie, potasse, etc	6 »

Ils proviennent du traitement de l'*ampélite*, qui, d'abord découverte à Amay, fut reconnue sur une longueur de 3 ou 4 kilomètres, depuis Flemalle jusqu'à Autheit, en passant par Flône et Ampsine. Sur ces points la roche aluminifère forme la couche la plus ancienne du terrain houiller ; elle présente une épaisseur de 6 à 14 mètres et s'incline vers le Sud. sous un angle de 70°.

Sa composition moyenne est :

Silice...................	60,0 0/0
Alumine................	17,0 »
Potasse................	2,5 »
Carbone	4,5 »
Pyrite	7,0 »
Chaux et magnésie........	5,0 »
Carbonate de fer.........	4,0 »

Ce minerai était traité dans de nombreuses usines. En 1808, 18 établissements étaient en pleine activité ; chacun d'eux mettait en œuvre, en moyenne, 12.000 mc. d'ampélite.

Les pierres étaient grillées à l'air libre, lessivées ensuite méthodiquement et les résidus abandonnés.

Dans le procédé suivi par M. de Laminne, ces résidus, amenés au contact de l'acide sulfureux, l'absorbent entièrement.

Quand la masse est suffisamment transformée en sulfate d'aluminium, elle est lessivée ; la lessive est concentrée et coulée en plaquettes à la façon ordinaire. Le sulfate d'aluminium ainsi obtenu est impur ; il renferme un excès d'acide sulfurique et surtout du sulfate de fer (environ 3 à 6 0 0). Dans cet état il ne peut servir qu'à des usages très limités.

M. de Laminne est parvenu à le purifier en échauffant de vieux schistes sur la sole d'un four à réverbère et en y incorporant la solution de sulfate d'aluminium à purifier, de manière à obtenir une bouillie épaisse. La réaction qui se passe est la suivante :

$$(SO^4)^3 Al^2 + Al^2 (OH)^6 + (SO^4)^3 Fe^2 = 2[(SO^4)^3 Al^2] + Fe^2 (OH)^6.$$

On la laisse s'effectuer pendant un certain temps, puis on épuise la masse avec de l'eau et on concentre la solution.

86. Fabrication du sulfate d'aluminium au moyen des lignites argileux et pyriteux.

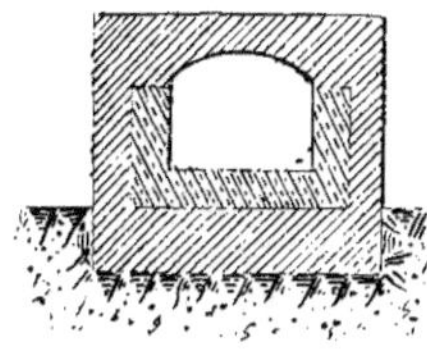

Fig. 93.

— Cette fabrication, qui a eu son heure d'importance, est maintenant presque complètement disparue. Il n'existe plus en France qu'une seule usine utilisant ce procédé, et encore son importance est-elle tout à fait insignifiante.

Le but de cette industrie était, non pas tant de produire du sulfate d'aluminium pour l'industrie, que de livrer aux fabricants d'alun un produit servant à ces derniers de matière première. Ce produit constitué par du sulfate d'aluminium très impur était désigné sous le nom de *magmas*.

Les lignites argileux, dont nous parlerons plus tard plus en détail, étaient extraits et mis en tas prismatiques sur une aire plane. La pyrite contenue dans cette matière commençait à s'oxyder. A ce moment on allumait les tas de place en place et on laissait la combustion se poursuivre. Sous l'influence de l'oxygène de l'air, la pyrite du lignite s'oxydait énergiquement en donnant de l'acide sulfureux qui attaquait l'argile en présence. Le sulfate de fer formé, en raison de la haute température développée, était lui-même décomposé, en donnant de l'acide sulfureux et de l'anhydride sulfurique, se portant sur l'argile, et laissant un résidu d'oxyde de fer. On obtenait en fin de compte une masse, désignée sous le nom de *cendre rouge*, assez riche en sulfate d'alumine et ne contenant que peu de sulfate de fer à l'état de sulfate ferrique.

Cette masse était lessivée dans des lessivoirs en bois ou en pierres de

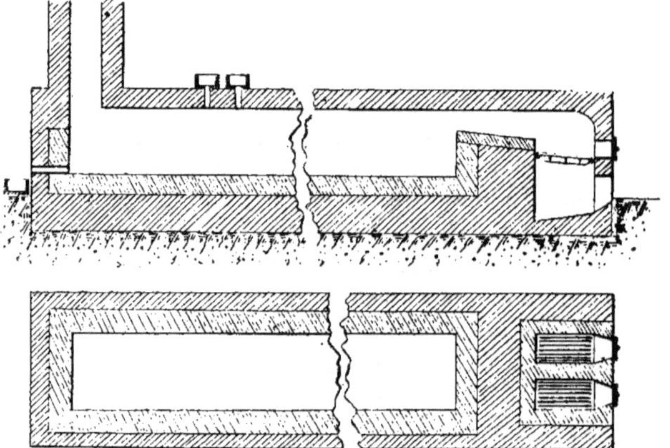

Fig. 94 et 95. — Four à reverbère pour l'évaporation des liqueurs destinées à être transformées en magmas.

taille, formés d'une cuve à faux fond recouvert de roseau servant de surface filtrante.

Les liqueurs recueillies étaient concentrées à 42°-44° Bé dans de grandes chaudières en maçonnerie, puis coulées dans des cristallisoirs où elles se prenaient en une masse pâteuse, riche en sulfate d'aluminium.

Les chaudières employées avaient de 15 m. à 20 m. de longueur sur 1 m. à 1 m. 50 de largeur. La hauteur du liquide était de 0 m. 30 à 0 m. 80. Le foyer était prolongé par un autel en plan incliné de 1 m. 50 de longueur, destiné à diminuer les entraînements de cendres et à empêcher le contact immédiat de la flamme avec le liquide, voir fig. 93, 94 et 95.

Le sulfate d'aluminium obtenu par ce procédé présentait, en moyenne, la composition suivante :

Sulfate d'aluminium anhydre. 36,00
»   de peroxyde de fer. 5,00
»   ferreux. 0,40
»   de chaux. 0,20
Eau et indosés. 58,40

Il contenait souvent une quantité notable d'alun par suite de la présence dans l'argile du lignite d'une certaine quantité de potasse et l'absorption par les liqueurs, pendant leur évaporation, de l'ammoniaque contenue dans les gaz du foyer.

87. Fabrication du sulfate d'aluminium au moyen de l'alumine pure provenant, soit de la cryolithe, soit de la bauxite. — La cryolithe est un fluorure double d'aluminium et de sodium. Ce minéral peut servir à la préparation de la soude. Pour cette préparation, on le traite soit par la voie sèche, soit par la voie humide, par de la chaux ou du carbonate de chaux. Il se forme ainsi de l'aluminate de sodium et du fluorure de calcium. La masse est épuisée par l'eau qui enlève l'aluminate de soude et laisse le fluorure de calcium.

La solution d'aluminate de sodium, traitée par un courant d'acide carbonique, laisse précipiter de l'alumine pure, tandis qu'il reste en solution du carbonate de sodium.

C'est l'alumine ainsi obtenue et formant un résidu de fabrication, qui sert avantageusement à la fabrication du sulfate d'aluminium et c'est surtout dans l'Allemagne du Nord que cette industrie a pu s'étendre. L'alumine provenant du traitement de la cryolithe est presque chimiquement pure. Complètement exempte de fer et de silice, elle ne renferme comme impureté qu'une quantité, assez notable à vrai dire, de carbonate de soude.

Pour préparer du sulfate d'aluminium au moyen de cette matière, on fait arriver dans une chaudière en plomb de l'acide sulfurique à 53° Bé et on l'amène par un chauffage à la vapeur, à atteindre la température de 80°-90°.

On introduit alors l'alumine petit à petit jusqu'à refus. On obtient ainsi une solution concentrée de sulfate d'aluminium pur, contenant un peu de sulfate de sodium. On soutire cette solution, on la concentre et on la coule en plaquettes.

Le sulfate d'aluminium ainsi obtenu est très beau et ne se colore pas en bleu sous l'influence du ferrocyanure.

On a préparé un sulfate d'aluminium analogue au moyen de la bauxite, mais en passant également par l'aluminate de sodium pour obtenir de l'alumine pure. En France, l'usine de Salyndres a fabriqué par cette méthode une assez grande quantité de sulfate d'aluminium.

La bauxite est d'abord finement pulvérisée, puis on la mélange avec du sel de soude. On introduit ce mélange dans un four à réverbère que l'on chauffe fortement en brassant la masse, jusqu'à ce que tout le carbonate de soude ait été attaqué. L'opération dure 5 à 6 heures.

L'aluminate obtenu est lessivé méthodiquement. On commence ce lessivage par des eaux faibles provenant d'une opération précédente et on termine par de l'eau pure. Les liqueurs fortes obtenues sont séparées des liqueurs faibles coulant à la fin de l'opération et emmagasinées.

Ce traitement s'effectue dans un vase cylindrique en tôle, portant un double fond en tôle perforée recouvert d'une toile, voir fig. 96.

La partie supérieure de ce filtre à aluminate est fermée par un couvercle métallique, solidement fixé par des boulons.

Pour faire fonctionner l'appareil on introduit environ 500 k. d'alumi-

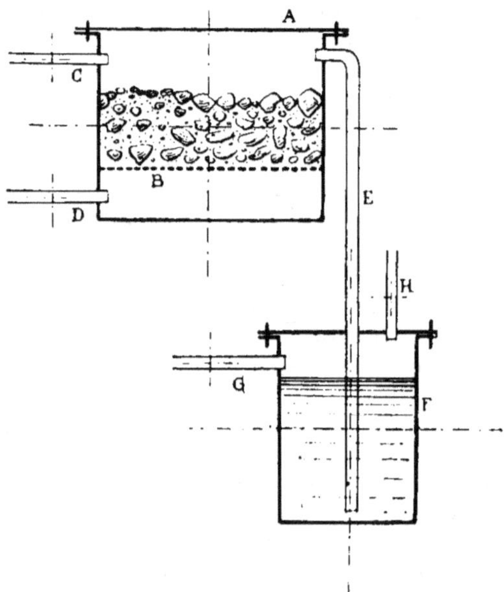

Fig. 96. — Lessivage de l'aluminate brut. — A. Filtre à aluminate. — B. Surface filtrante. — G. Tuyau d'arrivée de vapeur. — F. Réservoir à eaux faibles. — E. Tuyau menant les eaux faibles dans le filtre. — C. Tuyau d'arrivée de vapeur pour le chauffage. — D. Tuyau de vidange. — H. Tuyau d'arrivée d'eau.

nate dans le filtre, on fixe le couvercle et on fait agir la pression de vapeur sur un réservoir clos, communiquant par un tube partant de sa partie inférieure, avec la partie supérieure du filtre. Ce réservoir contient les petites eaux d'une opération précédente qui passent ainsi sur l'aluminate.

On injecte de la vapeur dans le filtre de façon à échauffer rapidement le tout et on laisse la filtration s'effectuer en recueillant les eaux fortes au moyen d'un robinet situé à la base du filtre. Dès que le degré Baumé des liqueurs soutirées tombe en dessous de 4°, on met ces liqueurs de côté comme eaux faibles et on introduit alors de l'eau pure au moyen d'une tuyauterie spéciale.

Les eaux fortes recueillies marquent environ 12°B., en moyenne.

On les amène dans une baratte, fig. 97, formant un élément de la batterie de précipitation, dans laquelle on fait passer un fort courant d'acide carbonique, produit, soit par la combustion du coke, soit par la décomposition du calcaire par la chaleur, soit par l'attaque d'un calcaire par HCl.

Chaque baratte contient environ 1200 litres de solution et un agitateur

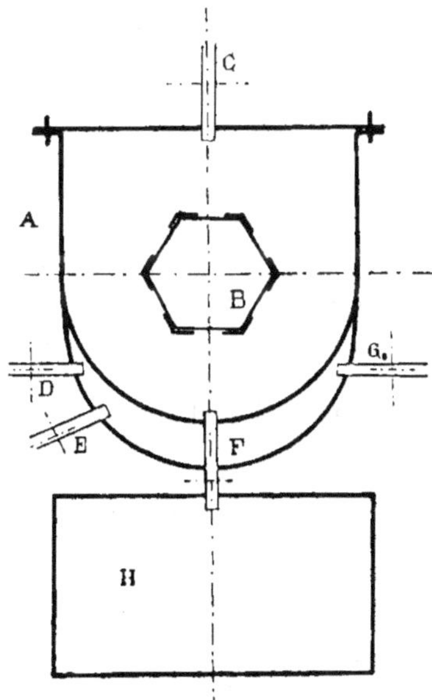

Fig. 97. — Carbonatation de la solution d'aluminate. — A. Baratte. — B. Agitateur. — G. Arrivée de vapeur. — C. Arrivée de la solution d'aluminate. — E. Purge. — D. Arrivée de CO². — F. Vidange. — H, Réservoir.

mécanique en agite continuellement le contenu. Pendant le cours de l'opération on injecte de la vapeur d'eau, de façon à amener la température du liquide à 70°. On s'arrange de façon à ce que l'acide carbonique, sortant des appareils de production, arrive toujours sur la baratte contenant les liqueurs les plus épuisées. La précipitation est donc méthodique.

L'alumine précipitée et la solution de carbonate de soude obtenue sont recueillies dans une cuve placée en dessous de chaque baratte.

La solution de carbonate de soude est décantée, concentrée, et régénère le sel de soude employé, sauf les pertes.

L'alumine est essorée mécaniquement dans une turbine et claircée à l'eau pure.

Traitée par l'acide sulfurique, comme nous l'avons vu précédemment elle donne du sulfate d'aluminium pur.

Ce procédé est coûteux.

On a réussi à obtenir l'alumine des aluminates d'une façon plus économique et nous ne pouvons passer sous silence l'intéressant procédé dû à M. Bœyer; il repose sur cette observation que, si on agite une solution d'aluminate de sodium avec une petite quantité d'hydrate d'alumine fraîchement précipité, tel que celui qui prend naissance à froid par l'action de l'acide carbonique sur la solution d'aluminate, le précipité d'alumine va en augmentant et, au bout d'un certain temps, on arrive à n'avoir plus en solution qu'une quantité très faible d'alumine, soit 1 équivalent pour 6 équivalents de soude.

Cette réaction peut être observée en agitant une solution d'aluminate à l'abri de l'acide carbonique, et il est nécessaire d'en tenir grandement compte dans le lessivage des bauxites calcinées avec la soude, le résidu pouvant retenir facilement de l'alumine ainsi précipitée.

L'auteur donne le détail de plusieurs expériences :

Solution limpide renfermant par litre 63 gr. 49 d'alumine et 66 gr. 96 de soude (Na^2O). On y ajoute un peu d'hydrate d'alumine et on agite à froid dans un flacon bouché. La précipitation s'effectue, le liquide s'appauvrit en alumine et on trouve :

Au bout de	48 heures,	35 gr. 78 Al^2O^3	par litre
—	62	29 gr. 44	—
—	110	21 gr. 80	—
—	134	15 gr. 50	—

Par une plus longue agitation, la teneur en alumine ne décroît pas.

Sur 4000 litres de liquide, la solution primitive renferme 61 gr. 95 Al^2O^3 et 70 gr. 68 Na^2O; on agite avec de l'alumine et on trouve :

Au bout de	12 heures,	49 gr. 42 Al^2O^3	par litre.
—	24	39 gr. 78	—
—	36	33 gr. 97	—
—	48	29 gr. 00	—
—	72	23 gr. 68	—
—	84	17 gr. 80	—

Il est assez difficile d'expliquer cette curieuse réaction qui ne s'effectue qu'avec l'alumine précipitée de l'aluminate.

L'application industrielle de ce procédé présente un grand intérêt; on supprime d'une part l'emploi de l'acide carbonique ; d'autre part l'alumine est exempte de silice et d'acide phosphorique qui ne sont pas précipités ; en outre, la réaction s'effectue à froid et ne nécessite aucun autre appareil qu'un agitateur ; enfin les liquides qui rentrent en fabrication, donnent de bien meilleurs résultats, pour le traitement de la bauxite, que le carbonate de sodium habituellement employé.

Il convient d'ailleurs d'éviter l'emploi de ce carbonate et de réparer les pertes en alcali par une addition de soude caustique. On parvient ainsi à travailler avec des quantités absolument théoriques, et le rendement en alumine se trouve considérablement augmenté (*Dict. de Wurtz*, 2° Suppl., p. 185).

Le procédé Bayer est appliqué à l'usine de *Larne Harbourg*, où il sert à obtenir de l'alumine pure pour la fabrication de l'aluminium.

La matière première est la bauxite de *County Antrim*, quicontient :

Alumine.....................	56 0/0
Oxyde ferrique..............	3 »
Silice......................	12 »
Acide titanique..............	3 »
Eau.....................	26 »

Le minerai broyé est calciné dans un appareil du type *Oxland* et *Hocking*, qui consiste en un tube en fer de 33 pieds de longueur (10 m. 05) et de 3 pieds 1/4 de diamètre (1 m. 00), doublé de briques réfractaires et monté sur galets, de sorte qu'il peut être animé d'un mouvement de rotation.

Ce tube est incliné et chauffé par un foyer placé à la partie inférieure ; les gaz de la combustion se rendent, en passant dans le tube, à une cheminée placée à l'extrémité. Le minerai est versé d'une façon continue à l'extrémité supérieure, et par suite du mouvement de rotation, vient se déverser grillé, à l'autre extrémité, sur une plate-forme percée d'une ouverture juste assez grande pour permettre aux morceaux de passer. De là, il tombe dans un autre tube de 30 pieds de longueur (9 m. 15) et de 2 pieds 1/2 de diamètre (0 m. 76), placé en dessous et incliné en sens contraire, où un courant d'air provoqué par une machine soufflante le refroidit.

Ce minerai grillé est ensuite broyé assez fin pour passer au tamis de 30 mailles par pouce linéaire (0 m. 0,254).

L'attaque de la bauxite broyée, se fait au moyen d'une solution de soude caustique dans des cuves munies d'ouvertures d'introduction et de déchargement, portant une soupape de sûreté, une introduction de vapeur et une sortie pour l'eau.

La solution de soude employée a une densité de $d = 1,45$. Elle est introduite d'abord, puis on ajoute le minerai en opérant lentement et en agitant. On envoie la vapeur et on maintient la pression pendant 2 ou 3 heures à 70 ou 80 livres par pouce carré. On vide alors les appareils dans des réservoirs surelevés et on étend la solution à 1,23. On passe alors au filtre-presse qui sépare un résidu rouge qui n'a pas encore reçu d'application. Ce résidu est lavé et les liqueurs réunies sont clarifiées par un passage sur de la sciure de bois qui complète l'épuration.

Comme nous l'avons, vu dans le procédé Bayer, la précipitation de l'alumine est obtenue par l'agitation en présence d'une certaine quantité d'alumine récemment précipitée.

On introduit d'abord la quantité voulue d'hydrate d'aluminium dans un appareil de décomposition circulaire où on envoie ensuite la solution d'aluminate. Le tout est soumis à une agitation continuelle.

Au bout de 36 heures, 70 0/0 de l'alumine ont été précipités. On cesse d'agiter, on décante la liqueur faible qui est emmagasinée, on passe l'alumine au filtre-presse, on la lave et on la sèche.

Les liqueurs résiduaires, qui ont une densité de 1,2, sont concentrées dans des appareils à triple effet. On pousse l'évaporation jusqu'à obtention d'une densité de $d = 1,45$ et on peut alors rentrer le liquide aux attaques de minerai (*Mon. Sc. Quesn.* A. 1897, p. 596).

88. Traitement de la bauxite. — a. **Généralités**. — La bauxite

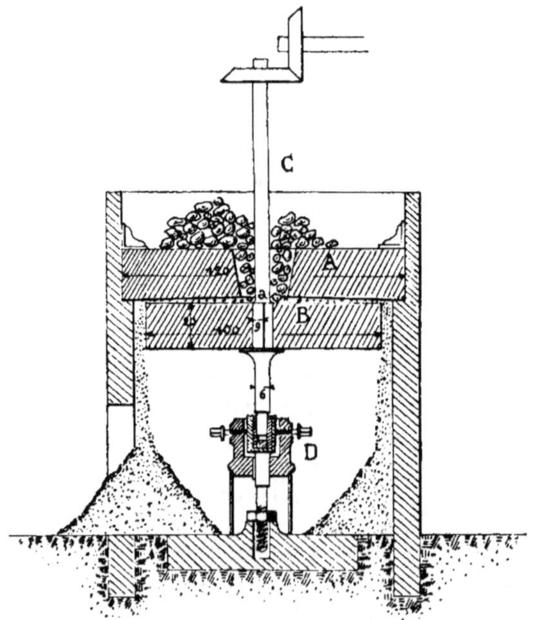

Fig. 98. — Broyeur à meules.

est avec l'alunite le minerai le plus important, servant actuellement de base à la fabrication du sulfate d'aluminium. Les procédés que nous venons de décrire succinctement ne sont pour ainsi dire plus employés, sauf peut-être celui utilisant l'alumine précipitée des aluminates et destiné à donner un produit absolument exempt de fer et celui consistant à attaquer les schistes par l'acide sulfureux.

Le traitement de la bauxite quoique simple est assez délicat et ne donne jamais des produits aussi purs et aussi beaux que ceux qu'il est possible d'obtenir avec l'alunite.

A propos de cette industrie, nous tenons à remercier ici M. Lacarrière, fabricant de produits chimiques à Noyon, auquel nous devons de nombreux renseignements sur le traitement de la bauxite et qui, avec la plus entière bonne grâce, nous a permis d'étudier sa fabrication.

Le minerai utilisé en France vient du Midi et coûte aux fabricants de 18 à 20 fr. la tonne, prise sur le carreau de la mine. Nous avons vu dans l'étude des minéraux de l'aluminium, quelle était la composition des diverses sortes, nous n'y reviendrons plus. Disons seulement que les fournisseurs garantissent un minimum de 60 0/0 d'Al^2O^3 et un maximum de 3 0/0 Fe^2O^3 et livrent pour se trouver dans ces limites un minerai présentant une composition moyenne de :

Perte au rouge	19,00
Carbonate de chaux.	5,10
Insoluble dans SO^4H^2	10,50
Oxyde ferrique	2,90
Alumine	62,50 à 65,00
Pour. .	100 kilos.

Cette bauxite arrive à l'usine en morceaux de la grosseur du poing. Elle est concassée, puis broyée.

b. Préparation du minerai. — Le concassage peut se faire au moyen d'un système de meules très dures représenté fig. 98. La meule supérieure A est fixe et percée en son centre d'une ouverture cylindro-conique de 0m.20 de diamètre de petite base, permettant le passage de l'arbre moteur C, ainsi que l'introduction des matières à broyer.

Cette meule A est solidement fixée à un bâti en bois encastré dans un massif de maçonnerie.

La meule mobile B est portée par l'arbre C, sur lequel elle est fixée au moyen d'un encastrement a. Cet arbre tourne dans une crapaudine D. L'écartement des deux meules est commandé par un système *ad hoc*, figuré sur notre croquis. Les meules sont taillées suivant la figure 99.

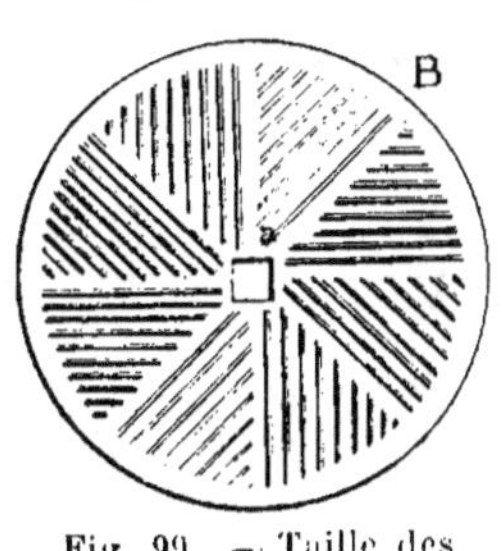

Fig. 99. — Taille des meules.

Les matières à broyer, jetées sur la meule fixe, tombent par l'ouverture
E, s'engagent dans l'intervalle laissé entre les deux meules et sortent par le

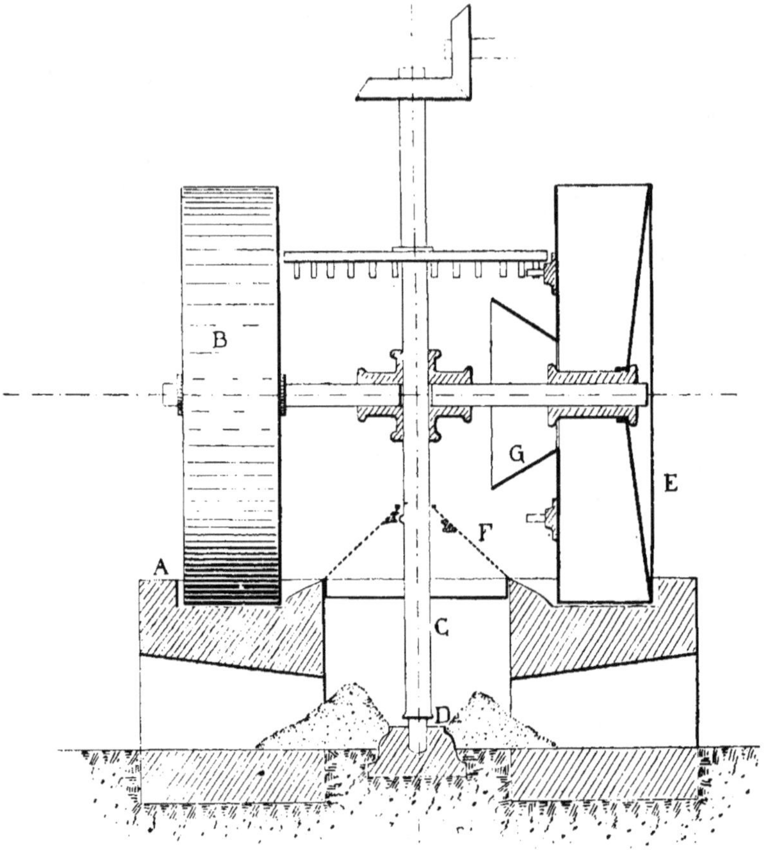

Fig. 100. — Broyeur-tamiseur à bauxite.

pourtour à l'état de gravier plus ou moins grossier, qui doit subir le
broyage proprement dit.

Cet appareil est assez économique. Nous supposerons pour fixer les
idées, un moulin ayant comme dimensions principales :

Diamètre de la meule fixe. . . . .   1 m. 20
       «   «   mobile . . . .   1 m. 00
       «   l'arbre moteur . . . .   0 m. 055
Côté du prisme d'encastrement de l'arbre dans la meule mobile   0 m. 090
Epaisseur des meules . . . .   0 m. 20

Avec ce moulin il est facile, pour une consommation de 3 à 4 chevaux-vapeur, de broyer 15 à 20 tonnes de minerai en 12 heures. Dans le cas de la bauxite le principal inconvénient résiderait dans l'usure rapide des meules, causée par la dureté de ce minéral.

Généralement on ne fait pas subir à la bauxite de concassage préalable. On la broie directement dans des appareils *ad hoc*. A l'usine de Noyon nous avons vu fonctionner un appareil assez ingénieux, quoique peu économique représenté fig. 100.

Il consiste en une auge circulaire bien plane A, en fonte ou en pierre dure, dans laquelle roule une meule B en fonte ou en pierre, ou encore formée d'une armature métallique garnie intérieurement d'un briquetage.

Le mouvement est communiqué par un arbre central C tournant dans une crapaudine D.

Derrière la meule se meut un ramasseur E, que nous avons figuré séparément vu de face (fig. 101), auquel un système de deux roues dentées communique un mouvement circulaire. Ce ramasseur prend le minerai broyé et le déverse par l'intermédiaire de la trémie G sur un tamis tronconique F, secoué automatiquement par une came portée par l'arbre C. Les refus sont ramenés sous la meule par un rateau fixé également sur l'arbre C.

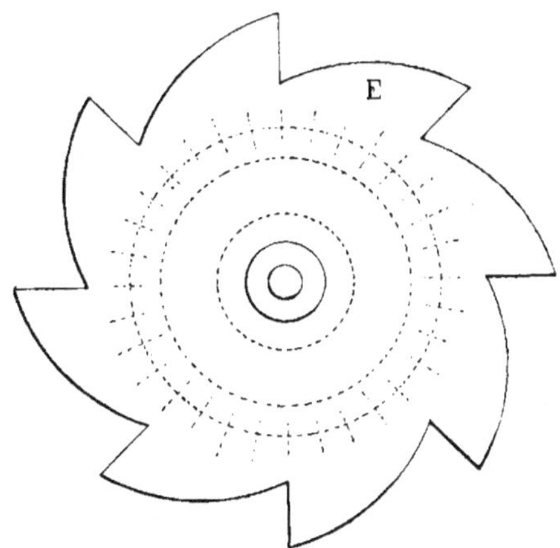

Fig. 101. — Ramasseur.

La poudre vient s'accumuler dans une cave ménagée sous l'appareil.

Pour éviter que les ouvriers chargés de l'alimentation en minerai, soient incommodés par les poussières, l'appareil entier est entouré d'une toile.

Ce broyeur débite environ à l'heure 200 k. de poudre passant au tamis n° 60. Le coût de l'opération est d'environ 6 fr. à 8 fr. par tonne, ce qui est assez considérable.

Il est nécessaire d'atteindre un degré de finesse aussi élevé, sans cela l'attaque du minerai se ferait très lentement et incomplètement.

La poudre une fois obtenue peut être traitée immédiatement. La bauxite est en effet un hydrate d'aluminium, dont l'attaque, somme toute, se fait assez facilement et de plus, le peu de fer qui y est contenu, s'y trouve à l'état d'oxyde ferrique, peu soluble dans les acides Un grillage destiné à donner de la porosité à la masse et à peroxyder le fer est, dans ces conditions, tout à fait inutile.

La bauxite broyée est donc traitée telle quelle pour sulfate d'aluminium.

c. Attaque du minerai. — Ce traitement est simple, mais demande néanmoins assez d'attention et une surveillance continuelle au point de vue de la marche économique de la fabrication. La perte d'alumine dans les résidus, la neutralité plus ou moins grande du sulfate d'aluminium fabriqué, la consommation de charbon, dépendent effectivement du plus ou moins de soins avec lesquels l'attaque du minerai est conduite.

Cette attaque est méthodique. Elle s'effectue dans des cuves en bois, doublées intérieurement d'un revêtement formé de lames de plomb de 4 à 5 m/m d'épaisseur. Ces cuves sont chauffées par injection de vapeur au moyen de tuyaux en plomb V, perforés et rampant sur le fond de la chaudière recouvert d'un dallage en lave. Ce revêtement est destiné à protéger le plomb contre l'action perforante des jets de vapeur sous pression.

Trois goulottes de coulage, fermées en marche par des tampons, servent aux soutirages et à la vidange. La première est située à environ 0 m. 70 du fond, la deuxième à 0 m. 40, la troisième tout à fait au fond (Voir fig. 102 et 103).

Une cuve ainsi construite ayant comme dimensions : largeur 3,30, longueur 4,20, profondeur 1,60 et cubant de 22 à 23 mc., immobilise environ 2.600 k. de plomb et coûte, tout compris, de 1.800 à 2.000 fr.

Ces dimensions n'ont naturellement rien d'absolu, et nous ne les donnons que pour fixer les idées.

Deux cuves du volume cité, soit de 20 à 25 mc. chacune, suffisent amplement au travail d'une usine produisant 1.200 tonnes de sulfate d'aluminium par an.

Avec cette installation, la conduite du travail exige une équipe de 4 hommes, dont 3 pour remuer la masse en ébullition au moyen d'agitateurs en bois. L'attaque s'y fait assez bien. Cependant, comme elle est en partie sous la dépendance des ouvriers chargés d'agiter le mélange et que de plus, même avec un travail consciencieusement fait, cette agitation est toujours défectueuse, le minerai en poudre ne pouvant être parfaitement tenu en suspension dans le liquide et tendant toujours à s'accumuler dans les coins, il en résulte qu'on atteint difficilement la neutralité et que les épuisements sont mauvais, d'où, pertes d'acide et d'alumine. On a donc cherché un appareil mieux compris. Différentes usines, et en particulier l'usine de Noyon, intelligemment conduite par M. Lacarrière, ont installé

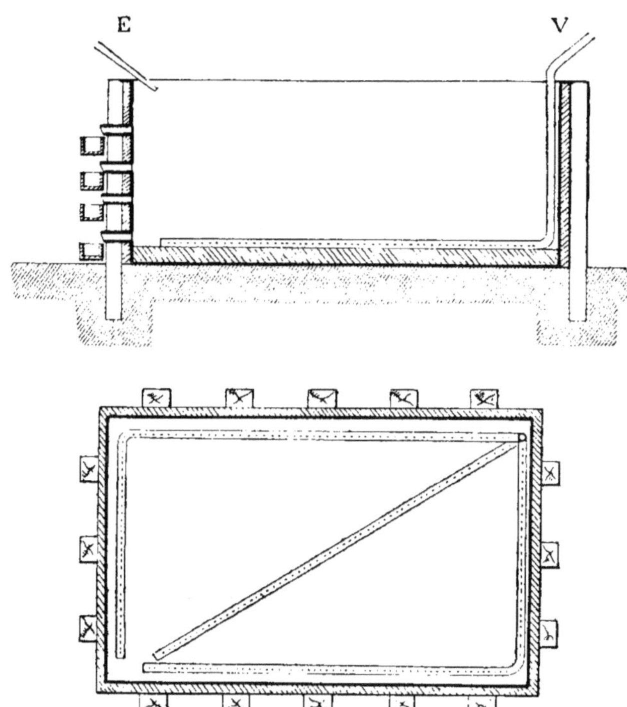

Fig. 102 et 103. — Cuve d'attaque rectangulaire vue en plan et en coupe longitudinale.

une chaudière d'attaque remarquablement bien comprise et donnant d'excellents résultats.

L'appareil installé à Noyon comporte comme partie principale une cuve cylindro-conique, en plomb mince, maintenue par une armature en bois.

Cette cuve est composée d'une partie cylindrique de 3 m. 50 de diamètre et de 2 m. 60 de hauteur. Une partie tronc conique, de 1 m. 15 de diamètre de petite base et de 1 m. 15 de hauteur, forme le fond de l'appareil et vient se raccorder par sa grande base avec la partie cylindrique (Voir fig. 104).

Le fond est dallé en lave et ce détail a ici une importance capitale, car comme nous le verrons plus loin, le jet de vapeur se fait normalement à la surface formant le fond, de sorte que le plomb nu ne résisterait qu'un temps très court à la perforation ; 4 goulottes pour les soutirages et la vidange, sont situées : la 1ʳᵉ à 1 m. du bord supérieur, la 2° à 2 m. 10, la 3° à 2 m. 50, la 4° au fond.

L'arrivée de la vapeur se fait au moyen d'un tuyau vertical A, en plomb, porté par une poulie *a*. Un second tuyau B porté par une autre poulie *b*, descend parallèlement au premier et aboutit à quelques centimètres du

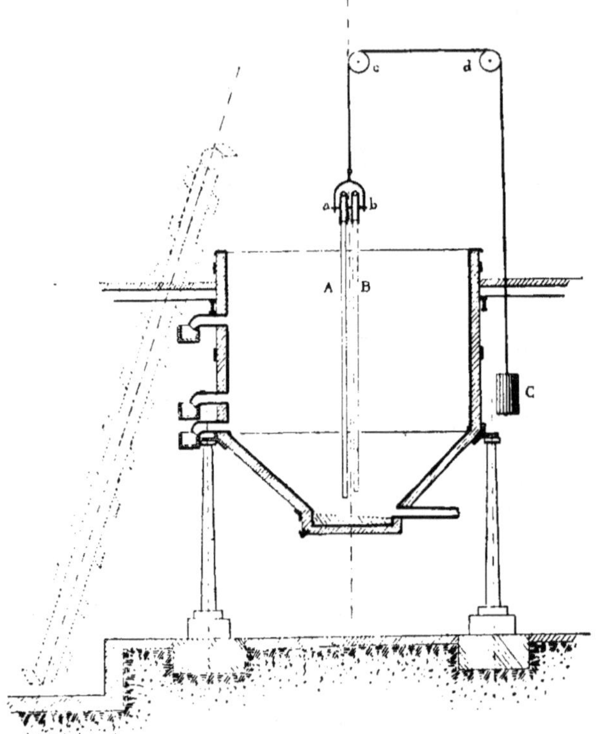

Fig. 104. — Cuve d'attaque cylindro-conique à barbottage automatique.

fond. Ce tuyau est en relation avec un Kœrting et sert à injecter de l'air dans la cuve, pendant l'attaque, de manière à produire un barbottage continuel, destiné à maintenir le minerai en suspension dans le liquide.

Le système des poulies *a* et *b*, est porté par une fourche, supportée elle-même par une chaîne, roulant sur deux poulies *c* et *d* et munie d'un contrepoids C. Le système est donc équilibré et il est facile de régler à tout instant la distance séparant l'extrémité des tuyaux du fond de la chaudière.

Le coût approximatif d'une cuve des dimensions susdites est d'environ 6.000 fr.

L'alimentation en minerai se fait au moyen d'un noria représenté en pointillé sur le côté de la figure.

Les avantages de cette installation sont nombreux. Par suite du barbottage incessant. dû à l'afflux de l'air et de la forme tronc-conique de la partie inférieure de la chaudière, empêchant l'accumulation de dépôts de minerai, le contact des matières en présence est beaucoup plus intime. L'attaque marche plus rapidement, on atteint plus vite la neutralité ; avec une consommation moindre d'acide sulfurique, l'attaque est plus complète, les résidus mieux épuisés. De plus, l'économie de main-d'œuvre n'est pas négligeable. puisque. au lieu des quatre hommes nécessités par la conduite d'une opération dans les chaudières rectangulaires, un seul suffit dans le cas présent.

Quoi qu'il en soit du système employé, la marche de l'attaque est la même.

Prenons par exemple le cas des chaudières rectangulaires, quitte à revenir aux chaudières tronc-coniques à propos du travail de l'alunite.

On introduit dans une de ces chaudières une quantité calculée de solution acide de sulfate d'aluminium provenant d'opérations précédentes. Ces liqueurs marquent de 35° à 40° Bé et contiennent de 250 gr. à 300 gr. d'SO^3 par litre. Dans le cas des chaudières que nous avons décrites. on rentre 10 mc. de ces liqueurs, représentant une quantité de 2.500 à 3.000 k. d'acide sulfurique, compté en SO^3.

On chauffe en injectant de la vapeur et, dès que la liqueur est chaude, on ajoute la quantité voulue de minerai en poudre, soit, dans le cas considéré 3,000 à 3,500 k. en agitant énergiquement au moyen de rateaux en bois. Le chauffage et l'agitation sont continués sans interruption pendant 7 ou 8 h. Au bout de ce temps la masse est neutre ou presque neutre ou doit l'être. On étend d'eau et on laisse en repos. Le minerai non attaqué se dépose au fond de la chaudière. et la liqueur s'éclaircit. Le lendemain, on décante cette liqueur et on l'envoie dans des citernes en plomb servant à la décantation, où elle dépose, avant son envoi à la concentration, le peu de matières solides qu'elle a entraîné. Cette liqueur marque environ 32° Bé et constitue une solution de sulfate d'aluminium neutre ou presque neutre et très légèrement ferrugineuse. Sur le résidu on fait un léger lavage à l'eau pure que l'on coule aussitôt dans des citernes. Puis on procède à une seconde attaque en rentrant des liqueurs très acides marquant 45° Bé. On chauffe, on agite, on laisse en repos et on coule la liqueur. Pour terminer, on fait une attaque acide avec de l'acide sulfurique à 60°, toujours en chauffant, et en complétant vers la fin de l'opération, la dose d'acide par une rentrée de liqueurs acides provenant d'opérations précédentes.

On laisse déposer et on décante.

Sur les résidus, pratiquement épuisés, mais imprégnés de liqueurs riches en acide sulfurique, on fait un premier lavage dans la chaudière même avec des liqueurs faibles à 5°-10°Bé. On décante et on coule les résidus boueux dans des citernes où on les épuise à l'eau pure.

Toutes les liqueurs, sauf celles provenant de la première attaque qui passent à la concentration, rentrent dans la fabrication, soit pour les attaques, soit pour les lavages.

La difficulté du travail réside dans la décantation. Avec la bauxite, les liqueurs s'éclaircissent difficilement, et, en thèse générale, pour que les dépôts se fassent bien, il ne faut pas trop forcer en minerai. Il ne faut cependant pas tomber dans l'excès contraire, de façon à avoir des liqueurs trop étendues entraînant à une consommation considérable de charbon pour l'évaporation. Il y a évidemment là une limite que la pratique indique seule dans chaque cas particulier. Les doses que nous avons indiquées correspondent à une bonne marche du travail. Elles varient nécessairement avec la nature du minerai traité. Autant que possible, il faut que les liqueurs s'éclaircissent du jour au lendemain. Cela n'a pas toujours lieu avec la bauxite. Pour activer la fabrication, faciliter les lavages, diminuer les pertes dans les résidus, on a essayé l'emploi des filtres-presse. Cela n'a pas réussi, les pores du tissu filtrant étant très rapidement obstrués par la petite quantité d'argile et la silice très divisée contenue dans les dépôts, La quantité des résidus obtenus est variable suivant la marche du travail. Cette quantité oscille entre 20 et 25 0/0 de la matière mise en œuvre. Elle comprend surtout de la silice, un peu d'argile, de 8 à 10 0/0 d'alumine et

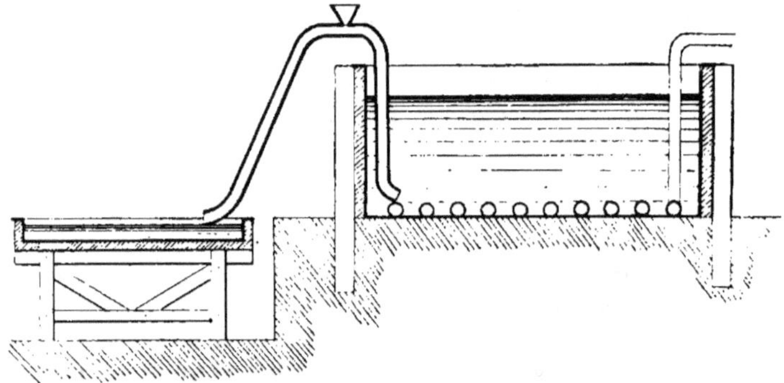

Fig. 105. — Concentration des liqueurs.

un peu d'oxyde de fer. La perte en alumine dans les résidus, en travail normal, est donc de 2 0/0 environ du minerai employé, chiffre assez minime.

Le traitement d'une tonne de bauxite exige, suivant la qualité du sulfate d'alumine fabriqué et suivant les lavages plus ou moins satisfaisants, de 2.250 k. à 2.500 k. d'acide sulfurique à 60° Bé. Le rendement est de 4.000 k. environ de sulfate d'alumine.

d **Concentration des liqueurs** — La suite du travail ne comporte au-

Fig. 106. — Couteau à sulfate d'alumine.

cune difficulté spéciale. La liqueur à 33° ou 34° Bé, provenant de l'attaque du minerai frais, est soutirée et envoyée à l'évaporation.

Cette évaporation s'effectue dans des chaudières en plomb chauffées à la vapeur, fig. 105.

Coupe transversale.

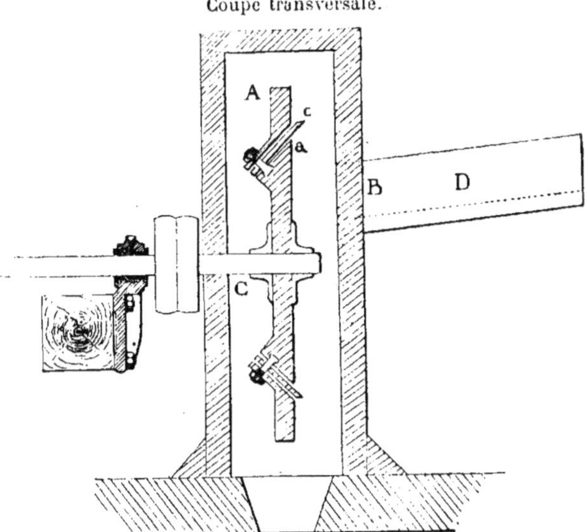

Fig. 107. — Râpe à sulfate d'alumine.

A Noyon, ces chaudières ont comme dimensions : $3,90 \times 1,30 \times 1$ et sont chauffées par un serpentin en plomb de 5 m/m d'épaisseur et de 35 m/m de diamètre, constitué par 10 couronnes de 10 m. La surface de chauffe est donc de 11 mq. environ. Ces chiffres n'ont évidemment rien d'absolu. Pour se trouver dans de bonnes conditions de marche, il faut que la surface de chauffe par mètre cube de capacité soit au moins de 2 mq.

Aussitôt la concentration suffisante, on soutire la liqueur au moyen d'un siphon et on l'envoie sur des tables de plomb situées à l'avant des chaudières. Ces tables portent un rebord destiné à empêcher les liquides de s'échapper. On laisse refroidir et, dès que la masse a pris une certaine consistance, on la divise au moyen d'un râteau portant 3 ou 4 couteaux, fig. 106. On en forme ainsi des plaquettes de 0 m. 20 à 0 m. 30 de largeur que l'on emmagasine.

La concentration est poussée plus ou moins loin, selon la qualité du sulfate d'alumine que l'on cherche à obtenir.

Pour les sortes les plus ordinaires, à bas titrage, elle est poussée jusqu'à 46°.

Pour les sortes ordinaires en plaquettes, morceaux, etc., dites *deuxième blanc*, on concentre jusqu'à 48°-50° Bé et on coule sur 10 à 12 cm. d'épaisseur. Le produit obtenu contient de 12 à 13 0/0 d'alumine.

La concentration poussée jusqu'à 52° Bé donne un sulfate contenant 14 0/0 d'alumine.

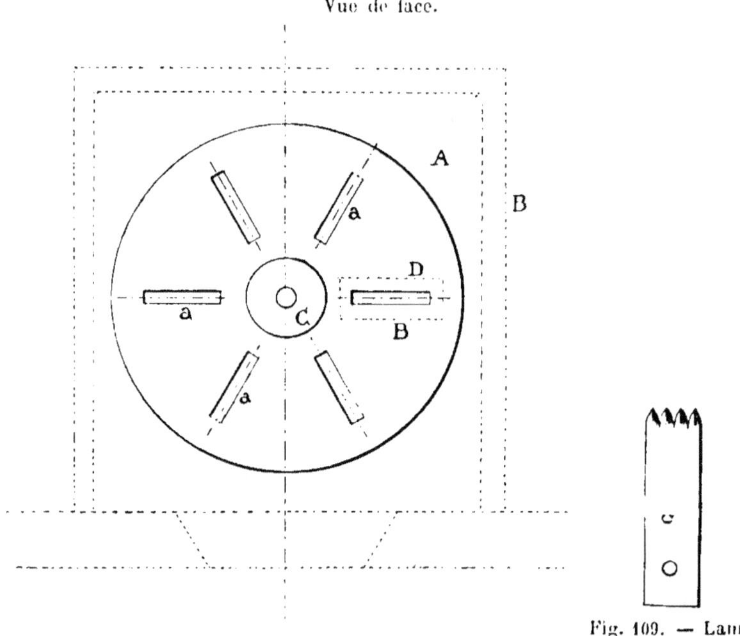

Fig. 108. — Râpe à sulfate d'alumine.

Fig. 109. — Lame de râpe.

Pour les sortes les plus pures et destinées à être réduites en poudre, on pousse la concentration jusqu'à 56°-58° Bé et on coule sous une épaisseur de 5 à 6 cm. Le sulfate d'alumine ainsi obtenu contient environ 16 0/0 d'alumine.

e. **Manutention du sulfate d'alumine obtenu.** — Les sortes ordinaires sont généralement mises sous la forme d'une poudre grossière. Ce travail s'effectue au moyen d'une râpe, représentée par les figures 107 et 108 et se composant d'un plateau vertical A porté par un arbre C. Ce plateau porte 6 ouvertures, *a*, dirigées obliquement, dans lesquelles viennent s'engager des lames de râpe, *c*, fig. 109, fixées au moyen de boulons.

Ce plateau est logé dans une sorte de caisse en bois, percée en B d'une ouverture où vient s'engager l'extrémité d'une glissière B. Sur cette glissière un homme pose les blocs de sulfate à râper, et les pousse successivement sous les dents de la râpe qui tourne avec une grande vitesse.

Cet appareil débite assez bien, mais nécessite une force considérable.

Les sortes destinées à être mises en poudre sont passées dans un broyeur *ad hoc*. Nous avons vu fonctionner le broyeur à marteaux, système L. Loiseau, construit par F. Weidknecht de Paris, qui donne de très bons résultats. Les nouveaux modèles, système Weidknecht et Schœller, dont nous donnons la description ci-après, sont également excellents.

Ces appareils consistent dans la disposition de marteaux ou fléaux articulés, oscillant sur des axes et frappant à la volée la matière introduite par la trémie, fig. 110.

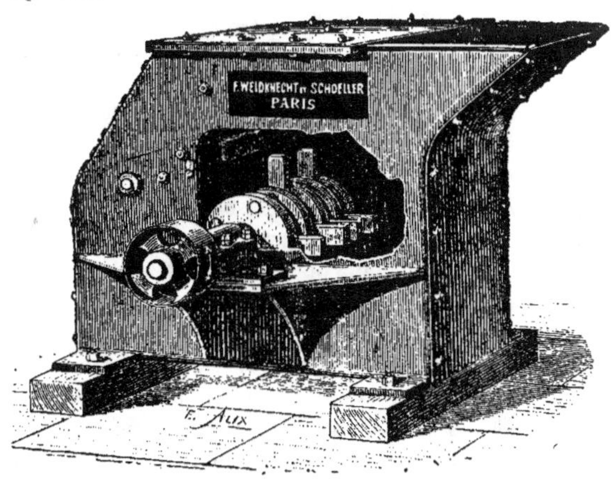

Fig. 110.

L'imitation du travail de l'homme a été le point de départ et le but de l'invention de ces broyeurs.

De même que l'ouvrier cantonnier qui casse des pierres sur les routes est armé d'une massette munie d'un manche flexible, de même le système, dont il est question, est garni de marteaux flexibles destinés à produire un effet parfaitement identique au travail à la main. Ces marteaux mobiles, animés d'une certaine vitesse, frappent à la volée les produits introduits par la trémie ; la matière est d'abord brisée en morceaux d'une grosseur quelconque au premier choc et projetée du même coup sur le plafond du broyeur qui est muni d'un parachoc en métal de grande dureté; elle rencontre également le produit déversé, d'où un nouveau concassage sans absorption de force puisqu'il est le résultat de la projection ; les matières retombent sur les marteaux et sont entraînées sur des grilles en acier qui forment tamis. L'appel d'air produit par le mouvement de giration des marteaux aide au tamisage par lesdites grilles qui laissent échapper tout ce qui est à la finesse déterminée par l'écartement des barreaux; les marteaux agissant alors comme autant de pelles, enlèvent la matière qui n'a pas atteint la trituration voulue et le travail se continue jusqu'à complet achèvement.

Cette opération donne du même coup un mélange intime, même lorsqu'il s'agit de traiter plusieurs produits de densité différente.

Grâce à leur mobilité, si une résistance trop grande vient à se présenter, les marteaux cèdent, c'est-à-dire, oscillent simplement sur leur axe, ce qui évite absolument toute chance de rupture d'autant plus que ces marteaux ne frappent sur aucun des organes du broyeur; ce mode d'action procure entre autres avantages, celui de réduire, lorsqu'il y a lieu et pour certains produits, le déchet en poussier à son minimum absolu, ou inversement, ce qui est précieux dans bien des cas.

En raison de la mobilité des marteaux, ces appareils n'exigent que peu de force motrice, eu égard à la grande production, les marteaux faisant office de volant.

Par suite de la disposition des organes, on obtient facilement la grosseur que l'on désire, les matières à broyer ne pouvant sortir de l'appareil que par les grilles préalablement posées, et réglées à cet effet.

On a employé aussi la bauxite pour faire une sorte d'alum cake, en opérant de la manière suivante :

On mélange 40 parties de bauxite pulvérisée avec 50 parties d'acide sulfurique à 50° Bé et 10 parties d'eau pure. On chauffe doucement le mélange, soit au four à réverbère, soit dans des chaudières en tôle plombée. Le sulfate d'alumine boueux obtenu est coulé dans des moules où il se refroidit et devient très dur. Ce produit a été utilisé pour la fabrication des papiers communs.

89. Epuration du sulfate d'aluminium. — On a cherché surtout à se débarrasser du fer, dont la présence est très gênante pour une foule d'emplois. Cette séparation du fer est très délicate en raison des propriétés peu différentes des deux métaux. Elle a fait l'objet d'un nombre considérable de brevets.

a. **Elimination préalable du fer du minerai par les acides étendus.** — On a cherché à enlever l'oxyde de fer que renferme la bauxite, en traitant le minerai simplement pulvérisé, par les acides étendus, spécialement par l'acide oxalique, qui le dissout très bien. Les résultats sont imparfaits, même si on a préalablement réduit l'oxyde de fer par un chauffage dans des gaz réducteurs.

b. **Traitement des liqueurs de sulfate d'aluminium par le zinc.** — Ce procédé n'élimine pas le fer. Il transforme simplement le sulfate ferrique contenu dans les liqueurs de sulfate d'aluminium, en sulfate ferreux, et a le désavantage d'introduire du sulfate de zinc dans le produit.

c. **Séparation de l'aluminium, à l'état de sulfate basique insoluble.** — Ce procédé a été proposé par MM. Augé et Cie. Il repose sur ce fait que si, à une dissolution de sulfate d'aluminium contenant du sulfate de fer ramené, par un moyen quelconque, au minimum d'oxydation, on ajoute avec précaution une base telle que la potasse, la soude, la magnésie, l'alumine, ou un sel tel que les carbonates de potasse, de soude, de magnésie, l'aluminate de sodium, etc., on obtient à chaud ou à froid, au bout d'un temps plus ou moins long, la précipitation de l'alumine sous forme de sulfates basiques contenant une bonne partie de l'acide sulfurique. Tous les sels étrangers sont restés en solution. Il suffit de laver le précipité et d'y ajouter de l'acide sulfurique pour obtenir un sulfate d'alumine de grande pureté.

D'après nos essais, ce procédé nous semble bien délicat et peu pratique.

d. **Elimination du fer par le ferrocyanure de potassium.** — Les liqueurs ferreuses de sulfate d'alumine, sont étendues à 20° Bé environ et amenées dans des cuves en bois de 1 mc. environ. On précipite alors le fer à l'état de bleu de Prusse au moyen du ferro-cyanure de potassium ou prussiate jaune, dont on verse une solution chaude jusqu'à ce qu'il ne se produise plus de précipité, ce que l'on reconnaît par des essais en petit sur une partie du liquide filtré. Si on a dépassé le point, on précipite l'excès de ferrocyanure au moyen d'une liqueur de sulfate d'alumine ordinaire, contenant du fer.

Les liqueurs sont alors abandonnées au repos pendant une quinzaine de jours. Au bout de ce temps, on soutire la partie claire qui est envoyée à l'évaporation. Le précipité de bleu de Prusse est lavé à l'eau, mis sur filtre, pressé dans du feutre et livré au commerce. Il est d'ailleurs de qualité inférieure et ne peut servir que pour colorer les papiers communs. On peut encore, par un traitement au carbonate de sodium, le transformer en ferrocyanure de sodium qui peut servir pour une nouvelle opération.

Ce procédé, quoique permettant l'élimination totale du fer et donnant

10

un très beau produit d'une manière simple et à première vue très économique, est au contraire très coûteux et peu recommandable, au moins
dans certains pays, car tout dépend du coût de la main-d'œuvre, du prix
du charbon, de l'acide sulfurique, etc.

En effet, pour que le bleu puisse se déposer, on est obligé d'étendre fortement les liqueurs et l'évaporation nécessite dès lors la consommation
d'une quantité supplémentaire de charbon, très considérable. De plus, à
cause de la lenteur avec laquelle se dépose le précipité de bleu de Prusse,
la fabrication est extrêmement ralentie, à moins que l'installation faite en
vue de la précipitation ne soit très considérable. Les liqueurs étendues
à 20° Bé et additionnées de ferrocyanure doivent en effet rester au moins
15 jours en repos pour que le précipité se dépose.

Ce procédé a pu néanmoins s'appliquer en Angleterre où le charbon
et l'acide sulfurique sont bon marché ; en France, il serait inapplicable.

e. **Procédé Newland.** — M. Newland obtient des produits très purs renfermant seulement 0.082 0/0 de fer en traitant au filtre-presse le produit
de l'évaporation des dissolutions de sulfate d'aluminium brut. Le fer reste
dans les eaux-mères ; les produits de second jet sont traités une deuxième
fois.

f. **Procédé Chadwyk et Kynaston.** — Ce procédé est appliqué en Angleterre. Les liqueurs provenant de l'attaque de la bauxite sont traitées
par de l'acide arsénieux qui précipite le fer. On termine par une addition
de ferrocyanure de calcium et de sulfate de zinc.

g. **Procédé Fahlberg.** — Ce procédé repose sur ce fait qu'en additionnant une solution ferreuse de sulfate d'aluminium, de bioxyde de plomb,
tout le fer est précipité à l'état de plombate de fer.

Voici, d'après M. Pommier, la façon d'opérer :

« Le bioxyde de plomb peut être facilement obtenu par le traitement à
froid de 100 parties de minium par 75 parties d'acide nitrique à 36°Bé. Le
produit obtenu doit avoir une coloration brune et non noire. Le bioxyde
noir est une modification plus dense que le brun et ne convient pas pour
le travail suivant. Il se forme si l'on opère à une température trop élevée. L'acide nitrique libre, ainsi que le nitrate de plomb qui se produit
dans la réaction, doivent être enlevés par des lavages à l'eau et des décantations. L'opération se fait dans des cuves en argile.

« Une autre méthode qui se prête bien à la fabrication en grand et qui est
employée de préférence par les inventeurs, consiste à traiter du chlorite de
plomb par une dissolution de chlorure de chaux. Pour obtenir d'abord le
chlorite de plomb, on mélange dans un moulin 2 parties de litharge et

1 partie de sel marin, et on broie le tout en ajoutant un peu d'eau ordinaire ou d'eau salée, jusqu'à ce que la masse pâteuse soit devenue complètement blanche. Cette masse, qui est alors composée d'un chlorite de plomb alcalino-basique, est mise dans une cuve en fer avec une dissolution concentrée de chlorure de chaux ; on fait bouillir le tout jusqu'à ce qu'il prenne une teinte brune ; cette coloration une fois obtenue, on ajoute encore un léger excès de chlorure de chaux. On purifie ensuite la masse par une série de lavages et de décantations. Il est à remarquer que le bioxyde de plomb doit être employé humide et non sec ; aussi l'utilise-t-on dans l'état pâteux où il se trouve après avoir été lavé.

« Le bioxyde de plomb étant obtenu par l'un de ces procédés, on opère de la même façon que dans le traitement par le ferrocyanure. Dans la solution froide de sulfate d'aluminium à purifier, on ajoute une quantité déterminée de bioxyde de plomb pâteux, et le fer se précipite à l'état de plombate de fer brun rougeâtre insoluble. Il suffit d'une demi-heure pour opérer la complète séparation du fer. La proportion de bioxyde à ajouter est évidemment proportionnelle à la teneur en fer de la dissolution et se détermine exactement par une série de tâtonnements.

« Il faut pour une partie d'oxyde ferrique 20 parties d'oxyde de plomb.

« Il est nécessaire que la solution ferrugineuse soit basique ou neutre, car une partie du bioxyde de plomb serait attaquée par l'acide sulfurique libre. On peut séparer le liquide surnageant du précipité par décantation, après avoir abandonné le tout à un repos de quelques jours, ou de suite à l'aide d'un filtre-presse.

« La solution épurée est concentrée et coulée comme de coutume. Le plombate de fer obtenu est recueilli et sert à régénérer le bioxyde de plomb. Pour cela on le délaye dans une cuve de plomb avec de l'acide sulfurique ou de l'acide nitrique qui dissout le fer et laisse le bioxyde de plomb se précipiter. Après siphonnage de la dissolution de sulfate de fer ou de nitrate de fer, les traces d'acide sont enlevées par des lavages à l'eau. Le bioxyde de plomb non transformé qui pouvait se trouver mêlé au plombate de fer, se retrouve intact après cette opération. Le bioxyde de plomb régénéré peut servir indéfiniment à de nouvelles précipitations ; il suffit de remplacer ce qui s'est perdu par les lavages.

« Les frais de ce procédé, qui est appliqué chez MM. Harrisson, Brothers and C°, de Philadelphie, sont de 6 fr. 25 pour 1000 kilogrammes de sulfate d'alumine contenant 0,5 0/0 de fer ».

Le bioxyde de manganèse se comporte d'une façon analogue au bioxyde de plomb. M. Spence Glaser recommande pour le même usage, l'acide stannique.

M. Persoz a conseillé, il y a longtemps déjà, la précipitation de l'oxyde ferrique par l'hydrate d'aluminium en gelée.

§ 2. FABRICATION DE L'ALUN

90. Généralités. — On donne en général dans le commerce le nom d'alun à un sulfate double d'aluminium et d'une base telle que la potasse, la soude, l'ammoniaque, etc.

Dans l'antiquité, chez les Grecs, les Romains, les Egyptiens, les efflorescences de certaines roches donnaient un produit connu sous le nom de *alumen*, qui avait trouvé de nombreuses applications en médecine, dans la teinture, la tannerie, etc. D'après Dioscorides et Pline, il existait plusieurs espèces de ce produit. Certaines espèces étaient entièrement blanches, d'autres étaient plus ou moins colorées ; leur saveur était styptique. Tous ces produits étaient des mélanges plus ou moins complexes de sulfate d'alumine et de sulfate de fer et l'expression *alumen* dont on a fait alun avait alors une signification bien plus large qu'aujourd'hui.

Geber décrivit sous le nom de *alumen glaciale* un corps provenant de Roccha (Mésopotamie) (1) et qui était un véritable alun, dans le sens rigoureux du mot. Après Geber, différents auteurs ont décrit des corps analogues aux aluns, notamment Paracelse, qui emploie l'expression distinctive de *alumen de Rocca*, dont nous ferons plus tard l'expression française de *alun de roche*.

La préparation industrielle de l'alun la plus ancienne est celle qui consiste à traiter l'alunite ou pierre d'alun. Cette industrie qui venait d'Orient fut introduite en Europe vers le XIIIe siècle. Vers le XVe siècle, un marchand génois, nommé Perdrix, qui avait beaucoup voyagé en Orient, établit sur l'île d'Ischia, la première fabrique importante d'alun.

Cet exemple fut bientôt suivi par Jean de Castro, un autre génois, qui, frappé des analogies qu'il remarquait entre les terrains de Roccha et ceux de la Tolfa, près de Civitta Vecchia, recherca, et ne tarda pas à découvrir l'alunite. Il construisit alors à la Tolfa une usine d'alun, qui par la suite devint très célèbre.

Enfin, Antonio de Piena fonda, un peu plus tard, une usine semblable à Volterra, dans le Grand Duché de Toscane.

Au XVIIe siècle on commença à fabriquer l'alun au moyen de la terre d'alun dans la Hesse, la Thuringe et la Saxe. Cette même fabrication ne fut introduite en Angleterre qu'au XVIIIe siècle, époque à laquelle Th. Chaloner fonda la première usine dans le Yorkshire.

Vint ensuite le procédé de préparation de l'alun au moyen des schistes et des lignites alumineux et pyriteux en Allemagne et, en France, dans la Picardie.

(1) Aujourd'hui Edesse, près de Smyrne.

La fabrication de l'alun, basée sur l'union directe des sulfates d'ammoniaque, de potasse ou de soude, avec le sulfate d'aluminium obtenu par le traitement des argiles, de la bauxite, de la cryolithe, etc., est d'origine relativement récente.

La fabrication de l'alun a beaucoup diminué d'importance depuis l'apparition, sur le marché, du sulfate d'aluminium.

Cependant on en fabrique encore actuellement en France, environ 10 à 12.000 tonnes par an, la plus forte partie provenant du traitement de l'alunite et des lignites pyriteux. Ce dernier mode de faire livre au commerce de l'alun ammoniacal et emploie comme réactif cristalliseur le sulfate d'ammoniaque dont le coût s'est maintenu très bas depuis quelques années.

L'alun de soude qui, jusqu'en ces dernières années, n'était guère considéré que comme un produit de laboratoire, est fabriqué actuellement en petite quantité par quelques usines, au moyen du sulfate d'aluminium extrait de la bauxite. Deux procédés surtout sont en usage : le procédé Augé et le procédé Kessler. Nous les décrirons d'après le texte des brevets qui ont été pris à ce sujet.

Dans les lignes qui vont suivre nous décrirons les divers procédés qui ont été ou sont encore usités pour la préparation de l'alun, en nous appuyant surtout sur le traitement de l'alunite et des lignites pyriteux.

91. Fabrication de l'alun au moyen des argiles, du kaolin, de la bauxite, etc. Alun de soude. — a. Alun ordinaire. — La phase préliminaire du traitement est toujours l'obtention d'une liqueur riche en sulfate d'aluminium par les procédés que nous avons indiqués déjà et sur lesquels il est inutile de revenir.

La liqueur obtenue est réchauffée, additionnée de la quantité voulue de sulfate de potassium, de chlorure de potassium ou de sulfate d'ammonium. Dès que le sel est dissous, la liqueur chaude est coulée dans des cristallisoirs où l'alun cristallise.

Pour mettre cet alun sous une forme marchande, on lui fait subir une seconde cristallisation.

Les eaux-mères de cette fabrication sont très gênantes et leur concentration constitue une opération très importante, car elle permet de récupérer l'excès d'SO^4H^2 employé pour l'attaque du minerai et en second lieu fait retrouver une quantité assez notable d'alun.

A cet effet ces eaux-mères et les eaux de lavage de l'alun sont introduites dans des cuves en bois, doublées de plomb, et amenées par chauffage à la vapeur, à la concentration de 40°Bé. La lessive chaude obtenue est employée, après addition de la quantité nécessaire d'acide sulfurique, pour une nouvelle attaque de minerai.

Dans ce travail, aucune eau-mère ne se perd, ce qui est important; mais, si on emploie comme matière première, un minerai ferrugineux, le fer s'accumule de plus en plus dans l'eau-mère, et il arrive un moment où l'utilisation de celle-ci devient impossible.

M. J. Wiernick (*Mon. Sc. Quesn.* a. 1895, p. 221, d'après *Zeitschrift für angewandte chemie*, 15/5 1894), a constaté qu'en opérant la concentration de l'eau-mère, dans des conditions spéciales, on pouvait les débarrasser très simplement de leur fer.

En effet, d'après cet auteur, si sans s'arrêter à 40°Bé, on pousse la concentration vers 50°Bé, il se dépose au fond des chaudières un précipité, constitué par un sel de fer, dont la composition varie suivant les conditions de l'opération. Ce précipité se sépare très rapidement, et la lessive claire, qui ne contient plus que très peu de fer, peut, sans inconvénients, être utilisée pour une nouvelle opération.

Les analyses suivantes montrent la manière dont la teneur en fer des lessives diminue avec la marche de la concentration :

Liqueur mère à			30°Bé	Fer = 16 gr. 80 par litre.
»	»	évaporée à 42°Bé		» = 13 gr. 20 »
»	»	»	45°Bé	» = 11 gr. 56 »
»	»	»	47°Bé	» = 8 gr. 80 »
»	»	»	49°Bé	» = 8 gr. 04 »

Il faut cependant surveiller attentivement la composition du précipité. Celle-ci varie, suivant que dans les lessives, le fer se trouve plus ou moins oxydé.

Avec des liqueurs complètement oxydées, le précipité est blanc-jaunâtre, cristallin, insoluble dans l'eau. Il forme facilement sur le serpentin de la cuve à évaporation, des croûtes dures très adhérentes, empêchant la transmission de la chaleur.

Outre la formation de cette croûte dure, il présente encore l'inconvénient de déterminer une perte d'alumine et de potasse ou d'ammoniaque, ce sel jaune insoluble renfermant du sulfate d'alumine et du sulfate de potasse à côté du sulfate de fer.

Ce précipité, retiré de la cuve à concentration, lavé pour éliminer l'eau-mère, séché et analysé, a donné :

Fe^2O^3	23,88	23,02
SO^3	53,90	58,77
Al^2O^3	7,25	7,50
AzH^3	2,36	2,40
K^2O	7,06	6,92

Ce composé est donc formé d'un sel basique qui répondrait assez bien à la formule :

$$2Fe^2O^3,\ 5SO^3,\ Al^2(SO^4)^3,\ SO^4K^2,\ SO^4(AzH^4)^2.$$

Cette formule, en effet, correspond aux chiffres suivants :

$$Fe^2O^3 \dots\dots\dots\dots\dots\dots\dots\dots\dots 23,37$$
$$SO^3 \dots\dots\dots\dots\dots\dots\dots\dots\dots 58,48$$
$$Al^2O^3 \dots\dots\dots\dots\dots\dots\dots\dots\dots 7,52$$
$$AzH^3 \dots\dots\dots\dots\dots\dots\dots\dots\dots 2,48$$
$$K^2O \dots\dots\dots\dots\dots\dots\dots\dots\dots 6,86$$

Il faut, autant que possible, éviter la formation de ce composé et pour cela il est nécessaire de réduire les sels ferriques en sels ferreux.

M. Wiernick a trouvé que des copeaux de bois de peuplier encore vert, constituent pour cela un agent réducteur bien approprié.

Si après avoir ajouté cet agent dans la cuve, on pousse la concentration jusqu'à 50°Bé environ, la majeure partie du fer se dépose sous forme d'une masse amorphe, noire, ne contenant que des sels de fer.

Cette masse, soumise à l'analyse, donne :

$$FeO \dots\dots\dots\dots\dots\dots\dots 16,98 \dots\dots 17,20$$
$$Fe^2O^3 \dots\dots\dots\dots\dots\dots\dots 25,76 \dots\dots 28,48$$
$$SO^3 \dots\dots\dots\dots\dots\dots\dots 57,68 \dots\dots 57,22$$

Ces chiffres correspondraient assez bien à la formule :

$$3Fe^3O^4, 2Fe^2(SO^4)^3.$$

Cette méthode d'épuration des lessives d'aluns, a donné de très bons résultats à M. Wiernick.

b. Alun de soude. — I. *Généralités.* — De même qu'avec le sulfate de potasse, le sulfate d'ammoniaque, etc., le sulfate d'alumine donne des aluns, il peut, avec le sulfate de soude, donner également un alun, l'*alun de soude*, SO^4Na^2, $(SO^4)^3Al^2$, $24H^2O$. Mais, si avec les premiers sels on obtient des corps d'une solubilité relativement faible, avec le sulfate de soude on obtient un corps extrêmement soluble (110 parties pour 100 parties d'eau) ; il en résulte qu'au point de vue industriel, l'alun de soude ne pourra se séparer facilement des autres sels qui peuvent se trouver en solution avec lui et notamment du sulfate de fer. C'est en effet ce fait qui, malgré le très bas prix du sulfate de soude, comparé au prix du sulfate d'ammoniaque ou du sulfate de potasse, a empêché jusqu'à ce jour l'industrie de l'alun de soude de prendre de l'extension.

La fabrication de ce sel n'est possible qu'avec une matière première relativement pure, la bauxite par exemple. Cette fabrication peut donc paraître un non-sens industriel puisque la transformation directe de la bauxite en sulfate d'alumine donne des produits beaucoup plus riches en alumine et d'une pureté suffisante pour la généralité des applications.

Cependant dans certains cas et en opérant dans des conditions bien déterminées, on arrive à faire cristalliser l'alun de soude de façon à avoir une eau-mère entraînant une partie des impuretés et on obtient ainsi un produit assez pur pour certaines applications délicates. Dans ce cas, la fabrication de l'alun de soude, en raison de bon marché du réactif cristalliseur, peut devenir intéressante.

Même lorsqu'on opère avec des produits purs, cette fabrication est encore très délicate. L'affinité du sulfate de soude pour le sulfate d'aluminium paraît assez faible et la combinaison des deux sels pour former de l'alun, semble s'effectuer avec difficulté et n'être complète que dans des conditions bien déterminées.

C'est ainsi qu'il nous est arrivé, en faisant refroidir à basse température (pendant les froids de l'hiver) une solution en quantités équivalentes de sulfate d'aluminium et de sulfate de soude, d'obtenir dans notre capsule, non pas une cristallisation d'alun de soude, mais bien un mélange de cet alun avec une quantité plus ou moins grande de sulfate de soude.

De plus, les solutions d'alun de soude, même très concentrées, se sursaturent avec facilité et ne cristallisent que très difficilement. Une solution très concentrée, complètement refroidie, se trouble immédiatement si on la décante ou si on l'agite et laisse déposer des cristaux.

Ces phénomènes de sursaturation s'accentuent quand les solutions deviennent plus impures.

La dissolution de l'alun de soude dans l'eau offre des particularités intéressantes.

En chauffant des cristaux de cet alun avec de l'eau, si on pousse l'opération trop vivement, il arrive, qu'au lieu de se dissoudre, et malgré leur grande solubilité, ces cristaux se résolvent en une masse blanche pâteuse, qui se répartit dans le liquide clair en donnant une sorte d'émulsion laiteuse très épaisse.

Même lorsque la quantité d'eau mise en présence est considérable, souvent la solution reste opalescente, avec des stries nacrées.

Il y a là évidemment un phénomène de déshydratation, au sein même de la liqueur, qui s'observe avec d'autres sels, le sulfate ferreux notamment, mais qui se produit ici avec une intensité remarquable.

La cristallisation de l'alun de soude donne également lieu à des remarques intéressantes.

Dans un essai, nous avons fait dissoudre dans de l'eau distillée, de l'alun de soude et nous avons concentré la solution à 39° Bé. En refroidissant, la liqueur s'est prise en une masse blanche. Le lendemain, nous avons trouvé la surface de cette masse couverte de beaux cristaux triangulaires, aplatis, représentant une modification de l'octaèdre, et dont quelques-uns avaient jusqu'à un centimètre de côté.

Voulant redissoudre la masse, nous l'avons alors arrosée avec un peu d'eau et en malaxant avec un thermomètre en guise d'agitateur, nous fûmes très surpris de voir la cristallisation gagner de proche en proche, très rapidement, et avec élévation de température. Finalement, il restait dans la capsule où nous avions opéré une grande quantité de cristaux d'alun de soude, transparents, très bien formés et une eau-mère contenant presque tout le fer de la solution.

Ces remarques, curieuses assurément, que nous avions faites incidemment au cours d'essais sur la fabrication de l'alun de soude, avaient été déjà, comme nous l'avons su plus tard, mises à profit industriellement par MM. Augé et Kessler, dont nous allons résumer les brevets, ci-après.

Quoiqu'il en soit, l'alun de soude occupe actuellement une certaine place dans l'industrie. Sa production qui, il y a quelques années, semblait menacer celle des autres aluns, semble cependant maintenant rester stationnaire.

Ce corps est employé principalement dans les papeteries. Il est, du reste, en raison de sa grande solubilité, d'un emploi plus commode que l'alun potassique ou l'alun d'ammoniaque.

II. *Fabrication de l'alun de soude par le procédé Augé.* — Dans ce procédé, on ajoute à une solution de sulfate d'alumine du sulfate de soude et on concentre la solution des deux sulfates jusqu'à 39° ou 40° Bé. La pâte obtenue est transportée sur des plaques de plomb inclinées, de manière à ce que les eaux-mères, qui représentent environ le 1/4 du poids de la masse, puissent s'égoutter. On maintient la température de cette masse à environ 10° ou 15° pendant tout le temps de la cristallisation : l'eau-mère qui s'écoule entraîne la presque totalité des impuretés.

La température est importante à observer pour la richesse en alumine de l'alun. En effet, si la cristallisation se faisait vers zéro, cet alun ne contiendrait que 7 0/0 d'alumine.

Nous avons eu entre les mains de l'alun de soude Augé. Il se présentait sous la forme de petits cristaux très blancs, très efflorescents, ne bleuissant que très légèrement sous l'influence du ferrocyanure. Il est probable que cette faible teneur en fer tient plutôt à l'extrême pureté de la matière première employée, qu'au procédé de préparation.

III. *Procédé Kessler.* — M. Kessler a breveté plusieurs façons d'obtenir de l'alun de soude.

Une première manière consiste à concentrer une solution des deux sulfates, pour obtenir, comme dans le procédé Augé, une masse pâteuse. A cette pâte, on ajoute alors une quantité suffisante d'eau d'égouttage provenant de la fabrication de l'alun de soude, que l'on additionne de cristaux pour servir d'amorce. La cristallisation s'effectue et le fer reste dans l'eau-mère.

La seconde manière consiste à verser dans une dissolution concentrée de sulfate d'aluminium (soit à 53° Bé, comptés sur la solution bouillante), refroidie au besoin jusqu'à ce qu'elle soit prête à se figer, assez d'eau-mère d'une précédente cristallisation d'alun de soude, pour qu'après addition d'une quantité de sulfate de soude, représentant 40 0/0 du poids de sulfate d'alumine, et refroidissement vers 40°-50°, la liqueur obtenue ne pèse pas sensiblement plus de 40° Bé.

Enfin, une troisième façon d'opérer consiste à ajouter alternativement dans le liquide (eau mère ou eau pure), les deux sulfates en solutions plus ou moins concentrées, dans la proportion de 40 parties de sulfate de soude pour 100 parties de sulfate d'alumine (à 53° Bé bouillant) de manière que la liqueur ne marque plus que 40° Bé à 45° C et à laisser cristalliser entre chaque addition.

M. Kessler décrit, comme suit, dans son brevet, les diverses opérations à effectuer.

On évapore la dissolution d'alun de soude jusqu'à 45° Bé et on la laisse refroidir à 16° ou 22° C. Elle se prend d'abord en une masse pâteuse, qui se transforme toute seule en cristaux transparents.

On peut activer cette cristallisation par l'addition de quelques cristaux.

En été, on verse une dissolution d'alun de soude à 40°-50° Bé, même bouillante, sans obtenir ni trouble, ni magmas, sur des cristaux de cet alun déjà formés et imprégnés de leurs eaux-mères, en ayant soin de remuer et de mélanger vivement, si on veut que ce magma ne puisse se former. On y est aidé par un abaissement favorable de la température, provoqué par la fonte des cristaux. On s'arrête avant l'apparition d'un trouble qui se produirait vers 40°, ou si la rapidité avec laquelle on fait le mélange était insuffisante. Aussitôt la température de 22° à 23° atteinte, on verse la solution dans des bacs où elle achève de se prendre.

On peut modifier les méthodes, en introduisant du sulfate de soude cristallisé, en poudre très fine, dans la dissolution de sulfate d'alumine.

Pour préparer la dissolution d'alun, on peut employer le bisulfate de soude. Pour cela, on dissout ce sel dans l'acide sulfurique à 45° ou 60° Bé, et cette dissolution sert à attaquer les minerais alumineux.

On peut encore faire dissoudre le bisulfate de soude dans une solution de sulfate d'alumine. Il se produit de l'acide sulfurique libre que l'on utilise en y dissolvant le produit de la calcination des eaux-mères de plusieurs cristallisations. Pour récupérer le sulfate de soude introduit on refroidit à 10° C, la solution d'alun suffisamment étendue. L'alun reste en solution tandis que le sulfate de soude en excès cristallise.

Un petit échantillon d'alun de soude Kessler, que nous conservons dans notre laboratoire, se présente en cristaux plus gros et plus durs que ceux de l'alun de soude Augé. Ces cristaux sont également plus transparents et moins efflorescents. Par contre, leur couleur, moins belle, tire sur le jaune violacé très pâle. Sous l'influence du ferrocyanure, ils se colorent fortement en bleu et contiennent par conséquent une notable quantité de fer.

92. Fabrication de l'alun par le procédé de Spence. — Ce procédé est très ancien et remonte à l'année 1845. Il a été très employé.

La matière première qu'on utilise dans ce procédé, est une argile noire (shale), qui forme un filon d'une grande puissance, situé directement au-dessous de la couche de charbon proprement dit du bassin de Lancashire. Cette argile est assez riche en matières organiques pour être combustible.

On fait subir à cette matière une combustion préalable en tas de 1 à 2 mètres de hauteur auxquels on ajoute successivement une nouvelle quantité de minerai à mesure qu'ils s'affaissent. La durée du grillage est de 10 jours environ et, quand l'opération a été bien conduite, c'est-à-dire quand la température de combustion n'a pas dépassé le rouge sombre, on obtient un résidu friable, poreux, d'une coloration rougeâtre.

Ce résidu est mis en contact avec de l'acide sulfurique à 34°Bé dans de grandes chaudières couvertes, chauffées par le fond. On maintient la température à 110° environ ; chaque opération porte sur 20 tonnes de minerai. Lorsque la formation de sulfate d'aluminium est en marche et tout en maintenant la température au point indiqué, on dirige dans la chaudière un courant de vapeurs ammoniacales. Ces vapeurs sont produites dans un appareil de distillation spécial où on traite des eaux ammoniacales provenant des usines à gaz. L'introduction de ces vapeurs dans la chaudière doit être réglée avec grand soin de telle manière qu'il y ait toujours un grand excès d'acide sulfurique en présence. Le liquide de la chaudière se transforme ainsi, peu à peu, en une dissolution concentrée d'alun ammoniacal. Lorsqu'elle est suffisamment éclaircie par le repos on la soutire dans des cristallisoirs où on précipite l'alun à l'état de poudre par un refroidissement rapide et une agitation continue. La poudre d'alun obtenue est égouttée et lavée avec de l'eau saturée d'alun.

L'alun ainsi préparé ne contient plus aucune trace de fer, mais il convient de l'amener sous une forme marchande. On le refond à la vapeur et on coule la solution concentrée dans des formes en bois doublées de plomb. L'alun cristallise et donne des blocs que l'on débite à la hache.

Il faut en moyenne 3/4 de tonne d'argile noire pour produire une tonne d'alun ammoniacal.

Spence a également employé pour la préparation de l'alun ammoniacal, le phosphate d'alumine, qu'il traitait par un procédé tout semblable à celui que nous venons de décrire (*Traité de chimie industrielle*, Knapp. Traduction E. Mérijot et A. Debize, et Ch. Mène, *Rev. hebd. de chim.* a. 1871-1872, p. 615).

93. Fabrication de l'alun au moyen des feldspaths naturels. — Les procédés qui ont été proposés pour l'utilisation de ces produits ne présentent plus aujourd'hui que peu d'intérêt ; nous dirons cependant quelques mots de la manière dont on a essayé d'utiliser l'alumine et la potasse contenues dans les feldspaths en vue de produire de l'alun.

Mohr a conseillé de mélanger 130 parties de feldspath à 70 ou 88 parties de carbonate de potasse en ajoutant au mélange assez d'eau pour en faire une pâte plastique. La masse divisée en briquettes, calcinée modérément, humectée avec de l'eau et additionnée de 196 parties d'acide sulfurique concentré, fournissait une solution d'alun et un dépôt de silice.

Turner a proposé de fondre les feldspaths avec du sulfate de potasse et d'incorporer à la masse en fusion du carbonate de potasse. La masse vitreuse, traitée par l'eau, lui cède du silicate de potasse soluble et donne un résidu qui, traité par l'acide sulfurique bouillant, donne de la silice et de l'alun.

On a encore proposé d'attaquer par l'acide sulfurique un mélange de 2 parties de feldspath et de 3 parties de spath-fluor en maintenant la masse à la chaleur rouge jusqu'à cessation de dégagement des vapeurs d'acide fluorhydrique. En traitant la masse par l'eau on obtient une dissolution d'alun.

94. Traitement de l'alunite. Fabrication mixte de l'alun et du sulfate d'aluminium. — Nous avons étudié l'alunite, en tant que produit minéral, dans un article précédent; nous allons étudier maintenant les procédés mis en œuvre pour son traitement.

a. **Procédé de La Tolfa.** — Le minerai cassé en morceaux de la grosseur d'un pavé est soumis à un traitement très simple qui consiste à griller les pierres en tas ou dans des fours. La conduite de ce grillage est délicate, car il faut éviter une trop grande élévation de température qui amènerait la décomposition du sulfate d'aluminium avec dégagement d'anhydride sulfurique et d'acide sulfureux. Quand ce dégagement commence à se produire, ce que l'on reconnaît à l'apparition de vapeurs blanches, épaisses et acides, on arrête l'opération et on introduit la masse grillée dans des cases en maçonnerie. Le minerai est abandonné dans ces cases pendant 3 ou 4 mois, à l'efflorescence. On a soin de l'arroser de temps à autre avec de l'eau.

Au bout de ce temps le tout s'est délité et transformé en une sorte de limon qui est soumis au lessivage qui enlève l'alun.

La lessive obtenue est concentrée et coulée dans des cristallisoirs. L'alun cristallise et comme la liqueur contient en suspension un limon rosé riche en oxyde de fer, les cristaux d'alun présentent une coloration rosée.

L'alun ainsi obtenu n'est pas cristallisé en octaèdres comme l'alun ordinaire, il cristallise en cubes. C'est *l'alun de Rome*, qui a été si recherché des industriels parce qu'il ne contient pas de fer soluble.

b. **Procédé Pommier.** — MM. Pommier ont traité par ce procédé l'alunite de Madriat en vue d'obtenir simultanément de l'alun et du sulfate d'aluminium.

Voici le procédé qu'ils ont employé (Pommier. *Sulfate d'alumine et d'alun*. Encyclopédie Fremy).

« L'alunite est d'abord pulvérisée aussi finement que possible, comme le kaolin, au moyen d'un moulin armé de lourdes meules en fonte et d'un ramasseur déversant constamment le minerai moulu sur un tamis fin qui est secoué mécaniquement.

« Elle est ensuite soumise à la calcination dans un four à réverbère à voûte assez surbaissée ; il convient de ne pas dépasser la température du rouge sombre, autrement une partie de l'acide sulfurique de l'alunite serait décomposé. Au bout de 2 heures environ on peut défourner le minerai ; on le reçoit dans une caisse en fer, puis on le verse dans une marmite en fonte de 1 m. 50 environ de diamètre.

« Cette marmite est solidement enterrée dans le sol dont elle n'émerge que d'environ 30 centimètres. Sur l'alunite sortant ainsi du four on fait arriver de l'acide sulfurique à 53° Bé, chauffé préalablement dans une petite chaudière en plomb : 525 kilogrammes d'acide pour 400 kilogrammes d'alunite avant calcination ; il se produit une attaque violente, qui ne dure que quelques minutes, pendant lesquelles on remue énergiquement la masse avec de grands ringards en fer, pour que la réaction ait bien lieu en tous les points.

« Lorsque celle-ci est terminée, le tout durcit rapidement ; on divise alors la masse à l'aide de longs outils en fer à extrémité coupante, en morceaux maniables que l'on charge sur des wagonnets en tôle, percés à jour : ces wagonnets ainsi chargés sont introduits sur des rails dans un four chauffé à la houille ou mieux par du coke, à une température peu élevée. Ce four n'est autre qu'une chambre basse, en briques, construite sur le sol même et pouvant être close par une porte en fonte. Le foyer est placé à l'extrémité opposée à l'entrée. Cette opération a pour résultat, en exposant la masse durant plusieurs heures à une chaleur modérée, de continuer l'attaque, qui n'a pu être complète, pendant les quelques minutes qu'a duré la réaction violente. Au sortir de ce four, les pierres de produit brut, sont mises en tas sur des aires planes recouvertes par des hangars et y sont abandonnées pendant quelques semaines. On constate que pendant ce temps la réaction se continue encore et se perfectionne ; les pierres les plus dures finissent en effet par se désagréger et se convertir en une véritable poussière. On procède alors à la lessive qui se fait dans une chaudière cylindrique en plomb, chauffée par un barbotteur. Lorsque l'eau s'est chargée de toute la partie soluble on abandonne la masse au repos pendant 48 heures environ ; la matière insoluble, qui est formée en grande partie de silice, se dépose et le liquide clair, qui n'est autre qu'une solution d'alun et de sulfate d'alumine, est décanté. Il pèse de 20° à 25° Bé ; on l'évapore jusqu'à 30° Bé dans une chaudière à concentrer, puis on le verse dans un bassin rectangulaire en plomb d'une capacité de 20.000 litres ; par le refroidissement, l'alun cristallise et se dépose sur les parois et le fond du bassin. Au bout de 8 à 10 jours, on peut siphonner les eaux-mères, qui ne sont autres qu'une solution de sulfate d'alumine. On les concentre au degré voulu, soit 50° environ, puis on les coule sur un cristallisoir comme de coutume.

« Quant à l'alun, celui qui s'est déposé sur les parois est composé de petits cristaux octaédriques propres, se séparant facilement les uns des autres : il constitue ce qu'on appelle dans le commerce, l'*alun grenaille*, et peut être livré tel que, après avoir été égoutté. Celui au contraire, qui s'est déposé à la partie inférieure, et c'est la majeure partie, est cristallisé en une poudre fine, qui, mouillée par les eaux-mères, constitue une pâte humide et sale, massée sur le fond et absolument invendable ».

On fait subir à cette masse une seconde cristallisation qui met l'alun sous une forme marchande.

c. **Procédé actuel.** — 1. *Préparation du minerai.* — Le procédé que nous allons décrire est celui qui est le plus généralement employé maintenant. Ceux dont nous venons de parler n'ont plus guère qu'un intérêt historique.

Le minerai employé en France provient des gisements italiens de La Tolfa. Les gisements français de l'Auvergne, nous ne savons pour quelle cause, sont peu ou pas utilisés.

La composition de l'alunite de La Tolfa, crue et tamisée, utilisée pour la fabrication de l'alun et du sulfate d'aluminium est en moyenne de :

Perte au moufle (rouge faible)	35,80	»	»
Insoluble dans HCl	17,40	»	»
Alumine	23,50 à 29,00 0/0		
Oxyde de fer	2,00	»	»
Acide sulfurique	16,30 à 20,00 0/0		
Sulfate de potasse	10,00 à 14,00 0/0		

L'alunite en morceaux est mise en poudre fine au moyen des mêmes appareils que ceux que nous avons décrits à propos du traitement de la bauxite. Le minerai broyé est ensuite soumis à un grillage.

Ce grillage s'effectue dans un four à réverbère à voûte surbaissée, fig. 111 et 112. Le minerai est étendu sur la sole du four sous une épaisseur de 10 à 15 cm. La température du grillage atteint environ la température de fusion du cuivre. Ce grillage fait perdre à l'alunite une partie de son poids, plus ou moins selon la nature de la matière soumise à la calcination et selon la marche de cette calcination, mais en moyenne 1/3.

Le minerai grillé a pour composition moyenne :

Perte au moufle (rouge sombre)   4,30
Insoluble dans SO^4H^2   26,20
Alumine   34,92
Oxyde de fer.   3,08
Acide sulfurique (en SO^3).   24,40
Potasse   7,50

II. *Attaque du minerai.* — L'attaque du minerai se fait dans les mêmes appareils que ceux que nous avons décrits à propos de la bauxite. Cette

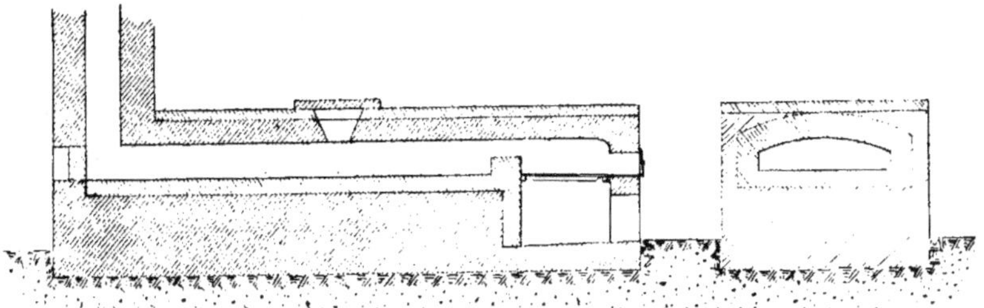

Fig. 111. — Coupe longitudinale.   Fig. 112. — Coupe transversale.
Four à réverbère pour le grillage de l'alunite.

attaque est conduite de la même façon qu'avec ce dernier produit, avec quelques variantes rendues nécessaires par la nature de l'alunite et ayant une grande influence sur la pureté du sulfate d'alumine obtenu.

Dans l'alunite crue, le fer est pour la majeure partie à l'état de composés de *ferrosum*. Le grillage, loin de peroxyder ce fer, a, au contraire, pour effet de réduire au *minimum*, la partie qui se trouvait à l'état de composés de *ferricum*. En effet, par suite du dégagement d'acide sulfureux pendant l'opération, ce grillage est éminemment réducteur.

Pendant le cours de l'attaque on cherche à peroxyder ce fer, le plus complétement possible, au moyen d'agents oxydants. Dans la suite des opérations le sulfate ferrique ainsi formé, sous l'influence d'un tour de main très simple, va s'éliminer des liqueurs soit à l'état d'alun de fer peu soluble, soit à l'état de sulfate basique insoluble. Les solutions obtenues dans le traitement de l'alunite, contrairement à ce qui se passe dans le traitement de la bauxite, subissent de ce fait une épuration notable qui, quoique incomplète dans la plupart des cas, n'en a pas moins une grande importance.

Voyons maintenant comment est conduite l'attaque.

Prenons pour exemple le cas de la chaudière tronc-conique que nous avons décrite à propos de la bauxite.

Le volume du tronc de cône est de. . . . .   5 mc. 200
  «   «   de la partie cylindrique est de . . . . 24 mc. 500
                   Soit volume total. . . . . . . 29 mc. 700

Pour une chaudière de cette capacité, soit environ 30 mc., les doses de minerai et d'acide à introduire sont de 8000 k. environ d'alunite et 4000 k. d'acide sulfurique calculé en SO_3. Cet acide sulfurique est introduit à l'état de liqueurs acides contenant de 300 à 350 gr. d'SO_3 par litre, provenant d'opérations précédentes. On introduit par conséquent environ 12 mc. de ces liqueurs marquant 35° à 40° Bé. Aussitôt la liqueur acide mise en chaudière, on ouvre en grand l'arrivée de vapeur et l'injection d'air, on ajoute les 8000 k. de minerai et on introduit, par chaque tonne d'alunite mise en œuvre, 1 kg. de nitrate de soude, soit dans le cas considéré 8 à 10 k. de ce corps et on laisse l'attaque se poursuivre.

Aussitôt l'attaque terminée, c'est-à-dire quand on est neutre, et ce point est généralement atteint au bout de 2 ou 3 heures, on introduit au sein de la masse une solution de chlorure de chaux destinée à compléter la peroxydation du fer.

La proportion de chlorure de chaux à employer est de 1 k. 500 par tonne de minerai traité, soit dans le cas considéré environ 12 k. de ce corps. Aussitôt après son introduction on ajoute de l'eau, de manière à étendre la solution à 30°-35°Bé ; on arrête l'arrivée de vapeur et on ne laisse plus fonctionner que le Kœrting, de façon à maintenir le plus exactement possible la température de la masse aux environs de 80°C. C'est pendant cette période que se produit l'épuration de la liqueur et plus cette température de 80° C. est maintenue longtemps, et exactement, meilleure est cette épuration.

La durée de ce chauffage est de 20 à 30 heures pour la fabrication du sulfate d'alumine dit *supérieur* ou *rétrogradé*. Pour l'*épuré*, il faut maintenir à 80°C. pendant environ 120 heures.

Il arrive souvent, quand la température n'est pas maintenue exactement à 80°C. que l'épuration se fait mal et que la liqueur reprend de l'acidité.

Le travail est alors défectueux. Règle générale, pour obtenir des liqueurs neutres, il faut faire l'attaque avec une liqueur très dense et très acide. La température de début est alors plus élevée et l'attaque se fait plus rapidement et plus complètement. Il faut que la température d'attaque tombe très rapidement dès que la concentration augmente. Pour réussir, il faut atteindre rapidement 80°C. et ne plus dépasser cette température. Dans ce cas alors le liquide final doit rester neutre.

On obtient ainsi un certain volume de liqueur marquant 32° Bé environ et d'une acidité variable selon que le travail a été plus ou moins bien conduit. On laisse cette liqueur s'éclaircir, ce qui demande bien moins de temps qu'avec la bauxite, et on la décante le plus promptement possible pour l'envoyer à la cristallisation. Il est important en effet, d'effectuer cette décantation à la température la plus élevée possible, de manière à maintenir en solution tout l'alun contenu dans la liqueur.

Sur le résidu on fait un léger lavage ; on étend à 20°-25° Bé avec de l'eau pure et, le liquide de ce lavage décanté, on passe à l'attaque acide dont la bonne marche a une grande importance.

On rentre environ 10.000 kilos d'acide sulfurique à 52° Bé pur ; puis, pendant le cours du chauffage on introduit petit à petit 6.000 kilos d'acide à 52° Bé à l'état de solutions sulfatées acides à 40° Bé, contenant par litre de 300 gr. à 360 gr. d'acide sulfurique exprimé en SO^3. Pour 8.000 kilos de minerai on emploie donc en tout pour l'attaque acide, environ 8.000 kilos d'acide sulfurique exprimé en SO^3, soit pour 1 de minerai, 1 de SO^3, dont 0,6 à l'état pur et 0,4 à l'état de solutions sulfatées acides. Il va sans dire que pour cette attaque acide on chauffe et on fait fonctionner l'injection d'air. La durée de cette opération est d'environ 10 h. à 12 h. et elle donne un volume variable de liqueurs sulfatées acides marquant 40° à 41° Bé et contenant en moyenne 350 gr. d'SO^3 par litre (acidité). Dans le cas considéré le volume des liqueurs obtenues est de 20 mc. à 23 mc.

Aussitôt après le coulage de cette solution, on effectue un lavage des résidus avec des liqueurs faibles à 5°-10° Bé, puis on vide la chaudière dans des citernes en plomb dans lesquelles les résidus sont lavés à l'eau pure. Toutes les liqueurs ainsi obtenues repassent dans la fabrication.

La durée totale du traitement est de 80 heures environ pour la fabrication du sulfate d'aluminium dit *supérieur* ; pour l'*épuré*, à cause de la plus longue période de chauffe à 80° C., la durée totale du traitement est beaucoup plus longue. Le temps d'ailleurs n'est pas fixe, il dépend de la nature du minerai, de la durée des attaques, de la facilité des décantations, etc.

La marche de l'épuration est suivie par des dosages de fer ; on peut aussi se rendre compte de la précipitation de ce dernier par des essais colorimétriques au ferrocyanure ou au sulfocyanure.

Le travail des attaques est contrôlé au moyen de l'aréomètre de Baumé, par le titrage de l'acidité des liqueurs, par l'analyse des résidus.

Avec les chaudières rectangulaires que nous avons décrites à propos de la bauxite, la marche de l'attaque est la même et on opère dans les mêmes rapports que précédemment.

De toutes façons, on cherche à ne consommer, pour la fabrication des sortes inférieures et pour 100 kilos de minerai. que 100 kilos d'acide sulfurique à 60° Bé et 90 kilos pour la fabrication du *neutre* ; mais pratiquement ces chiffres sont dépassés légèrement. L'attaque de l'alunite absorbe, pour 100 kilos de minerai, en moyenne, de 120 à 130 kilos d'acide sulfurique à

60° Bé, ce qui représente de 20 à 25 kilos d'acide non utilisé, soit perdu dans les résidus, soit entraîné dans les sortes inférieures de sulfate d'aluminium à l'état d'acidité libre.

La dépense nécessitée par l'attaque est assez variable. Elle est moindre lorsqu'on opère avec les chaudières tronc-coniques et le résidu est mieux épuisé.

Ce résidu, prélevé après les lavages et *calciné*, doit contenir en bonne marche 90 0/0 d'insoluble dans l'acide chlorhydrique et de 1,40 à 1,50 0/0 d'alumine et d'oxyde de fer.

Avec les chaudières tronc-coniques, ce résidu, *non calciné*, simplement séché à 100°, contient de 87 à 90 0/0 d'insoluble avec 3,75 0/0 au maximum d'oxyde de fer et d'alumine.

Dans les mêmes conditions, avec les chaudières rectangulaires, le résidu ne contient que 75 0/0 d'insoluble et environ 7 0/0 d'oxyde de fer et d'aluminium ; ces derniers corps atteignent parfois la proportion de 14 0/0, représentant une perte sèche alors très notable.

La bonne marche du travail dépend beaucoup de la qualité des ouvriers qui en sont chargés. Des soins qu'ils apportent, dépendent la neutralité des produits et le bon épuisement des résidus. En thèse générale, il faut laisser le moins possible d'alumine inattaquée. On a grand avantage aussi à laisser le moins possible d'acidité libre dans les liqueurs pour sulfate neutre, puisqu'il faudrait saturer cet acide à la concentration, par de l'alumine pure.

Pour obtenir de bons résultats sur ces points, il est bon d'instituer des primes, déprimes et amendes, suivant le bon ou mauvais travail, de façon à exciter l'émulation de l'ouvrier et à le forcer à être consciencieux.

III. *Cristallisation et purification de l'alun.* — Comme nous l'avons vu, les liqueurs provenant de l'attaque du minerai frais sont envoyées à la cristallisation. Les cristallisoirs diffèrent selon les usines. Parfois, ils consistent en grands récipients en maçonnerie, enfoncés dans le sol et doublés de plomb. Mais outre que ce système est très coûteux, il est mal commode en ce sens qu'il est difficile de trouver les fuites quand il s'en produit. Nous avons vu chez M. Lacarrière, à Noyon, des cristallisoirs beaucoup plus pratiques : ils sont en bois, doublés intérieurement de plomb mince et légèrement surélevés au-dessus du sol. Il devient par conséquent facile avec ce système de reconnaître les fuites et de juger de leur importance. De plus, le refroidissement est beaucoup plus rapide, ce qui a son importance.

Sur les parois de ces cristallisoirs, l'alun cristallise. Quand le refroidissement est suffisant, on décante l'eau-mère qui est envoyée à la concentration.

L'alun, levé à la pelle, doit subir une recristallisation destinée à le mettre sous une forme marchande. A cet effet, il est introduit dans une chaudière cylindrique en plomb ou en cuivre, dans laquelle, au fur et à mesure de son introduction, on injecte de la vapeur. On obtient ainsi une solution concentrée d'alun, marquant à la température de l'ébullition, de **40°** à **42° Bé**. On la laisse en repos pendant une heure environ, de façon à séparer l'insoluble, puis, au moyen d'un syphon on l'envoie dans des formes plombées de 2 mc. à 2 mc. 500 de capacité.

Ces formes sont en bois : elles sont constituées par 2 ou 3 panneaux, recouverts intérieurement d'une feuille de plomb mince. Le joint sur les côtés de ces panneaux est fait par des lames de caoutchouc et s'obtient hermétique par le serrage d'écrous et de boulons *ad hoc*. Le joint avec le sol dallé, est fait avec de l'argile.

Sur la paroi intérieure de ces formes l'alun cristallise en une couche de 0 m. 25 à 0 m. 30 d'épaisseur. Après une quinzaine de jours de refroidissement on enlève les panneaux de la forme, on casse la masse d'alun pour laisser écouler l'eau-mère, et on sépare à la hache toute la portion constituant le fond de cette masse. Cette portion est constituée par de l'alun sali par son contact avec l'argile du joint, et contenant diverses impuretés. Cet alun doit subir une nouvelle cristallisation. Le reste de la masse est débité en blocs cohérents, translucides, qui sont livrés tels quels au commerce, ou cassés en morceaux de la grosseur du poing destinés à être ensachés ou embarillés. Toute cette manutention de l'alun sera d'ailleurs décrite en détail à propos du traitement des lignites. Parfois, au lieu de mettre l'alun sous la forme de cristaux volumineux, on cherche à l'obtenir sous la forme de poudre. A cet effet, la solution à 40°-42° Bé précédemment obtenue, au lieu d'être coulée dans des formes plombées, est coulée dans des cristallisoirs ordinaires, de façon à être plus rapidement refroidie. Pendant le cours de ce refroidissement, on agite continuellement la masse. On obtient ainsi l'alun sous la forme d'une farine très fine, imprégnée d'eau-mère. Cette farine est essorée dans une turbine tout à fait semblable à celles usitées en sucrerie, mais garnie intérieurement de plomb, et d'où l'alun sort sous forme d'une poudre à peu près sèche et pure.

L'alun de deuxième recristallisation bleuit toujours légèrement au prussiate ; pour obtenir l'alun dit *épuré*, ne bleuissant pour ainsi dire plus avec le ferro-cyanure, on soumet cet alun de deuxième recristallisation à une nouvelle cristallisation, dans les conditions précédemment indiquées.

Parfois aussi le commerce réclame de l'alun sous la forme d'une poudre grossière. On l'obtient par la mouture des cristaux dans des appareils que nous décrirons plus loin.

IV. *Concentration des liqueurs pour sulfate d'aluminium et manutention du produit obtenu.* — Nous avons vu, à propos de la bauxite, de quelle façon s'effectuait la concentration des liqueurs. Dans le traitement de l'alunite, les eaux-mères, venant de la cristallisation de l'alun, sont concentrées de la même façon.

On a tout avantage à concentrer des liqueurs le plus dense possible. On a moins de pertes d'alun par solubilité, et on use moins de charbon à la concentration.

Les liqueurs à 35°Bé en été et à 34°Bé en hiver, ne se prennent pas en bouillie. Ce sont ces concentrations qu'il faut obtenir en cristallisoirs après l'attaque.

Nous avons déjà parlé des diverses sortes de sulfate d'aluminium et du point jusqu'auquel on pousse la concentration pour les obtenir. Nous n'y reviendrons donc pas. Ajoutons cependant, que pour le sulfate dit *épuré*, très pauvre en fer et très riche en alumine, on pousse la concentration jusqu'à 60°-62°Bé et qu'on coule sur des plaques de cuivre.

Les diverses opérations nécessitées par le travail du sulfate d'aluminium, obtenu avec l'alunite, sont les mêmes que celles que l'on fait subir au sulfate d'aluminium obtenu avec la bauxite. Nous ne décrirons donc pas à nouveau ces opérations, concassage, broyage etc.

Comme on le voit, ce qui distingue le travail de l'alunite de celui de la bauxite, à part la fabrication mixte de l'alun et du sulfate d'alumine, c'est en premier lieu le grillage nécessaire avec l'un, inutile avec l'autre, et en second lieu l'adjonction aux liqueurs d'attaque de réactifs oxydants quand on traite l'alunite, tandis que cette addition est superflue avec la bauxite ; ce qui différencie surtout les deux matières au point de vue du résultat final des opérations, c'est qu'avec l'une l'épuration s'effectue spontanément sous l'influence de conditions d'attaque légèrement différentes, permettant ainsi l'obtention des sortes les plus pures, tandis qu'avec l'autre on ne peut arriver à produire que les sortes ordinaires. Il est possible que cette épuration s'effectue par suite du chauffage en présence d'un excès de minerai non attaqué, dont l'alumine, sous l'influence du temps, viendrait prendre la place du fer, dans la solution. Il serait intéressant de constater, si, en opérant avec la bauxite et en ajoutant un excès d'un corps alumineux facilement attaquable, on n'obtiendrait pas un résultat analogue.

Le traitement d'une tonne d'alunite fournit environ 700 k. à 800 k. d'alun, parfois plus, et environ 2000 k. de sulfate d'alumine à 15 0/0 d'Al^2O^3.

Les chiffres suivants, donnent la composition de quelques types de sulfate d'alumine :

	Sulfate ordinaire concentré à 46°Bé	Sulfate neutre concentré à 56°Bé	Retrogradé ou supérieur.
Acide sulfurique total (en SO^3).	33,27	36,50	37,00
Alumine Al^2O^3.	11,78	14,35	15,10
Oxyde de fer Fe^2O^3	1.42	1,44	0,30
Perte à la calcination. . . .	60.50	48,10	48,10
Acide sulfurique libre (en SO^3).	8,60	0,00	0,00

95. Production de l'alun au moyen des schistes ou des lignites pyriteux. — En raison de la production mixte de l'alun et du sulfate de fer, nous décrirons d'une façon détaillée cette intéressante industrie, dès que nous aurons étudié les différents modes d'obtention du sulfate de fer.

CHAPITRE IV

FABRICATION DES SULFATES DE FER

§ 1. FABRICATION DU SULFATE FERREUX

96. Généralités. — Le sulfate ferreux, ou *vitriol de fer* ou encore *couperose verte*, est connu depuis très longtemps. C'est un des sels de fer les plus importants. Ses applications furent d'abord restreintes et ne prirent du développement que lorsqu'on sut utiliser ce sel à la préparation industrielle de l'acide sulfurique fumant, dit *de Nordhausen*. Plus tard, l'industrie du gaz d'éclairage, celle de la teinture, la désinfection, en consommèrent des quantités considérables. De nos jours, si la teinture n'absorbe plus qu'une quantité relativement insignifiante de sulfate ferreux, l'agriculture, au contraire, lui offre un débouché considérable, qui tend encore à s'augmenter, par suite de découvertes nouvelles, entre autres : le traitement de la chlorose de la vigne, la destruction des senés (*sinapis arvense*), etc.

La fabrication du sulfate ferreux, à vrai dire, ne constitue pas une industrie, dans le sens strict du mot. La production de ce corps, tout à fait transitoire et secondaire dans certaines usines, qui le fabriquent de toutes pièces ou cessent cette fabrication suivant l'état du marché et la valeur commerciale du produit, est, dans de nombreuses industries, liée à la production d'autres corps, qui n'ont parfois que peu de rapports avec lui.

Dans ce dernier cas, et c'est le plus général, le sulfate ferreux n'est qu'un sous-produit, un résidu souvent encombrant, dont on cherche à se débarrasser à tout prix. C'est ainsi que la métallurgie du cuivre, les industries du décapage des tôles, du désétamage des fers blancs, la galvanoplastie, le traitement des schistes et des lignites pyriteux, etc., fournissent des quantités considérables de ce sel.

D'autres usines, pour utiliser certains résidus acides ou métalliques de faible valeur marchande et d'un écoulement très difficile, s'adonnent parfois, malgré le prix de vente minime du sulfate ferreux, à une fabrication annexe de ce corps. L'industrie du raffinage des pétroles utilise ainsi ses goudrons acides d'épuration, goudrons contenant, en poids, jusqu'à

50 0/0 d'SO³. De même, la tréfilerie transforme parfois en sulfate ferreux, les déchets encombrants de sa fabrication. En raison de ses divers modes de préparation, le sulfate de fer du commerce peut contenir des impuretés très diverses, telles que : cuivre, zinc, étain, plomb, alumine, chaux, magnésie, etc.

Une telle diversité dans les procédés de production de la couperose verte ne peut manquer d'avoir un certain intérêt, aussi nous proposons-nous, dans les lignes suivantes, de décrire les principaux modes d'obtention de ce corps.

97. Préparation au moyen des pyrites. — En dehors des minerais utilisés pour la préparation de l'alun, comme nous le verrons dans la suite, on traite, pour la fabrication du sulfate ferreux, certains sulfures de fer naturels, tels que les différents genres de pyrite.

Ce traitement se fait absolument de la même façon que le traitement des minerais d'aluns que nous décrirons plus loin.

Les pyrites sont disposées en gros tas, sur une aire plane imperméabilisée avec de l'argile, sur laquelle s'effectuent l'efflorescence et le grillage, c'est-à-dire, la transformation, sous l'influence de l'oxygène de l'air et de l'humidité, du sulfure de fer en sulfate. Cette aire de grillage est disposée de telle façon qu'il est facile de recueillir et d'emmagasiner dans un réservoir disposé *ad hoc*, les liqueurs provenant du lessivage des tas sous l'action des eaux de pluie, ou de l'eau injectée par des pompes.

La lessive, puisée dans le réservoir, est reversée un grand nombre de fois sur les tas, de façon à s'enrichir progressivement. Dès que ce point est atteint on la laisse se clarifier par dépôt, on la concentre par évaporation et on l'envoie à la cristallisation. Le sel ainsi obtenu est toujours alumineux.

Parfois, dans certaines localités, on rencontre des pyrites qui se sont oxydées d'elles-mêmes et qui peuvent servir directement à la fabrication du sulfate de fer, sans passer par le grillage et l'efflorescence.

Un autre mode d'exploitation des pyrites, au point de vue de la production du sulfate ferreux, est intimement lié avec la production du soufre.

On a recours à une véritable distillation des pyrites, dans des cornues en argile, analogues à celles des usines à gaz, mais plus petites et ne contenant guère que 30 k. Sous l'action de la chaleur la pyrite se décompose et donne lieu à un dégagement de soufre que l'on condense dans des chambres. Au bout de six heures, la distillation peut être considérée comme terminée et on a obtenu environ 19 0/0 de soufre. Il en reste dans le résidu une quantité à peu près double de celle qui a passé à la distillation. Ce résidu constitue une matière très propre à la préparation du sulfate de fer. On en forme des tas que l'on mélange avec des résidus d'une précédente lixivation, et que l'on dispose sur une couche de bois à laquelle on met le feu, de façon à déterminer la mise en marche de l'oxydation qui se continue ensuite d'elle-même.

Au bout d'un an, la masse est bonne à lessiver. Cette opération s'exécute dans de grands bassins plats, où le minerai grillé est arrosé avec de l'eau et d'où on soutire une liqueur, marquant environ 20° Bé. qu'on abandonne à la clarification et qu'on envoie à l'évaporation. On concentre jusqu'à 41° Bé environ et on coule dans des cristallisoirs.

Le lessivage laisse un résidu contenant une forte proportion d'oxyde de fer, du sulfate ferrique basique et des impuretés. Une partie sert à la préparation du *rouge anglais*, l'autre portion est mélangée avec les résidus de la distillation, pour être soumise à un nouveau grillage.

98. Procédé de Spence. — Dans ce procédé, on utilise le résidu du grillage des pyrites provenant de la fabrication de l'acide sulfurique ; il est nécessaire que les pyrites soient plus faiblement grillées et retiennent une proportion de soufre plus importante que dans la fabrication ordinaire de l'acide sulfurique où les résidus se composent principalement d'oxyde de fer.

Pour produire du sulfate ferreux avec un tel résidu, Spence le faisait digérer avec de l'acide sulfurique étendu, marquant environ 22° Bé et obtenait après 12 heures une lessive marquant environ 33° Bé, qu'il concentrait et faisait cristalliser. L'attaque des résidus par l'acide sulfurique était accompagnée d'un léger dégagement d'acide sulfhydrique.

La partie non dissoute était de nouveau soumise à l'action de l'acide sulfurique, et ainsi de suite jusqu'à obtention d'un résidu très riche en soufre, pouvant être utilisé à la production de l'acide sulfureux nécessaire au service des chambres de plomb.

On a encore indiqué d'autres modes d'utilisation des cendres de pyrite. Négrier, en particulier (*Brev. n° 217602 du 27 nov. 1891*), propose de faire passer sur cette matière chauffée à 100°, un courant d'acide sulfureux et de vapeur d'eau. La réaction commence avec élévation de température et se continue jusque 250° C.

99. Préparation du sulfate ferreux au moyen des minerais naturels. — Ce procédé, qui a été appliqué pour la première fois par Janicot pour la préparation d'un sulfate ferreux utilisé dans la teinture. à Lyon et à St-Etienne, consiste à dissoudre dans l'acide sulfurique à 40° Bé certains minerais de fer naturels, tels que le fer spathique qui se compose. pour la plus grande partie, de carbonate ferreux. associé à du carbonate de magnésie, de chaux, de manganèse. avec de la silice, de l'argile. etc. Lorsque l'attaque est terminée, on laisse reposer, on décante, et il reste un résidu composé de substances charbonneuses, d'argile, de sulfate de chaux, etc.

On peut encore traiter par ce procédé des minéraux relativement riches en calcaire, en traitant auparavant ces minerais par de l'acide chlorhydrique étendu, marquant 4° Bé. qui dissout simplement les carbonates de chaux et de magnésie sans attaquer le carbonate de fer. Le résidu est traité par l'acide sulfurique comme précédemment.

100. Préparation du sulfate ferreux au moyen du fer métallique et de l'acide sulfurique. — On obtient. au moyen de ce procédé. du sulfate ferreux très pur et d'un écoulement facile. Comme il serait peu économique d'employer des produits de bonne qualité pour cette fabrication. on utilise les résidus d'une foule d'industries. Les déchets de la fabrication des boîtes de conserves, des objets en fer blanc, les riblons des tréfileries, les copeaux des ateliers de construction, les vieilles ferrailles ramassées un peu partout. sont une matière première peu coûteuse et relativement économique. Les résidus acides des huileries, les goudrons provenant de l'épuration des pétroles, contenant environ 50 0 0 d'acide sulfurique exprimé en SO^3, les petites eaux des fabriques d'acide sulfurique sont d'un emploi très fréquent pour l'attaque de la ferraille.

L'opération se fait dans une chaudière en cuivre dont le fond est soutenu par des plaques de fonte. Cette chaudière est chauffée à feu nu avec retour des gaz chauds le long des parois verticales.

Elle est le plus souvent rectangulaire. à angles arrondis. Les gaz et les vapeurs dégagés pendant l'opération sont dirigés sous une cheminée.

On introduit dans cet appareil l'acide sulfurique, au besoin étendu d'eau. On chauffe et on ajoute de la ferraille. On remue la masse le plus souvent possible. Quand l'attaque est complète on soutire, on laisse déposer et on envoie la liqueur claire à la cristallisation.

D'après W. P. Thompson (*Mon. Scient. Quesn.*, ann. 1889. p. 167 ; d'après. *Journ. of the Soc. of chem. ind.* et d'après *Chemische industrie*), on peut utiliser avec profit les goudrons résiduaires de la fabrication des pétroles, en produisant d'un côté du sulfate ferreux et de l'autre une sorte de bitume susceptible de recevoir diverses applications

Le procédé en question a été indiqué par Rave. Le goudron acide, qui représente parfois 25 0 0 en poids du pétrole raffiné, est malaxé avec une quantité de tournure de fer suffisante pour saturer tout l'acide. Après un certain temps l'attaque est complète. On traite alors par l'eau bouillante pour séparer les goudrons du sulfate ferreux.

Ces goudrons présentent l'aspect et les propriétés du bitume. On peut les épaissir en les chauffant dans un appareil de distillation.

101. Procédé Buisine. — Ce procédé est basé sur le même principe que le procédé de Spence, dont il diffère d'ailleurs notablement dans l'application.

En principe, le procédé Buisine pour la fabrication du sulfate ferreux, consiste dans le traitement de la pyrite incomplètement grillée par de l'acide sulfurique concentré et chaud. Ce grillage incomplet de la pyrite a pour but de ramener le bisulfure de fer à l'état de sulfures moins riches en soufre, qui sont plus facilement attaquables par l'acide sulfurique.

Le bisulfure de fer n'est attaqué par l'acide sulfurique qu'à la température de 250° environ en donnant du sulfate ferreux et de l'acide sulfureux, tandis que les sulfures inférieurs sont attaqués à une température voisine de 100-110°, inférieure à celle où l'acide sulfurique agit sur le soufre pour donner de l'acide sulfureux.

La pyrite de fer incomplètement grillée est un mélange de Fe^2O^3, des sulfures FeS, Fe^2S^3, Fe^3S^4, avec un peu de pyrite FeS^2 non oxydée.

Lorsqu'on traite ce mélange par l'acide sulfurique concentré et chaud, on obtient : avec le peroxyde de fer, du sulfate ferrique, et avec les sulfures, du sulfate ferreux, de l'hydrogène sulfuré et du soufre d'après les équations suivantes :

$$Fe^2O^3 + 3(SO^4H^2) = (SO^4)^3Fe^2 + 3H^2O$$
$$Fe^2S^3 + 2(SO^4H^2) = 2\,SO^4Fe + 2(H^2S) + S$$
$$FeS + SO^4H^2 = SO^4Fe + H^2S$$

Mais l'hydrogène sulfuré réagit sur le sulfate ferrique pour donner du soufre et du sulfate ferreux.

$$(SO^4)^3Fe^2 + H^2S = 2(SO^4Fe) + S + SO^4H^2$$

et s'il y a excès d'hydrogène sulfuré, celui-ci est décomposé par l'acide concentré et chaud.

$$3(H^2S) + SO^4H^2 = 4S + 4(H^2O)$$

En définitive, les produits de l'opération sont donc uniquement du soufre et du sulfate ferreux.

On retrouve à l'état de liberté la totalité du soufre contenu primitivement dans la pyrite incomplètement grillée. Quand cette pyrite renferme au moins 10 0/0 de soufre, il se forme assez d'hydrogène sulfuré pour réduire tout le sulfate ferrique qui s'est produit en même temps ; mais lorsque la pyrite incomplètement grillée renferme moins de 10 0/0 de soufre on obtient un mélange de sulfate ferreux et de sulfate ferrique, mélange dans lequel le sulfate ferreux est d'autant moins abondant qu'il y avait moins de soufre dans ladite pyrite.

D'où il résulte que pour obtenir seulement du soufre et du sulfate ferreux, il convient de n'opérer qu'avec de la pyrite incomplètement grillée renfermant au moins 10 0/0 de soufre.

Quant à la pyrite, c'est-à-dire au bisulfure de fer restant non oxydé dans la masse incomplétement grillée, elle ne réagit pas sur l'acide sulfurique dans les conditions où on est placé, aussi la retrouve-t-on intégralement dans le résidu de l'opération et elle est repassée au four. Le bisulfure de fer n'est, en effet, attaqué par l'acide sulfurique que vers 250° et, comme on le verra plus loin, on ne dépasse pas 180°.

Le mode opératoire est très simple et ne nécessite aucun matériel spécial, en dehors de celui couramment en usage dans les usines de produits chimiques.

On commence par griller incomplétement la pyrite dans les fours ordinaires (du système Malétra par exemple), en utilisant l'acide sulfureux formé, pour le service des chambres de plomb ; la pyrite crue qui contient de 50 à 52 0/0 de soufre est ainsi amenée à n'en renfermer que de 10 à 35 0/0 environ. Puis on fait agir, sur cette pyrite incomplétement grillée, de l'acide sulfurique concentré, à 60° Baumé, dans la proportion approximative suivante : 100 à 125 parties en poids d'acide sulfurique pour 100 parties de pyrite incomplétement grillée.

L'appareil consiste en une capsule en fonte, couverte de façon à pouvoir être mise en communication avec un laveur, une colonne à coke par exemple, et chauffée par un foyer inférieur.

En chauffant on voit se produire vers 100° une réaction assez énergique, et la température s'élève vers 150°-180° environ, point où on la maintient un certain temps, 1/4 d'heure à 1 heure par exemple.

Pendant cette attaque, il se dégage de la vapeur d'eau qui entraîne avec elle un peu de soufre et des traces d'acide sulfureux et d'hydrogène sulfuré qui sont retenues par le laveur.

Le produit brut de la réaction est ensuite repris par l'eau chaude, ce qui donne une solution, laissant déposer simplement par le refroidissement des cristaux de sulfate ferreux.

Quant au résidu insoluble dans l'eau, il contient à l'état de liberté, la presque totalité du soufre que renfermait la pyrite incomplètement grillée et on peut le séparer soit par fusion, soit par distillation, soit par un lavage au sulfure de carbone.

On peut ainsi transformer tout le fer de la pyrite en sulfate ferreux et extraire théoriquement 50 0/0 du soufre qu'elle contient, le reste du soufre étant nécessaire à la production de l'acide sulfurique qui intervient dans la réaction.

Le soufre ainsi obtenu en proportion importante comme résidu de la fabrication du sulfate ferreux diminue d'autant le prix de revient du produit qui est ainsi réduit à son minimum.

On comprend que le grillage incomplet de la pyrite peut être avantageusement remplacé dans certains cas, par une distillation en vase clos, comme nous l'avons indiqué précédemment, qui conduit au même résultat et qui permet de recueillir par condensation la portion du soufre qu'il est nécessaire d'enlever à la pyrite pour l'application de la réaction.

Dans le cas particulier où la pyrite traitée est cuivreuse, le procédé que nous venons d'indiquer conduit à l'obtention comme produit brut de la réaction, d'un mélange de soufre, de sulfate ferreux et de sulfate de cuivre, dans lequel le soufre entre pour une proportion plus ou moins grande, qui dépend de la richesse en soufre de la pyrite incomplètement grillée.

Ce mélange peut être utilisé tel quel en agriculture, notamment pour le traitement de certaines maladies de la vigne. On sait, en effet, que ces trois produits sont très employés pour cet usage, soit seuls, soit à l'état de mélanges qu'on prépare spécialement dans ce but.

Il est clair en outre qu'on pourrait isoler facilement du produit brut, s'il y avait intérêt à le faire, le soufre, le cuivre et le sulfate ferreux.

C'est là une application intéressante de la pyrite de fer dont on connaît déjà l'importance considérable dans l'industrie des produits chimiques.

§ 2. FABRICATION MIXTE DU SULFATE FERREUX ET DES ALUNS

A. *Traitement des schistes.*

102. Généralités. — Les schistes pyriteux, usités pour la préparation de l'alun, se composent pour leur masse principale, d'argile et de quartz, avec une proportion variable de feldspath, à un état de décomposition plus ou moins avancé ; à ces matières sont jointes, de la pyrite, de la potasse, de la chaux et de la magnésie, des matières charbonneuses.

Leur coloration est le plus souvent foncée, noirâtre ou brunâtre, parfois bleuâtre.

Ils ont été rencontrés plus particulièrement en Suède, en Norwège, en Belgique, dans la Tarentaise, à Whitby (Yorkshire), à Glasgow en Écosse ; il en existe également à Lautenthal dans le Harz et dans quelques localités de la Thüringe, en Westphalie etc.

Les gisements sont surtout situés entre les grès les plus anciens et les calcaires à orthocératites du système silurien, ou dans le terrain carbonifère (Knapp, *Traité de chimie technologique*, Trad. Merijot et Debize).

La composition de ces schistes est assez variable. Les analyses suivantes (Knapp, *loc. cit.*), donnent la composition de quelques-uns de ces produits :

Éléments dosés	Schistes de :		Éléments dosés	Schistes de :	
	Garnsdorf	Wetzelstein		Garnsdorf	Wetzelstein
Sulfure de fer............	7,53	10,17	Silice...............	50,07	52,20
Silice................	0,06	0,10	Alumine...............	8,90	17,90
Oxyde ferrique........	0,97	2,47	Oxyde ferrique........	1,30	3,37
Alumine..............	1,83	3,17	Magnésie..............	1,00	1,13
Chaux...............	0,40	1,00	Chaux................	traces	traces
Magnésie.............	traces	1,02	Charbon..............	22,83	0,80
Partie soluble dans les acides.................	10,79	17,93	Partie insoluble dans les acides...............	84,10	75,40

Éléments dosés	Schistes de Whitby	
	Couche supérieure	Couche inférieure
Sulfure de fer...........................	4,20	8,50
Silice...................................	52,25	51,15
Oxyde ferreux...........................	8,49	6,11
Alumine.................................	18,75	18,30
Chaux...................................	1,25	2,15
Magnésie................................	0,91	0,90
Acide sulfurique........................	1,37	2,50
Potasse.................................	0,13	traces
Soude...................................	0,20	
Charbon.................................	2,68	2,00
Eau.....................................	traces	traces
Manganèse et chlore.....................	4,80	0,09
Perte...................................	»	»

Éléments dosés	Schistes d'Hurlet	Schistes de Campsie		
		Couche supérieure		Couche inférieure
Sulfure de fer.................	11,13	40,52 (2)	38,48 (4)	9,63
Alumine.......................	26,96	11,35	11,64	18,91
Silice.........................	48,28	15,40	15,40	»
Oxyde ferreux.................	3,72	»	»	»
Chaux.........................	2,38	1,40	2,22	»
Magnésie......................	traces	0,50	0,32	»
Potasse.......................	0,24	0,90		»
Matières organiques	7,69 (1)	29,93 (3)	31,93 (5)	»
Total.............	100,40	100,00	99,99	»

(1) Et eau.
(2) 22,36 de soufre et 18,16 de fer.
(3) Y compris les pertes et 0,15 de manganèse.
(4) 23,44 de soufre et 15,04 de fer.
(5) Y compris les pertes.

Généralement, en dehors du sulfure de fer, la partie soluble dans les acides ne représente qu'une faible fraction de la masse totale de ces schistes.

Récemment extraits, ils ne cèdent à l'eau qu'une très minime quantité d'éléments solubles parmi lesquels ne figure aucun sel d'aluminium ou de fer.

Les schistes, surtout lorsqu'ils sont riches en sulfure de fer, s'effleurissent à l'air et se délitent. Ce phénomène, qui d'ailleurs est la base de leur traitement, est dû à la présence de la pyrite qui absorbe l'oxygène de l'air, se transforme en sulfate de fer et donne de l'acide sulfurique qui, se portant sur l'alumine de l'argile en présence, donne du sulfate d'aluminium.

103. Effloresence et grillage. — Cette opération a pour effet de transformer la majeure partie du soufre contenu dans les schistes, en sels de fer et d'aluminium.

On commence par disposer, sur une aire plane et garnie d'argile battue, une couche de combustible, soit des fagots, soit des branchages mêlés de charbon menu, en ayant soin de ménager des carnaux dans la masse.

Ceci fait, on vient déverser le minerai, puis on met le feu aux fagots. Lorsque la masse est bien enflammée, on ajoute de nouvelles doses de schistes, jusqu'au moment où on juge que la masse est suffisante. A ce moment, on ferme les ouvertures qui avaient été ménagées pour l'accès de l'air et on garnit les tas d'un revêtement de minerai déjà lessivé. Cette opération a pour effet de diminuer la combustion de la masse, de régulariser l'oxydation et de s'opposer au départ des acides sulfureux et sulfurique qui tendent à se dégager.

Des injections d'eau à la surface, fréquemment répétées, concourent à maintenir la température à un point convenable et à rendre la décomposition aussi complète que possible.

Dès que l'oxydation est terminée, et après un séjour prolongé en tas, le minerai est bon à lessiver. Il contient une grande quantité de matières solubles, composées principalement de sulfates de fer et de sulfate d'aluminium.

L'analyse suivante (Knapp, *loc. cit*). donne la composition des schistes oxydés d'Hurlet et de Campsie.

Eléments dosés	Partie insoluble	Eléments dosés	Partie soluble
Silice	36,79	Acide sulfurique	8,87
Alumine	14,34	Alumine	2,08
Oxyde ferrique	21,53	Oxyde ferrique	1,68
Chaux	2,91	Chaux	1,19
Magnésie	traces	Eau	10,94
	75,57		24,76

104. Lessivage. — Le lessivage du minerai s'effectue dans de grandes caisses, munies de fonds perforés.

La surface filtrante est constituée par des lambourdes, sur lesquelles sont posées des lattes, puis un lit de roseau. Sur ce fond on charge le minerai grillé, sur une hauteur de 0 m. 35 environ et on amène le liquide destiné au lessivage. On laisse ce liquide en contact au moins pendant une nuit. On fait d'abord passer des eaux-mères provenant de la cristallisation de l'alun, puis de l'eau pure.

Les lessives brutes sont emmagasinées dans des citernes où elles laissent déposer la majeure partie de leurs impuretés, puis sont envoyées à la concentration.

105. Traitement des lessives. — Le traitement des lessives se fait différemment suivant la nature des schistes qui leur ont donné naissance. Avec les schistes de Whitby, à cause de la présence d'une assez notable quantité de magnésie, les liqueurs contiennent du sulfate de magnésie. Ces liqueurs sont évaporées dans des chaudières en plomb et amenées à la densité de 1,125 à 1,137. Dès que ce degré est atteint on laisse la masse en repos pour qu'elle se clarifie. On la concentre ensuite de nouveau, et, lorsqu'on atteint 1,25, on en prend un échantillon pour essayer son rendement en alun. Dès que, par l'évaporation, la lessive a atteint une densité de 1,4 à 1,5 suivant la teneur en sulfate de fer, on y ajoute la quantité nécessaire de chlorure ou sulfate de potassium, ou de sulfate d'ammoniaque, à l'état de solution concentrée, et on la coule dans des cristallisoirs. L'alun cristallise; les cristaux sont lavés et purifiés par des recristallisations successives.

L'eau-mère est concentrée par évaporation pour fournir successivement des cristaux de sulfate de magnésie et de sulfate de fer.

Avec les schistes d'Hurlet, la lessive ne renferme pas de sels de magnésie. L'évaporation peut se faire dans des fours à réverbère, chauffés par le dessus, car dans ce cas il ne se forme plus, à la surface du liquide, une croûte cristalline, rendant la transmission de la chaleur difficile.

Pendant cette évaporation au four à réverbère il se produit d'abondants dépôts de sels de fer basiques ou deshydratés et de sulfate de chaux.

Après concentration la liqueur est employée à la fabrication de l'alun.

B. Traitement des lignites pyriteux.

106. Généralités. — Les lignites pyriteux, encore désignés sous les noms de *terre d'alun, cendres pyriteuses, cendres de Picardie,* ont été et sont encore très employés pour la fabrication de l'alun et du sulfate ferreux.

Ils ont été utilisés en France, à partir du siècle dernier, et, tant à cause de l'abondance du minerai que de la grande régularité d'allure des gisements, on les exploita surtout dans les départements de l'Aisne et de l'Oise. Ils furent d'abord appliqués à l'agriculture, à titre d'engrais stimulants et faisaient l'objet d'un commerce considérable. C'est ainsi qu'en 1825, dans le seul département de l'Aisne, on ne comptait pas moins de 50 exploitations ou *cendrières* en activité, extrayant et oxydant les lignites en vue de leur emploi dans les cultures. Cette matière, convenablement préparée, était alors vendue à raison de 0 fr. 50 l'hectolitre (prix moyen) prise sur les lieux.

A la même époque, et dans le même département, on comptait sept usines traitant les lignites pyriteux. Sur les sept, cinq fabriquaient de l'alun et du sulfate de fer, les deux autres évaporaient simplement leurs lessives, de façon à produire des *magmas*, utilisés comme matière première par les autres établissements. Toutes ces usines, et d'autres qui furent construites par la suite, ont presqu'entièrement disparu, sauf deux qui travaillent encore actuellement.

L'établissement de ce genre le plus ancien est celui d'*Urcel* (1) encore existant. Il fut créé en 1786 par un Anglais, nommé *Chamberlain*, en vertu d'un arrêt du Conseil d'Etat du Roi, en date du 20 mai de ladite année. portant : « *qu'il est permis audit sieur* Chamberlain, *de fabriquer pendant l'espace de vingt années*, la couperose *ou* vitriol martial, *au moyen d'un secret qui lui est particulier* ».

En 1791. le concessionnaire fit l'abandon de son titre et de l'établissement qu'il avait créé à Urcel, aux frères *Moreau d'Olibon*.

Pendant près de 20 ans, on fabriqua dans cette usine une *couperose verte*, impure, ne pouvant soutenir la concurrence des couperoses dites *de Beauvais* et *anglaises*, sans se douter aucunement de la nature de cette impureté. Dès qu'on sut avoir affaire à de l'alumine, ou plutôt à du sulfate d'aluminium, et à la suite des travaux de *Vauquelin*, on fut conduit à fabriquer simultanément à l'usine d'Urcel, de la *couperose* et de l'*alun*. Cet exemple fut suivi dans d'autres usines qui furent construites à cette époque. Enfin, en 1807, le gouvernement prorogea à perpétuité le titre de concession dont la durée venait d'expirer.

Dans le département de l'Aisne, on construisit bientôt d'autres usines. La seconde exploitation a été ouverte autour de l'ancienne abbaye de *Cuissy* près de *Beaurieux* et autorisée par un acte du gouvernement, en date du 5 mai 1802.

C'est à la suite de recherches entreprises dans cette localité par un sieur *de Belly de Bussy*, pour y trouver du charbon de terre, que l'on découvrit

____

(1) Urcel est une petite localité du département de l'Aisne, située sur la grande route de Paris à Laon, à environ 10 kilomètres de cette dernière ville.

le vaste dépôt de lignites pyriteux qui existe sur une grande étendue de la vallée de l'Aisne.

L'établissement de *Cuissy*, à la suite de difficultés dans l'extraction du minerai, fut transféré, en 1822, au village de *Bourg*, à 5 kilomètres de Cuissy.

Cette usine a actuellement disparu après avoir eu une certaine importance.

Après l'usine de *Bourg* vient celle de *Chailvet* (1), qui, de même que celle d'Urcel, travaille encore actuellement. Elle fut installée et autorisée par un décret du 11 mai 1807, pour fabriquer de la *couperose*, de *l'alun*, de la *soude factice* et du *bleu de Prusse*.

Par suite du *blocus continental* et de notre état de guerre perpétuel avec les autres nations, les relations commerciales avec l'étranger étaient nulles et les soudes d'Espagne ne pouvaient entrer en France, ce qui explique pourquoi l'usine de Chailvet fut construite surtout en vue de la préparation de la soude factice. Mais à la suite du traité de 1814, cette fabrication fut arrêtée ; quant au bleu de Prusse, il n'avait jamais été l'objet d'un travail suivi.

On ne conserva donc à Chailvet que la fabrication de l'alun et du sulfate de fer.

L'usine de *Quessy*, située à 5 kilomètres de La Fère, et à un kilomètre du canal de Saint-Quentin, fut construite en 1810 et autorisée à fabriquer par ordonnance du Roi, en date du 6 mars 1819. On s'y occupa également, au début, de la fabrication de la soude factice.

A peu près à la même époque, en 1812, fut établie l'usine d'Andelain, qui a également disparu.

Cette industrie du traitement des lignites, qui prit naissance dans le département de l'Aisne, s'étendit à d'autres régions possédant des gisements analogues. Mais toutes les usines qui furent construites, à l'exception des deux que nous avons citées, ont actuellement cessé leur fabrication.

En France, l'historique technique de la fabrication n'a qu'un intérêt relatif. On ne peut guère décrire de perfectionnement au mode de traitement employé. Cependant il y a un point qu'il est intéressant de signaler. Au début, toutes les usines employaient comme combustible, soit la tourbe, soit des lignites. Ces combustibles ont été remplacés maintenant par la houille. Quant aux autres points ils ont peu ou pas changé. Somme toute les progrès réalisés ont été pour ainsi dire nuls.

La cause en est dans la situation longtemps prospère des usines, situation due à l'absence de concurrence, qui, en avilissant les prix aurait forcé les producteurs d'alun et de sulfate de fer à fabriquer plus écono-

______

(1) Chailvet est une petite localité située à 1 kilomètre Nord d'Urcel et distante de Laon de 10 kilomètres environ.

miquement. Elle existe également dans l'insuffisance de l'éducation technique des usiniers, qui se sont trouvés désarmés lors de l'arrivée des moments de crise et dans le manque d'entente entre les fabricants des divers produits alumineux, qui loin de s'unir pour lutter contre la concurrence étrangère, se faisaient la lutte entre eux.

Cette crise fut provoquée à partir de 1866, par le développement sur notre sol, d'une industrie nouvelle, celle du sulfate d'aluminium, installée par MM. Pommier, de Gennevilliers. A cette concurrence vint bientôt s'ajouter celle créée par l'expansion des diverses aluneries étrangères et l'entrée en France, à bas prix, des aluns anglais, surtout de Spence, des aluns et sulfates d'aluminium belges, de l'usine d'Ampsine, des aluns italiens de la Tolfa, etc., ces derniers venant même par la suite s'établir en France, à Rouen, où une usine fut fondée sous les robinets de l'établissement Malétra, pour le traitement de l'alunite de la Tolfa.

Les aluniers de l'Aisne qui tenaient la tête du marché crurent leur industrie perdue lorsqu'elle n'était que compromise. Voulant profiter des dernières années d'existence de leurs usines, ils haussèrent leurs prix. Cette détermination eut pour effet, comme conséquence logique, d'activer l'application, aux lieu et place d'alun, du sulfate d'aluminium, que quelques défauts de fabrication et la routine des consommateurs, empêchèrent d'abord de s'introduire dans les diverses industries.

Le résultat final fut une dégringolade des prix de l'alun et la diminution des quantités demandées par le commerce.

La lutte cependant se régularisa et un syndicat groupa une partie des producteurs français. Ce fut pour les aluniers de l'Aisne un palliatif, ce n'était pas le salut. Ils avaient heureusement, pour se soutenir, leur production de sulfate ferreux. Très faible d'abord, la consommation augmentait et, les prix se maintenant, ils purent pendant quelques années, travailler d'une façon rémunératrice.

Cela ne dura qu'un temps ; la consommation toujours grandissante du sulfate de fer, son écoulement relativement facile et, dans ces dernières années, l'établissement d'un droit protecteur sur l'alun ne purent enrayer la décadence des usines traitant les lignites. La concurrence anglaise, l'utilisation par diverses industries métallurgiques, par celle des pétroles et des huiles, de résidus ferrugineux ou acides jusqu'alors inutilisés, venant fournir au commerce des sulfates de fer plus purs, plus secs, que les produits venant des aluneries, il s'ensuivit fatalement une baisse de prix qui précipita la chute de la majorité des cendrières françaises.

Il ne reste plus actuellement que deux exploitations importantes, qui, par suite de circonstances économiques diverses, emplacement, proximité des voies de transport, puissance d'outillage, purent subsister. Ces deux usines, sises, l'une à Chailvet, l'autre à Urcel, deux communes du département de l'Aisne voisines l'une de l'autre, livrent encore annuellement au commerce, environ 2.500 à 3.000 tonnes d'alun, soit environ le 1/4 de la consommation, et 5 à 6.000 tonnes de sulfate de fer.

107. Étude du minerai. — a. Gisements. — Les lignites pyriteux sont extrêmement abondants dans certaines localités.

Dans les grandes plaines de l'Allemagne du Nord, on les rencontre très fréquemment. Il existe des gisements dans le voisinage de l'Oder, à Freinwald, à Gleissen, à Schermeisel et à Muskau ; d'autres dans le comté de Mansfeld, à Bornstedt et à Holdenstedt, et enfin à Schwemsal sur la Mulde.

En France, dans le département du Rhône il existe également des gisements de lignites pyriteux. Du reste, ces gisements sont assez répandus sur notre sol, en Picardie, dans l'Oise, les Ardennes, la Champagne, etc. C'est surtout dans le département de l'Aisne qu'ils se présentent avec le plus de régularité et de puissance et que leur exploitation est le plus facile.

Ce sont des formations stagnantes dues aux anciennes lagunes tertiaires. Si nous examinons la géologie du département de l'Aisne, nous voyons que les terrains crétacés qui occupent une grande partie de la Thiérache, la région picarde, champenoise, etc., s'enfoncent au S.-O. sous les plateaux tertiaires du Laonnois.

Ces terrains tertiaires forment par leurs assises dégradées tous les plateaux situés entre Laon et le sud du département. Ils sont disposés suivant des plans parallèles inclinés du N.-E. au S.-O., si bien que les formations qui apparaissent sur la surface des plateaux septentrionaux se trouvent de plus en plus bas sur les flancs des vallées qui découpent ces plateaux, à mesure qu'on avance vers le Sud, et finissent même par former le fond des vallées les plus méridionales. L'ensemble des couches tertiaires est disposé de la manière suivante : au bas, reposant sur la craie blanche, l'argile plastique, puis, successivement, les sables nummulithiques, les calcaires grossiers inférieurs et supérieurs, les sables et grès de Beauchamp, le travertin de St-Ouen, le gypse, les marnes et glaises vertes, le travertin de la Brie, celui de la Beauce, les sables de Fontainebleau, les argiles à meulières.

L'argile plastique que l'on voit à la surface des plateaux, en Vermandois, dont la masse provient des terrains crétacés, se trouve au contraire à la base de ceux du Laonnois. C'est qu'en effet elle a dû couvrir aussi la région de la Souche où elle a laissé comme témoignage, quelques lambeaux formant des buttes isolées, recouvertes d'épaisses couches de sables diluviens. Même à une extrémité du Laonnois, elle se superpose à une épaisse couche de sables de Bracheux, restes des couches crétacées les plus récentes, entièrement disparues du bassin de la Souche, cachées dans le Vermandois, sous l'argile plastique, mais qui reparaissent encore dans la haute vallée du Thon.

A sa base l'argile plastique présente des marnes et calcaires lacustres, exploités au sud du département (chaux hydraulique). Elle renferme les bancs lignitifères pyriteux, exploités pour la fabrication de l'alun et s'étendant sur 72 kilomètres de longueur du Catelet à Reims et 28 à 30 kilomètres de largeur entre Houblières et Goulancourt.

L'argile forme le fond des vallées de l'Aisne, de la Vesle, de la Lette. Elle est imperméable et forme le principal niveau d'eau du département.

A Chailvet, à Urcel, etc , la coupe des terrains (fig. 113), indique tout d'abord, immédiatement en dessous de la couche végétale, une couche de sable siliceux, contenant souvent des rognons de grès tendre, parfois remplacée par un banc exploitable et d'ailleurs exploité, de grès dur. Ces grès ont une flore assez remarquable et on y trouve abondamment des empreintes de feuilles de laurier, de chêne, de châtaigner, de saule, etc. La faune est représentée par des coquilles, en majeure partie des cérithes, empâtées dans le ciment siliceux

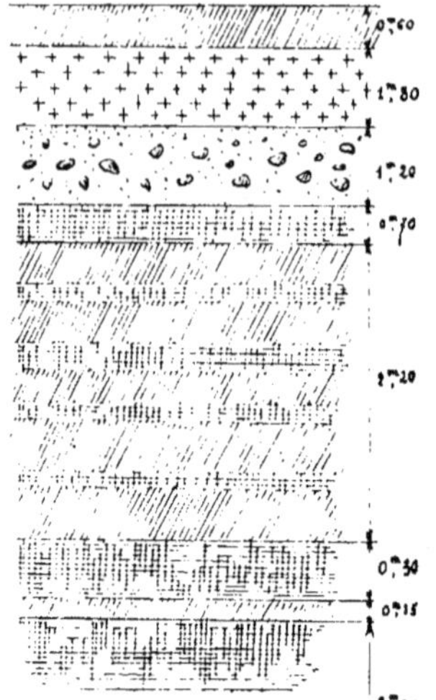

Fig. 113. — Coupe des terrains à Chailvet (Aisne).

En dessous de cette assise, vient une couche assez puissante d'un gravier coquillier très intéressant. Il est formé par l'agglomération d'une infinité de coquilles diverses, des cérithium, des mélania et surtout des ostréa belloracina dont beaucoup dans un état de conservation parfaite. Cette matière est utilisée en guise de ballast. Malgré sa haute teneur en carbonate de chaux et sa composition se rapprochant de celle des calcaires hydrauliques, des essais entrepris en vue d'en obtenir des chaux ont donné d'assez mauvais résultats.

Vient ensuite une couche très compacte de sables agglomérés par un ciment argileux et on arrive au banc exploitable.

Sa puissance est de 2 m. à 3 m. Il est constitué par des strates alternatives de lignite imprégné de pyrite et d'argile alumineuse, reposant sur une assise d'argile, puissante de 3 m. à 4 m.

La partie supérieure de ce banc d'argile est noire, chargée de matières organiques, riche en pyrite. La partie inférieure est blanche. Sa teneur en alumine oscille entre 20 et 28 0/0 ; elle est exploitée pour la fabrication des briques.

Entre le banc d'argile et le banc de lignite, se trouve une couche, renfermant une assez grande quantité de rognons de pyrite, disséminés sur un même niveau horizontal.

Les gisements ne présentent pas cependant toujours la même régularité. A Chermizy, par exemple, la couche, beaucoup plus épaisse, est beaucoup plus argileuse et contient des filons de dolomie.

b. **Composition des minerais. Propriétés.** — La composition de ces minerais est très variable selon la localité et le lieu du prélèvement. A Chailvet la cendre de naissance est très pauvre en pyrite (8 à 9 0/0), la cendre de plein banc a une teneur un peu plus élevée (12 à 15 0/0), la partie inférieure du banc est exceptionnellement riche (20 à 30 0/0).

Les chiffres suivants montrent dans quelles limites, cette composition peut osciller.

Éléments dosés	1	2	3
Eau	34,80	22,60	40,00
Pyrite de fer	23,70	30,40	9,50
Acide sulfurique	néant	traces	traces
Résidu fixe au rouge	27,00	39,00	34,60

La teneur en matières organiques est de 20 à 30 0/0. Au point de vue industriel, on peut compter sur une teneur moyenne de 15 0/0 de bisulfure de fer. A part cet élément principal, les lignites pyriteux contiennent une notable quantité d'argile, une forte proportion d'oxyde de fer combiné aux matières organiques, un peu de magnésie, de chaux, des traces d'acide phosphorique et de potasse, et 0,2 à 0,3 d'azote.

A Bornstedt on distingue trois sortes de minerais dont nous donnons ci-dessous les analyses (Knapp, *loc. cit.*).

Désignation des éléments	Minerai d'alun	Minerai de vitriol et d'alun	Minerai de vitriol
Silice	33,34	14,02	11,51
Acide sulfurique	0,27	0,67	0,77
Chlore	»	0,10	0,15
Alumine	18,73	9,65	5,24
Chaux	1,16	0,73	1,75
Magnésie	1.08	1,02	0,92
Soude	0,19	1,14	1,00
Potasse	1.78		
Oxyde ferreux	2,53	5,22	6,88
Bisulfure de fer	2,75	19,27	20,38
Soufre	2,65	1,87	3,32
Matières organiques et eau	34,63	45,64	46,93
Total	99,11	99,33	98,85

La couleur des lignites pyriteux varie du noir grisâtre au noir brillant. Ils sont plus ou moins compacts. Récemment extraits, ils n'abandonnent à l'eau aucun sulfate, à l'exception d'une minime quantité de sulfate de chaux. Ils partagent, avec les schistes pyriteux, la propriété de s'effleurir à l'air, avec dégagement de chaleur et formation de sels solubles.

Ils sont toujours plus ou moins mélangés de sable, d'argile et contiennent parfois des paillettes de mica. La présence du soufre ou de la pyrite ne peut se révéler ni à l'œil nu, ni à la loupe. Cependant on peut obtenir avec l'argile qui sépare les strates de lignite, en opérant une lévigation soigneuse, une petite quantité de grains pyriteux.

Au moyen du sulfure de carbone, on peut en séparer une petite quantité de soufre libre et des matières résineuses.

L'acide chlorhydrique, à l'ébullition, attaque le lignite pyriteux en donnant une liqueur jaune verdâtre et en produisant un très faible dégagement d'H^2S. La liqueur est surtout constituée par du chlorure ferreux avec des traces de chlorure ferrique.

Chauffés fortement les lignites pyriteux abandonnent du soufre, qui se sublime. Cette propriété est due à la présence de la pyrite.

c. **Exploitation**. — Il faut d'abord enlever le décomble. Cela se fait à la brouette ou au wagonnet. Les ouvriers, sous la conduite d'un chef terrassier, chargé en même temps de l'entretien des voies, abattent les terres à la pioche et les véhiculent dans les creux laissés par les extractions précédentes. Les terrains ainsi reconstitués sont stériles. Ce n'est guère qu'après 4 ou 5 ans, qu'on peut les reboiser.

Le service de chaque wagonnet est assuré par trois hommes. Leur salaire moyen est de 3 fr. par jour et représente par homme et par jour un enlèvement de 8 à 9 mc. de terres, comptés au cube réel du vide produit.

Le terrassement coûte donc environ 0 fr. 35 le mc.

Ce travail préparatoire s'accomplit pendant l'hiver. Dès le mois d'avril on attaque le banc exploitable. C'est un travail de terrasse qui, en raison de la plus grande compacité de la matière, est payé à raison de 0 fr. 40 le mètre cube. Comme nous l'avons vu, le banc repose sur des argiles imperméables ; aussi le travail est-il souvent gêné par les eaux. Pour y parer, on ménage sur les chantiers, une canalisation spéciale en permettant l'assèchement.

Les waggonnées de minerai sont amenées sur le sol de l'usine par rames de 5 ou 6 wagons et vidées en longs tas prismatiques parallèles, cubant 3 mc. par mètre courant, représentés en coupe fig. 114.

L'approvisionnement annuel, nécessaire au travail de chacune des usines existantes en France, étant de 10 à 14.000 mc., on conçoit qu'il faille pour le travail du minerai, un emplacement considérable.

Parfois, lorsque le décomble est trop difficile et trop coûteux, on procède aux extractions de minerai par galeries de mine. Ce système est peu recommandable, car on est forcé de laisser, en guise de piliers soutenant

Fig. 114. — Préparation du minerai.

le toit des galeries, une quantité considérable de matières utiles. De plus, avec ce système, on est souvent gêné par les eaux.

d. **Préparation du minerai.** — La préparation des lignites pyriteux, en vue de leur traitement ultérieur pour alun et sulfate de fer, présente une grande analogie avec le traitement des schistes. Par suite de la nature des divers éléments constituant ces matières, elles sont éminemment oxydables, et de fait, sous l'influence de l'aération et de l'humidité, la pyrite ne tarde pas à fixer de l'oxygène : la température s'élève considérablement à l'intérieur des tas, et si on laisse le phénomène se poursuivre, au bout de un mois à un mois et demi, la matière s'enflamme spontanément. On n'attend pas que ce point soit atteint et pour activer, et en même temps régulariser l'oxydation, on favorise l'accès de l'air en retournant les tas, en les reprenant de bout en bout à la pelle, tout en allumant de place en place de petits foyers (fig. 115) recouverts au fur et à mesure. Pour que la combustion puisse se propager, on ménage au moyen de fascines, trois cheminées d'appel.

Ce travail est payé à raison de 0 fr 10 à 0 fr. 12 le mc. et s'appelle le 1er *retenage*.

Sous l'influence de cette manutention, surtout si les conditions climatériques sont favorables, l'oxydation s'active, la combustion se propage petit à petit du centre à la périphérie, les tas se recouvrent d'efflorescences blanchâtres ou jaunâtres et il se produit un abondant dégagement de vapeur d'eau, d'acide carbonique et d'acide sulfureux. Dès que le feu a gagné la surface et que la combustion devient trop énergique, on modère la température du minerai en ignition, en plaquant à la surface des tas du minerai lessivé mouillé, et en

Fig. 115. — Allumage des tas.

injectant de l'eau dans la masse. Au bout de 3 à 4 semaines, il est nécessaire de procéder au second retenage, qui a pour effet, tout en aérant la masse, d'éteindre le feu et d'empêcher la destruction totale du sulfate de fer sous l'influence d'une température qui va toujours en croissant. On laisse alors mûrir pendant quelque temps en tas, puis, dès que la mauvaise saison s'annonce, on procède à la mise en gros tas. Ces gros tas ont 20 m. de base sur 12 m. de hauteur et, par leur masse, se défendent suffisamment contre les pluies. La cendre est alors bonne à lessiver. Cependant, il est avantageux de la laisser encore vieillir un peu ; par suite d'un complément d'oxydation et de réactions secondaires diverses, elle s'améliore, en vieillissant, d'une façon assez notable. La perte de poids du fait de la combustion est de 1/4 à 1/3.

Quelles sont donc les réactions qui sont entrées en jeu pendant ce long espace de temps et ces manutentions successives ?

L'efflorescence est due à la fixation de l'oxygène de l'air sur la pyrite avec formation de sulfate ferreux et d'acide sulfurique ; l'acide sulfurique se porte sur l'alumine de l'argile pour donner du sulfate d'aluminium suivant les réactions simples suivantes :

$$(1)\ FeS^2 + 7O + 8H^2O = SO^4Fe, 7H^2O + SO^4H^2$$
$$(2)\ 3\,SO^4H^2 + Al^2O^3 = (SO^4)^3Al^2 + 3H^2O$$

En réalité, les choses ne se passent pas d'une façon aussi simple.

Tout d'abord, une partie du soufre distille et vient former à la surface des tas de magnifiques cristallisations d'un jaune citron. D'un autre côté, la transformation de la pyrite en sulfate ferreux avec production d'acide sulfurique et, par suite, de sulfate d'aluminium, est loin de se faire avec la netteté des formules (1) et (2). La quantité d'acide sulfurique ainsi produite ne représente qu'une minime fraction du soufre de FeS^2, dont la plus grande partie se transforme en SO^3 suivant l'équation :

$$FeS^2 + 6O + 7H^2O = SO^4Fe, 7H^2O + SO^2.$$

Une fraction de cet SO^2 est perdue et se dégage dans l'atmosphère en même temps que de la vapeur d'eau et de l'acide carbonique produit par la combustion des matières organiques. L'autre portion est retenue au passage et, en présence de la vapeur d'eau, sous l'action de la cendre jouant le rôle de corps poreux, fixe elle-même de l'oxygène pour donner de l'acide sulfurique qui se porte sur l'alumine de l'argile. Ce phénomène est grandement favorisé par la présence de la vapeur d'eau, et c'est pour cette raison qu'on n'attend pas que la combustion se produise spontanément. Outre qu'elle se ferait de la surface au centre, ce qui serait mauvais au point de vue de l'utilisation du soufre, elle se produirait dans un milieu desséché, et on n'obtiendrait plus comme résultat qu'une grande quantité d'oxyde de fer ou de sous-sels insolubles et une quantité relativement restreinte de sulfate d'aluminium. L'allumage qui provoque le grillage se fait donc quand la matière est encore humide.

Le sulfate ferreux n'est pas stable ; il absorbe lui-même de l'oxygène et se transforme en sulfate ferrique soluble et en sous-sels insolubles. Lors du grillage, la chaleur est assez intense pour décomposer une partie de ces sels de fer. Il y a formation d'oxyde ferrique en même temps qu'il distille de l'acide sulfurique qui, immédiatement, se porte sur l'argile. Cette décomposition des sels de fer, s'effectuerait même d'une façon à peu près complète, si on laissait le grillage se poursuivre et si on ne l'arrêtait par le 2° *retenage*. Cette méthode était employée par les anciens aluniers, qui obtenaient ainsi des *cendres rouges*, très riches en sulfate d'alumine, mais pauvres en sulfate ferrique et surtout en sulfate ferreux.

L'oxyde ferrique, le sulfate ferrique, jouent également un rôle dans la production du sulfate d'aluminium. En raison de leurs propriétés oxydantes, ils fixent de l'oxygène sur l'acide sulfureux produit et donnent ainsi de l'acide sulfurique.

Ce n'est pas tout : le minerai, lessivé immédiatement après le grillage, fournit moins de sulfate d'aluminium que le minerai ayant longtemps mûri en gros tas. En plus du complément d'oxydation qui se produit forcément, il faut ici considérer les réactions exercées, par les sels formés pendant l'oxydation, sur l'argile en excès de la matière. En effet, le sulfate ferreux, le sulfate ferrique, réagissent à la longue sur l'alumine, avec formation du sulfate de cette base. Cette action, évidemment lente, n'en existe pas moins et il y a tout intérêt à laisser vieillir la cendre avant le lessivage.

Les réactions mises en jeu sont donc extrêmement complexes. Elles sont en tout point identiques à ce qui se passe dans le traitement des schistes, et le réglage en est très difficile. Les conditions atmosphériques sont d'ailleurs un facteur de la plus haute importance et elles varient d'une année à l'autre.

La composition de la matière prête à être lessivée doit donc varier dans des limites très étendues. C'est en effet ce qui existe ; on s'en rendra facilement compte par les analyses suivantes :

Eléments dosés	1	2	3	4	5	6	7	8	9	10	11	12
Eau	19,60	16,80	15,50	»	»	16,40	15,70	»	»	10,80	13,80	»
Sulfate ferreux [$(SO^4Fe, 7H^2O)$]	3,55	6,07	11,50	13,70	6,30	5,60	9,40	9,80	13,30	10,27	12,41	16,41
Sulfate ferrique [$(SO^4)^3Fe^2, 9H^2O$]	6,92	4,74	2,00	1,50	4,90	4,90	1,50	2,40	0,80	2,30	0,75	5,52
Sulfate d'alumine [$(SO^4)^3Al^2, 16H^2O$]	7,34	13,20	9,80	9,10	3,30	6,00	6,00	6,90	7,80	5,26	3,01	8,02
Sulfate de chaux (SO^4Ca)	1,50	»	0,73	»	»	»	»	»	»	»	»	»
Acide sulfurique (SO^3)	»	11,60	8,08	»	»	»	»	»	»	12,80	10,80	11,30
Insoluble dans l'eau	59,60	58,00	66,00	»	»	»	»	»	»	70,00	68,00	67,80

La partie insoluble est principalement constituée par des matières organiques, de la silice, de l'argile non attaquée, du peroxyde de fer, un peu de sulfates solubles, du sulfure non oxydé, etc.

Le prix de revient du minerai prêt à être lessivé est essentiellement variable selon les années. Il peut s'établir ainsi :

Pour 1 mètre cube :

Extraction et terrassement charrois, etc.	Frais d'outils	Retenages	Mise en tas	Valeur du terrain	Intérêts, amortissement des frais extraordinaires	Prix de revient par mètre cube
2 fr.	0 fr. 15	0 fr. 30	0 fr. 30	0 fr. 20	0 fr. 55	3 fr. 50

Le poids du mètre cube est d'environ 1000 k.

108. Fabrication du sulfate de fer. — Elle exige la manutention d'un volume liquide très considérable ; aussi, pour éviter des frais exagérés, a-t-on disposé les usines sur un terrain en pente, afin de permettre aux liqueurs de s'écouler naturellement d'un atelier à l'autre, le lessivage s'effectuant à la partie la plus élevée. Le plan général ci-contre fig. 116, montre la disposition d'une usine traitant les lignites pyriteux.

a. **Lessivage du minerai.** — Le minerai étant oxydé, il s'agit de séparer les sels solubles de la partie insoluble. C'est l'affaire du lessivage.

L'installation comporte :

1° Une série de bassins en pierres de taille G.G.G., à double fond formé de planches posées sur des lambourdes H.H. Sur ce double fond on pose une couche épaisse de roseaux servant de surface filtrante I.I. Chaque bassin est relié avec celui qui le suit immédiatement par une communication K, disposée de telle façon que les liqueurs venant du fond de 1 par exemple, arrivent à la surface de 2. Chacun de ces bassins, de plus, peut être mis en communication avec l'un quelconque des autres, au moyen d'une canalisation LL, destinée également à l'arrivée des liqueurs faibles servant au lessivage. Une conduite M permet d'amener de l'eau pure dans chacun de ces récipients.

A l'avant de chacun des bassins est disposé un petit réservoir NN où les liqueurs, ayant traversé la couche O de minerai, viennent s'accumuler, en passant par les ouvertures P. Ce réservoir est en communication avec l'extérieur par deux conduites. L'une, Q, sert au soutirage et, par l'intermédiaire d'une rigole R, mène les liqueurs fortes à un réservoir d'attente S. L'autre, T, sert à la vidange des liqueurs faibles, qui, en suivant la rigole U, viennent s'accumuler dans la citerne V.

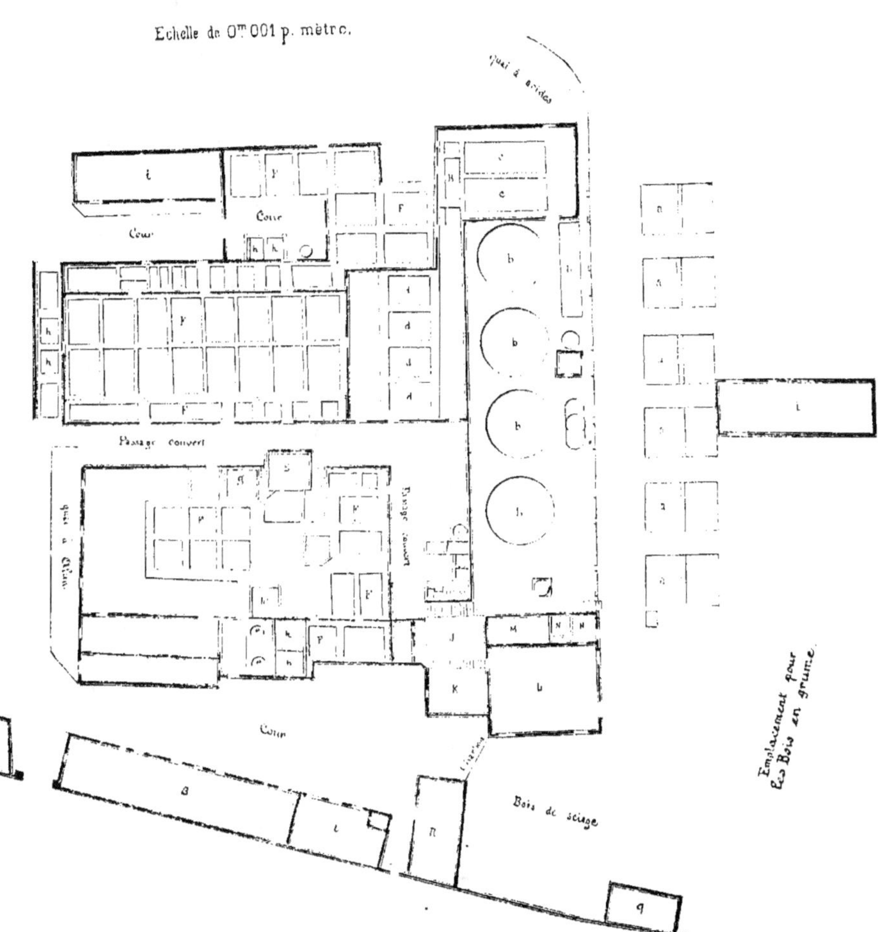

Fig. 116. — Plan général d'une usine destinée à traiter les lignites pyriteux. — a. Lessivoirs. — b. Récipients. — c. Préparateurs. — d. Chaudières en plomb. — e. Chaudières en cuivre. — F. Cristallisoirs. — g. Caisses de refonte en plomb. — h. Turbines en plomb. — i. Magasins. — j. Générateurs. — K. Machine. — L. Scierie. — M. Laboratoire. — N. Bureaux. — P. Maison d'habitation. — q. Pompe à incendie. — R. Plomberie. — S. Maisons d'habitations et bureaux (4 logements de contre-maîtres). — T. Logement du charretier. — U. Forge. — V. Charronnerie. — Une partie des magasins, la tonnellerie, l'écurie et la fosse à fumier, la grange, les logements du mécanicien et du plombier, le magasin à ferrailles, les réservoirs d'eau sont situés en dehors des limites du plan.

Toute la canalisation est formée, soit par des tuyaux en plomb, soit par des troncs d'arbres creusés, encastrés dans la maçonnerie. La circulation est commandée par des tampons en bois. Les bassins et les réservoirs sont construits en pierre de taille et, pour éviter les fuites, ils sont garnis extérieurement d'une chemise d'argile, puis d'une couche de calcaire bien battu.

2° D'une pompe ou d'un Kœrting, prenant les liqueurs faibles de la citerne V pour les remonter sur les lessivoirs.

3° De voies et d'aiguilles pour le service des wagonnets.

Le lessivage se fait à l'air libre, il est méthodique. A Chailvet, l'installation, beaucoup plus importante que ne la comporte la fabrication, est composée de huit éléments de 100 mq. de surface environ, sur 0 m. 90 de profondeur, formant deux batteries distinctes.

La charge de chaque élément est de 30 mc., répartis sur une épaisseur de 0 m. 40 environ. Le service est fait au wagonnet. Les ouvriers, payés à raison de 3 fr. 75 par jour, doivent pour cette somme amener aux lessivoirs 6 mc. de minerai, en égaliser la surface et enlever le résidu correspondant de l'élément en vidange, résidu qu'ils vont déverser au loin.

Le degré Baumé des liqueurs, au soutirage, est, en année normale, de 28° environ. Les petites eaux marquent 10° Bé. On obtient environ 600 litres de liqueur à 28° Bé par mètre cube de cendre.

Diverses circonstances, telles que la richesse du minerai, son état d'humidité, etc., peuvent faire varier le volume recueilli et la densité dans des limites assez étendues. Cependant il est rare que l'on descende fort en dessous des chiffres que nous venons de citer.

Les liqueurs à 28° Bé, recueillies dans le réservoir S, y laissent déposer l'argile et les impuretés qu'elles ont entraînées. Elles se présentent alors sous la forme d'un liquide rouge brun foncé, contenant tous les éléments solubles de la cendre et présentant par conséquent des variations considérables dans le rapport de ces éléments, suivant la nature de la cendre traitée, ainsi qu'en témoignent les chiffres suivants :

Pour un litre :

Eléments dosés	1	2	3	4	5	6	7
	gr.	gr.	gr.	gr.	gr.	gr.	gr.
Sulfate d'alumine ($(SO^4)^3Al^2$)	94 »	136 »		150 »	110 »	126 »	94 »
Sulfate ferrique ($(SO^4)^3Fe^2$)	58 »	61 »	123 »	75 »	57 »	»	46 »
Sulfate ferreux (SO^4Fe)	68 »	110 »	55,5	105 »	164 »	»	65 »
Sulfate de chaux	2,5	»	111 »	»	»	0,90	»
Résidu sec	258 »	319 »	319 »	»	»	»	»
Poids spécifique	1,215	1,263	1,263	1,290	1,213	1,274	1,230

Les résidus du lessivage sont très encombrants. On a essayé de les utili-

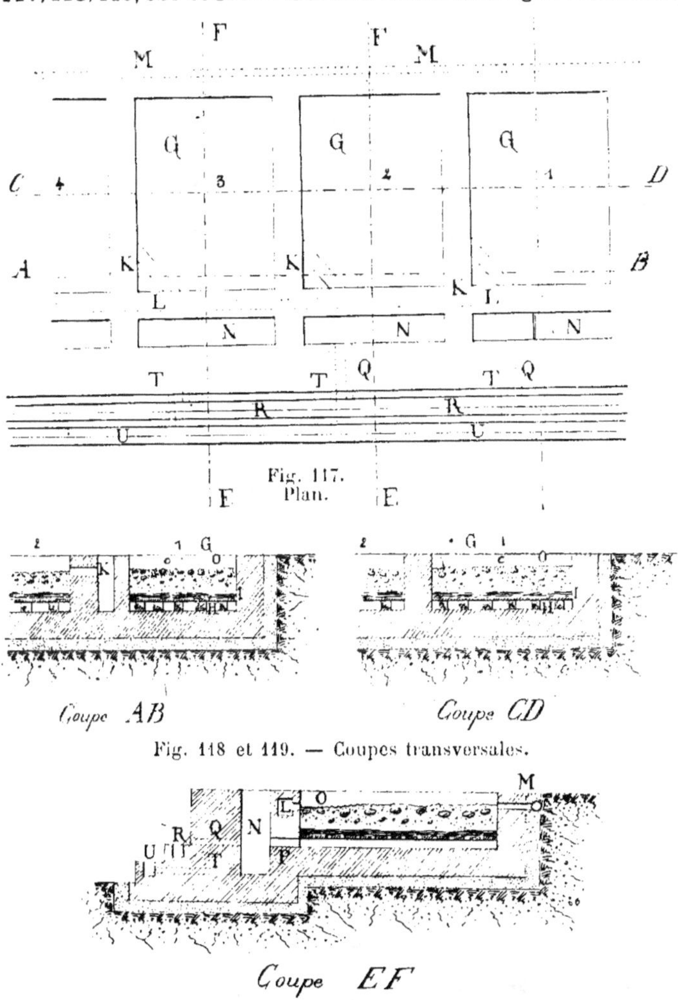

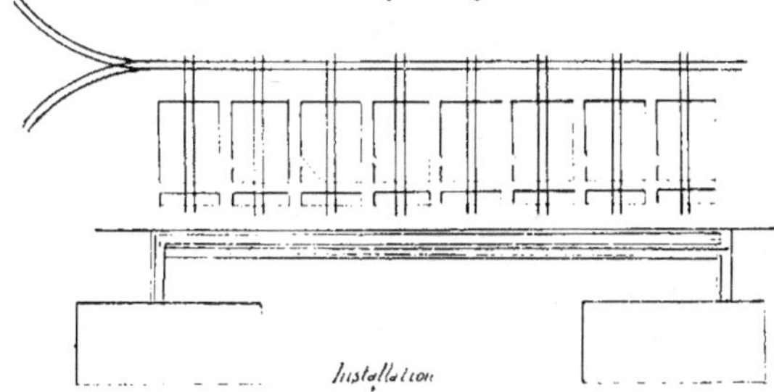

Fig. 121. — Installation générale, montrant la disposition des lessivoirs, des rigoles, des réservoirs et des voies.

ser comme combustible, pour l'évaporation des liqueurs, en les brûlant sur des grilles à injection d'air. A cause de leur pauvreté en carbone, l'évaporation marchait très lentement, pour une consommation considérable de matière ; en raison du supplément de la main-d'œuvre de chauffe, de l'énorme quantité de cendres obtenues, de la nature de ces cendres, qui, très fusibles, encrassaient les grilles, on a dû renoncer à ce mode de chauffage.

L'analyse de ces résidus de lessivage, par M. A. Vivien, de St-Quentin, a donné les résultats suivants :

Eau	25,28		
Matières organiques	18,98	Carbone	9,55
Matières minérales	55,74	Carbures volatils	9,33
	100,00		

Soufre des pyrites 2^k52
Soufre libre 0^k17
SO^3 des sulfates 2^k71

Si nous voulons calculer ce qu'un tel combustible peut dégager de chaleur, nous pouvons, pour plus de facilités, rapporter cette analyse à la composition suivante :

Eau	25,28		
Carbone	11,63		
Hydrogène	1,30	Matières organiques	18,98
Oxygène et Azote	6,32		
Soufre des pyrites	2,52		
Soufre libre	0,17		
SO^3 des sulfates	2,71	Matières minérales	55,74
Métaux et oxydes	50,34		
	100,00		

Nous pouvons alors écrire :

1° Chaleur dégagée par la combustion du carbone :

$$11,63 \times 8.080 = 93.970 \text{ C. } 40$$

2° Chaleur dégagée par la combustion de l'hydrogène, en supposant que dans les 6^k32, O et Az, il y a 4^k32 d'oxygène.

$$29.000 \left(1,03 - \frac{4,32}{8} \right) = 14.210 \text{ C. } 00$$

3° Chaleur dégagée par la combustion du soufre libre et du soufre des pyrites :

$$2.162 \times 2,69 = 5.815 \text{ C. } 78.$$

Soit au total :

Chaleur dégagée :

$$C = 93.970,40 + 14.210,00 + 5.815,78 = 113.996 \text{ C. } 18.$$

Mais il faut tenir compte des pertes :

La vaporisation de l'eau emporte une quantité de chaleur donnée par la formule :

$$Q = P (606,5 + 0,305 \times t - 9).$$

Soit, en supposant que la vaporisation se fasse à 100°, la température initiale du combustible étant 15° C :

$$Q = 25 (606,5 + 0,305 \times 100° - 15) = 15.560 \ C$$

Si nous supposons que la température de sortie de cette vapeur est de 300°, cette dernière quantité devient :

$$15.560 + 25 \times 200 \times 0,475 = 17.935 \ C.$$

0,475 étant la chaleur spécifique de la vapeur d'eau.

La décomposition des pyrites exige aussi une certaine quantité de chaleur, que l'on peut calculer approximativement, la chaleur de formation étant 750 C. pour 1 k. de soufre s'unissant au fer.

La chaleur absorbée par la décomposition sera donc de :

$$750 \times 2,52 = 1.890 \ C.$$

Il y a en tout 2 k. 69 de soufre donnant 5 k. 38 de SO^2. Il faut y ajouter le soufre des sulfates, soit 1 k. 08 donnant 2 k. 16 de SO^2. Il se produit donc en tout 7 k. 54 de SO^2. Ce gaz sortant à 300° (supposition faite pour faciliter les calculs), sa chaleur spécifique étant 0,409, le calorique perdu de ce fait sera donc de :

$$7,54 \times 0,409 (300 - 15) = 878 \ C. \ 9.$$

D'autre part, la décomposition de SO^3 demande également de la chaleur, soit :

$$\frac{2,71 \times 2.300}{8} = 77 \ C.$$

2.300 étant la différence des chaleurs de formation du soufre s'unissant à l'oxygène pour former SO^3 et de la même quantité de soufre formant SO^2.

Les 11 k. 63 de carbone produisent 42 k. 64 de CO^2, dont la chaleur spécifique est de 0,2025. La chaleur entraînée de ce fait sera :

$$42,64 \times 0,2025 \times 285 = 2.463 \ C. \ 82.$$

Les 2 k. d'azote (azote du combustible) entraînent de leur côté :

$$2 \times 0,244 \times 285 = 139 \ C.$$

Evaluons maintenant la quantité d'azote de l'air nécessaire à la combustion. Nous chercherons d'abord quelle est celle théoriquement nécessaire :

Oxygène nécessaire à la combustion de	11^k63 de carbone..	31^k01
»	»	»	0^k49 d'hydrogène.	3^k92
»	»	»	2^k69 de soufre....	2^k69
			Total...............	37^k62

Ce poids correspond à un poids d'air de :

$$P = 163 \text{ k. } 56$$

Soit :

$$Az = 125 \text{ k. } 94$$

La quantité de chaleur emportée sera :

$$125,94 \times 0,244 \times 285 = 8.789 \text{ C. } 40$$

La chaleur entraînée par l'eau résultant de la combustion de l'hydrogène est de :

$$9,27 \times 0,475 \times 285 = 1,254 \text{ C.}$$

En additionnant toutes ces chaleurs perdues on trouve :

$$17.935 + 1.890 + 879 + 77 + 2.464 + 139 + 8.789 + 1.254 = 33.427 \text{ C.}$$

Dans les conditions supposées, la combustion de 100 k. de résidus produirait : . . . . 113.996 C.

La perte par tirage est de : . . . . 33.427 C.

Il reste utilisable (combustion en présence de 1 vol. d'air) .   80.569 C.

Si la combustion s'effectue en présence d'un volume d'air plus grand, la perte par tirage augmente. Pour chaque volume d'air supplémentaire, soit, dans le cas actuel, pour chaque quantité d'air supplémentaire de 163 k. 56, la chaleur spécifique de l'air étant 0,2377, la perte par tirage augmente de

$$163,56 \times 285 \times 0,238 = 11.094 \text{ C.}$$

Pour le cas de la combustion avec 3 vol. d'air, qui est le cas le plus habituel, la quantité de chaleur disponible ne serait donc plus que de :

$$80.569 - 11.094 \times 2 = 58.381 \text{ C.}$$

chiffre très faible, quoiqu'il n'ait été tenu compte que de la perte de calorique due au tirage. Si nous voulons nous rendre compte de la quantité d'un tel combustible nécessitée par la concentration de nos liqueurs de lessivage, cela nous est maintenant facile.

Supposons que nous devions concentrer 1 mc. de liqueur à **28° B.** en l'amenant à 42° B.

La densité correspondant à 28° B. est $d = 1,2407$.
     »   »   42° B. » $d' = 1,4100$.

Soit V un certain volume de la dissolution à la densité d ; x le poids d'eau à évaporer pour arriver à la densité d' ; nous pouvons poser :

$$Vd - x = (V - x) d'$$
$$Vd - x = Vd' - x d'$$
$$V (d' - d) = x (d' - 1)$$

d'où :

$$x = V \frac{d' - d}{d' - 1}$$

Et en posant : $V = 1.000$ litres

$$x = 1.000 \frac{1,4100 - 1,2407}{1,4100 - 1} = 413 \text{ k. d'eau.}$$

Si nous appliquons la formule :

$$Q = P (606,5 + 0,305 \, t - \theta)$$

et si nous posons :

$$P = 413 \text{ k.}$$
$$t = 100^o$$
$$\theta = 15^o$$

Nous avons :

$$Q = 413 (606,5 + 30,5 - 15) = 256.886 \text{ C.}$$

représentant la quantité de chaleur théoriquement nécessaire à la volatilisation de nos 413 k. d'eau. Nous devons y ajouter ce qui est nécessaire pour porter à 100° le volume de liquide restant, soit, en supposant la chaleur spécifique de ce liquide égale à 1 :

$$587 \times 85 = 49895 \text{ C.}$$

La quantité totale de chaleur à dépenser est donc de :

$$256.886 + 49.895 = 306.781 \text{ C.}$$

Ce chiffre réprésenterait une consommation de combustible de 520 k. environ, en ne tenant pas compte des pertes.

L'utilisation des résidus du lessivage, faite de cette façon, ne paraît donc pas pratique.

b. **Verdissage des liqueurs.** — La présence du sulfate ferrique dans les lessives est nuisible. Dans les opérations subséquentes il se formerait de l'alun de fer, venant souiller l'alun potassique ou ammoniacal que l'on cherche à fabriquer. On s'en débarrasse en le réduisant à l'état de sulfate ferreux. On utilise pour cela l'action du fer et de l'acide sulfurique.

A cet effet, on amène les liqueurs emmagasinées dans le réservoir de dépôt, au moyen d'un conduit C, muni de goulottes c, dans deux bassins en pierre de taille A et B pouvant communiquer entre eux par une ouverture a, fermée en marche.

Sur le côté, est disposée une chaudière en plomb E, chauffée par deux foyers F. F. Cette chaudière est en communication avec les deux bassins par des conduits G. H., disposés comme l'indiquent les figures 122 et 123.

Un bac en plomb D, contenant de l'acide sulfurique, commande les deux bassins au moyen du tuyau bifurqué d.

Le tampon en plomb e permet d'introduire dans les liqueurs la quantité voulue d'acide, soit environ 15 à 20 k. d'acide à 60° Bé par mc. ; on ajoute alors dans les bassins des paquets de vieille ferraille et on chauffe la chaudière. Par suite de la disposition des conduits H et G, il s'établit, entre cette dernière et les bassins, des courants en sens inverse, le liquide

froid des bassins allant de A ou B vers E par G, le liquide chaud de E allant
vers A ou B par H. Le liquide des bassins s'échauffe et l'attaque de la fer-

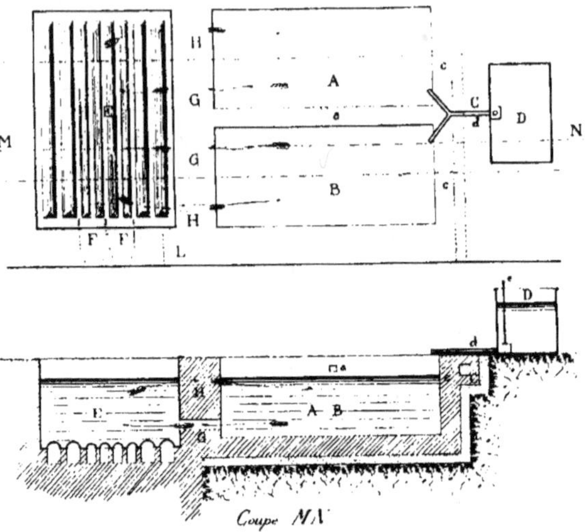

Fig. 122 et 123. — Plan et coupe de l'installation du verdissage. — A et B. Bassins de
verdissage. — E. Chaudière en plomb pour le chauffage, avec ses foyers **FF**. —
D. Réservoir à acide sulfurique. — GG, HH. Conduits mettant en communication la
chaudière et les bassins. — C. Conduit d'arrivée des liqueurs à faire verdir. —
cc. Goulottes mettant le conduit C en communication avec les bassins. — d. Tuyau
d'arrivée de l'acide. — a. Goulotte faisant communiquer les deux bassins **A** et **B**.
— L. Tuyau de sortie des liqueurs verdies.

raille se fait avec activité. La liqueur verdit de plus en plus et, au bout de
12 heures environ, quand elle ne contient plus que des traces de sulfate
ferrique, on peut l'envoyer à l'évaporation.

Ce verdissage peut aussi se faire sur la liqueur concentrée et très chaude,
et ce dernier procédé est plus avantageux que le premier quoique la conduite en soit plus délicate et plus difficile à régler.

c. **Concentration des liqueurs**. — Cette opération a une importance capitale dans l'industrie des lignites pyriteux. Les lessives marquant **27°-28°** Bé
doivent être amenées par la concentration à 40° Bé (comptés à chaud), et
si on considère qu'un mètre cube de cendre donne 600 l. de liqueur, que
ces 600 litres fournissent environ 200 l. d'eau résiduaire à 31° Bé, qui doit
subir une nouvelle concentration et ainsi de suite, on voit, étant donné le
chiffre de matières à traiter, quelle quantité considérable d'eau il faut évaporer et combien est importante la quantité de charbon nécessitée par cette
opération. De fait, la quantité de charbon brûlée, pour produire 1.000 à

1.200 tonnes d'alun et 2.500 à 3.000 tonnes de sulfate de fer, n'atteint pas moins de 1.500 tonnes dont 1.000 tonnes pour l'évaporation.

Peu de dispositions ont été essayées pour arriver à une bonne utilisation du combustible ; et, somme toute, la nature des liqueurs à évaporer, leur acidité, la facilité avec laquelle, sous l'influence un peu prolongée de la chaleur, elles donnent des dépôts très cohérents de sulfate de chaux, de sulfate ferrique basique, de sulfate ferreux déshydraté, sont des difficultés contre lesquelles il est assez difficile de lutter.

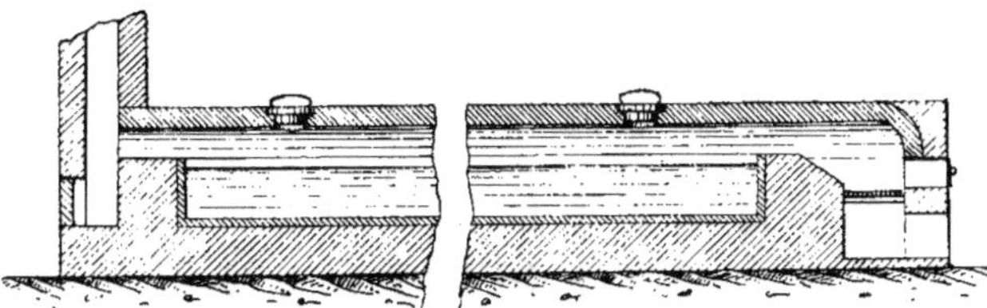

Fig. 124. — Four à réverbère pour l'évaporation des liqueurs verdies.

Les fours à réverbère adoptés en Angleterre ont été également appliqués en France. Sous leur forme la plus simple, ces appareils constituent des fours à réverbère dont la longueur est relativement très grande par rapport à la largeur et dont la sole est formée par un bassin en pierres de taille destiné à contenir la liqueur à concentrer. La voûte est très surbaissée de manière à forcer les gaz à circuler le plus près possible de la surface du liquide. Dans ces fours l'utilisation du combustible était passable ; leur principal inconvénient résidait dans l'entraînement des suies et cendres, venant souiller les liqueurs.

Les fours à réverbère ont reçu quelques perfectionnements. C'est ainsi qu'on a combiné deux bassins d'évaporation avec un seul et même foyer, comme l'indique la fig. 125, dans laquelle le bassin le plus rapproché de la cheminée est établi plus haut que l'autre et sert de réchauffeur.

Fig. 125. — Four à réverbère à double sole, pour l'évaporation des liqueurs verdies.

Les fours à réverbère ont été remplacés par des chaudières en plomb qui ont l'avantage d'être d'un entretien relativement peu coûteux, de conserver la plus grande partie de leur valeur en cas de démolition, où les liqueurs ne sont pas souillées, etc., mais qui utilisent le calorique d'une façon déplorable.

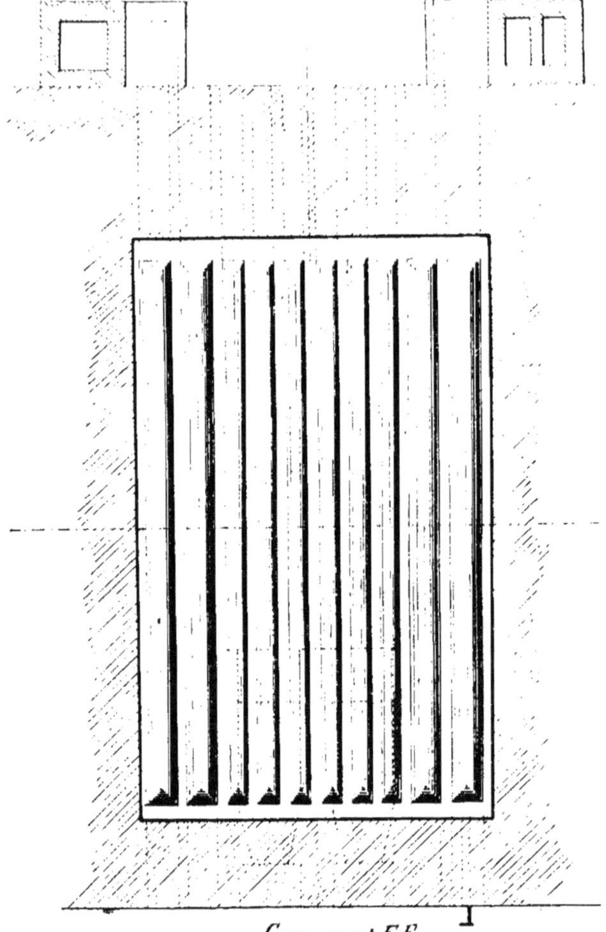

Fig. 126. — Chaudière en plomb, vue en dessus et montrant l'aspect de la paroi inférieure.

Cette utilisation ne se traduit guère que par 5 k. à 5 k. 5 d'eau évaporée par kilogramme de charbon.

Cela tient :

1° A la grande épaisseur à donner aux parois en plomb, pour qu'elles ne se déforment pas sous l'action de la chaleur et la pression des liquides ;

2° Au faible coefficient de transmissibilité de ce métal ;

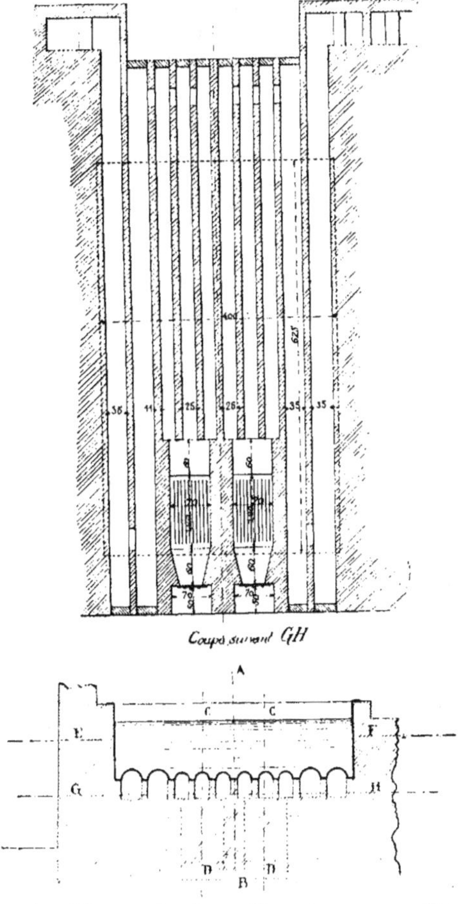

Fig. 127 et 128. — Chaudière en plomb. — Plan et coupe. — Détails des foyers et carnaux.

3° A la production d'incrustations composées de sulfate de chaux, de sulfate ferriquebasique, de sulfate ferreux déshydraté ;

4° A la viscosité des liqueurs à concentrer ;

5° A la grande surface rayonnante du liquide, conduisant à une perte de chaleur considérable.

Les dimensions des chaudières en plomb sont variables. A Chailvet, elles ont 25 mq. de surface et sont chauffées à feu nu. Le coup de feu seul est protégé par une voûte. Les gaz chauds du foyer accomplissent, sous les chaudières, un triple circuit, dans des carnaux en maçonnerie dont le plafond est constitué par les ondulations du fond de la chaudière. Le coulage des liqueurs concentrées s'effectue par l'avant au moyen de goulottes, obturées en marche par des tampons en bois. Les figures 126, 127, 128, 129 montrent comment sont faites ces chaudières dont la confection exige des plombs de 12 m/m d'épaisseur.

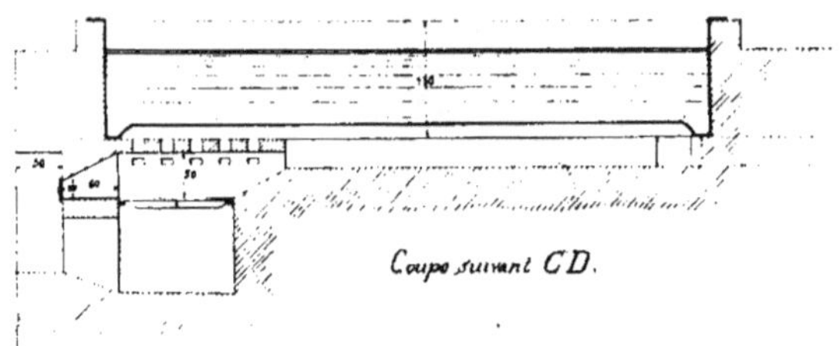

Fig. 129. — Coupe longitudinale d'une chaudière en plomb.

On a essayé à Chailvet, un système d'évaporation continue, en couches minces, au moyen d'une batterie de chaudières disposées en cascade ainsi que l'indique la figure 130. On a dû renoncer à concentrer de la sorte.

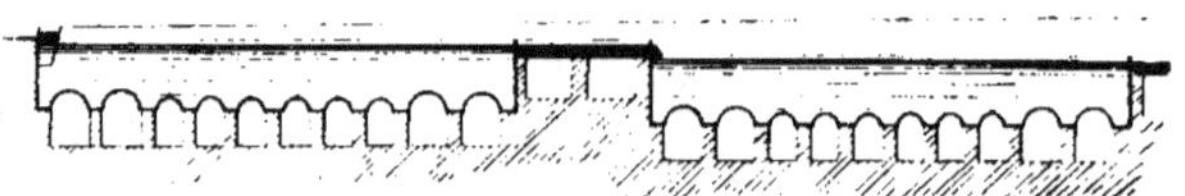

Fig. 130. — Chaudières en plomb. — Evaporation continue.

Au bout de quelques heures de marche, et par suite de la surchauffe continuelle de la chaudière de queue, il se produisait presque subitement un dépôt blanchâtre et lourd, augmentant très rapidement, faisant prise comme le plâtre dès qu'on le retirait de la chaudière. Ce précipité n'était autre que du sulfate ferreux déshydraté de la formule $SO^4Fe, 4H^2O$. Ce sel, comme nous l'avons vu, se reproduit facilement au laboratoire lorsqu'on maintient longtemps à l'ébullition une solution concentrée et légèrement acide de sulfate ferreux.

Aussitôt la concentration terminée on coule la liqueur dans des cristallisoirs de 30 mc. à 36 mc. de capacité et on la laisse refroidir.

Avec trois chaudières de 25 mq. de surface et de 1 m. 20 de profondeur, on peut couler par 24 h. environ 30 mc. à 36 mc. de liqueur concentrée, constituant ce que l'on appelle une *opération de couperose*. Ces chaudières sont mises en feu pour une période de 1 à 2 mois chaque fois, et doivent au bout de ce temps subir un nettoyage soigné et des réparations. Généralement on les reconstruit entièrement tous les deux ans.

d. **Prix de revient.** — Le prix de revient d'une *opération*, essentiellement variable, est très difficile à établir.

On peut le décomposer d'une manière approximative, de la façon suivante :

Recettes.

12.600 k. sulfate de fer à 2 fr. 75	346 fr. 50
25 mc. *eau à breveter*.	343 50
Total égal.	690 fr. 00

Dépenses.

Minerai oxydé, 60 mc. à 3 fr. 50	210 fr. 00
Lessivage	44 00
Usure du matériel, outils, entretien, huile, surveillance.	14 00
Pompages et entretien des pompes.	16 00
Charbon, 5.000 k. à 18 fr.	90 00
Frais d'évaporation	40 00
Acide sulfurique, 800 k. à 5,25	42 00
Ferraille, 800 k. à 3 fr. 75	30 00
Frais généraux et divers	148 00
Manutention du sulfate de fer, emballage, charrois.	56 00
Total.	690 fr. 00

e. **Cristallisation, épuration, emmagasinage du sulfate de fer.** — Les cristallisoirs où les liqueurs concentrées ont été envoyées sont en pierres de taille, revêtus extérieurement de glaise, puis de poudre calcaire. Ils sont enfoncés dans le sol et sont munis d'une armature formée, à la partie supérieure, d'un cadre de bois de chêne et de pièces disposées en croix, et verticalement, de poteaux également en bois. Cette armature est destinée à donner de la solidité aux parois et surtout à supporter les cristallisations de sulfate de fer, qui, pendant le refroidissement se déposent tant sur elle que sur les parois. Il est nécessaire, pour la conservation du sulfate de fer dans les magasins, que la cristallisation s'effectue en liqueur franchement acide.

Si la liqueur était neutre ou trop faiblement acidulée, le sulfate de fer obtenu ne pourrait se conserver sous une forme marchande ; il jaunirait en se recouvrant d'une couche de sel ferrique basique, sous l'influence de l'oxygène de l'air. Lorsque la liqueur est trop faiblement acide la cristallisation prend un aspect tout spécial. Au lieu de se présenter sous la forme de grains se délitant facilement, le sulfate de fer cristallise alors sous la forme de lames enchevêtrées, très dures, rendant l'extraction du sel des cristallisoirs très difficile.

On tâche, en pratique, de se tenir à une acidité libre, en SO^4H^2, d'au moins 10 gr. par litre.

Au bout de 20 à 25 jours de repos (pour des bassins de 36 m. c.) le refroidissement est suffisant. L'eau-mère est décantée au moyen de pompes en bois, très rudimentaires, formées de deux pièces s'emboîtant l'une dans

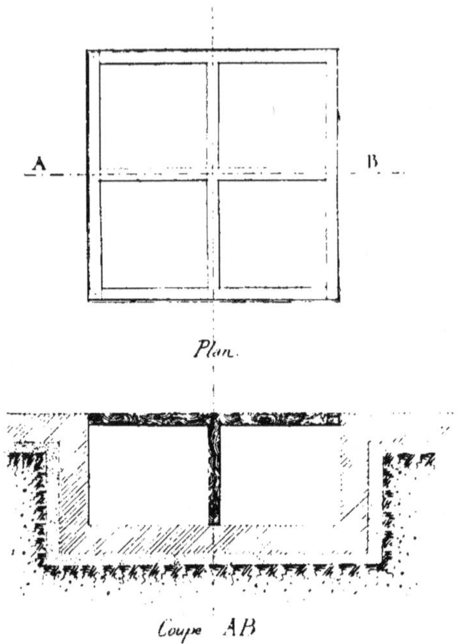

Fig. 131 et 132. — Plan et coupe d'un cristallisoir en pierres de taille.

l'autre. La pièce inférieure. d'un diamètre intérieur plus faible, s'appelle l'*aspiration*; l'autre est le *corps de pompe*. Dans le corps de pompe se meut un piston en bois, garni extérieurement de cuir pour former joint. Les soupapes sont également en cuir et alourdies par un lingot de plomb. Les fig. 133-134 rendent suffisamment compte de la disposition de ces pompes qui d'ailleurs sont appliquées aux autres pompages. On a aussi employé des pompes formées d'un alliage contenant du plomb et de l'antimoine. Ces pompes quoique d'un prix d'achat plus élevé, doivent être d'un entretien moins coûteux que les pompes en bois qui s'abîment rapidement, et doivent être plus économiques.

L'eau-mère, décantée, est envoyée dans des bacs en plomb mince, servant de réfrigérants et où se dépose encore une très notable quantité de sulfate de fer, sous forme d'une bouillie de très petits cristaux. A Chailvet, la réfrigération est complétée par le passage des liqueurs, en nappe mince, sur des plans inclinés. Ces liqueurs, dites *eaux à breveter* (1), sont emmagasinées.

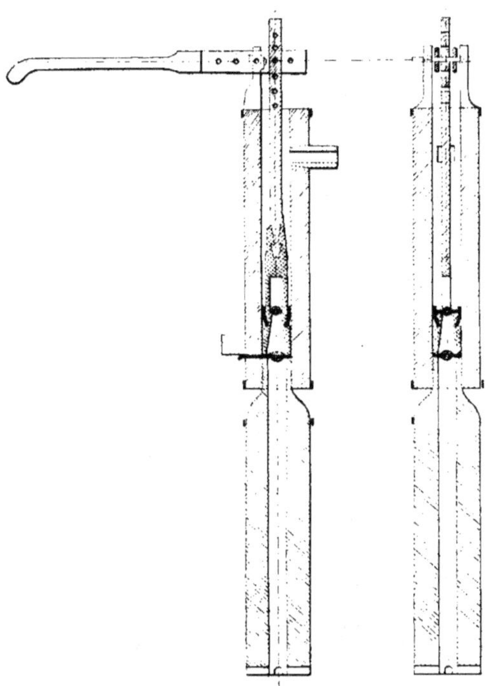

Fig. 133 et 134. — Détails d'une pompe en bois.

Les sels sont extraits des cristallisoirs par une équipe de quatre ouvriers et conduits à la brouette dans un récipient carré, à double-fond recouvert de roseaux (Voir fig. 135, 136, 137). Ces récipients sont nommés *turbines*, non pas parce qu'ils ressemblent aux turbines ou essoreuses usitées en sucrerie, mais probablement à cause de l'analogie des résultats obtenus. Une véritable essoreuse donne d'ailleurs de meilleurs résultats. On lave avec une solution saturée de sulfate de fer et on laisse égoutter 12 heures. Le sulfate de fer se purge ainsi peu à peu de son eau-mère alumineuse et on peut bientôt le conduire dans les magasins.

Ce genre de fabrication livre au commerce trois variétés de sels.

1° Le sulfate de fer déposé sur le fond des cristallisoirs, est sous la

(1) Ces liqueurs sont ainsi nommées parce qu'elles sont destinées à subir l'opération du *brévetage*, par laquelle, en ajoutant du sulfate d'ammoniaque ,on constitue l'alun.

forme de grains très petits. Il est désigné sous le nom de *petit-sel* ou encore par les deux lettres PS. Le mètre cube de PS, non tassé, pèse environ 1.050 kilos ; tassé, le mètre cube du même sel pèse 1.250 kilos.

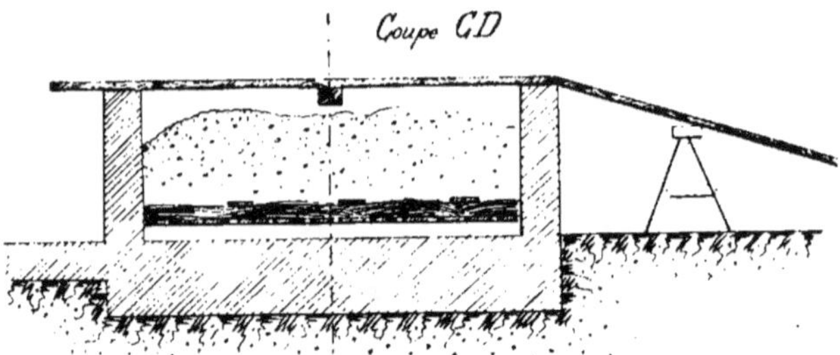

Fig. 135. — Coupe longitudinale d'un bassin a double fond (*turbine*), pour le lavage des sels.

2° Le sulfate de fer cristallisé sur les parois et sur l'armature en bois
est en cristaux plus volumineux. Il est plus pur et sa couleur est plus
belle. On le désigne sous le nom de *couperose ordinaire* ou plus simplement

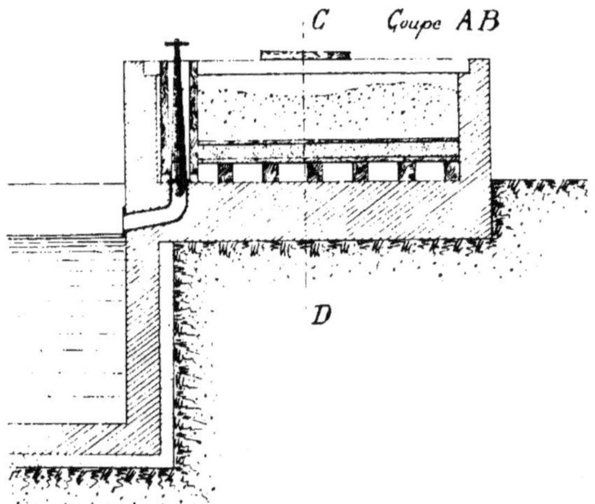

Fig. 136. — Coupe transversale d'une *turbine*.

par la lettre O. La couperose O, non tassée, pèse 900 kilos le mètre cube ;
tassée, elle pèse 1.050 kilos.

3° Le sel très fin qui s'est déposé sous la forme de magmas, dans les réfrigérants, doit subir un égouttage prolongé pendant lequel il se transforme en blocs d'une assez grande dureté. Pour mettre ce produit sous

une forme marchande, on lui fait subir un écrasage soigné en le piétinant sur une aire dallée. La poudre obtenue est impure ; elle prend le nom de couperose écrasée. Ce sel précipité, après égouttage, pèse, selon le plus ou moins de finesse des grains, de 1.350 à 1.650 kilos le mètre cube.

Ces diverses catégories de sels sont assez impures. Elles contiennent une minime quantité d'insoluble, de sulfate de chaux, de sulfate ferrique.

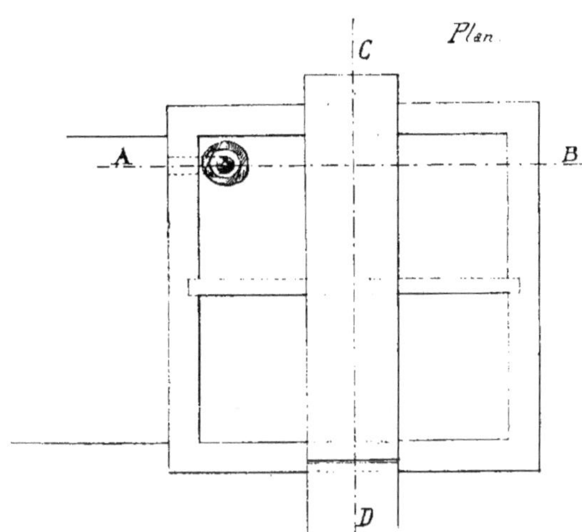

Fig. 137. — Plan d'une *turbine*.

un peu d'acide libre, de l'eau et surtout du sulfate d'aluminium, entraîné par l'eau-mère interposée entre les cristaux.

Les PS titrent en moyenne de 86 à 88 0 0 $SO^4Fe, 7H^2O$
   » O,   »   »   de 88 à 90 0/0   »   »
   L'écrasé ne contient que   82 à 85 0/0   »   »

Le sulfate de fer est livré au commerce en vrac ou en sacs, plus rarement en barriques.

f. Couperose refonte et PSR. — Les aluneries livrent aussi au commerce un sulfate de fer plus pur, titrant au minimum 96 0/0 de pur et destiné principalement aux industries de la teinture. Ce sulfate de fer, lorsqu'il est en gros cristaux, prend le nom de *couperose refonte* ; en petits cristaux, de la grosseur d'un grain de maïs, il est désigné par les lettres PSR, *petit sel refonte*.

Pour l'obtenir, on fait subir aux PS. une recristallisation. Cette opération s'effectue dans une chaudière en plomb (Voir fig. 138, 139, 140), de la contenance d'un cristallisoir, munie d'un tampon de coulage et chauffée par injection de vapeur. Cette chaudière est d'abord emplie au 1/4 avec

de l'eau pure, ou mieux, avec une solution déjà saturée de sulfate de fer.
On injecte de la vapeur et dès que la masse est chaude on jette le sel à la
pelle. On arrive ainsi à obtenir une solution à 42°-44° Bé que l'on coule

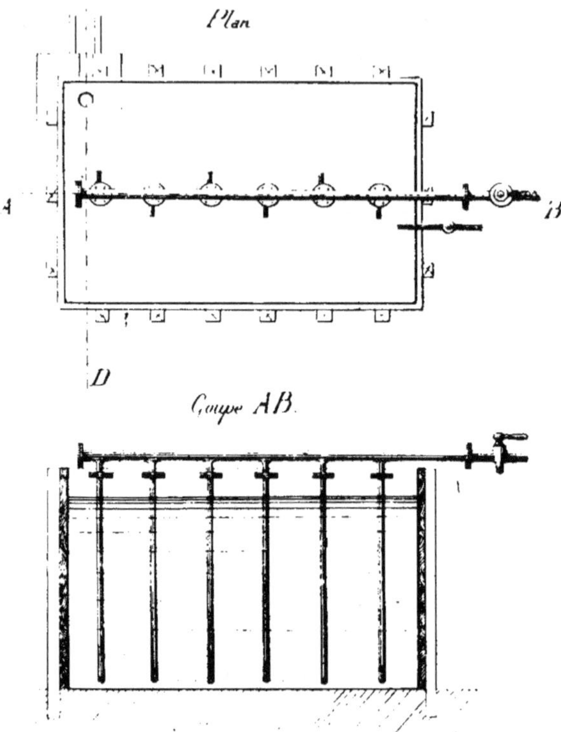

Fig. 138, 139. — Caisse à refonte de couperose.
Plan et coupe longitudinale.

dans un cristallisoir. Pour avoir une belle cristallisation et aussi pour ne
pas avoir de pertes, il est nécessaire de prendre quelques précautions.

On peut débuter en effectuant la dissolution à la température de l'ébullition ; mais, au fur et à mesure que la concentration augmente, la température doit baisser et on doit régler l'injection de vapeur de manière à
obtenir 90° à 92° C en fin d'opération. Sans cette précaution on obtiendrait
une solution trouble, par suite de la précipitation de sulfate ferreux deshy-
draté. On doit également laisser entre la fin de l'opération et le moment du
coulage un intervalle de repos de 1 heure à 1 heure 1/2, afin de permettre
aux impuretés les plus lourdes de se déposer. Pour obtenir le plus possible
de gros cristaux, le cristallisoir est garni d'une grande quantité de baguettes

en bois reliées entre elles par des barres et sur lesquelles le sulfate de fer cristallise (Voir fig. 141). On laisse la masse en repos pendant 40 à 60 jours.

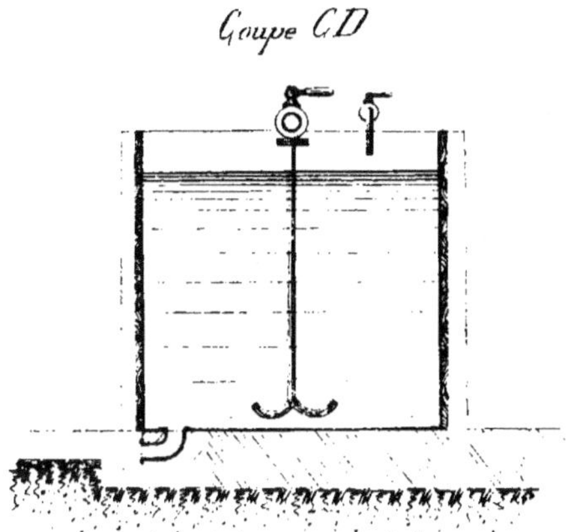

Fig. 140. — Caisse à refonte de couperose.
Coupe transversale.

Quand l'eau-mère est décantée, les sels sont piochés, lavés et criblés pour séparer les gros cristaux du PSR.

Ces variétés s'expédient surtout en barriques.

L'eau-mère, provenant de la fabrication de la *couperose refonte*, est un liquide marquant environ 32°-34° Bé. complètement saturé de sulfate ferreux, contenant une notable quantité de sulfate d'alumine, un peu d'alun et un peu d'acide sulfurique libre, avec des traces de matières organiques. A propos de cette liqueur, nous devons signaler une observation assez curieuse qu'il nous a été donné de faire.

Nous avions remarqué, pendant la saison chaude, que de l'*eau de refonte* mise à séjourner pendant un certain temps dans des récipients, se recouvrait d'une infinité de petites taches blanches, qui, peu à peu, se développaient, en prenant une coloration grisâtre, puis verdâtre, au point de former bientôt à la surface du liquide un tapis continu, épais de 5 à 6 m/m.

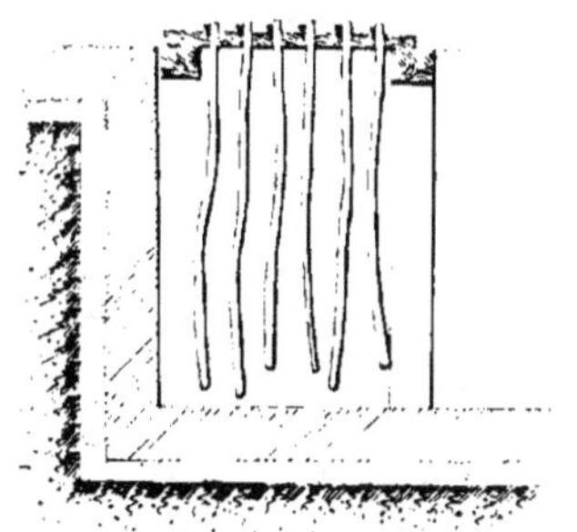

Fig. 141. — Disposition d'un cristallisoir à couperose refonte, montrant comment sont posées les baguettes destinées à servir d'amorce à la cristallisation.

En examinant au microscope une parcelle de ce voile, nous vîmes un lacis de filaments mycéliens très enchevêtrés, nageant dans un liquide où se rencontraient de petits corpuscules ovales semblables à des spores.

En examinant de nouveau après fixation, coloration par le *bleu de Kühne*, montage dans le *baume*, il nous fut possible de discerner, sortant du mycélium, de nombreux filaments sporifères, plus ou moins rameux ;

Fig. 142, 143, 144, 145. — a. Moisissure recueillie sur une *vinasse* de distillerie. — b. Moisissure recueillie sur *eau de refonte*. — c. Préparation faite au laboratoire en ensemençant *b*, sur de l'eau de refonte additionnée de sucre. — d. Préparation obtenue en ensemençant *b*, sur du bouillon gélatiné.

chaque rameau portait un bouquet de *basides* dont chacune était surmontée d'un chapelet de spores.

Ces caractères se rapportaient à une mucédinée tellement fréquente à la surface du globe qu'elle est peut-être la plus répandue, le *penicillium glaucum*.

Il nous fut facile de cultiver ce *penicillium glaucum*, au laboratoire, sur bouillon, où son développement s'effectuait en 3 ou 4 jours. Sur *eau de refonte*, sucrée ou non sucrée, le développement était beaucoup plus lent et se faisait en 15 ou 20 jours. Le végétal obtenu était dans tous les cas moins vigoureux, moins turgescent, que celui obtenu sur bouillon. En ensemençant sur *eau de refonte* des spores provenant d'un pénicillium qui s'était développé spontanément sur une vinasse de distillerie, il ne nous a pas été possible d'obtenir de culture. Il semblerait donc, qu'avant d'arriver à pouvoir végéter sur un liquide aussi chargé de sels que notre eau de refonte, le pénicillium a besoin de s'acclimater à ce milieu.

Nous avons rencontré la même moisissure sur des milieux d'une composition bien différente, sur de l'eau saturée d'alun, sur de l'eau neuve riche en sulfate ferrique, sur de l'eau à bréveter, etc., mais jamais, sur ces milieux, elle ne paraît aussi vigoureuse que sur l'eau de refonte.

Quoi qu'il en soit, c'est une particularité curieuse que nous ne pouvions passer sous silence.

109. Fabrication de l'alun. — a. **Brévetage** (1). — L'eau-mère de la cristallisation du sulfate de fer, dénommée *eau à bréveter*, est la matière première avec laquelle il s'agit de fabriquer l'alun.

Son degré Baumé est en moyenne de 36°. Elle renferme du sulfate d'aluminium, du sulfate ferreux, un peu de sulfate ferrique, de l'acide libre, dans les proportions indiquées par les chiffres ci-dessous :

Par litre Eléments dosés	1	2	3	4	5	6	7	8
Sulfate ferrique [(SO⁴)³Fe²].	28 gr 50	1 gr 80	7 gr 50	31 gr 00	12 gr 00	15 gr 00	10 gr 00	»
Sulfate ferreux (SO⁴Fe, 7H²O).	»	197 00	186 00	219 00	142 00	212 00	172 00	»
Sulfate d'aluminium [(SO⁴)³Al²].	292 00	225 00	206 00	264 00	256 00	250 00	250 00	352 00
Sulfate de chaux (SO⁴Ca).	»	»	»	»	1 00	9 00	7 00	»
Acide sulfurique libre (SO⁴H²).	»	»	»	»	»	»	10 00	»

L'eau à bréveter contient de plus une minime quantité d'alun.

Le *brévetage* peut se faire avec différents sels, soit avec le chlorure ou le sulfate de potassium, soit avec le sulfate d'ammoniaque. Quand le prix de ce dernier sel le permet, et c'est le cas actuellement, il y a tout avantage à l'utiliser; le travail est beaucoup plus beau et plus facile qu'avec le sulfate de potassium. Quant au chlorure de potassium il donne de très mauvais résultats au point de vue des rendements et, de plus, les eaux-mères chargées d'acide chlorhydrique doivent être rejetées.

La quantité de sulfate d'ammoniaque nécessaire est déterminée au laboratoire, par un essai en petit, qui s'effectue de la manière suivante :

On additionne 50 cc. d'eau à bréveter de 40 cc. d'eau pure et de 2 à 3 cc. d'acide sulfurique, puis on ajoute 7 gr. de sulfate d'ammoniaque. On chauffe jusqu'à complète dissolution et on laisse cristalliser. Le lende-

---

(1) Le *Brévetage* est l'opération pendant laquelle on forme l'alun en ajoutant à la liqueur du sulfate d'ammoniaque qui se combine au sulfate d'aluminium. D'où vient cette expression qui paraît assez bizarre ? Nous l'ignorons! Nous ne la donnons que parce qu'elle est le terme technique habituellement employé dans les aluneries.

main l'eau-mère est décantée, l'alun est lavé avec de l'eau saturée d'alun, puis séché et pesé.

On fait plus généralement ce que l'on appelle l'*essai verdi*. On commence comme précédemment par additionner 50 cc. d'eau à bréveter avec 40 cc. d'eau pure et 3 cc. d'acide sulfurique. On ajoute un ou deux clous et on chauffe légèrement. Les clous s'attaquent énergiquement et pour empêcher l'évaporation du liquide on recouvre la capsule d'une lame de verre. Dès que la totalité du sulfate ferrique est réduite, on retire l'excédent de fer, on additionne le liquide de 7 gr. sulfate d'ammoniaque et on continue comme précédemment. L'essai verdi donne toujours une quantité d'alun inférieure de 0 gr. 5 à 1 gr. à la quantité obtenue avec l'essai non verdi.

Du poids de l'alun obtenu, et sur les indications d'une table spéciale, on déduit la quantité de sulfate d'ammoniaque à ajouter à la liqueur. On peut encore, mais ce dernier procédé est moins exact, précipiter à froid, dans un tube gradué, un volume connu d'eau à bréveter par une quantité toujours la même d'une solution saturée de sulfate d'ammoniaque. On laisse le précipité se rassembler pendant quelque temps et on lit sur le tube gradué, le volume qu'il occupe.

Nous donnons cette table ci-dessous :

I				II			
En laissant libre une quantité de sulfate d'alumine correspondant à 220ᵏ d'alun par mètre cube.				En laissant libre une quantité de sulfate d'alumine, correspondant à 200ᵏ d'alun par mètre cube.			
Poids de l'essai verdi Alun =	Sulfate d'ammoniaque par mètre cube	Poids du sulfate d'ammoniaque à ajouter pour		Poids de l'essai verdi Alun =	Sulfate d'ammoniaque par mètre cube	Poids du sulfate d'ammoniaque à ajouter pour	
		30 mc.	25 mc.			30 mc.	25 mc.
23^{gr} 500	37^k	1100^k	925^k	22^{gr} 000	35^k 500	1075^k	875^k
24 000	38 500	1150	950	22 500	37 000	1100	925
24 500	40	1200	1000	23 000	38 400	1150	950
25 000	41 400	1250	1025	23 200	39 000	1175	975
25 500	42 900	1300	1075	23 500	39 900	1200	1000
26 000	44 400	1325	1100	23 800	40 800	1225	1025
26 500	45 900	1375	1150	24 100	41 600	1250	1050
27 000	47 400	1425	1175	24 600	43 200	1300	1075
27 500	48 800	1475	1225	25 000	44 400	1325	1100
27 900	50 000	1500	1250	25 300	45 300	1350	1125
28 500	51 800	1550	1300	25 800	46 800	1400	1150
				26 000	47 400	1425	1175
				26 400	48 500	1450	1200
				26 700	49 400	1475	1225
				27 000	50 300	1500	1250
				27 500	51 800	1550	1300
				27 900	53 000	1600	1325
				28 600	55 000	1650	1375

En pratique, si la richesse des eaux le permet, on prend les indications du tableau I. Ces chiffres sont relatifs à la marche au sulfate d'ammoniaque. Ils changent avec la nature du réactif cristalliseur employé.

Le rendement théorique de ces cristalliseurs n'est d'ailleurs pas le même.

— 100 kilos KCl doivent donner théoriquement 636 kilos d'alun avec décomposition de 186 kilos 400 de sulfate de fer, ou saturation d'une quantité correspondante d'acide sulfurique.

— 100 kilos SO^4K^2 doivent donner théoriquement 544 kilos d'alun.

— 100 kilos $SO^4(AzH^4)^2$ doivent donner théoriquement 686 kilos d'alun.

Le rendement pratique diffère également. Ainsi, en employant des quantités de KCl et d'SO^4K^2 correspondantes à 670 gr. d'alun, on a eu au brévetage 451 gr. avec le chlorure et 482 gr. avec le sulfate. L'alumine totale étant représentée par 56,6, on aurait enlevé, par le brévetage, dans le premier cas, 86 0/0 et dans le second 92 0/0.

En brévetant les 51 centièmes de l'alumine, on a eu les rendements suivants :

Pour 100 kilos sulfate de potasse pur, 544 kilos alun (Rendement théorique).

Pour 100 kilos chlorure de potassium pur, 597 kilos alun.

En brévetant les 54 centièmes, dans la même liqueur, le rendement a été, pour le sulfate d'ammoniaque pur, de 650 kilos.

En effectuant le brévetage au moyen du chlorure de potassium à 91 0/0 de KCl pur on a obtenu les rendements suivants :

En brévetant les 86 0/0 de l'alumine . . . . 496 alun
    »   97 0/0   »   . . . . . . 465 »
    »   la totalité   »   . . . . . . 458 »

Comme dans le travail au chlorure, ainsi que nous le verrons plus loin, on doit breveter la totalité de l'alumine, il est facile, d'après ces indications, d'établir une table, donnant le poids de chlorure à ajouter aux liqueurs, d'après le poids d'alun obtenu dans l'essai en petit.

Cette table est également facile à établir dans le cas du travail du sulfate de potasse.

On peut se baser pour cela, sur les chiffres suivants :

Avec 70 gr. de sulfate de potasse, on a obtenu 380 gr. d'alun
  »   80 gr.   »   »   » 428 gr.   »
  » 100 gr.   »   »   » 510 gr.   »

Dans le premier cas on avait breveté les 53 0/0 de l'alumine totale et le rendement du sulfate de potasse était de 543 kilos. Dans le second on avait breveté les 60 0/0 de l'alumine et le rendement obtenu était de 535 kilos alun. Enfin dans le troisième cas, on avait breveté les 71 0/0 de l'alumine et le rendement n'était plus que de 510 kilos alun.

14

Pour procéder au brévetage, les liqueurs sont amenées dans un bassin en pierres de taille A, chauffé à la vapeur. Le chauffage est obtenu au

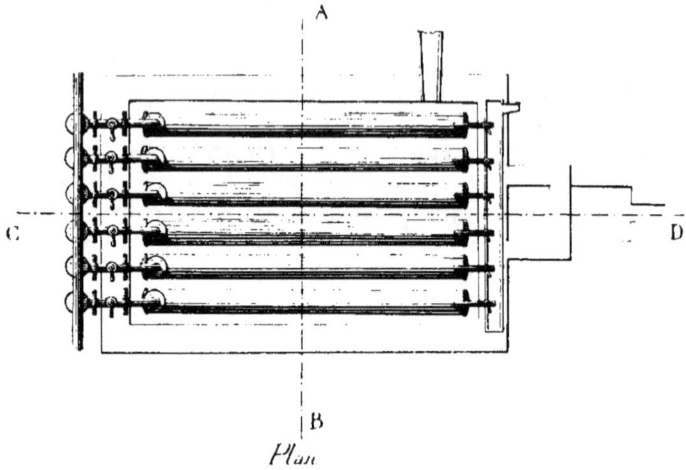

Fig. 146. — Plan de la caisse à brevetages.

moyen de gros bouilleurs en plomb B, posés sur le fond, communiquant d'un côté avec l'arrivée de vapeur et de l'autre avec une conduite C recueillant les eaux condensées. Les fig. 146, 147, 148, montrent d'ailleurs d'une manière

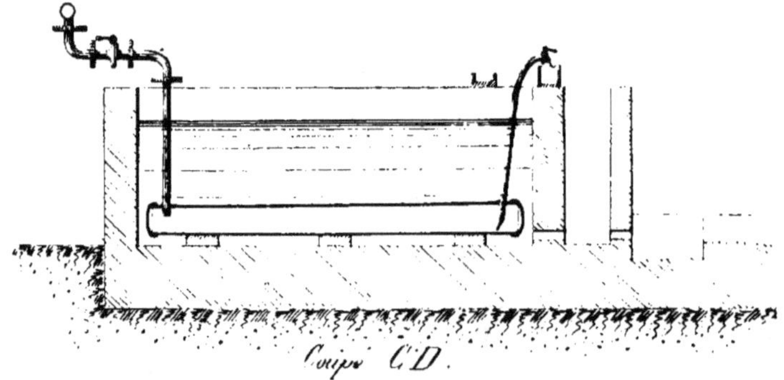

Fig. 147. — Coupe longitudinale de la caisse à brevetages.

exacte la disposition de la chaudière et de ses organes. On chauffe le liquide jusqu'à 80° ou 90° C., puis on le laisse couler dans les cristallisoirs. Pendant toute la durée du coulage, on jette le sulfate d'ammoniaque à la pelle dans le liquide. Grâce à la température, à l'interposition de chicanes produisant un brassage de la masse et à une agitation soignée faite au moyen de bâtons par des ouvriers *ad hoc*, le sulfate d'ammoniaque se dissout rapidement. Il se forme de l'alun qui cristallise au fur et à mesure du refroidissement. Le travail au sulfate d'ammoniaque est de beaucoup le plus facile. Ce sel est très soluble, l'alun obtenu cristallise avec facilité, il

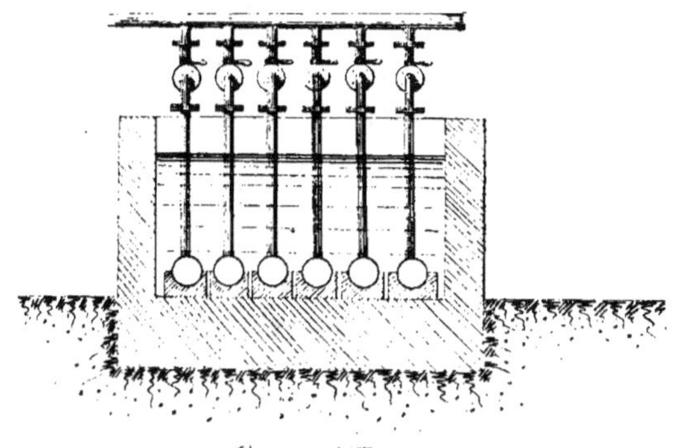

Fig. 148. — Coupe transversale de la caisse à brévetages.

se forme peu de sous-sels, etc., aussi ce travail est-il très à recommander.

La marche au sulfate de potasse est plus délicate. Il y a formation de sous-sels lors du brévetage et aussi lors de l'épuration, d'où résulte une perte notable. De plus, à cause de l'insolubilité relative du sulfate de potasse, le brévetage se fait mal et il reste souvent dans les liqueurs brévetées du sel non dissous, qui se dépose avec l'alun, d'où résulte encore une perte.

Pour ce travail, le mieux est de dissoudre à part le réactif et de l'envoyer, en solution, dans la liqueur à bréveter.

Quant au travail au chlorure de potassium, il est peu recommandable et il donne une perte de fabrication pouvant atteindre 25 0/0.

Cependant, il est des cas où il peut être économique d'employer ce sel ; c'est quand il coûte bon marché et que le prix du sulfate d'ammoniaque est inabordable.

L'eau-mère, obtenue après cristallisation de l'alun, avec cette méthode, est inutilisable. Le sulfate de fer qu'elle contient s'est transformé en chlorure par double décomposition, et il est par conséquent inutile de penser à rentrer cette liqueur en queue de fabrication. On la rejette. Aussi, pour diminuer la perte d'alun, doit-on, avant le brévetage, faire subir à la liqueur une concentration, qui réduit son volume de 1/10.

Pour obtenir du premier coup, la plus grande quantité d'alun, et contrairement à ce que l'on fait avec le sulfate de potasse ou le sulfate d'ammoniaque on brévète ici la totalité de l'alumine en solution.

Il est facile de se rendre compte de l'avantage qu'il y a à opérer de cette façon, les eaux-mères étant considérées comme perdues.

Examinons la série d'essais suivants :

Sur 50 cc. d'eau à bréveter (1).

KCl ajouté	Alun obtenu	Perte	Rendement aux 100 kilos KCl
2^{gr}.3	14^{gr}.45	1,2 0/0	628
3 0	18 45	3,3 0/0	615
3 4	20 35	5,9 0/0	598
3 7	21 40	9,0 0/0	578

Supposons que le prix du mètre cube d'eau à bréveter est de 16 fr. et le prix des 100 kilos KCl de 22 fr. On a, pour prix de revient de l'alun, déduction faite de la main-d'œuvre, les chiffres suivants :

	Valeur de l'eau à bréveter	Valeur du KCl ajouté	Prix des 100 kilos d'alun
1er Cas	16 fr.	10 fr. 12	9 fr. 00
2e Cas	16	13 20	7 90
3e Cas	16	14 66	7 60
4e Cas	16	16 28	7 55

La méthode qui consiste à bréveter la totalité de l'alumine, irrationnelle lorsqu'on emploie le sulfate d'ammoniaque ou le sulfate de potasse, est donc justifiée dans le cas du chlorure de potassium.

b. **Rendements.** — L'insolubilité de l'alun dans son eau-mère n'est que relative et varie beaucoup suivant les circonstances. Tout d'abord, il va de soi que pour obtenir de bons rendements, c'est-à-dire pour que la perte de sulfate d'ammoniaque soit faible, il faut traiter des liqueurs concentrées et le plus possible chargées de sulfate d'aluminium. C'est là une condition *sine qua non.*

Un facteur également très important est l'acidité. Il faut que la teneur en acide libre de la liqueur, soit au moins de 10 à 15 gr. SO^4H^2 par litre. Si on brévète une liqueur neutre, les rendements sont déplorables.

Nous avons neutralisé une certaine quantité d'eau à bréveter par de la chaux. Après filtration, nous avons prélevé quatre échantillons de 50 cc. Le premier a été additionné de 40 cc. d'eau pure, les trois autres ont été

(1) Eau à bréveter contenant 80 gr. d'alumine par litre.

additionnés de 40 cc. d'eau acidulée de façon à obtenir respectivement une acidité libre de la liqueur de 5, 10 et 20 gr. SO^4H^2 par litre. Les quatre essais ont été brévetés par 3 gr. de sulfate d'ammoniaque représentant 20 gr. 25 d'alun.

Les résultats obtenus sont consignés dans le tableau suivant :

	1er Essai Liqueur neutre	2e Essai Liqueur à 5gr SO^4H^2 par litre	3e Essai Liqueur à 10gr SO^4H^2 par litre	4o Essai Liqueur à 20gr SO^4H^2 par litre
Alun obtenu....	15 gr 040	18 gr 00	18 gr 400	18 gr 450
Perte sur quantité théorique.	25 72 0/0	11 11 0/0	9 13 0/0	8 88 0/0

Comme nous l'avons vu, lors du brévetage, on a soin de ne pas ajouter de sulfate d'ammoniaque en quantité suffisante pour transformer en alun tout le sulfate d'aluminium de la liqueur. On laisse toujours, par mètre cube, une quantité de sulfate d'aluminium libre correspondant à 200 ou 250 k. d'alun.

Effectivement, la solubilité de l'alun dans son eau-mère, décroît avec la teneur de cette eau-mère en sulfate d'aluminium libre, ainsi que cela résulte des essais suivants :

	Essai I			Essai II		
	a	b	c	a	b	c
Sulfate d'ammoniaque employé......	60	70	80	60	80	94
Alun correspondant.	411	480	548	411	548	644
Alun obtenu	370	415	440	397	488	524
Soit 0/0 de sulfate d'ammoniaque....	616	593	550	662	610	557
Perte.............	9,97 0/0	13,54 0/0	19,71 0/0	3,40 0/0	10,95 0/0	18,63 0/0

La présence d'une faible quantité de sulfate ferrique n'est pas nuisible ; si la dose s'élève, et atteint par exemple 30 à 40 gr. par litre, il se forme de l'alun de fer qui vient souiller l'alun ammoniacal et entraîne la perte d'une certaine quantité de sulfate d'ammoniaque

L'acide chlorhydrique est nuisible et sa présence fait immédiatement baisser les rendements dans une forte proportion.

Nous avons effectué deux essais, l'un avec 50 cc. d'eau pure, l'autre avec 50 cc. d'une liqueur renfermant 33 gr. HCl par litre. Des deux côtés, nous avons fait dissoudre 20 gr. d'alun pur et sec. Les liqueurs ont été laissées en repos pendant 12 h. à une température de 6° C.

On a obtenu les résultats suivants :

	Essai I Eau pure	Essai II Eau acidulée par HCl
Alun mis à cristalliser..............	20gr	20gr
Alun retrouvé.....................	17 210	14 480
Perte	5,58 0/0 d'eau	11,04 0/0 d'eau acidulée

De même avec les chlorures.

Un essai effectué dans les mêmes conditions que les deux précédents, avec 50 cc. d'eau pure, 20 gr. d'alun, mais additionné de 10 gr. NaCl, ne nous a laissé retrouver que 15 gr. 770, soit pour 100 d'eau une perte de 8,46 d'alun.

Cette influence de l'acide chlorhydrique explique pourquoi la fabrication de l'alun au moyen des chlorures donne de si mauvais résultats. Ainsi si on brévète 50 cc. de liqueur par des doses respectivement équivalentes de sulfate d'ammoniaque et de chlorure d'ammonium on obtient :

	Essai I avec sulfate d'ammoniaque	Essai II avec chlorure d'ammonium
Alun....................	27,500	23,500
Soit en moins avec AzH⁴Cl....	»	4,000

De même avec le sulfate et le chlorure de potassium :

	Essai I avec sulfate de potassium	Essai II avec chlorure de potassium
Alun....................	32,7	30,3
Soit en moins avec KCl.......	»	2,4

Le brévetage est donc assez délicat et demande à être suivi avec soin.

c. **Prix de revient.** — Les observations faites à propos de l'opération de couperose trouvent ici aussi leur application. Nous pouvons néanmoins établir le prix de revient du brévetage de la manière approximative suivante :

Recettes.

Alun breveté 7.425 k.
Pertes (1)   825 k.

Alun obenu 6.600 k. à 7 fr. 94..................... 524 fr. 00
15 mc. eau brevetée, rentrant à l'évaporation.... .... 150 fr. 00

Total égal...... ... . 674 fr. 00

Dépenses.

25 mc. eau à breveter......................... 343 fr. 50
Sulfate d'ammoniaque, 1.100 k. à 25 fr...... ... . 275 fr. 00
Charbon, 1.000 k. à 18 fr........... .... 18 fr. 00
Main-d'œuvre, entretien, pompages, macération de l'alun, etc. 37 fr. 50

Total.............. 674 fr. 00

110. Épuration de l'alun. — a. **Traitement de l'alun brut. Fabrication de l'alun de glace.** — Lorsque le refroidissement des liqueurs brevetées, dans les cristallisoirs, est suffisant, c'est-à-dire au bout de 15 à 20 jours, l'eau-mère, dite *eau brevetée*, est décantée. Pour compléter son refroidissement et lui faire abandonner le peu d'alun qu'elle tient en suspension, on la fait circuler dans des chicanes, puis on la rentre à l'évaporation. Ces eaux-mères marquent environ 32° Bé. Elles contiennent, en plus d'une certaine quantité d'alun, du sulfate ferreux, du sulfate d'alumine et un peu de sulfate ferrique.

Les analyses suivantes donneront une idée de la composition de ces liqueurs :

Pour 1 litre : Éléments dosés	1	2	3
Sulfate ferreux ($SO^4Fe. 7H^2O$).........	276 gr.	223 gr.	223 gr.
Sulfate ferrique [$(SO^4)^3Fe^2$]...........	6 gr. 30	4 gr.	4 gr. 50
Sulfate d'aluminium [$(SO^4)^3Al^2$]......	116 gr.	143 gr.	170 gr.

(1) En comparant le poids d'alun *fabriqué* au poids théorique que l'on devrait obtenir par le *brevetage*, on s'aperçoit que les chiffres ne correspondent pas et qu'il existe une perte très notable. Cette perte est due à la solubilité de l'alun, dont une partie reste dans les eaux brevetées et dont l'autre partie est entraînée dans les eaux-mères obtenues au cours de l'épuration. Cette perte est variable naturellement suivant la marche plus ou moins bonne du travail, mais aussi suivant les recristallisations plus ou moins nombreuses que l'on fait subir à l'alun. Pour une fabrication de moitié en *alun épuré*, l'autre moitié étant de l'*alun de glace*, cette perte oscille, en bonne marche, entre 9 et 12 °/₀ de l'alun correspondant au sulfate d'ammoniaque introduit. Nous avons supposé ici, pour établir notre compte de fabrication partiel, une perte de 11 °/₀ environ.

L'alun brut, déposé sur les parois des cristallisoirs sous la forme de cristaux brunâtres, est pioché, levé et conduit à la brouette dans des récipients spéciaux, munis de double-fond en planches (voir fig. 149).

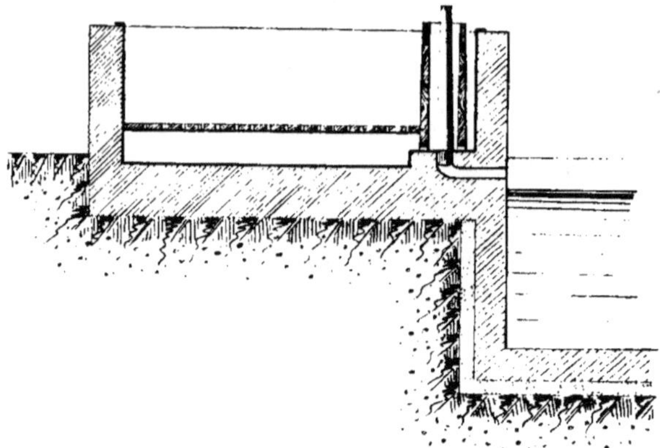

Fig. 149. — Disposition usitée pour le lessivage et l'égouttage de l'alun.

On lui fait subir trois lavages successifs avec des eaux saturées d'alun, en terminant par les plus pures, et en laissant s'égoutter entre chaque lavage.

L'eau d'alun qui sert à ces lavages provient de la recristallisation de l'alun. Elle contient de 80 à 90 k. d'alun par mètre cube et un peu de sulfate de fer. Lorsqu'après plusieurs passages sur l'alun brut elle devient par trop impure, on l'envoie au lessivage où on la mélange avec les petites eaux (1).

Les lavages ont éliminé la majeure partie de l'eau-mère entraînée et le peu de sulfate de fer qui a pu cristalliser avec l'alun. Il peut être utile de connaître d'une façon approximative, le poids d'alun pur auquel correspond un poids donné d'alun ainsi lavé et égoutté.

Ce poids est naturellement variable, mais les variations se font dans des limites assez étroites pour qu'on puisse le déterminer d'une manière empirique.

Les chiffres suivants résultent d'essais effectués sur de l'alun humide, simplement égoutté.

---

(1) Parfois, au lieu d'envoyer ces liqueurs au lessivage, on les concentre de manière à recueillir par cristallisation une partie de l'alun qu'elles contiennent. Cette opération, à cause de la grande quantité de charbon qu'il faut dépenser, est peu à recommander. Cependant il peut y avoir intérêt à l'effectuer.

N° de l'essai	Alun humide	Alun sec
1	100	81,5
2	100	82,2
3	100	80,4
4	100	77,2
5	100	83,0
6	100	83,7
7	100	77,0
8	100	82,4
9	100	80,0
Moyenne.	»	80,8

On peut donc dire que, en moyenne, 100 kilos d'alun de brévetage humide, simplement égoutté, correspondent à 81 kilos d'alun sec.

Cet alun n'est cependant pas encore assez pur pour être livré tel quel au commerce, et d'ailleurs ne se présente pas sous une forme marchande. Il faut lui faire subir une deuxième recristallisation.

Pour cela, on le redissout par injection de vapeur dans des chaudières spéciales portant le nom de *chaudières à masses*.

Ces chaudières sont de plusieurs types.

Généralement on emploie une chaudière en plomb, légèrement évasée par le haut, portant un double fond en lave ou en plomb épais.

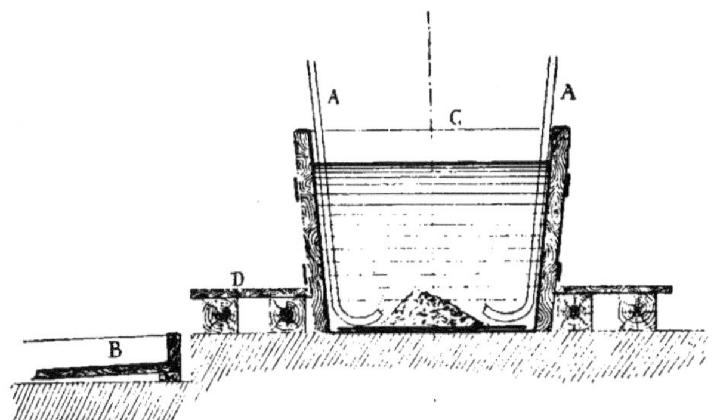

Fig. 150. — Chaudière à refonte d'alun. — C. Chaudière. — A. Tuyaux d'arrivée de vapeur. — D. Plancher. — B. Rigole menant la solution d'alun aux formes à masses.

Des tuyaux d'arrivée de vapeur descendent jusqu'au fond de la chaudière et s'y recourbent légèrement (voir fig. 150 et 151). La solution est décantée au moyen d'un syphon en cuivre représenté (fig. 152).

D'autres fois, la chaudière, au lieu d'être en plomb, est en cuivre et est
chauffée par le bas au moyen d'un foyer, l'injection de vapeur n'en exis-

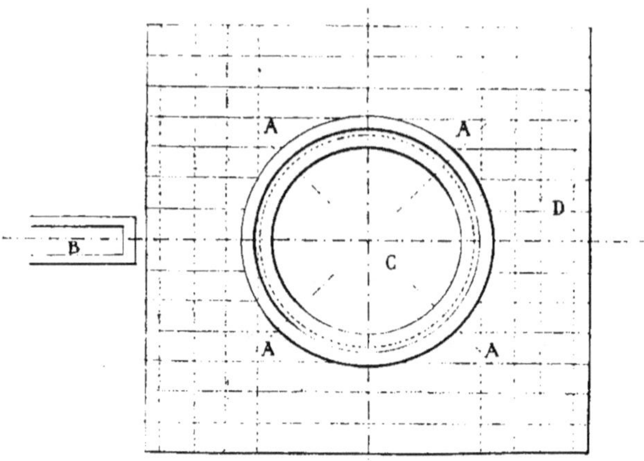

Fig. 151. — Chaudière à refonte d'alun. Plan.

tant pas moins (voir fig. 153). Cette disposition permet d'obtenir des liqueurs plus concentrées, marquant jusqu'à 43°-44° Bé.

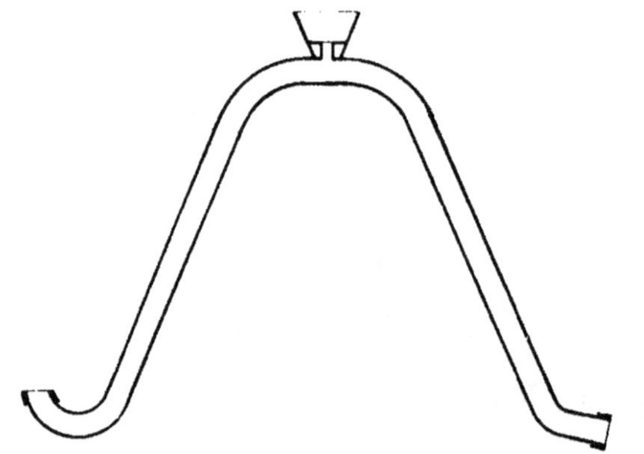

Fig. 152. — Syphon pour la vidange de la chaudière à refonte d'alun.

La capacité de ces chaudières est calculée de façon à correspondre à peu
près à une masse d'alun, soit environ 2000 à 2500 litres.

Parfois, au lieu de se servir de chaudières de cette capacité, on emploie
de grandes caisses en plomb mince, maintenues par des pièces de bois et

contenant jusqu'à huit masses, c'est-à-dire de 16 à 20.000 k. d'alun. Dans
ce dernier cas, l'alun, au lieu d'être jeté dans la chaudière elle-même, comme
cela se pratique avec les appareils que nous avons décrits précédemment

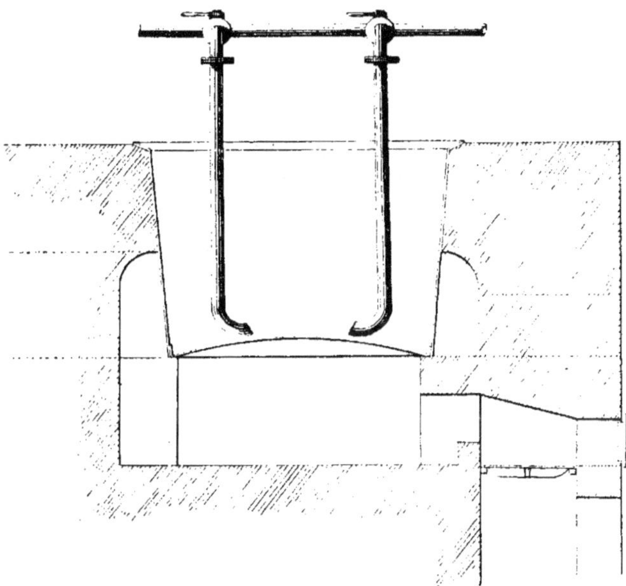

Fig. 153. — Chaudière en cuivre à refonte d'alun, avec foyer inférieur.

et où l'arrivée de vapeur produit un barbottage suffisant, est introduit
dans une sorte d'entonnoir débouchant dans un cylindre perforé, à l'intérieur duquel un tuyau de vapeur produit une agitation énergique.

Cet appareil est situé le plus généralement dans un des angles de la
chaudière (voir fig. 153, 154, 155).

Quoi qu'il en soit on opère comme suit. On commence par jeter une
certaine quantité d'alun de manière à recouvrir l'extrémité des tuyaux de
vapeur. On ouvre alors l'introduction de vapeur et on continue petit à petit l'addition d'alun en se réglant sur la vitesse de la dissolution. Dès que
la chaudière est remplie, on ferme l'arrivée de vapeur et on laisse la masse
en repos pendant une heure environ, de manière à laisser déposer les matières insolubles. La liqueur marque 40° Bé à 41° Bé avec les chaudières en
plomb, chauffées uniquement par la vapeur, et 43°-44° Bé avec la chaudière en cuivre à chauffage mixte. Dès qu'elle s'est éclaircie suffisamment,
on la soutire au moyen d'un syphon en cuivre et on l'envoie dans les for-

mes à masses. La vidange de la grande chaudière en plomb s'effectue au moyen d'une goulotte, située à environ 0 m. 20 du fond et obturée en marche par un tampon en bois.

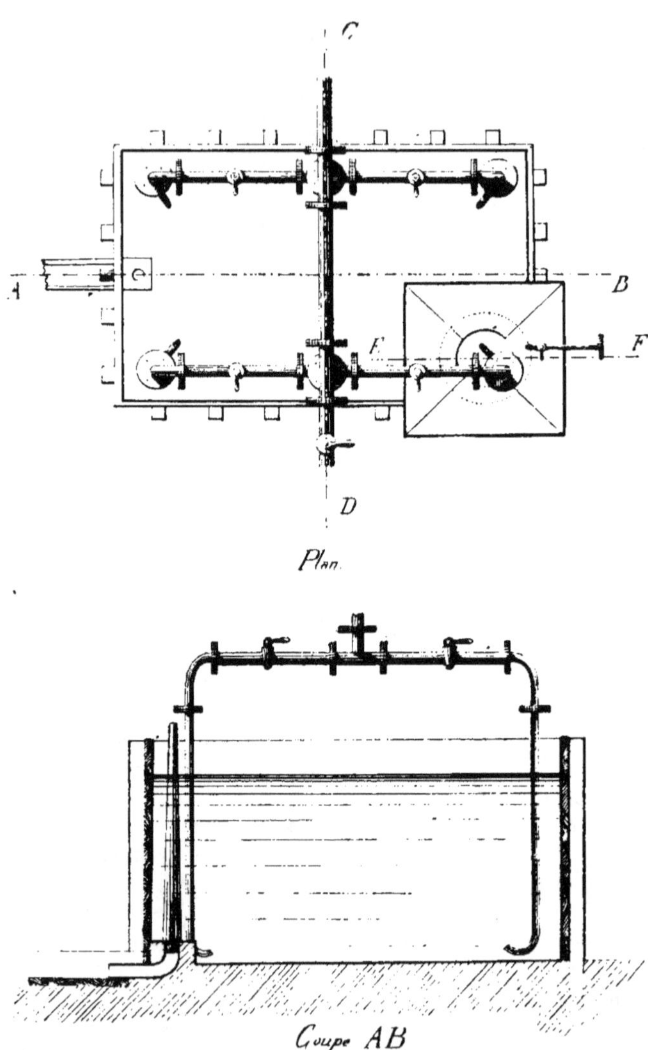

Fig. 153 et 154. — Grande chaudière à masses. Plan et coupe.

Les formes à masses, qui. selon les usines. ont une capacité de 2.000 à
2.500 litres, sont tronc-coniques (voir : fig. 156). Elles sont formées par
la juxtaposition de deux ou trois panneaux doublés de plomb mince,

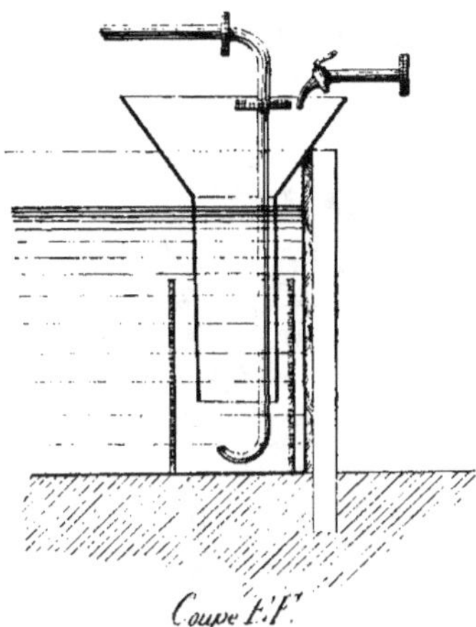

Fig. 155. — Appareil pour l'introduction de l'alun.

constitués par des douves en chêne réunies par des cercles en fer. L'étan-
chéité aux points de jonction est obtenue par le serrage des cercles, au

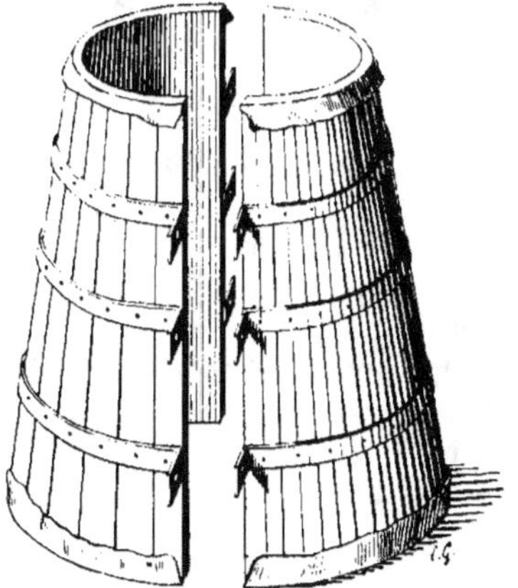

Fig. 156. — Forme à masse d'alun.

moyen de boulons et d'écrous, sur des lames de caoutchouc. Le joint avec
le sol dallé de l'atelier est luté avec de l'argile.

La forme ainsi préparée et emplie de la solution d'alun est livrée au refroidissement. L'alun cristallise rapidement sur les parois et sur le fond et, au bout d'une huitaine de jours on peut *dévêtir la masse*, c'est-à-dire enlever les panneaux de la forme. Le bloc d'alun obtenu, désigné sous le nom de *masse d'alun* (voir fig. 157), est encore laissé quelque temps en repos. Le refroidissement complet dure de 15 à 20 jours.

Fig. 157. — Masse d'alun ouverte pour montrer l'aspect de l'intérieur.

Au bout de ce temps, les parois de la masse ont atteint 25 à 30 cm. d'épaisseur et il se trouve au centre une quantité de 4 à 5 hl. d'eau-mère pour une masse de 2000 k. d'alun. Cette eau-mère marque 5° à 6° Bé; on la laisse égoutter en perforant la masse, et on l'envoie en réserve dans des récipients. C'est cette eau-mère qui sert au lavage de l'alun brut et qui, lorsqu'elle devient par trop impure est envoyée au lessivage avec les petites eaux, ou est rentrée à l'évaporation. Quand on ne veut pas les envoyer au lessivage, il y a intérêt à les concentrer séparément et non en mélange avec les eaux-neuves.

On divise alors la masse en blocs d'une certaine grosseur, en s'aidant de la hache, puis on casse ces blocs en morceaux de la grosseur du poing. On obtient ainsi l'*alun ordinaire* ou *alun de glace* du commerce.

Il s'en faut que la totalité de la masse soit constituée par de l'alun de glace. Seul, ce qui en terme de métier s'appelle le *lard*, c'est-à-dire la portion qui a cristallisé sur le pourtour de la forme, peut être considéré comme alun marchand, sauf une partie du pied, rendue grisâtre par des impuretés, qui est demandée sous cette forme par les corroyeurs qui lui donnent le nom d'*alun gris* et les parties les plus belles des déchets, qui, après passage au moulin, sont vendues sous le nom d'*alun écrasé*. Le reste, constitué par la partie la plus inférieure de la masse, chargée de matières argileuses, et par les déchets les plus impurs doit subir une nouvelle épuration.

Une masse d'alun de glace, exigeant pour sa formation 2.200 k. d'alun brut de brévetage, donne en moyenne :

Alun de glace.................	1.000ᵏ
Alun écrasé...................	260
Déchets à refondre en 1/2 AE..	600
Alun gris.....................	300
Alun dissous dans l'eau-mère ..	40
Total.......	2.200ᵏ

La transformation des déchets en alun écrasé peut se faire, soit à la main, en écrasant l'alun sur un bloc de pierre au moyen d'une masse très lourde, soit dans un moulin spécial constitué essentiellement par une noix cannelée en acier, tournant dans une couronne également cannelée (fig. 158).

L'alun est aussi vendu sous la forme de poudre fine qui s'obtient au moyen de broyeurs spéciaux.

b. Fabrication de l'alun épuré. — L'alun épuré, très pauvre en fer, ne bleuissant pour ainsi dire plus au prussiate, est réclamé par certaines industries de la teinture.

On peut l'obtenir par la refonte en masse de l'alun de glace. Cette opération s'effectue de la même façon que la transformation de l'alun brut en alun de glace et on coule en masse de la même façon.

On peut aussi l'obtenir au moyen des déchets de la fabrication de l'alun de glace ; les deux modes de faire sont employés par les usines.

Ces déchets, salis, grisâtres, parfois boueux, sont refondus à la vapeur dans une grande chaudière en plomb, semblable à celle que nous avons décrite pour la refonte de l'alun brut à raison de 8 masses à la fois.

Cette opération, dite *refonte pour 1 2 AE*, est poussée jusqu'à l'obtention de liqueur à 28° ou 30° Bé, puis on laisse reposer jusqu'au lendemain en couvrant la chaudière de façon à empêcher le plus possible les déperditions de chaleur. Le liquide clair est coulé dans un cristallisoir où l'alun cristallise. Quant à la partie trouble, qui contient encore une notable quantité d'alun, surtout à l'état de sous-sels, on l'épuise par un ou deux lavages à l'eau chaude, puis on l'écoule au dehors. Quand on travaille au sulfate de potasse, la perte d'alun, à l'état de sous-sels insolubles rejetés avec la partie trouble est beaucoup plus importante. On pourrait la réduire par un traitement au moyen de l'acide sulfurique.

On décante, on laisse égoutter l'alun et on lui fait subir une refonte en masses dites de 1/2 AE, de la même manière qu'avec l'alun brut pour obtenir l'alun de glace.

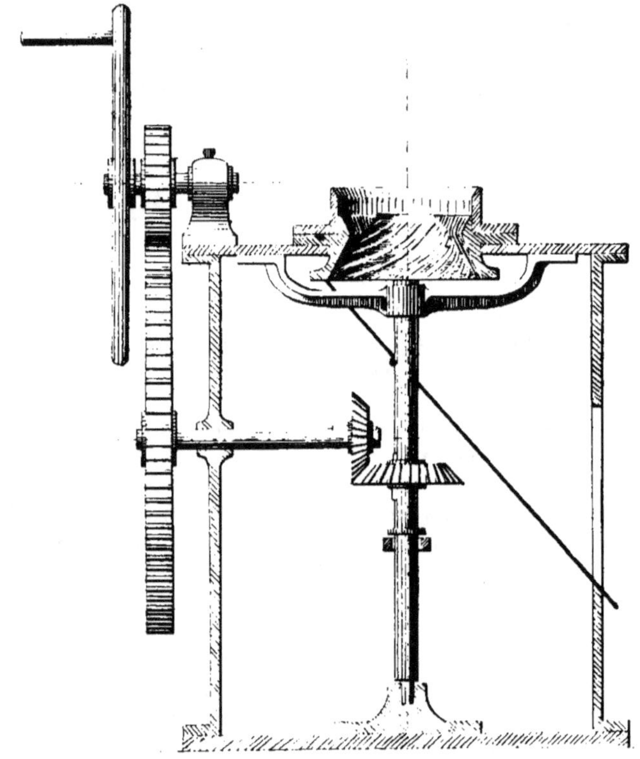

Fig. 158. — Broyeur à alun.

Les masses de 1/2 AE sont débitées en morceaux de la grosseur de la tête. Ces blocs subissent une nouvelle refonte dans des chaudières en cuivre, qui donne les masses d'alun épuré dites *masses d'AE*.

On obtient ainsi de l'alun épuré brut. Cet alun est débité, les blocs sont cassés en morceaux de la grosseur d'une noix ; on rejette toutes les parties plus ou moins souillées et on passe aux lavages destinés à compléter l'épuration.

A cet effet, l'alun préparé comme nous venons de le dire est introduit dans des caisses à double-fond et la surface en est bien égalisée. On fait alors couler sur lui une solution d'alun très pure de manière à le recouvrir entièrement, et on laisse en repos pendant 12 heures. Au bout de ce temps on vide la caisse en laissant couler le liquide qu'elle contient dans un réservoir inférieur et on fait un second lavage avec de l'eau pure.

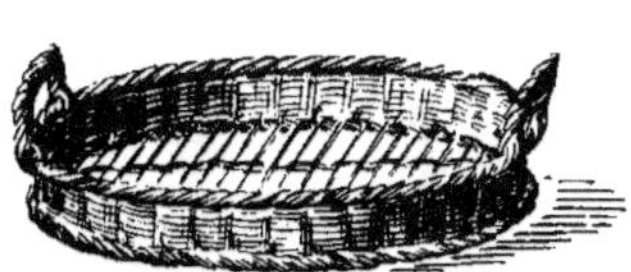

Fig. 159. — Passette en osier pour la dessiccation de l'alun épuré.

L'alun est alors enlevé et mis à sécher à l'air libre sur des tables inclinées, à claire-voie, ou sur des passettes en osier (fig. 159); il est alors bon à expédier.

Comme on le voit cette fabrication de l'alun épuré est très coûteuse ; le prix de revient du produit est considérablement augmenté par la dépense de main-d'œuvre nécessitée par les recristallisations successives et par les pertes que ces recristallisations entraînent.

c. **Prix de revient.** — Dans les tableaux suivants nous donnons la manière dont on peut établir le compte de fabrication, pour chacune des opérations nécessitées par la purification de l'alun.

1° MASSE D'ALUN DE GLACE.

Recettes.

Alun de glace et écrasé, alun gris :

Alun de glace et alun écrasé..	1.260 k. à 10 fr. 22........	128 fr. 80
Alun gris....................	300 k. à 10 fr. 22........	30 70
Débris à refondre............	600 k. à 6 fr. 59........	39 50
Total	2.160 k.	199 fr. 00

Dépenses.

Alun de brévetage, 2.200 k. à 7 fr. 94.	175 fr.
Alun dissous, 40 k. (comptés dans la perte au brévetage).......	p. mémoire
Charbon, 100 k. à 18 fr...............................	1 80
Usure et entretien des chaudières, etc.	2 20
Main-d'œuvre pour la refonte............................	2 50
Usure et entretien des formes...........................	2 50
Charrois, emballages, main-d'œuvre, etc....................	15 00
Total............	199 fr. 00

2° REFONTE POUR 1/2 AE.

Recettes.

Alun obtenu, 4.400 k. à 9 fr. 70........................	427 fr. 00
Total............	427 fr. 00

Dépenses.

Débris à refondre, 6.000 k. à 6 fr. 59....	395 fr. 40
Eau d'alun, 8 mc. à 0 fr. 50.....................	4 00
Charbon, 700 k. à 18 fr. la tonne.	12 60
Perte d'alun (comptée au brevetage)	p. mémoire
Main-d'œuvre, entretien, etc.....................	15 00
Total..........	427 fr. 00

3° MASSE DE 1/2 AE.

Recettes.

Alun à refondre en AE......	1.500 k. à 9 fr. 70.........	145 fr. 60
Alun à refondre en 1/2 AE. .	660 k. à 8 fr. 85..........	58 40
Total....	2.160 k.	204 fr. 00

Dépenses.

Alun pour 1/2 AE, 1.600 k. à 9 fr. 70.........	155 fr. 20
Débris, 600 k. à 6,59.....................	39 55
Charbon, 100 k. à 18 fr. la tonne.....................	1 80
Main-d'œuvre, entretien, etc.....................	7 45
Total.............	204 fr. 00

4° MASSE D'ALUN ÉPURÉ.

Recettes.

1.050 k. Alun épuré, à 14 fr. 35...	150 fr. 70
800 k. Alun à refondre à 10 fr. 10.....................	80 70
210 k. Alun à refondre en 1/2 AE à 8 fr. 85....	18 60
2.060 k. Alun.....................	250 fr. 00

Dépenses.

Alun de glace, 827 k. à 10 fr. 22.....................	84 fr. 60
Alun de 1/2 AE, 1.373 k. à 9 fr. 70......	133 10
Charbon, 100 k. à 18 fr. la tonne.............	1 80
Main-d'œuvre, entretien, etc	7 50
Cassage, baignage, séchage, etc.....	8 00
Charrois, emballages, etc.....................	15 00
Total........	250 fr. 00

d. **Compte général de fabrication.** — Ces comptes de fabrication partiels sont assez difficiles à établir exactement et nous ne les donnons qu'à titre d'approximation. Le compte général de fabrication ci-après donnera une idée exacte de la marche de cette industrie. Ce compte de fabrication est établi en prenant comme base une production annuelle de 1500 T. d'alun. Il est évident que pour une diminution ou une augmenta-

tion de ce chiffre, la balance changerait dans un sens ou dans l'autre,
puisque certains facteurs tels que : frais généraux, frais d'écurie, etc.,
invariables dans une certaine limite pour l'année entière seraient répartis
sur une quantité plus ou moins grande de minerai traité.

COMPTE DE FABRICATION PAR MÈTRE CUBE DE MINERAI TRAVAILLÉ.

Dépenses.

Minerai (extraction, frais divers)	2 fr.	
Frais d'écurie	0	45
Entretien du matériel	1	00
Frais de boisages, tonnellerie, etc.	0	38
Main-d'œuvre générale	3	80
Sulfate d'ammoniaque	4	50
Acide sulfurique	0	70
Ferraille	0	40
Charbon	2	00
Sacs	0	42
Frais généraux	2	35
Total	18 fr. 00	

Recettes.

Sulfate de fer, 210 k. à 2 fr. 75 (prix de vente)	5 fr. 80	
Alun épuré et ordinaire, 110 k. à 12 fr. (prix de vente moyen)	20	
Total	20 fr. 00	

Balance.

Recettes	20 fr. 00
Dépenses	18 00
Bénéfice	2 fr. 00

111. Construction et entretien des appareils. — Le traitement des lignites, comme du reste celui de la bauxite, de l'alunite et
beaucoup d'autres industries chimiques, exige de nombreux appareils
en plomb nécessitant des réparations fréquentes.

Dans le cas d'une usine traitant les lignites, un atelier de plomberie
est un complément indispensable. On y coule les grandes lames de plomb
nécessitées pour l'installation des chaudières diverses, on y effectue les
soudures nécessaires, on procède au remplacement des pièces.

La confection des feuilles de plomb d'une certaine épaisseur est relativement facile.

L'installation est très simple. Elle consiste en un chaudron en fonte,
muni d'un tuyau de coulage (Voir : fig. 160 161), fermé par un obturateur
et en une table à rebords, destinée à recevoir une couche de sable sur la-

quelle on coule le plomb. Voici comment on procède : les vieux plombs à refondre sont amenés à fusion dans le chaudron. Pendant ce temps les ouvriers préparent la table. Ils y font arriver du sable mouillé qu'ils éten-

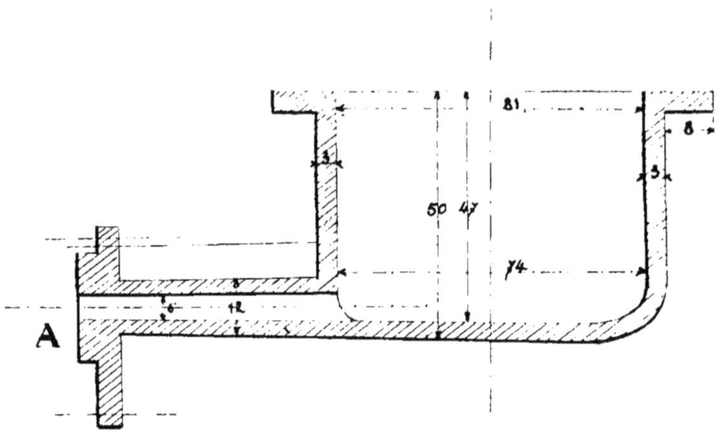

Fig. 160. — Chaudière en fonte pour liquéfier le plomb.

dent en une couche uniforme et qu'ils tassent convenablement. Quand ceci est fait, au moyen de truelles en cuivre, ils polissent le mieux possi-

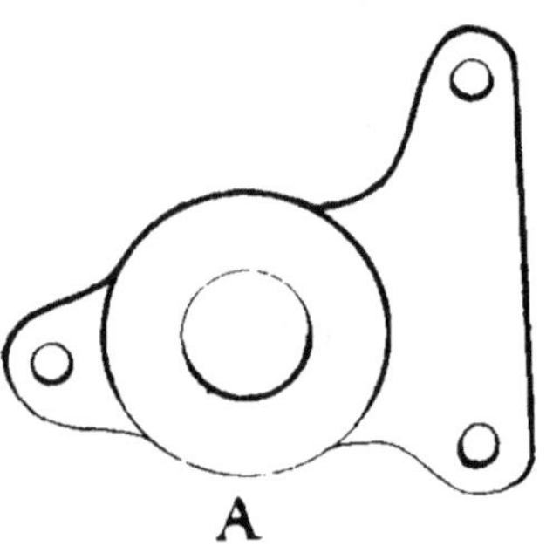

Fig. 161. — Vue de l'orifice de coulage.

ble la surface de ce sable et laissent ensuite sécher légèrement. Dès que le plomb est fondu, on ouvre l'obturateur, qui en marche est constamment refroidi par un filet d'eau, de manière à provoquer la formation d'un bouchon de plomb, et on fait couler la masse fondue dans un réservoir en tôle adapté à la table et qu'il est possible de soulever par une extrémité, au moyen de leviers.

Il faut que le plomb destiné à être coulé ne soit ni trop chaud, ni trop froid. C'est dans ce réservoir en tôle qu'on lui laisse prendre la température convenable, dont on suit les variations d'une manière empirique. Dès que le plomb commence à se solidifier sur les parois du récipient, il est bon à couler. Des aides soulèvent le réservoir, et le métal fondu se répand sur la table couverte de sable, sur laquelle il est maintenu par les rebords latéraux.

Au moyen d'une règle en bois, glissant par ses extrémités sur les

rebords de la table et dont la largeur permet de faire varier l'épaisseur de
la lame de plomb à obtenir, les ouvriers plombiers répartissent également
le métal fondu sur toute la surface du sable. Il n'y a plus alors qu'à
laisser refroidir et à découper dans la feuille ainsi obtenue les morceaux
dont on a besoin.

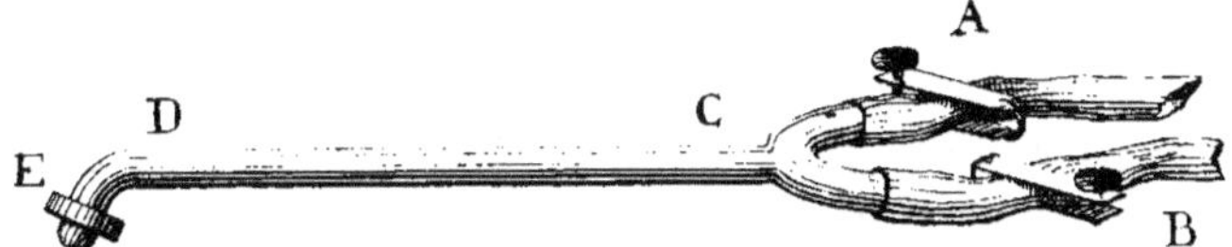

Fig. 162. — Chalumeau pour la soudure autogène.

Pour la soudure des pièces, on a recours à la soudure *autogène* inventée
par Desbassyns de Richemond. Cette soudure faite par de bons ouvriers,
sur des surfaces bien nettes, est plus solide que les feuilles de plomb elles-
mêmes, à cause de sa plus forte épaisseur.

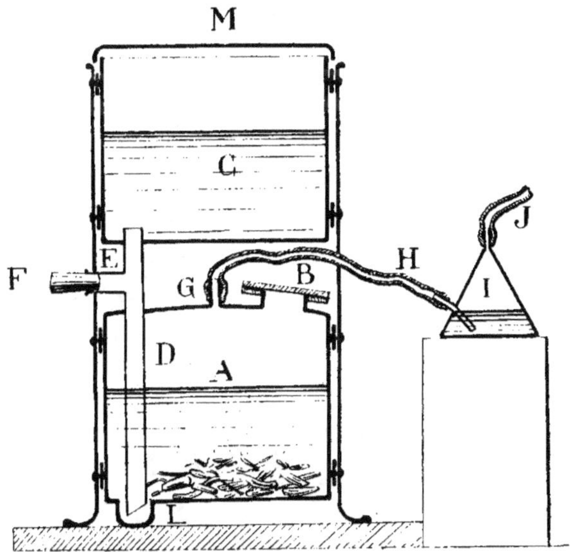

Fig. 163. — Gazogène en plomb usité pour la préparation de l'hydrogène utilisé
pour la soudure autogène.

Pour effectuer cette soudure, l'ouvrier se sert d'un chalumeau représenté fig. 162, alimenté d'air et d'hydrogène par deux tuyaux de caoutchouc aboutissant aux deux robinets A et B qui servent à régler les deux

courants. Le mélange des gaz se produit dans la partie CD portant un ajutage mobile E. Au moyen des deux robinets A et B, l'ouvrier peut faire varier les dimensions de sa flamme et maintenir un excès d'hydrogène pour qu'elle soit réductrice.

Le gaz hydrogène est fourni par un gazogène en plomb représenté fig. 163. Dans la partie inférieure, A, de ce gazogène, on introduit de la ferraille par la tubulure B, fermée en marche par un obturateur. La partie supérieure C, couverte par une lame de plomb mobile M, reçoit de l'acide sulfurique étendu. La partie C communique avec A par un tube D aboutissant à un godet L. Sur ce tube D est branchée une tubulure E, fermée en marche par un tampon F. Le gaz hydrogène produit se dégage par une tubulure G et, par l'intermédiaire d'un tuyau H, vient barbotter dans une bouteille I, contenant un peu d'eau et mise en relation par une tubulure supérieure J, avec le chalumeau. Cette bouteille est destinée, en cas de rentrée de la flamme dans le tube, à empêcher l'explosion de se communiquer à l'appareil.

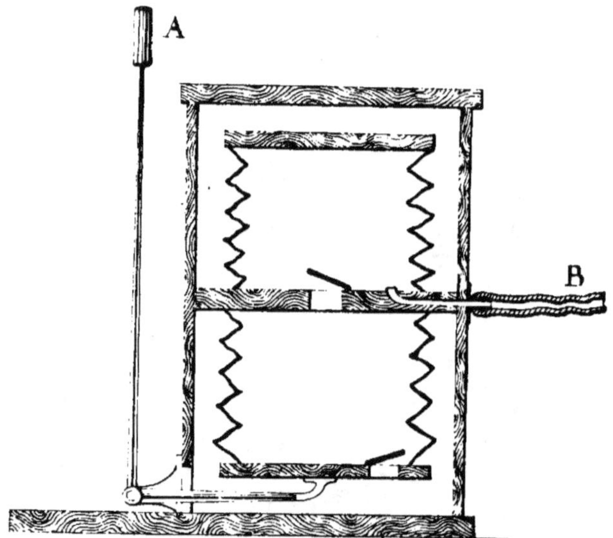

Fig. 164. — Soufflerie.

Lorsqu'on arrête l'appareil, en fermant le robinet du chalumeau, la pression augmente dans l'intérieur de A, par suite de l'afflux d'hydrogène. Le liquide qui était descendu de C vers A pour venir en contact avec la ferraille, remonte par le même chemin et le dégagement cesse. L'appareil se met donc ainsi de lui-même au repos. Pour la vidange il suffit, tout en maintenant fermé le robinet du chalumeau, d'ouvrir le tampon F.

L'air nécessaire est envoyé par la soufflerie représentée fig. 164, manœuvrée, au moyen du levier A, par un aide assis sur la boîte qui enveloppe la soufflerie. L'air comprimé se dégage par la tubulure B.

On doit autant que possible chercher à souder les feuilles de plomb à plat. Dans ce cas on peut faire déborder les deux feuilles l'une sur l'autre de 4 ou 5 cent. (fig. 165 et 166), gratter soigneusement les parties *a* et *b* en contact, et au moyen du dard du chalumeau faire fondre le plomb de la lame supérieure qui vient faire corps avec la lame inférieure. On peut opérer autrement et juxtaposer simplement les

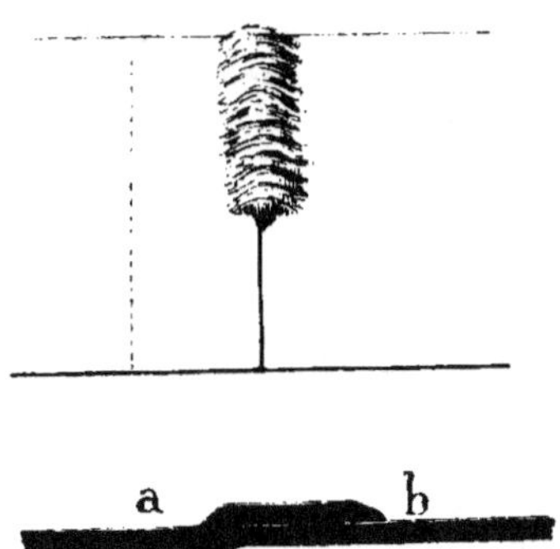

Fig. 165-166. — Soudure de deux feuilles de plomb à plat et à recouvrement.

deux lames (fig. 167-168) ; on dirige alors le dard du chalumeau à l'intérieur de l'intervalle laissé entre *a* et *b*, de manière à faire fondre le plomb et à joindre les deux lames. La soudure ainsi faite est toujours moins résistante. Dans les deux cas, il est bon de tenir dans la flamme une baguette de plomb qui fond et vient augmenter l'épaisseur de la soudure. Cette opération est délicate et réclame des ouvriers exercés ; en effet, si ces ouvriers maintiennent trop longtemps le dard de leur chalumeau au même point, ils arrivent à fondre et à percer les feuilles ; ils doivent relever leur chalumeau juste au moment où le plomb est suffisamment chaud pour commencer à fondre la feuille inférieure et faire corps avec elle. Avec des plombs minces la soudure devient même très délicate et il faut une grande dextérité pour réussir.

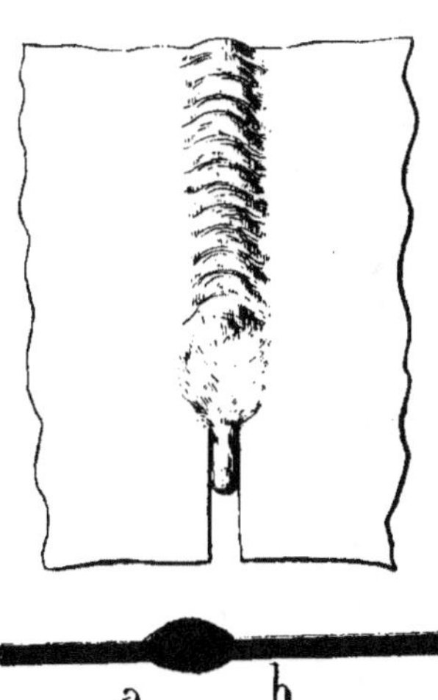

Fig. 167-168. — Soudure de deux feuilles de plomb à plat et sans recouvrement.

Quand les feuilles à souder sont verticales, l'opération est également très délicate. On se sert alors d'un petit instrument en tôle, en forme de gouttière représenté fig. 172. L'ouvrier commence sa soudure par le bas ; il pose sur sa gouttière une baguette de plomb et vient appliquer cet instrument au point de jonction des deux lames de plomb ; il dirige alors alternativement le dard du chalumeau sur les parties à souder et sur la baguette. Le plomb fond, vient s'accumuler à l'extrémité de la gouttière et s'y solidifie, joignant ainsi les deux lames. La gouttière est alors remontée de 1 ou 2 mm. et la même opération est recommencée, de sorte qu'en fin de compte on obtient un bourrelet faisant corps avec les deux feuilles à souder (fig. 170-171).

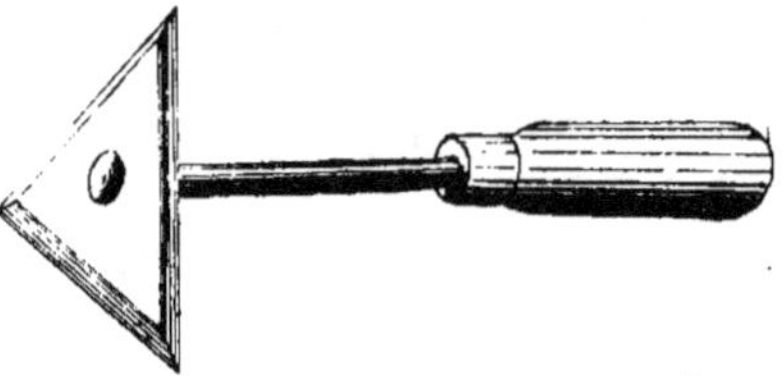

Fig. 169. — Racloir en acier pour gratter les parties destinées à être soudées.

Un bon ouvrier, avec des plombs de 10 à 12 mm d'épaisseur, peut faire de 1 m. à 1 m. 50 de soudure plate à l'heure et 0 m. 30 à 0 m. 40 de *soudure montante.*

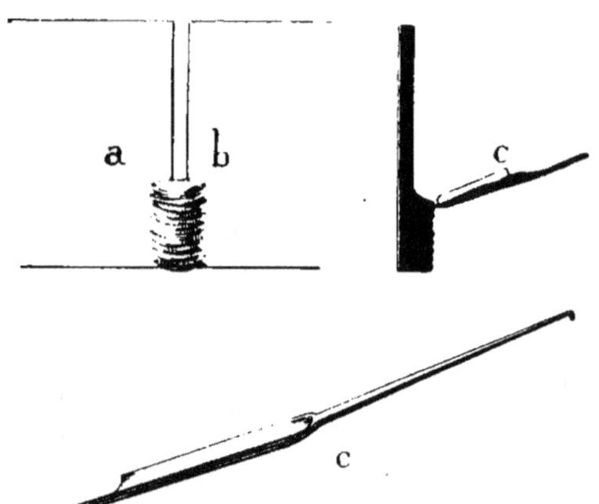

Fig. 170-171-172. — Soudure de 2 lames de plomb verticales.

Avec des plombs minces et avec de l'habitude, il arrive à faire 6 à 7 m. de soudure plate et 1 à 2 m. de soudure montante pendant le même temps.

Il est à peu près impossible de faire une soudure au plomb suivant une courbe convexe vers la terre. Si donc, on a à raccorder et souder sur place deux tuyaux A et B, horizontaux ou peu inclinés (fig. 173), il serait impraticable de chercher à les souder tout autour en dehors. On pratique alors une échancrure aux deux bouts à raccorder, puis on introduit le tuyau B dans le tuyau A légèrement embouti ; par l'ouverture béante C, on introduit le chalumeau et on soude par l'intérieur. Ceci fait, on recouvre l'ouverture C par une plaque de plomb que l'on soude facilement.

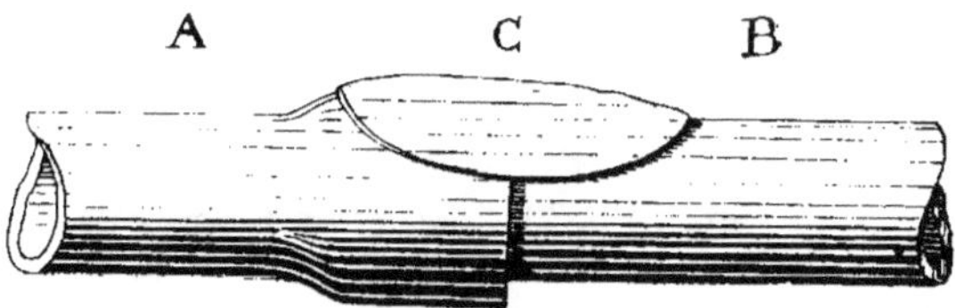

Fig. 173. — Raccordement de deux tuyaux horizontaux.

Si on veut raccorder un tuyau A sur une feuille verticale B, et qu'on ait accès sur la face opposée, on pratique dans la feuille un trou circulaire d'un diamètre plus étroit que le diamètre extérieur du tuyau ; on emboutit les

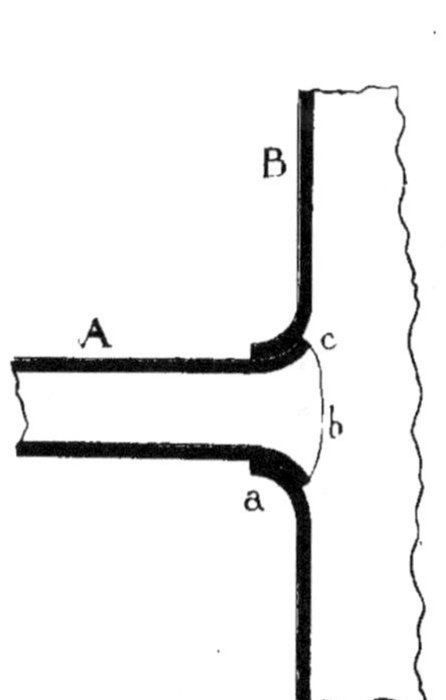

Fig. 174. — Raccordement d'un tuyau en plomb sur une paroi verticale accessible sur sa face postérieure.

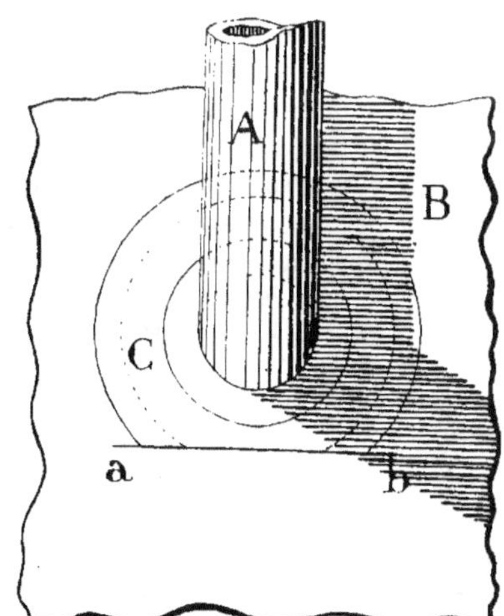

Fig. 175. — Raccordement d'un tuyau en plomb sur une paroi verticale inaccessible sur sa face postérieure.

bords de cette ouverture jusqu'à ce que le tuyau puisse entrer sans trop de jeu ; on le fixe à demeure, de façon qu'en *a* le bord repose sur la partie emboutie et on commence là la soudure, le chalumeau attaquant le bord du tuyau pour former le bourrelet ; on continue ainsi jusqu'en *b*, à partir de là on attaque la lame B jusqu'en C

Si on ne peut accéder à la face opposée de la paroi ou si on veut avoir la soudure du même côté que le tuyau, on commence par rapporter sur celui-ci une collerette C découpée en cœur ; puis, outre l'ouverture nécessaire pour démasquer l'entrée du tuyau, on pratique sur la lame une fente *ab* où on engage la pointe de la collerette : on commence la soudure par la

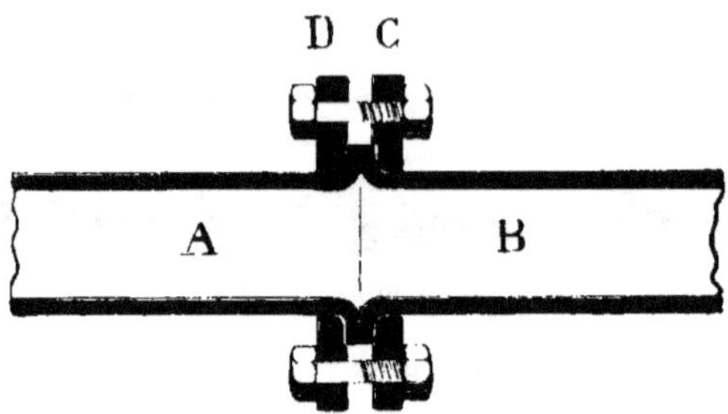

Fig. 176. — Raccord de 2 tuyaux au moyen de brides.

ligne horizontale *ab*, puis on remonte pour souder la collerette sur son pourtour. Il est souvent nécessaire de raccorder deux tuyaux par un joint fait au moyen de brides. A cet effet, on entre les brides sur les bouts en regard et on emboutit le plomb de façon à faire une collerette qui vient s'appliquer sur chaque bride (fig. 176). Il suffit alors de rapprocher les deux tuyaux et de faire le serrage des brides avec les boulons ; le plomb formant les collerettes se comprime et rend le joint hermétique.

112. Perfectionnements à apporter au traitement des lignites pyriteux. — La fabrication telle que nous venons de la décrire, est coûteuse, et quoique en bonne administration elle ne laisse pas d'être encore rémunératrice, la faiblesse des bénéfices obtenus justifierait, en dehors de toute autre considération, la recherche de procédés de traitement plus économiques.

Est-il possible d'y arriver ? C'est cette question que nous nous sommes posée et, pour la résoudre, aidé en cela par les conseils de M. A. Vivien de St-Quentin, nous avons étudié surtout la question de la préparation du minerai et son lessivage.

a. **Enrichissement du minerai**. — Le minerai tel qu'on l'obtient d'une manière courante donne en fin de compte une matière première pauvre, dont les frais de traitement sont élevés et dont la teneur est très variable suivant les années. Cette pauvreté de la matière nécessite l'accumulation d'approvisionnements énormes qu'il est impossible de mettre complètement à l'abri du lessivage par les pluies, d'une manière pratique, ce qui entraîne des pertes.

Sous l'influence de la haute température produite pendant l'oxydation il y a formation de sous-sels insolubles dans l'eau, par conséquent inutilisation d'une partie de l'acide sulfurique formé. De plus le travail est lent, coûteux, insalubre, difficile à régler.

Si on examine la marche des opérations pendant l'oxydation, il est facile de se rendre compte que cette oxydation développe une quantité de chaleur considérable. Même après trois mois de repos, la température à l'intérieur des gros tas oscille encore autour de 100° ; nous avons essayé de profiter de cette chaleur acquise à l'intérieur des tas, pour attaquer sans frais l'argile en excès de la matière, par de l'acide sulfurique. On pouvait craindre que par suite de la présence des matières organiques du minerai il n'y ait perte d'acide sulfureux provenant d'une portion de l'acide sulfurique qui se serait décomposé. Il n'en est rien et tous les essais que nous avons effectués nous ont prouvé l'inanité de cette crainte.

Le premier essai a été conduit de la manière suivante :

On a introduit dans un tas de 45.000 k. de minerai en combustion, 2.600 k. d'acide sulfurique à 60° Bé. et on a laissé la réaction s'opérer pendant 15 jours. Un tas témoin, de la même matière, disposé à la suite du premier, ne reçut aucune trace d'acide. L'échantillonnage fut fait très soigneusement et les échantillons broyés furent soumis à l'analyse.

Les résultats ont été les suivants :

1° *Lessivage de 100 gr. par 500 gr. d'eau.*

	Cendre acidifiée	Cendre témoin
Humidité de la cendre	15,65	10,80
Volume de la liqueur obtenue	435cc	425cc
Poids spécifique	1,029	1,025
Degré Baumé correspondant	4°	3° 4
Alun obtenu par brevetage, rapporté à 100 gr. de matière sèche	15gr47	8gr76

2° *Analyses comparées des mêmes matières. Les résultats sont rapportés à la matière sèche.*

	Cendre acidifiée	Cendre témoin	Différence en plus ou en moins
Sulfate ferreux $(SO^4Fe, 7H^2O)$	14,50	10,30	+ 4,20
Sulfate ferrique $[(SO^4)^3Fe^2, 9H^2O]$	1,20	2,25	— 1,05
Sulfate d'alumine $[(SO^4)^3Al^2, 18H^2O]$	17,04	10,22	+ 6,82
Acide sulfurique soluble $(SO^4H^2$	21,52	15,78	+ 5,74

On avait ajouté 4 k. 260 d'acide sulfurique (SO^4H^2) par mètre cube. On retrouve donc plus qu'il n'en a été ajouté.

Ce premier essai montrait que l'attaque se faisait assez rapidement et qu'il n'y avait pas de perte ; mais en raison de l'échantillonnage très difficile, nous avons voulu recommencer dans des conditions de précision plus grandes. Comme nous avions remarqué que l'adjonction de l'acide sur les petits tas était très difficilement réalisable d'une manière pratique, nous avons pensé à faire cette adjonction lors de la mise en gros tas, où cela peut se faire d'une façon très économique. Pour nous trouver dans des conditions identiques voici comment ont été conduits les essais.

Une certaine quantité de lignites oxydés fut prélevée lors de la mise en gros tas et rendue homogène par un criblage. Une quantité exactement pesée de cette matière fut alors introduite dans des caisses et additionnée d'une quantité connue d'acide sulfurique. Après addition d'une légère quantité d'eau, les boîtes munies de leur couvercle furent repesées et le poids total noté, puis on les introduisit dans l'intérieur du tas en confection. Quand on jugea l'attaque suffisante les caisses furent retirées et pesées. On nota la différence de poids, puis sur le contenu soigneusement broyé on préleva l'échantillon destiné à l'analyse.

Un premier essai effectué au moyen de cette méthode donna les résultats suivants :

N° des essais	Poids de matière	Quantité d'acide sulfurique à 60°B. ajouté	Quantité d'eau ajoutée	Poids avant l'expérience	Poids après l'expérience
1	50^k	5^k	1^k	56^k	56^k
2	50	10	3	63	65
3 (Témoin)	50	néant	néant	50	50

Température des essais à l'ouverture des boîtes.................... 90° C.
Durée de l'expérience.. 20 jours.
NOTA. — Le n° 2 placé dans une partie du tas légèrement humide a absorbé de l'eau.

Éléments dosés rapportés aux poids trouvés après l'expérience	Essai 1 10 0/0 acide à 60° Bé.	Essai 2 20 0/0 acide 60° Bé.	Essai 3 Témoin
Insoluble...................	64,62	61,67	67,80
Sulfate ferreux (SO^4Fe, $7H^2O$) (*du fer total*).................	28,47	30,16	21,89
Sulfate d'aluminium [$(SO^4)^3Al^2$]......	10,49	18,77	4,35
Acide sulfurique (SO^4H^2)...........	19,32	31,82	13,86
Alun correspondant à l'alumine.....	27,83	49,77	11,56

Le second essai effectué dans des conditions identiques donna les résultats ci-après :

Nᵒ des échantillons	Poids de matière	Quantité d'acide sulfurique à 60° B. ajoutée	Quantité d'eau ajoutée
1	10^k	1^k	0^k 400
2	10	1 500	0 600
3	10	2 000	0 800
4	10	1 000 (1)	0 600
5 (Témoin)	10	néant	néant

(1) Goudrons acides de pétrole contenant 0 k. 850 de SO^4H^2 par litre.

Pour cet essai, la durée de l'expérience fut de deux mois 1/2, et, à l'ouverture des boîtes, la température de la matière était de 100° C. environ.

Eléments dosés rapportés aux poids trouvés après l'expérience	N° 1	N° 2	N° 3	N° 4	N° 5
Fer total.........................	7^{k}28	7^{k}91	8^{k}37	7^{k}57	5^{k}15
Correspondant en sulfate de fer cristallisé ($SO^4Fe, 7H^2O$).............	34 70	39 26	39 90	36 07	25 56
Alumine (Al^2O^3)...................	1 83	2 39	3 43	1 76	0 41
Correspondant en sulfate d'alumine cristallisé [$(SO^4)^3Al^2, 18H^2O$]......	11 81	15 48	18 94	11 43	2 65
Soit alun....................	16 25	21 23	30 45	15 63	3 44
Acide sulfurique total (SO^4H^2)......	22 65	24 70	30 56	23 07	14 21
Dont acide sulfurique non combiné au fer et à l'alumine..................	4 70 (1)	6 03 (2)	7 52 (3)	4 97 (4)	4 10

(1) Soit 4,13 0/0 ; (2) soit 4,75 0/0 ; (3) soit 5,34 0/0 ; (4) soit 4,11 0/0.

Il résulte de ces essais que l'acide sulfurique ajouté se porte surtout sur l'alumine, qu'il est complètement utilisé et qu'on retrouve même plus d'acide soluble qu'on ne devrait, ce qui est évidemment dû à la solubilisation des sous-sels.

Il semblerait donc qu'il y aurait avantage à traiter le minerai de cette façon, d'autant plus que l'enrichissement considérable de la matière aurait pour premier effet de réduire, dans de notables proportions, la main-d'œuvre de fabrication, le charbon consommé, les pertes, etc.

b. — **Lessivage**. — I. *Théorie du lessivage méthodique*. — Pour étudier cette partie de la fabrication, il est de toute nécessité de pouvoir en suivre, par le calcul, toutes les phases. Nous allons donc tout d'abord établir les relations simples qui lient entre elles les différentes quantités, telles que volume du liquide à soutirer, poids de matière à lessiver, poids spécifique des liqueurs, etc. qui entrent en jeu dans l'opération du lessivage.

Considérons une batterie d'appareils composée d'une suite d'éléments $1, 2, 3........ m-1, m$, et dans laquelle la circulation se fait de 1 vers m.

Supposons que dans chacun des éléments le séjour soit assez prolongé pour qu'il y ait identité de concentration dans tous les points de la masse.

Les matériaux insolubles retiennent un volume constant de liquide, soit v ce volume.

Soient :

Vt, le volume de liqueur à soutirer ;

V_0, le volume d'eau entrant dans la batterie à chaque opération : c'est aussi le volume de liquide passant d'un élément à l'autre ;

P, le poids de matière introduit dans le dernier élément ;

π, le poids des matières solubles contenues dans P ;

$\pi_1, \pi_2,..... \pi_n, \pi_{n+1}$, les poids des matières solubles contenues dans l'unité de volume des liqueurs intermédiaires ou finales ;

$1+d_1, 1+d_2.... 1+d_n, 1+d_{n+1}$, les densités de ces liqueurs ;

Les liquides et les solides sont introduits d'une façon intermittente, mais toujours la même. Il va tendre à s'établir un régime permanent. Supposons le établi et considérons l'appareil en marche.

Soient trois éléments de rang $n-1, n, n+1$; $n+1$ devient n, en perdant un rang, par suite de la mise en circulation d'un élément nouvellement chargé et formant le dernier de la série.

Cet élément n, qui était primitivement $n+1$, contient les résidus et la liqueur imprégnant ces résidus, représentant une quantité de sels solubles de :

$$v.\pi_{n+1}.$$

D'un autre côté, ce nouvel élément n reçoit, de celui qui le précède immédiatement, un volume V_0 de liquide, représentant une quantité de sels solubles égale à :

$$V_0.\pi_{n-1}$$

Cet élément n contient donc à un moment donné un poids de sels solubles représenté par :

$$v.\pi_{n+1} + V_0.\pi_{n-1}.$$

Mais, au tour suivant, n devient $n-1$, $n+1$ devient n, etc. ; cet élément n va perdre une quantité de sels solubles représentée par la teneur de l'eau imprégnant les résidus, soit $v.\pi_n$, plus ce que contient le liquide qui s'en va dans l'élément de rang $n+1$, soit $V_0\pi_n$, soit en tout :

$$v.\pi_n + V_0.\pi_n.$$

Nous pouvons évidemment écrire que le poids des sels solubles entrant dans cet élément est égal au poids qui en sort, et égaler les deux quantités :

$$v.\pi_{n+1} + V_0\pi_{n-1} = v.\pi_n + V_0.\pi_n.$$

Soit :

$$v(\pi_{n+1} - \pi_n) = V_0(\pi_n - \pi_{n-1})$$

$$\pi_{n+1} - \pi_n = \frac{V_0}{v}(\pi_n - \pi_{n-1})$$

Appliquons cette relation à toutes les cuves ou éléments et faisons successivement $n = 1, 2, 3\ldots\ldots m$. Nous aurons :

$$\left.\begin{array}{l}
\text{Elément 1.} \quad\ldots\ldots\quad \pi_2 - \pi_1 = \dfrac{V_0}{v} \cdot \pi_1 \\[2em]
\text{Elément 2.} \quad\ldots\ldots\quad \pi_3 - \pi_2 = \dfrac{V_0}{v}(\pi_2 - \pi_1) \\[2em]
\ldots\ldots\ldots\ldots\ldots\ldots\ldots\ldots\ldots\ldots\ldots \\
\ldots\ldots\ldots\ldots\ldots\ldots\ldots\ldots\ldots\ldots\ldots \\[1em]
\text{Elément } m-1 \quad\ldots\ldots\quad \pi_m - \pi_{m-1} = \dfrac{V_0}{v}(\pi_{m-1} - \pi_{m-2})
\end{array}\right\} \quad (A)$$

Multiplions ces équations membre à membre, il vient :

$$(\pi_2-\pi_1)(\pi_3-\pi_2)\ldots(\pi_m-\pi_{m-1})=\left(\frac{V_0}{v}\cdot\pi_1\right)\left[\frac{V_0}{v}(\pi_2-\pi_1)\right]\ldots\left[\frac{V_0}{v}(\pi_{m-1}-\pi_{m-2})\right]$$

$$=\left(\frac{V_0}{v}\right)^{m-1}\left[\pi_1.(\pi_2-\pi_1)\ldots(\pi_{m-1}-\pi_{m-2})\right]$$

et en divisant par :

$$(\pi_2 - \pi_1)(\pi_2 - \pi_3)\ldots(\pi_{m-1} - \pi_{m-2}),$$

il vient :

$$\pi_m - \pi_{m-1} = \left(\frac{V_0}{v}\right)^{m-1} \cdot \pi_1 \tag{1}$$

Additionnons maintenant les équations (A) membre à membre, il vient :

$$(\pi_2 - \pi_1) + (\pi_3 - \pi_2) + \ldots + (\pi_m - \pi_{m-1}) = \frac{V_0}{v}\cdot\pi_1 + \frac{V_0}{v}(\pi_2 - \pi_1) + \ldots$$

$$+ \frac{V_0}{v}(\pi_{m-1} - \pi_{m-2}).$$

Soit :

$$\pi_m - \pi_1 = \frac{V_0}{v} \cdot \pi_{m-1} \tag{2}$$

d'où on tire :

$$\pi_{m-1} = \frac{\pi_m - \pi_1}{\dfrac{V_0}{v}} \tag{3}$$

Portons cette valeur de π_{m-1} dans l'équation (1) :

$$\pi_m - \frac{\pi_m - \pi_1}{\dfrac{V_0}{v}} = \left(\frac{V_0}{v}\right)^{m-1} . \pi_1$$

d'où :

$$\frac{V_0}{v} . \pi_m - \pi_m + \pi_1 = \left(\frac{V_0}{v}\right)^{m-1} . \pi_1$$

$$\pi_m \left(\frac{V_0}{v} - 1\right) = \left(\frac{V_0}{v}\right)^m . \pi_1 - \pi_1$$

$$= \pi_1 \left[\left(\frac{V_0}{v}\right)^m - 1\right]$$

d'où :

$$\pi_m = \frac{\pi_1 \left[\left(\dfrac{V_0}{v}\right)^m - 1\right]}{\dfrac{V_0}{v} - 1}$$

$$\pi_m = \frac{\left(\dfrac{V_0}{v}\right)^m - 1}{\dfrac{V_0}{v} - 1} . \pi_1 \qquad\qquad \textbf{(B)}$$

On tire de là :

$$\left(\frac{V_0}{v}\right)^m - 1 = \frac{\pi_m}{\pi_1} . \left(\frac{V_0}{v} - 1\right)$$

$$\left(\frac{V_0}{v}\right)^m = \frac{\pi_m}{\pi_1}\left(\frac{V_0}{v} - 1\right) + 1 = \frac{\pi_m . \left(\dfrac{V_0}{v} - 1\right) + \pi_1}{\pi_1} \dots \qquad \textbf{(4)}$$

Si nous appliquons la formule primordiale à la m^e cuve, nous avons :

$$\pi + V_0 . \pi_{m-1} = v . \pi_m + V_t . \pi_m$$

et, en portant la valeur déjà trouvée pour π_{m-1} :

$$\pi + V_0 . \frac{\pi_m - \pi_1}{\dfrac{V_0}{v}} = v . \pi_m + V_t . \pi_m$$

$$\pi + \frac{V_0 . \pi_m - V_0 . \pi_1}{\dfrac{V_0}{v}} = v . \pi_m + V_t . \pi_m = \pi_m (v + V_t)$$

$$\pi . \frac{V_0}{v} + V_0 . \pi_m - V_0 . \pi_1 = \pi_m (v + V_t) . \frac{V_0}{v} .$$

$$V_o.\pi_m - V_o.\pi_1 = (v.\pi m + V_t.\pi m)\frac{V_o}{v} - \pi.\frac{V_o}{v}$$

$$= \frac{V_o}{v}.v.\pi m + \frac{V_o}{v}.V_t.\pi m - \frac{V_o}{v}.\pi$$

$$= \frac{V_o.v.\pi m + V_o.V_t.\pi m - V_o.\pi}{v}$$

$$v.V_o.\pi m - v.V_o.\pi_1 = V_o.v.\pi m + V_o.V_t.\pi m - V_o.\pi$$

$$v.\pi m - v.\pi_1 = v.\pi m + V_t.\pi m - \pi$$

$$\pi + v.\pi m - v.\pi_1 = v.\pi m + V_t.\pi m$$

$$\pi = V_t.\pi m + v.\pi_1. \qquad (C)$$

Ecrivons qu'il y a permanence de régime pour l'eau, dans la série entière. Le volume d'eau entrant est V_o : il doit sortir un égal volume d'eau de la série :

$$V_o = v (1 + d_1) - v.\pi_1 + V_t (1 + d_m) - V_t.\pi m$$

$$V_o = v (1 + d_1 - \pi_1) + V_t (1 + d_m - \pi m) \qquad (D)$$

Nous arrivons en résumé à trois relations entre les quantités π, v, V_o, V_t, πm, π_1, d_1, d_m et m. Ces quantités sont pour la plupart arbitraires et indiquées par les besoins de la fabrication ; on sait que $\frac{d_m}{d_1} = \frac{\pi m}{\pi_1}$; π est connu, v peut être déterminé par l'expérience ; $1 + d_m$, densité de la liqueur à obtenir, variera selon les besoins de la fabrication et le résultat cherché ; πm est connu ; on doit se donner $1 + d_1$ ou π_1, taux à laisser au dernier lavage, on se donnera également P d'où π et v ; il restera à déterminer V_o, V_t et m.

$$V_o = v (1 + d_1 - \pi_1) + V_t (1 + d_m - \pi m)... \qquad (1)$$

$$\pi = V_t \pi m + v.\pi_1. \quad . \quad . \quad . \quad . \quad . \quad . \quad . \qquad (2)$$

$$\left(\frac{V_o}{v}\right)^m = \frac{\left(\frac{V_o}{v} - 1\right) + \pi_1}{\pi_1}.\pi m. \qquad (3)$$

Ces trois relations contiennent tout ce qui est relatif au lessivage méthodique et permettent de résoudre tous les problèmes.

II. *Lessivage à chaud.* — Le lessivage tel qu'il est actuellement pratiqué a de nombreux inconvénients.

Il n'est possible d'obtenir que des liqueurs étendues, qu'il faut ensuite concentrer, d'où, consommation considérable de combustible, de main-d'œuvre, etc.

En raison de la grande surface des appareils, le lessivage est souvent défectueux, lent à se faire, les épuisements sont mauvais, surtout l'hiver.

16

L'entretien est très onéreux et, du fait des fuites, qui se produisent forcément dans les maçonneries, les pertes par infiltration sont considérables.

Nous avons pensé à effectuer le lessivage en vase clos, sous pression, sur de petites charges, et à la température de 100°. En effet, le minerai à lessiver est constitué essentiellement par un squelette insoluble, poreux, contenant un mélange de sels solubles, dont le maximum de solubilité est situé à 100°. Il est évident *a priori*, qu'en faisant circuler sur ce minerai, un nombre de fois suffisant, une liqueur chaude, on arrivera à soutirer une liqueur saturée à chaud, c'est-à-dire qu'il serait inutile de concentrer.

Si la dépense de combustible, pour arriver à ce résultat. est moindre que dans le cas de la concentration, il est évident également qu'il y aurait avantage à appliquer ce système.

Avec le lessivage actuel, on obtient des liqueurs à 28° Bé, qu'il faut amener, par volatilisation de l'eau, à marquer 42° Bé, c'est-à-dire en appliquant la formule :

$$V = 1000 \frac{d' - d}{d' - 1}$$

qu'il faut enlever, par mètre cube de liqueur, environ 420 litres d'eau

La quantité de chaleur, théoriquement nécessaire à cette évaporation, en supposant la chaleur spécifique du liquide égale à 1, est donnée par la formule :

$$Q = P (606,5 + 0,305 \times t - \theta)$$

Soit dans le cas présent, 257.000 C. environ.

A ces calories, il faut ajouter la chaleur nécessaire pour porter à 100° le volume restant, soit en supposant la température initiale égale à 15°, 49.000 C. et au total, une quantité de chaleur, représentée par 306.000 C

Si nous effectuons le lessivage à chaud, la quantité de chaleur à dépenser ne sera plus représentée que par le nombre de calories nécessaire pour porter de 15° à 100°, la température de la liqueur concentrée, recueillie au soutirage, soit 49.000 C., puisque ce volume de liqueur serait égal à celui qu'aurait donné l'évaporation.

C'est-à-dire, en chiffre rond, une économie de 257.000 C. par mc. de liqueur à 28° Bé ou par chaque 580 litres de liqueur concentrée, c'est-à-dire un peu plus des 5/6 de la quantité totale. L'avantage est donc plus qu'appréciable.

Comment pourrait se réaliser l'opération ? La première installation qui vient à l'esprit est celle d'un appareil en tout semblable à la batterie de diffusion des sucreries.

Cet appareil peut très bien s'imaginer doublé de plomb mince, avec une forme plus aplatie, une surface filtrante constituée par une toile d'amiante ou de verre filé, une canalisation en plomb, etc. ; on marcherait à l'eau ; le chauffage, afin d'éviter des pertes de chaleur dans le minerai lessivé, ne s'effectuerait que sur les derniers éléments et dès que la liqueur serait saturée à froid. De cette façon la chaleur emmagasinée dans la matière lessivée, serait reprise par les liquides froids passant ensuite, et on ne ferait la vidange d'un élément qu'après tout refroidissement. A ce moment, c'est-à-dire aussitôt la saturation à froid obtenue, on pourrait rentrer les *eaux brevetées*, ou liqueurs résiduaires de la fabrication de l'alun, ce qui économiserait l'eau pure. D'après nos recherches, l'épaisseur du minerai à lessiver ne devrait pas dépasser dans chaque élément 50 à 60 cm. afin de ne pas opposer une résistance par trop grande au passage des liqueurs. Peut-être, cependant, en se plaçant dans des conditions favorables, pourrait-on augmenter cette épaisseur, ce qui se traduirait par une augmentation du volume de liquide à soutirer.

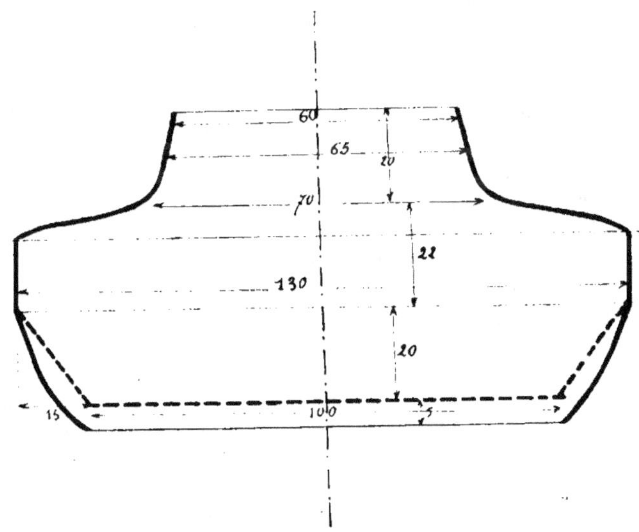

Fig. 177. — Lessivage à chaud. Schéma d'un élément d'une batterie de lessiveurs.

Le nombre des éléments de la batterie se calculerait facilement pour chaque cas particulier, au moyen des formules que nous avons données, et serait en tout cas très faible, par conséquent le coût de l'installation ne serait pas très élevé.

Les liqueurs concentrées et chaudes seraient reçues dans un réservoir à chicanes où les matières insolubles se déposeraient, puis de là iraient au verdissage qui s'effectuerait naturellement à chaud, et ensuite à la cristallisation.

D'autres perfectionnements au traitement des lignites seraient encore possible. Entre autres, citons la filtration des liqueurs saturées d'alun avant le coulage en masse, ce qui, en privant cette solution de l'insoluble qu'elle contient habituellement, aurait pour effet de permettre de débiter la totalité de la masse en alun marchand. On pourrait se servir à cet effet d'un filtre dans le genre du *filtre Philippe*, employé en sucrerie pour la filtration des sirops, mais modifié de façon à permettre le chauffage en marche, pour que la solution concentrée d'alun ne vienne pas cristalliser dans l'appareil.

Il est évident que dans ce cas on ne pourrait plus faire le joint inférieur de la forme avec de l'argile, mais qu'on devrait, afin d'opérer avec le plus de propreté possible, faire ce joint soit avec du caoutchouc, soit autrement.

Citons également le procédé de fabrication de l'alun épuré, directement en partant de l'alun de brévetage, en faisant la cristallisation de cet alun en agitant la liqueur, de manière à obtenir un dépôt de très petits cristaux. Cette masse de cristaux essorée à la turbine, claircée, puis mise à macérer avec de l'eau d'alun, essorée et claircée de nouveau, donne de l'alun, susceptible, comme nous nous en sommes assuré, de donner de l'alun épuré par une seule refonte.

Au point de vue de la cristallisation et cela d'une façon générale, tant pour le sulfate de fer que pour l'alun, il est évident que des cristallisoirs enfoncés dans le sol sont très défectueux. Des cristallisoirs en bois, doublés intérieurement de plomb mince, surélevés au-dessus du sol, tels que ceux que nous avons décrits à propos du traitement de l'alunite, seraient essentiellement plus pratiques. Outre qu'en cas de démolition le vieux plomb conserve sa valeur et que par conséquent une telle installation, quoique coûteuse, représente toujours une partie du capital dépensé, que d'autre part, avec ce système, on a toute facilité pour juger des fuites et les réparer, on peut réaliser de plus une notable économie de main-d'œuvre.

En effet, la vidange de l'eau-mère peut se faire par un simple syphonnage, ce qui économise les frais de pompage, très onéreux étant donné l'énorme volume de liqueur ; de plus on peut disposer les cristallisoirs de façon à pouvoir opérer les lavages des sels dans les cristallisoirs eux-mêmes, ce qui évite une double manutention de ces sels.

Nous n'insisterons pas davantage sur ces questions, pour ne pas sortir de notre sujet qui est avant tout de décrire le mieux possible les industries qui font l'objet de ce volume, et nous passerons à l'étude de la fabrication des sulfates ferriques.

§ 3. — FABRICATION DU SULFATE FERRIQUE ORDINAIRE

113. Généralités. — Le sulfate ferrique, jusqu'en ces dernières années, n'était guère considéré que comme un produit de laboratoire, ou, en tout cas, n'était préparé pour l'industrie qu'en faibles quantités. Cependant il était depuis longtemps connu que ce sel, déjà appliqué en teinture (1), pouvait rendre de réels services à la salubrité publique, par suite de la propriété qu'il possède, de se combiner aux matières organiques en les rendant imputrescibles.

Parmi les nombreux procédés qui ont fait l'objet d'une prise de brevet et relatifs à la préparation du sulfate ferrique, nous ne citerons que les méthodes dues à M. Marguerite, à M. Rohart, qui n'ont plus aujourd'hui qu'un intérêt historique et surtout le procédé si élégant et si industriel de notre maître M. Buisine, le distingué professeur de la Faculté des sciences de Lille et de l'Institut industriel du Nord.

114. Procédé Marguerite. — Ce procédé a été imaginé en vue de l'emploi pour la fabrication du sulfate ferrique des minerais oxydés, des cendres de pyrite, etc. Ces matières sont, dans les conditions ordinaires, difficilement attaquables par l'acide sulfurique.

Le mode de faire, revendiqué par l'auteur, consiste à traiter de l'oxyde de fer par l'acide sulfurique en présence d'une faible quantité d'acide chlorhydrique. L'attaque est ainsi beaucoup facilitée. L'acide chlorhydrique qui agit beaucoup plus énergiquement forme d'abord du chlorure ferrique d'après la réaction :

$$Fe^2O^3 + 6HCl = Fe^2Cl^6 + 3H^2O.$$

Ce chlorure ferrique se produit en présence d'un excès d'acide sulfurique qui, à son tour, agit sur lui :

$$Fe^2Cl^6 + 3SO^4H^2 = (SO^4)^3Fe^2 + 6HCl.$$

La faible quantité d'acide chlorhydrique est donc constamment régénérée et le cycle de l'attaque se reconstitue tant qu'il y a en présence de l'oxyde ferrique et de l'acide sulfurique en excès.

115. Procédé Rohart. — Nonobstant le procédé qu'il nous a donné, M. Rohart avait étudié consciencieusement le sulfate ferrique, au point de vue surtout de ses applications à la désinfection. C'est depuis son brevet, en date du 6 juin 1882, que l'on a une idée bien nette de l'im-

---

(1) Le sulfate ferrique a été appliqué à la teinture à la suite des travaux de Raymond, c'est-à-dire, au commencement de ce siècle. Il a d'abord été employé pour l'obtention du bleu et, pour cet usage, on le préparait en calcinant modérément le sulfate ferreux.

portance des applications de ce corps. Le procédé Rohart repose sur la transformation du sulfate ferreux en sulfate ferrique, sous l'influence de l'acide nitrique, en présence de la quantité voulue d'acide sulfurique.

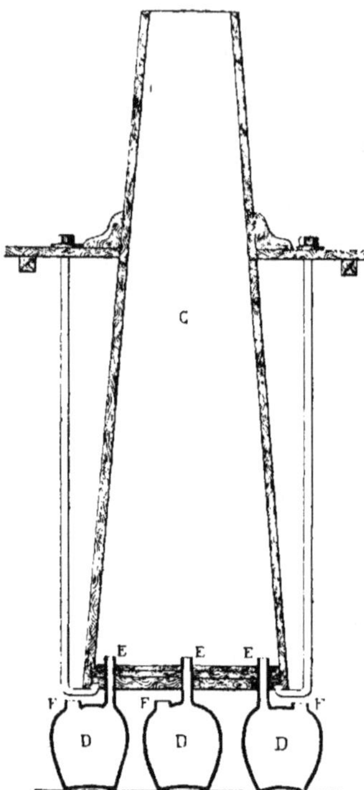

Fig. 178. — Fabrication du sulfate ferrique (Procédé Rohart).

L'appareil imaginé par l'inventeur se composait d'une cuve tronc-conique C, en bois, surmontant un groupe de 5 bonbonnes en verre DD, communiquant avec la cuve par les tubulures EE.

Pour obtenir du sulfate ferrique avec cet appareil on commençait par verser dans les touries de l'acide nitrique à 36° Bé. Pendant ce temps, dans une chaudière en fonte, on faisait un mélange en proportions convenables de sulfate ferreux, d'acide sulfurique et d'eau, en chauffant et brassant continuellement la masse. Dès que le mélange était homogène et sans attendre qu'il soit refroidi, on le versait dans la cuve. Le dépôt restant dans la chaudière était concassé après sa prise en masse et introduit dans les bonbonnes par les tubulures FF.

La réaction commençait immédiatement et se continuait d'elle-même. L'auteur indique dans son brevet, comme moyen de diminuer la consommation d'acide nitrique, qui devait être considérable, l'emploi d'une injection d'air dans les touries.

Le sulfate ferrique ainsi obtenu était acide. On le neutralisait au moyen du carbonate de soude ou de l'hydrate ferrique.

116. Procédé ordinaire de peroxydation avec récupération des produits nitreux. — Ce procédé sera décrit ultérieurement, dès que nous traiterons du mordant de Rouil, à la fabrication duquel il est encore appliqué aujourd'hui.

117. Procédé Buisine. — Ce procédé consiste à attaquer la pyrite de fer, préalablement grillée, par l'acide sulfurique. La réaction très simple est représentée par la formule suivante :

$$3\,(SO^4H^2) + Fe^2O^3 = (SO^4)^3Fe^2 + 3H^2O.$$

La pyrite de fer, qui est en réalité la matière première dont on part, fournit les deux produits nécessaires à cette fabrication du sulfate ferrique : le peroxyde de fer et l'acide sulfurique. L'acide sulfureux, en effet, qui est obtenu par le grillage de la pyrite est transformé en acide sulfurique dans les chambres de plomb.

Cette fabrication de sulfate ferrique est donc particulièrement pratique dans les grandes usines de produits chimiques, qui possèdent tout le matériel nécessaire et où on a à pied d'œuvre la pyrite grillée et l'acide sulfurique à 60° Bé.

La réaction se fait le mieux en effet avec de l'acide à 60° Bé chaud, à une température de 120° C., tel qu'il coule des tours de Glover.

L'opération est des plus simples. Dans une bassine en fonte, chauffée par un foyer inférieur, on fait arriver l'acide à 60° Bé directement du Glover, c'est-à-dire encore chaud et on y jette à la pelle la pyrite grillée, en poudre, comme elle sort des fours, mais froide et tamisée s'il est nécessaire.

On agite, la réaction s'établit, on l'active et on la termine par l'action de la chaleur. On porte le mélange, en agitant toujours, entre 250° et 300° C. Il se dégage seulement de la vapeur d'eau. L'attaque de l'oxyde ferrique est presque complète. Le produit de la réaction ne renferme généralement pas plus de 5 0/0 de résidu insoluble. Sa teneur en sulfate ferrique oscille entre 75 et 95 0/0.

Dans la pratique on prend de 45 à 50 parties de pyrite grillée pour 100 parties d'acide sulfurique à 60° Bé, suivant la composition du produit que l'on veut obtenir.

On peut préparer ainsi du sulfate ferrique presque normal $(SO^4)^3Fe^2$ ou du sulfate ferrique renfermant un excès d'acide sulfurique plus ou moins grand. Il y a à cela un grand avantage, car dans certaines applications, pour le traitement des eaux résiduaires, on a besoin, suivant les cas, du sel neutre ou des sels acides à un degré déterminé. La composition du produit varie du reste avec la température à laquelle s'est effectuée la réaction. Voici, extrait d'un travail de M. Buisine, un tableau donnant la composition de sulfates ferriques obtenus en chauffant plus ou moins pendant le travail.

Corps dosés	1 130°	2 180°	3 300°
Eau	20,63	8,41	0,00
Oxyde ferrique insoluble (Fe^2O^3)	11,75	7,38	2,74
— soluble —	18,89	29,93	40,29
Acide sulfurique total (SO^4H^2)	55,10	64,38	70,93
— libre —	20,39	9,39	0,00
Sulfate ferrique normal $[(SO^4)^3Fe^2]$	47,23	74,82	96,65

Les chiffres suivants donnent la composition d'un autre sulfate ferrique, obtenu également par le procédé Buisine. Cette analyse est due à M. Vivien, de Saint Quentin.

Sulfate ferrique...................	60,00
Acide sulfurique libre..	9,49
Oxyde ferrique...........	11,40
Sulfure de fer.................... .	0,56
Silice (sable)...	2,04
Matières volatiles	1,16
Humidité à l'étuve................. .	11,64
Divers et non dosés................	3,71
Total........	100,00

Le sulfate ferrique obtenu au moyen du procédé Buisine est une poudre grisâtre, sèche, d'un emballage et d'un transport facile. C'est du sulfate ferrique anhydre. A cet état, il est peu soluble dans l'eau; mais après hydratation, qui se fait lentement à froid, rapidement à chaud, il est extrèmement soluble.

Mélangé avec un peu d'eau, 15 à 20 0/0 environ. le sulfate ferrique fait lentement prise comme le plâtre. Cette propriété a été appliquée par l'inventeur, comme nous le verrons dans la suite de ce travail. pour la fabrication de briquettes de sulfate ferrique, forme sous laquelle son emploi est très commode pour nombre d'usages.

On a fabriqué également des briquettes imprégnées d'antiseptiques, de phénol, par exemple, utilisées dans certains cas spéciaux (Voir 3ᵉ partie, Applications).

§ 4. FABRICATION DU SULFATE FERRIQUE BASIQUE. INDUSTRIE DU MORDANT DE ROUIL (1).

118. Généralités. — Les mordants de Rouil sont essentiellement constitués par des solutions concentrées, d'un sel ferrique basique, très utilisées, surtout dans la teinture des soies.

Ces produits font l'objet d'une importante industrie dont le principal centre est Lyon qui en est également le grand centre de consommation.

L'industrie du Rouil est due à Raymond et la première fabrique fut installée à Lyon, vers le commencement de ce siècle. Elle existait encore vers 1830.

(1) D'après Littré on orthographie autrement et on écrit mordant de *Rouille*. Nous préférons cependant nous servir du mot *Rouil*, afin de différencier le produit d'avec la *rouille* obtenue par l'oxydation du fer sous l'influence de l'oxygène de l'air.

Vers 1876, la production journalière de la seule ville de Lyon atteignait 25 à 30.000 k. Il est assez difficile d'évaluer exactement ce qui se fabrique aujourd'hui. Après Lyon, Rouen, Amiens. Paris, Lille, Chailvet, etc., en produisent des quantités considérables.

Le Rouil le plus employé en teinture est le *Rouil sulfate*. Au début, lorsque Raymond, professeur de chimie à Lyon, indiqua le sulfate ferrique pour arriver à l'obtention du bleu au moyen du prussiate de potasse, le sel employé était obtenu par la calcination ménagée du sulfate ferreux.

Plus tard dans la première fabrique de Rouil qui fut établie à Lyon, Raymond modifia sa méthode d'obtention et adopta le procédé qui consiste à peroxyder le sulfate ferreux par l'acide nitrique (1).

a. **Rouil sulfate.** — Le *Rouil sulfate* se présente sous la forme d'un liquide rouge-brun foncé par réflexion, rutilant par transparence, renfermant en solution un sel ferrique dont la composition, pour répondre le mieux à tous les besoins, doit osciller autour de la formule

$$(SO^4)^3(Fe^2)^2.$$

Ce liquide doit marquer de 40° à 46° Bé.

On préparait autrefois deux sortes de *Rouil sulfate* : le *Rouil pour noirs*, caractérisé par la présence d'un excès de sulfate ferreux et le *Rouil pour bleus*, complètement peroxydé.

Le progrès a fait disparaître cette distinction et on ne produit plus actuellement que des Rouils contenant le moins possible de sulfate ferreux.

On connaît encore d'autres Rouils : nous n'en parlerons que succinctement. leur emploi étant très restreint.

b. **Rouil nitrate.** — Liquide d'un rouge foncé intense, généralement fabriqué par le consommateur lui-même. Il se prépare en ajoutant peu à peu de la ferraille à de l'acide nitrique jusqu'au moment où il se forme un dépôt ocreux de sous-nitrate ferrique.

c. **Rouil acétate.** — Le Rouil acétate est également un liquide d'un rouge-brun foncé, marquant 20° Bé. Il s'obtient par double décomposition entre le Rouil ordinaire et l'acétate de plomb.

d. **Rouil chlorure.** — Liqueur d'un jaune rougeâtre. Malgré de nombreux essais, il a toujours été abandonné, car au contact de l'eau, il forme difficilement des sous-sels insolubles, propriété qui caractérise les autres Rouils et qui justifie, entre autres, leur application au rouillage des soies.

(1) On travailla d'abord sans récupérer les produits nitreux, en mélangeant dans des tonneaux de l'acide nitrique, de l'acide sulfurique et du sulfate ferreux. Le produit obtenu était nécessairement très imparfait et son prix de revient très élevé. Ce n'est que plus tard que l'on eut la pensée de travailler en chaudière et de recueillir les produits nitreux.

e. Rouil acéto-nitrate. — Sa couleur est rouge foncé. Pour le préparer on commence par opérer comme dans la fabrication du Rouil nitrate, mais en continuant l'addition de ferraille jusqu'au moment où le tout se prend en masse. On traite alors cette masse de sous-sel dans des bassines en fonte émaillée, par l'acide acétique à chaud, en ayant soin de toujours maintenir un excès de ce sous-sel.

Ces différents Rouils, sauf le dernier, ne présentent plus que peu d'intérêt.

119. Rouil sulfate. Sa fabrication. — a. **Préparation par l'acide nitrique.** — Ce procédé a été d'un usage général jusqu'aujourd'hui. Il consiste à oxyder le sulfate de fer du commerce par l'acide nitrique, en présence d'une quantité ménagée d'acide sulfurique, et s'appuie sur la réaction suivante qui est celle de la préparation du sulfate ferrique normal :

$$6SO^4Fe, 7H^2O + 3SO^4H^2 + 2AzO^3H = 3[(SO^4)^3Fe^2, 9H^2O] + 2AzO + 19H^2O$$

Cette fabrication paraît extrêmement simple ; cependant, comme nous le verrons par la suite, elle est assez délicate et réclame des ouvriers exercés.

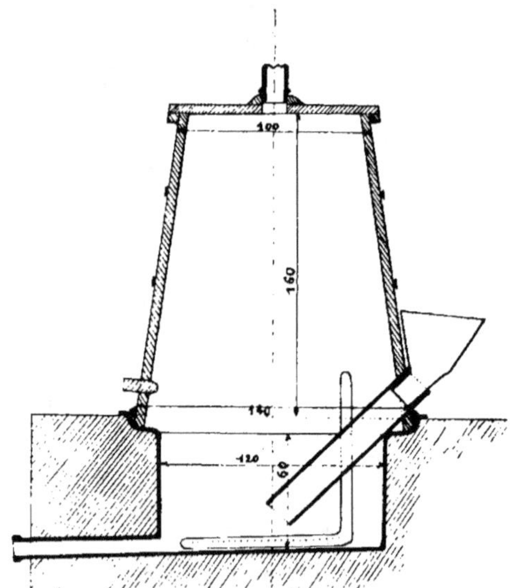

Fig. 179. — Fabrication du mordant de Rouil. Chaudière de peroxydation.

I. *Installation.* — Elle est fort peu compliquée et comprend une chaudière. un appareil pour la récupération des produits nitreux. des réservoirs à Rouil.

La chaudière est en plomb ou en fonte. Par raison d'économie nous préférons le plomb. La durée est plus grande, les réparations peuvent se faire très facilement au moyen du chalumeau à hydrogène, et de plus, en cas de démolition, le vieux plomb conserve la plus grande partie de sa valeur. Cette chaudière est munie à la partie inférieure d'un tuyau de coulage fermé par un tampon en bois. On donne au plomb une épaisseur de 10 à 12 mm. A la partie supérieure, la chaudière s'évase brusquement de manière à parer dans une certaine mesure au boursoufflement de la masse, car la réaction est assez violente.

Sur cet évasement repose une hotte en bois blanc ou en lave, surmontée d'un tuyau pour le dégagement des gaz. Cette hotte porte trois ouvertures. L'une, obturée pendant la marche, sert en cas de besoin à introduire un bâton pour le brassage ; l'autre plus petite permet le passage du tuyau d'arrivée de vapeur, terminé à sa partie inférieure par un serpentin perforé. La troisième ouverture, de dimensions plus considérables, est traversée par un tuyau en poterie, pénétrant dans la chaudière et s'arrêtant à 10 ou 15 cm. du fond.

Ce tuyau est surmonté d'un entonnoir en plomb mince servant à l'introduction des matières. Tous les joints sont lutés avec de la terre à brique.

Le tuyau de dégagement qui part du haut de la hotte se rend dans une première série de quelques touries, où se condense la majeure partie de l'eau entraînée. De cette tourie part un second conduit de dégagement qui aboutit au premier élément d'une batterie de bonbonnes, divisée en deux parties, d'où les gaz s'échappent pour traverser une série de trois colonnes à coke et de là se rendre dans une cheminée tirant bien.

Les joints sont faits avec un mastic composé de :

Ciment de Portland   1/3
Terre à brique   2/3

ces matières étant intimement mélangées avec assez de brai liquéfié par la chaleur pour obtenir une pâte liante.

Ce mastic s'emploie frais et ne peut se conserver.

Une série de citernes en bois, doublées de plomb, situées en contre-bas de la chaudière et destinées à servir de réservoirs à Rouil, complète l'installation.

II. *Fabrication.* — La chaudière dont nous avons donné le croquis permet d'obtenir à la fois 600 k. environ de Rouil marchand. On commence par y mettre une vingtaine de litres d'eau pure ou d'eau saturée de sulfate de fer ; on y ajoute 12 litres d'acide sulfurique à 60° Bé et 15 litres d'acide nitrique à 36° B. La vanne d'arrivée de vapeur est alors ouverte, et, dès que la masse est chaude, on y jette à la pelle, et petit à petit, du sulfate ferreux commercial en petits cristaux. Chaque addition de ce sel détermine un fort bouillonnement par suite du départ d'une grande quantité de bioxyde d'azote, dont une minime fraction se dégage par le tube de chargement à l'état de vapeurs rouges, permettant ainsi de suivre la marche de la réaction. Il arrive un certain moment où cette réaction se modère. On rajoute 40 à 60 litres d'acide nitrique faible à 20°-22° Bé provenant des touries de récupération. Il faut alors recommencer l'addition de sulfate de fer et suivre attentivement la réaction. Dès qu'il ne se dégage plus de vapeurs rouges par le tuyau de chargement et qu'on n'entend plus de bruissement particulier après l'addition du sel de fer, la peroxydation est terminée. On ouvre en grand la vanne de vapeur, de façon à déterminer une surchauffe pendant laquelle le Rouil prend de la couleur, puis on coule dans les citernes.

Après quelques jours de repos, il se sépare un abondant précipité ocreux de sous-sels insolubles, désigné sous le nom de *marc de Rouil* et qui constitue une perte sèche très notable.

Le chauffage, au lieu de se faire par injection de vapeur, peut aussi se faire à feu nu, mais ce mode n'est pas à recommander. Dans ce cas, on met dans la chaudière, au début de l'opération, 130 litres d'eau au lieu des 20 litres nécessités par le chauffage à la vapeur. Le poids obtenu restant le même, il en résulte pour le dernier mode de faire, une consommation de vapeur de 110 k. représentant 16 k. de charbon. Le coût du chauffage est, par suite, en comptant le charbon à 25 fr. la tonne rendue en usine, de 0 fr. 07 par 100 k. de Rouil. Dans les mêmes conditions, le chauffage à feu nu demande 36 k. de charbon, soit pour 100 k. de Rouil une dépense de 0 fr. 15. L'emploi de la vapeur procure donc une économie de 0 fr. 08 et de plus entraine la production d'une moins grande quantité de soussels, surtout à la fin de l'opération lors de la surchauffe. La commodité et la propreté sont plus grandes, le réglage plus facile, l'entretien de la chaudière presque nul.

III. *Récupération des produits nitreux.* — Pendant tout le cours de l'opération, il se dégage des torrents de bioxyde d'azote, qui, par suite de l'appel de la cheminée, passe dans la batterie de bonbonnes dont nous avons parlé.

Cette batterie n'est pas hermétiquement close ; de place en place sur certaines bonbonnes, le tampon de l'une des tubulures est perforé de façon à ménager des rentrées d'air.

Le bioxyde d'azote se trouve donc, au fur et à mesure qu'il passe d'une bonbonne à l'autre, en contact avec un volume d'air de plus en plus grand et se transforme en acide hypoazotique.

D'un autre côté la première colonne à coke reçoit de l'eau pure, la seconde, le liquide sortant de la première et marquant $0^\circ5$ à 1° Bé, la troisième, le liquide sortant de la seconde à 6° ou 8° Bé. Le liquide s'écoule de cette der-

nière à 10° ou 14° B. ; il est rentré sur la première bonbonne A de la batterie,
le soutirage de l'acide se faisant à l'une des bonbonnes du milieu B, qui est
celle recevant les produits gazeux de la chaudière. Cet acide marque de 16° à
18° B. ; il est rentré à son tour sur la dernière bonbonne C de la série. L'a-
cide faible devant rentrer à la chaudière et marquant 20° à 22° B. est soutiré dans l'élément du milieu D, qui reçoit les gaz venant de la première
bonbonne, la marche des gaz et des liquides pouvant être représentée par
le schéma ci-contre.

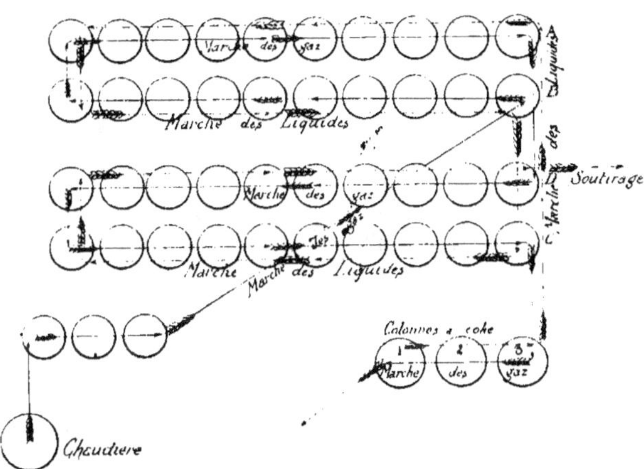

Fig. 180. — Fabrication du mordant de Rouil. Récupération des produits nitreux.

L'acide hypoazotique. se trouve donc continuellement en contact avec
de l'eau. Il va régénérer de l'acide nitrique suivant les équations suivantes :

$$AzO + O = AzO^2$$
$$3AzO^2 + H^2O = 2AzO^3H + AzO\ldots\ldots .. \text{ etc.}$$

Théoriquement on devrait retrouver intégralement dans les liqueurs
faibles tout l'acide nitrique introduit. Pratiquement, à cause des fuites,
des réactions secondaires, de la dissolution d'une fraction de bioxyde
d'azote dans les liqueurs, ce qui a pour effet de le soustraire à l'action oxydante de l'air, on perd de notables quantités d'acide nitrique.

La théorie indique que pour peroxyder 75 k. de sulfate ferreux équivalant à 100 k. de Rouil, il faut 5 k 70 d'AzO³H que l'on devrait retrouver
dans les petites eaux. On perd actuellement, dans les conditions de production où nous nous sommes placés, environ 4 k. d'acide à 36° Bé, soit
2 k 10 AzO³H. La perte est donc de 36,80 0/0 de l'acide introduit.

Si on suit les gaz dans leur parcours, on voit qu'à l'entrée dans la batterie, ils contiennent environ 2/3 en volume de bioxyde d'azote et des traces seulement à la sortie dans la cheminée.

Les liqueurs recueillies en B ont une coloration verdâtre et sont très chargées en bioxyde d'azote. La simple agitation en fait dégager de nombreuses bulles, qui viennent crever à la surface en se transformant en vapeurs rouges.

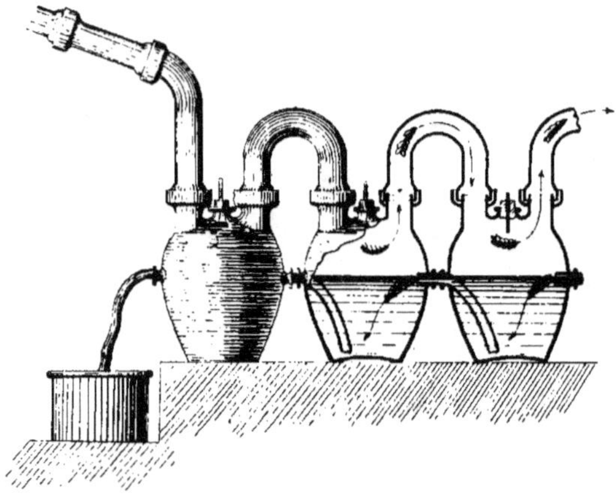

Fig. 181. — Fabrication du mordant de Rouil. Détail des touries à récupération.

Cette teneur en AzO diminue ensuite assez rapidement dans les bonbonnes suivantes, en même temps que sous l'influence d'une aération énergique, le taux en AzO^3H augmente.

Ceci explique pourquoi le soutirage final se fait sur le milieu de la batterie, au lieu d'être établi à l'extrémité où se rendent les gaz de la chaudière, comme il paraîtrait rationnel de le faire. Une autre raison s'oppose encore à ce qu'il en soit ainsi. Les gaz, sortant de la chaudière, entraînent une grande quantité de vapeur d'eau, dont la majeure partie est bien recueillie en cours de route, mais dont une fraction notable vient se condenser dans les premières touries de la batterie en diluant d'autant les liqueurs acides.

Même en injectant de l'air sous la hotte, au moyen d'un Kœrting et en établissant une circulation méthodique des gaz et des liqueurs, le degré de l'acide à l'extrémité se maintenait toujours inférieur à ce qu'il était dans le milieu de la batterie.

Cet essai avait été tenté en vue d'avoir une condensation plus complète dans les touries et, par suite, d'augmenter la densité de l'acide soutiré. Les résultats ont été insignifiants ; l'augmentation n'a été que de 1° à 2° Bé.

Pour que la récupération se fasse dans de bonnes conditions, que les pertes soient réduites au minimum. il faut qu'il n'y ait jamais de contre-pression dans les touries, ce qui implique de larges conduits d'évacuation et une marche très régulière de la réaction dans la chaudière.

Si la température s'élève par trop, ou si l'arrivée du sulfate de fer est trop rapide, il se produit d'un seul coup une énorme quantité de gaz, d'où augmentation de la pression, fuites de bioxyde, suppression momentanée des rentrées d'air, etc.

L'adjonction trop vive du sulfate de fer, lorsque la chaudière est trop froide, peut déterminer un autre accident. Il peut y avoir fixation de bioxyde d'azote par le sulfate ferreux en excès et production d'un composé brun-noir, qu'une longue ébullition ne suffit pas toujours à détruire ; quand cette décomposition peut se faire, elle s'accomplit brusquement avec une rare violence et projection des matières au dehors. Il convient donc que les réactions soient surveillées par des ouvriers exercés.

Les conditions climatériques extérieures exercent une grande influence sur la bonne marche de la récupération.

Un temps lourd, humide, en diminuant le tirage de la cheminée, tend à faire augmenter la pression dans les appareils et par suite provoque des fuites.

Lorsque le temps est vif et sec, au contraire, le tirage est plus énergique et la récupération se fait beaucoup mieux.

IV. *Marcs de Rouil.* — Nous avons déjà parlé de ces marcs. Ils sont constitués par un sel basique, insoluble dans l'eau, soluble dans les acides, qui se précipite dans les bassins à Rouil, sous la forme d'un magma visqueux, de couleur ocracée.

Ce sel, soumis à l'analyse, tel quel, et simplement égoutté donne les chiffres suivants :

Acide sulfurique (SO^3)	24.43 0/0
Oxyde de fer (Fe^2O^3)	35.90 »

Il contient de plus une quantité assez notable de matières insolubles dans HCl, silice, matières terreuses, sulfate de plomb, etc.

Les marcs retiennent par imprégnation 30 0/0 environ de leur poids de Rouil. Lavés à l'eau pure et séchés, ils contiennent :

Acide sulfurique (SO^3)	37.80 0/0
Oxyde de fer (Fe^2O^3)	43.20 »

En bonne marche, on obtient environ 8 à 10 0/0 de ces marcs par rapport au Rouil clair produit. Cette quantité atteint parfois 20 0/0 lorsque l'opération est mal conduite.

Si on considère que 100 k. de ces marcs, tels qu'ils sortent des bassins, équivalent, par leur teneur en oxyde de fer, à 240 k. ou 250 k. de Rouil, qu'ils sont le plus souvent inutilisés, ou tout au moins d'une vente très difficile, on voit que la perte, pour cette fabrication, atteint le chiffre énorme de 20 à 25 0/0 du produit fabriqué.

Nous verrons par la suite comment on peut y remédier.

V. *Prix de revient.* — Pour un appareil de la force de celui dont nous avons parlé, un personnel de deux hommes suffit. L'un est spécialement attribué à la conduite de l'opération ; l'autre s'occupe de la récupération et de l'emballage des produits. Ils peuvent couler quatre opérations par jour.

Le Rouil est logé soit en touries, soit en fûts pétroliers. Les pétroliers doivent d'abord subir un rinçage à la vapeur suivi d'un lavage très minutieux de façon à éliminer les matières grasses qu'ils récèlent.

Le prix de revient de 100 k. de Rouil produit et logé en fût peut ainsi s'établir :

Acide nitrique à 36°Bé, 4 k. 16 à 25 fr. les 0/0 k.	1 fr. 04
Sulfate de fer, 76 k. à 2 fr. 50 les 0/0 k. (Prix de revient).	1 90
Acide sulfurique à 60°Bé, 5 k. 40 à 5 fr. 05 les 0/0 k.	0 27
Main-d'œuvre.	0 65
Charbon, plomb, hottes, etc.	0 44
Frais d'administration, intérêts, etc.	0 20
Emballage	2 00
Total.	6 fr. 50

Le prix de vente étant en moyenne de 7 fr. 75, le bénéfice net est de 1 fr. 25.

b. **Procédé Geschwind. Emploi du nitrate de soude et rentrée des sous-produits.** — Ce procédé dont l'idée première est due à M. Gaillot, directeur de la station agronomique de l'Aisne, est décrit dans notre brevet en date du 4 août 1897. Il fonctionne depuis plus d'un an, à l'usine de Chailvet et il y donne d'excellents résultats. Nous avons vu tantôt que le fait de la production des marcs de Rouil entraînait la non-production d'une quantité de produit marchand équivalant à 20 ou 25 0/0 environ du poids du Rouil produit. Il y avait donc un grand intérêt à empêcher la production de ces sous-sels, ou tout au moins à essayer de les rentrer dans la fabrication. Nous y sommes parvenu d'une manière très simple en faisant dissoudre tous les marcs dans l'acide sulfurique et rentrant à chaque opération une fraction de la liqueur acide de sulfate ferrique ainsi obtenue.

L'économie qui résulte de l'emploi du nitrate de soude est aussi très importante et facile à chiffrer. L'acide nitrique à 36° Bé du commerce, contient 52,80 0/0 d'AzO³H et peut être compté à 25 fr. les 0/0 k. Il donne donc le kilog. d'AzO³H à 0 fr. 473. Le nitrate de soude du commerce contient

69,80 0/0 d'AzO³H et il coûte, aux cours actuels, environ 19 fr. les 0/0 k. Le kilog. d'AzO³H, dans le nitrate de soude, revient donc à 0 fr. 272, soit une dépense presque moitié moindre.

Il y a donc tout avantage à employer ce procédé, d'autant plus que la technique en est d'une grande simplicité.

Les appareils nécessités sont identiquement les mêmes que pour le procédé à l'acide nitrique, sauf une chaudière supplémentaire en plomb, chauffée soit à feu nu, soit à la vapeur, un réservoir à nitrate, en bois doublé de plomb, et des citernes à solution acide de sulfate ferrique.

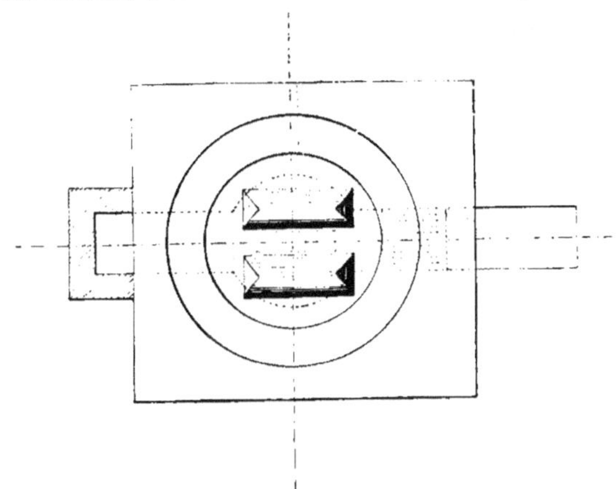

Fig. 182. — Fabrication du mordant de Rouil. Traitement des marcs.
Coupe de la chaudière.

I. *Dissolution des marcs de Rouil.* — Elle se fait très simplement : dans la petite chaudière supplémentaire dont nous venons de parler, d'une contenance de 800 litres environ, on transvase 300 litres de marcs visqueux, sortant des réservoirs à Rouil. On ajoute 100 litres d'eau et 90 litres d'acide sulfurique à 60°Bé et on porte à l'ébullition en remuant constamment la masse avec un bâton. La dissolution s'opère petit à petit et au bout de 2 h. ou 3 h. on coule la liqueur trouble dans les citernes, où elle se refroidit et s'éclaircit.

Cette liqueur marque 47° à 48° Bé ; elle est d'un brun verdâtre et donne à l'analyse les chiffres suivants rapportés à 1 litre :

Moyennes	Indication des corps dosés	1	2	3	4	5	6
395gr	Acide sulfurique (SO^3)..	429gr	430gr	409gr	428gr	312gr	360gr
180	Oxyde de fer (Fe^2O^3)....	172	188	205	187	134	185

Pour la fabrication du Rouil, 100 litres de ce liquide représentent environ 12 litres d'acide sulfurique à 60° Bé.

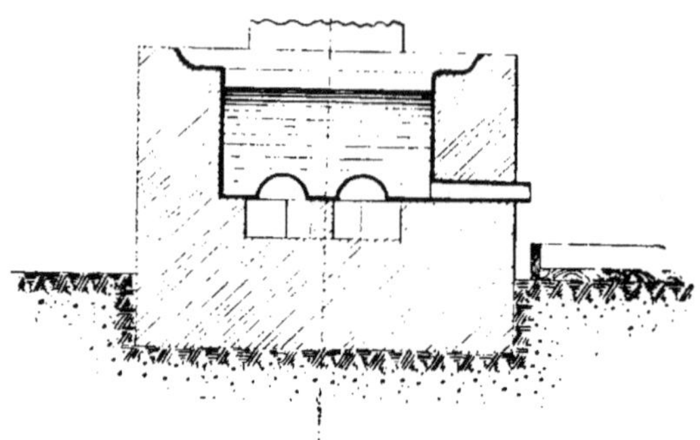

Fig. 183. — Fabrication du mordant de Rouil. Traitement des marcs. Coupe de la chaudière.

Ce liquide peut servir à d'autres usages que la fabrication du mordant de Rouil. On le produit, soit de la façon sus-indiquée, soit en peroxydant le sulfate ferreux par l'acide nitrique ou le nitrate de soude en présence de la quantité voulue d'acide sulfurique, et on l'utilise sous le nom de *coagulant*, pour coaguler le sang des abattoirs et le transformer en un produit imputrescible utilisé comme engrais.

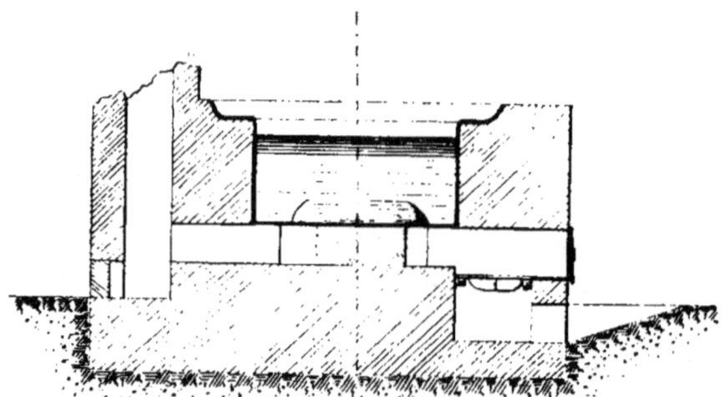

Fig. 184. — Fabrication du mordant de Rouil. Traitement des marcs. Coupe de la chaudière, par le foyer.

II. *Dissolution du nitrate de soude.* — Cette dissolution s'effectue dans une caisse en plomb. On y place le nitrate et on y fait arriver de l'eau chaude. On agite et on laisse refroidir. On obtient ainsi une solution saturée de nitrate de soude à 40° 42° Bé, dont 1 litre contient environ 0 k. 680 gr. de nitrate. C'est cette solution qui va nous servir, aux lieu et place d'acide nitrique pour peroxyder le sulfate ferreux.

III. *Technique de la fabrication*. — On introduit dans la chaudière que nous avons décrite, à propos du travail à l'acide nitrique, 100 litres, soit environ 150 k. de la solution acide de sulfate ferrique préparée avec les marcs de Rouil et équivalente pour nous à 12 litres d'acide sulfurique à 60° Bé. On y ajoute alors environ 22 litres de la solution de nitrate représentant 15 k. de nitrate de soude et assez d'acide sulfurique pour former avec la base du sel, du bisulfate de soude, soit dans le cas présent 12 à 13 litres d'acide à 60° Bé. Ceci fait, on chauffe et on introduit le sulfate de fer petit à petit, en continuant absolument de la même façon que dans le procédé à l'acide nitrique, c'est-à-dire, rajoutant des petites eaux dès que la réaction s'atténue et arrêtant ensuite l'introduction de sulfate de fer, dès que le dégagement de bioxyde d'azote cesse.

Rien n'est d'ailleurs changé à la récupération.

Le Rouil obtenu contient un peu de bisulfate de soude. Dans le cas présent cette quantité est de 21 k. pour l'opération tout entière. Cette quantité de bisulfate de soude est très minime et d'ailleurs ne peut avoir aucune influence sur la qualité du Rouil.

Par suite de la rentrée de la solution de sulfate ferrique, le poids du produit fabriqué augmente pour une même consommation d'acide nitrique et de sulfate ferreux. Le prix de revient tend donc à s'abaisser et peut s'établir ainsi pour 100 k. de Rouil :

Nitrate de soude, 2 k. 41 à 19 fr...	0 fr. 45
Sulfate de fer, 58 k. à 2 fr. 50...	1 45
Acide sulfurique, 7 k. 8 à 5 fr. 05...	0 40
Main-d'œuvre...	0 60
Charbon, plomb, hottes, etc...	0 40
Emballage...	2 00
Frais d'administration, intérêts, etc...	0 20
Total...	5 fr. 50

Le prix de revient avec de l'acide nitrique et sans la rentrée des marcs est de 6 fr. 50.

Le procédé au nitrate de soude, tel que nous l'avons décrit, procure donc un bénéfice supplémentaire de 1 fr., ce qui donne, en prenant le prix de vente que nous avons déjà supposé, soit 7 fr. 75, un bénéfice total de 2 fr. 25 au lieu de 1 fr. 25.

L'avantage est donc très sensible.

c. **Caractères du Rouil**. — Le Rouil se présente sous la forme d'un liquide rouge-brun foncé par réflexion, rutilant par transparence. Une couleur noirâtre ou verdâtre, ou jaunâtre indiquerait un défaut de fabrication, soit une fixation de vapeurs nitreuses par le sulfate ferreux qui sert à sa fabrication, soit un excès de ce sulfate ferreux, soit un excès d'acide sulfurique.

Dans le premier cas, et lorsque le défaut est notable, si on additionne le Rouil d'un grand excès d'acide sulfurique et que l'on chauffe, on voit se produire brusquement des vapeurs rouges en même temps qu'il se produit une effervescence très caractéristique. Lorsque le dégagement a cessé, la teinte noirâtre a disparu.

Dans le second cas. le Rouil acidifié par SO^4H^2, évaporé presque à sec, puis étendu fortement d'eau, décolore le permanganate de potassium.

Si l'excès de sulfate ferreux est notable, le Rouil. sous l'influence de l'acide nitrique et à chaud, dégage des vapeurs rouges.

Si le Rouil est additionné d'un grand excès d'eau distillée. il se produit un précipité insoluble d'un sel ferrique très basique, tandis qu'il reste en solution un sel ferrique plus acide. Si l'eau contient du calcaire, la réaction est beaucoup plus accentuée. C'est sur cette propriété qu'est basé le *rouillage de la soie*. c'est-à-dire la fixation d'oxyde ferrique par la fibre.

Le Rouil du commerce marque 40° à 46° Bé. Sa stabilité n'est que relative. Au bout de quelques mois, il tend à se scinder en sel basique insoluble et en sel acide restant en solution.

Le Rouil contient souvent des matières organiques auxquelles le sulfate de fer a servi de véhicule. Ces matières organiques, incomplètement détruites par l'acide nitrique lors de la peroxydation du sel de fer. se brûlent petit à petit sous l'action du sulfate ferrique et provoquent la formation de sulfate ferreux. Ce phénomène s'accentue à la lumière.

Un bon Rouil ne doit pas contenir de chlorure ferrique, celui-ci ayant, dans le rouillage des soies, une action à peu près nulle. Il ne doit donc pas précipiter par le nitrate d'argent.

Nous donnons ci après, rapportés à 100 gr , les résultats comparatifs donnés par l'analyse de différents Rouils du commerce.

Les numéros 1. 2, 3 ont été obtenus par le procédé au nitrate de soude.

Les numéros 4, 5, 6. 7, 8 et 9 ont été préparés au moyen de l'acide nitrique.

Indication des corps dosés	1	2	3	4	5	6	7	8	9
Sulfate ferreux $SO^4Fe, 7H^2O$....	0,17	0	2,00	1,53	»	»	0,38	1,70	»
Oxyde de fer total Fe^2O^3.........	15,85	14,30	15,00	17,09	14,74	15,80	14,80	14,10	14,50
Acide sulfurique SO^3...........	19,10	19,20	20,00	19,99	20,40	21,20	21,40	21,30	20,40
Bisulfate de soude SO^4NaH........	1,85	1,70	2,30	»	»	»	»	»	»
Degré Baumé....	45°	44°	45°	46°	42°	44°5	45°	45°	44°

APPLICATIONS DES SULFATES D'ALUMINIUM ET DE FER

CHAPITRE V

USAGES ET EMPLOIS DU SULFATE D'ALUMINIUM ET DES ALUNS

§ 1. APPLICATIONS AUX ARTS DE LA TEINTURE

120. Généralités. — Les deux éléments les plus essentiels à la teinture sont évidemment la matière à teindre et la matière colorante à appliquer. En dehors de ces matières, il existe toute une classe de corps, dont l'importance est considérable, par le rôle qu'ils jouent dans la fixation de la matière colorante sur la fibre, ou dans les modifications de la teinte qu'ils permettent d'obtenir. Ces corps sont les mordants. Les mordants d'alumine sont les plus importants. On les a employés depuis un temps immémorial et on les emploie actuellement encore pour toutes les fibres.

L'alun, ou plutôt les divers aluns à base d'ammoniaque, de potasse, de soude, ont été les corps les plus employés en teinture, non seulement parce qu'ils constituent eux-mêmes des mordants, mais aussi parce qu'ils permettent de fabriquer les autres mordants d'alumine : acétate d'alumine, sulfo-acétate d'alumine, etc.

Les aluns sont encore des corps très usités en teinture. Les meilleures qualités se trouvent sous la forme de gros cristaux vitreux, et sont complètement dépourvues de fer.

Le sulfate d'aluminium tend de plus en plus à se substituer à l'alun dans toutes ses applications. On le trouve actuellement dans le commerce sous une forme suffisamment pure et pouvant servir à la préparation de tous les autres mordants d'alumine.

L'emploi du sulfate d'aluminium est d'ailleurs beaucoup plus économique. Le corps actif, l'élément vraiment utile des aluns de même que du sulfate d'aluminium, est l'alumine ; or l'alun ne contient guère que 10 à 11 0/0 de ce corps, tandis qu'il existe du sulfate d'aluminium bien fabriqué, exempt de fer, qui renferme jusqu'à 16 et 17 0/0 d'alumine et qui ne coûte pas plus cher que l'alun.

Si on neutralise partiellement une solution de sulfate d'aluminium normal par l'addition de carbonate ou de bicarbonate de sodium, de craie, etc., on obtient les solutions de ce que l'on appelle *sulfates d'aluminium basiques*. Ces nouveaux sels varient en composition selon le degré de la neutralisation, comme le montrent les équations suivantes :

$$(1) \quad (SO^4)^3Al^2 + 2CO^3NaH = (SO^4)^2Al^2(OH)^2 + SO^4Na^2 + 2CO^2$$
$$(2) \quad 2[(SO^4)^3Al^2] + 6CO^3NaH = (SO^4)^3(Al^2)^2(OH)^6 + 4SO^4Na^2 + 6CO^2$$
$$(3) \quad (SO^4)^3Al^2 + 4CO^3NaH = (SO^4)^1(Al^2)(OH^4) + 2SO^4Na^2 + 4CO^2$$

La solution du sulfate basique, obtenue d'après la première équation, est peut-être celle qui est le plus employée.

Lorsqu'on fait bouillir des solutions de sulfates d'aluminium basiques, il se forme un précipité d'un sel encore plus basique et plus insoluble, surtout en présence des fibres textiles, et il reste en solution un sel normal ou même acide. Des changements analogues se font évidemment quand les fibres imprégnées des solutions sont séchées et c'est sur ces faits que repose l'usage des sels basiques dans le mordançage.

L'expérience a prouvé que plus la solution est basique, plus elle est facilement décomposée, soit en la chauffant, soit en l'étendant d'eau, et plus est grande la proportion d'alumine fixée sur le coton par l'immersion et par le séchage subséquent à basse température.

Avec l'alun, en ajoutant aux solutions normales, de l'alcali caustique, des carbonates alcalins ou alcalino-terreux, on obtient ce que l'on appelle des *aluns neutres* ou des *aluns basiques*. Ceux-ci sont analogues aux sulfates basiques d'aluminium dont nous venons de parler et leurs solutions chauffées et étendues se décomposent et forment des précipités analogues (J. Hummel et F. Dommer, *Manuel pratique du teinturier*).

Les aluns et le sulfate d'aluminium sont employés comme mordants de la même manière et tous deux doivent être exempts de fer.

121. Application au coton. — La meilleure méthode est celle de la *précipitation*, par laquelle, après avoir d'une manière uniforme imprégné la fibre de sulfate basique d'aluminium, on la laisse sécher, et on la fait passer dans la solution d'un sel capable de fixer l'alumine sur la fibre, soit en la précipitant à l'état d'alumine, soit en se combinant avec elle pour former un composé insoluble. Les substances que l'on peut employer dans ce but sont nombreuses. On peut prendre les corps suivants : carbonate d'ammoniaque, phosphate de sodium, arséniate de sodium, silicate de soude, savon, sulforicinate ammoniacal, etc.

Dans chaque cas, on doit déterminer exactement par l'expérience, l'agent de fixation, le degré de concentration, la température de la solution et la durée du bain.

122. Application à la laine. — Dans le mordançage de la laine, le sulfate d'aluminium normal seul est employé, car le sel basique est trop facilement dissociable. Il serait décomposé trop rapidement et la laine ne serait mordancée que superficiellement ; la couleur subséquente serait terne et déchargerait au frottement ; de plus, la laine aurait toujours un mauvais toucher.

Afin d'expulser l'air à l'intérieur et autour de la fibre de laine et d'amollir cette dernière, de manière à la rendre complètement perméable, il est nécessaire d'employer une solution bouillante.

Il y a grand avantage à ajouter à la solution une certaine quantité de bitartrate de potasse, parce qu'il augmente la profondeur et le brillant de la couleur subséquente. Cette addition empêche la précipitation légère et superficielle de l'alumine par l'ammoniaque qu'abandonne la laine et est cause qu'une plus grande quantité est fixée dans la fibre.

Pour mordancer avec succès 10 grammes de laine avec le sulfate d'aluminium, il faut préparer la solution suivante : à un litre d'eau on ajoute 0 gr. 8 de sulfate d'aluminium et 0 gr. 7 de bitartrate de potasse (crème de tartre). La laine est plongée dans la solution froide et on élève graduellement la température dans un temps qui varie de 1 heure à 1 heure 1/2 ; on laisse bouillir pendant une 1/2 heure ou 1 heure et on effectue ensuite un lavage soigné (J. Hummel et F. Dommer, *loc. cit.*).

123. Application à la soie. — L'alunage peut se faire sur la soie et précéder toute teinture comme il peut se donner dans le courant des opérations. Dans le premier cas, le bain d'alunage peut être permanent ; dans le second il est généralement perdu.

Pour aluner les soies, après les avoir mises en bâtons, on leur donne trois ou quatre *lisages*, puis on les met en *sotte* ou *voltée*, au fond de la barque d'alunage, et on les abandonne plusieurs heures ; ordinairement on fait cette opération le soir et on laisse passer la nuit sur le bain d'alun. Le bain doit être saturé à froid et *reponchonné* de temps en temps avec une solution bouillante et concentrée d'alun. On arriverait au même résultat en maintenant à l'une des extrémités de la barque, un sac rempli de cristaux d'alun et en agitant violemment avant chaque passée de soie.

Pour l'alunage, comme pour toutes les opérations de la teinture, la soie, écrue, souple ou cuite, doit toujours être mouillée convenablement, c'est-à-dire contenir environ son poids d'eau, résultat que l'on obtient en égouttant énergiquement à la *cheville* ou *diablant* fortement. Si les soies étaient introduites sèches, elles se teindraient mal, auraient même sur certains bains de la peine à se mouiller. Il résulte de ce degré indispensable d'humidité, que pour les bains permanents il y a affaiblissement chaque fois, par l'apport de cette eau, d'où la nécessité de reponchonner, ou additionner d'un bain concentré pour maintenir le degré constant.

L'alun doit se donner à froid. Les soies sorties du bain, il faut éviter de les laisser sécher sur l'alun, sinon elles prendraient un mauvais toucher et se mouilleraient ensuite très difficilement, il faudrait même les réaluner pour pouvoir les mouiller, puis, bien égouttées, elles sont rincées modérément à l'eau courante et reçoivent, s'il y a lieu, une batture (pour les grosses soies).

Par l'opération de l'alunage, il se fixe très peu d'alumine sur la soie, et la minime quantité fixée l'est par le rinçage; c'est pour cela qu'il convient d'opérer ce rinçage à l'eau courante et, de préférence, avec des eaux calcaires. Le bicarbonate de chaux contribue dans ce cas à la précipitation de l'alumine sur la fibre (Marius Moyret, *Traité de la teinture des soies*).

L'alunage des soies ayant déjà reçu des opérations de teinture se fait comme précédemment; le bain peut être quelque peu réchauffé et se jette ordinairement chaque fois.

Lorsqu'on emploie le sulfate d'aluminium on opère de la même façon. Généralement, pour fixer l'alumine, on rince légèrement à l'eau et on passe pendant un temps très court dans un bain froid de silicate de soude de densité d = 1,005 ; on fait suivre d'un lavage soigné. Lorsqu'on emploie le sulfate basique d'aluminium, les nuances obtenues peuvent être dépourvues de brillant.

121. Préparation et utilisation des acétates d'alumine. —

On peut préparer la solution d'acétate d'alumine normal, soit en dissolvant de l'alumine dans de l'acide acétique, soit en ajoutant une solution d'acétate de plomb à une solution de sulfate d'aluminium ordinaire dans les proportions indiquées par l'équation suivante :

$$[(SO^4)^3Al^2 + 18H^2O] + 3[Pb(C^2H^3O^2)^2 + 3H^2O] = (C^2H^3O^2)^6Al^2 + 3PbSO^4 + \; + 27H^2O.$$

En ajoutant à la solution du sel normal, des quantités croissantes d'un carbonate alcalin, on peut obtenir les solutions de divers acétates d'alumine basiques.

Les solutions de ces divers acétates basiques, *contenant de l'acétate de soude*, sont précipitées par la chaleur, et plus elles sont basiques, plus la température de dissociation est basse ; mais il est curieux de noter que plus la dissolution est étendue, plus la température de dissociation est élevée ; simplement étendus d'eau, ces sels ne sont pas précipités.

Les solutions d'acétate d'alumine pur, fraîchement préparées (équivalant à 200 gr. par litre de sulfate ordinaire) ne sont précipitées ni en chauffant, ni en étendant d'eau ; mais abandonnées au repos pendant un certain temps, elles se décomposent spontanément avec dépôt d'alumine.

Les solutions de tous les acétates d'alumine (normaux ou basiques), sont précipitées par la chaleur en étendant d'eau si elles contiennent des sulfates, soit du sulfate de potassium, du sulfate d'aluminium, etc. Ceci est toujours le cas avec les acétates basiques fabriqués avec le sulfate d'aluminium, lorsqu'une portion de l'acétate de plomb est remplacée par des carbonates alcalins :

$$(SO^4)^3Al^2,18H^2O + CO^3Na^2 + H^2O + 2[(C^2H^3O^2)^2Pb, 3H^2O] = Al^2(C^2H^3O^2)^4(OH)^3 + {} + SO^4Na^2 + 2SO^4Pb + CO^2 + 24H^2O.$$

Peu importe si le carbonate de soude est ajouté avant ou après l'acétate de plomb ; le résultat est le même. Lorsqu'une solution d'acétate d'alumine normal contenant des sulfates est précipitée par la chaleur, le précipité se redissout par le refroidissement ; mais ceci n'a pas lieu avec les acétates basiques, dans n'importe quelles conditions. Le précipité formé en présence des sulfates est un sulfate d'aluminium, contenant un grand excès de base.

L'expérience a montré que lorsque le coton est imprégné d'une solution d'acétate d'alumine normal (équivalant à 200 gr. de sulfate normal par litre), puis séché à basse température, environ 50 0/0 de l'alumine en présence est fixée sur la fibre, tandis qu'une solution équivalente de sel basique, $Al^2(C^2H^3O^2)^4(OH)^3$, contenant SO^4Na^2, cède, dans les mêmes conditions, presque toute son alumine.

Les acétates d'alumine (spécialement les sels normaux), préparés au moyen de l'acétate de plomb, sont susceptibles de contenir un peu de sulfate de plomb. C'est pourquoi, dans le cas où la présence de ce sulfate serait nuisible, l'acétate de plomb peut être remplacé avec avantage par une quantité équivalente d'acétate de chaux ou de baryte.

Il est reconnu depuis longtemps qu'il n'y a pas d'avantage pratique à employer la quantité d'acétate de plomb suffisante pour décomposer la totalité du sulfate d'aluminium. D'après Köchlin, le fait peut s'expliquer, en supposant que le véritable mordant fixé sur la fibre n'est pas de l'alumine pure, mais peut être, dans la plupart des cas, un sulfate d'aluminium basique et insoluble.

Il est possible de préparer un excellent mordant, en dissolvant dans l'acide acétique à chaud, du sulfate basique d'alumine insoluble.

Le sulfate basique est obtenu facilement en neutralisant soigneusement une solution d'alun par du carbonate de sodium, jusqu'au moment où le précipité d'abord formé cesse de se redissoudre.

Cette préparation est due à D. Köchlin. On en prépare également avec du sulfate d'aluminium et les mordants ainsi obtenus sont désignés sous le nom de *sulfo-acétates d'aluminium*. Les équations suivantes montrent leur formation :

$$(1)\ (SO^4)^3Al^2,\ 18H^2O + 2\ [Pb\ (C^2H^3O^2)^2,\ 3H^2O) = SO^4Al^2\ (C^2H^3O^2)^4 + 2SO^4Pb + $$
$$+ 24\ H^2O$$
$$(2)\ [(SO^4)^3Al^2,\ 18H^2O] + 3\ [Pb(C^2H^3O^2)^2,\ 3H^2O] + 2CO^3NaH = SO^4Al^2\ (C^2H^3O^2)^3,$$
$$OH + 3SO^4Pb + SO^4Na^2 + 2CO^2 + 45H^2O.$$

L'expérience a prouvé que plus les sulfo-acétates d'aluminium sont basiques, plus leur point de décomposition est bas, soit par la chaleur, soit par la dilution des solutions, ce qui revient à dire que la sensibilité de ces solutions est augmentée.

Les sulfo-acétates d'alumine abandonnent la presque totalité de leur alumine à la fibre de coton, après qu'on l'a imprégnée et séchée ; ils agissent ainsi, dans ce cas particulier, plus fortement que les sulfates d'aluminium et à peu près à la manière de l'acétate d'aluminium basique :

$$Al^2(C^2H^3O^2)^4(OH)^2.$$

Le nom technique donné aux solutions des divers acétates d'aluminium et sulfo-acétates d'aluminium employés en teinture, est celui de *mordant rouge*, parce qu'ils sont universellement employés dans l'impression sur toile et la teinture du coton, pour produire les rouges d'alizarine. Les mordants rouges du commerce se préparent par double décomposition entre le sulfate d'aluminium normal et l'acétate de chaux du commerce.

Le mordant rouge commercial contient une certaine proportion de sulfate d'aluminium non décomposé, et est un sulfo-acétate impur ; ce que l'on appelle *mordant rouge d'étain*, est un mordant où la décomposition a été aussi complète que possible et qui représente par conséquent un acétate d'aluminium normal impur.

Ces mordants sont par excellence ceux à employer pour le *coton*, et en particulier pour l'impression sur *calicot*. On épaissit leur solution, au moyen de farine, d'amidon, de dextrine, etc. ; on les imprime sur le coton et on sèche. Après l'impression et le séchage, vient l'opération de l'étendage qui consiste à exposer les tissus imprimés, plus ou moins ouverts et plus ou moins tendus, à l'action de l'air, à une température et dans des conditions hygrométriques convenables.

Puis vient le *fixage* ou *bousage*, opération qui consiste à passer les pièces dans des solutions chaudes contenant de la bouse de vache, de l'arséniate de soude, du phosphate de soude, du silicate de soude, de la craie, etc. Le but de cette opération est triple et consiste à :

1° Fixer plus complètement sur la fibre la partie du mordant qui a échappé à l'action de l'étendage ;

2° Empêcher que les parties du tissu non imprimées (non mordancées), soient tachées par la suite, si le mordant soluble déchargeait sur elles ;

3° Enlever la matière épaississante.

Les acétates d'aluminium sont très employés pour ce que l'on appelle les *couleurs vapeurs*. Ils sont fréquemment utilisés dans la teinture en *rouge turc*, en remplacement des sulfates d'aluminium basiques.

Pour les articles ordinaires ils sont peu employés, parce que dans la méthode de fixation par précipitation, généralement adoptée, ils n'ont pas d'avantages sur les sulfates basiques et sont plus dispendieux.

Les acétates d'aluminium ne peuvent s'employer dans le mordançage de la *laine*, car ils sont trop décomposables. Ils sont peu employés pour la *soie*, sauf pour l'impression (J. Hummel et F. Dommer, *loc. cit.*).

125. Application du sulfate d'aluminium à l'épaillage chimique. — La laine est souvent chargée de matières végétales qu'il est très difficile d'enlever complètement, d'une façon mécanique, et qui se retrouvent dans les pièces tissées, ce qui produit de graves inconvénients lors des opérations de la teinture.

M. R. Joly, fabricant à Elbeuf, a imaginé de détruire ces matières par le chlorhydrate d'aluminium. Après lui, beaucoup de fabriques de drap d'Elbeuf, Sedan, Châteauroux, Romorantin, Mazamet, etc., ont appliqué ce procédé. Le procédé Joly a permis d'appliquer l'épaillage au traitement des tissus teints en couleurs dites de *petit teint* (*Rev. des Ind. et des Sciences chim. et agr. a. 1879*, p. 69).

Pour préparer le chlorhydrate d'alumine avec le sulfate d'aluminium il suffit de traiter ce dernier par le chlorure de calcium, qui se trouve facilement et à bon marché ; il se produit du chlorhydrate d'alumine soluble que l'on sépare facilement du précipité de sulfate de chaux, soit par filtration simple, soit au filtre-presse. La liqueur de chlorhydrate d'alumine employée pour l'épaillage, marque environ 5° Bé. A cette concentration, elle est surtout employée pour l'épaillage des tissus teints en nuances délicates. Pour les nuances solides on emploie une solution à 7° Bé. Le tissu à traiter est plongé dans une de ces solutions de manière à en être bien imprégné. Lorsque l'imbibition est complète on essore, aussi bien pour la laine que pour les tissus et les fils, puis on sèche à une température comprise entre 60° C. et 100° C.; et on carbonise entre 120° C. et 135° C. Sous l'action de cette température, le chlorhydrate réagit sur les matières végétales et les désagrège sans altérer en aucune façon ni les nuances, ni la fibre animale. Il suffit de secouer le tissu ou, au besoin, de le soumettre à un broyage et à un battage, pour voir les parties carbonisées tomber en poussières. L'épaillage doit être suivi d'un dégorgeage aussi complet que possible. Il faut aussi faire remarquer, qu'avant l'entrée dans le bain de chlorhydrate d'alumine, les matières à épailler doivent être soigneusement lavées (Pommier, *Aluns, sulfates d'alumine. Enc. Fremy*) et (*Rev. des Ind. et des Sc. ch. et agr., loc. cit.*).

§ 2. APPLICATIONS A LA FABRICATION DES COULEURS.

126. Fabrication des laques. Généralités. — Une laque consiste en une matière solide, le plus souvent blanche, teinte par une substance colorante. La matière solide, le support, s'appelle la *base* de la laque.

Quelquefois la teinture de la base se fait directement, comme s'il s'agissait de teindre un tissu ; mais, le plus souvent, la base et le principe colorant sont précipités ensemble, de façon à avoir une combinaison aussi intime que possible.

Cette fabrication des laques est délicate et présente une grande importance.

La peinture d'art emploie plusieurs laques fort belles et très solides (laques de garance, de gaude, etc.).

La préparation des papiers peints utilise une grande quantité de laques, souvent peu solides (laques de bois rouges, de couleurs d'aniline, etc.).

L'impression des tissus en consomme également (laques au bois jaune, laques d'alizarine, etc.).

Ces couleurs sont dissoutes dans l'acide acétique, la solution est additionnée d'épaississants et est imprimée à la manière ordinaire ; le tissu imprimé est soumis au *vaporisage* ; l'acide acétique se dégage et la couleur reste solidement fixée au tissu.

Il ne faut pas confondre les couleurs appelées *laques*, avec le *laque de Chine*, mot masculin qui désigne une sorte de vernis.

En terme de métier, *laquer* une matière colorante, c'est la transformer en laques susceptibles d'être utilisées comme couleurs.

La *base* la plus employée pour la fabrication des laques est l'*alumine*, soit pure, soit en combinaison, sous forme de sels divers, le plus souvent basiques.

L'*alumine* est souvent employée à l'état d'*alumine en gelée*, précipitée par un léger excès d'ammoniaque, d'une solution d'alun ou de sulfate d'aluminium.

L'alumine en gelée absorbe très facilement les matières colorantes ; elle se teint directement dans une décoction de cochenille, de bois rouge, de gaude, etc. Mais, le plus souvent, les laques ainsi obtenues manquent d'éclat ; de plus, quand on les sèche, elles prennent un aspect dur, corné, et se délaient difficilement soit à l'eau, soit à l'huile.

Pour la fabrication des laques, on emploie surtout le sulfate d'aluminium basique, représenté par la formule SO^4, Al^2O^2. Ce sel est insoluble dans l'eau ; il est d'un blanc pur et opaque au lieu d'être transparent comme l'alumine en gelée ; il se rassemble et se lave facilement ; soumis à la dessiccation, il donne un produit très blanc, friable et non dur et corné.

Ce sulfate basique se prépare en saturant par du carbonate de sodium une solution d'alun ou de sulfate d'aluminium, jusqu'à formation d'un léger précipité persistant. On agite constamment pendant l'opération et on sépare la liqueur claire du léger précipité persistant. Cette liqueur soumise à l'ébullition laisse déposer le sulfate basique qu'on lave par décantation.

On peut aussi, pour être certain de la composition du produit, précipiter une solution d'alun ou de sulfate d'aluminium, par du carbonate de sodium, jusqu'à réaction alcaline, ce qui indique que toute l'alumine est précipitée. Cette opération indique qu'elle est la quantité de carbonate de sodium nécessaire pour saturer entièrement la prise d'essai. On répète alors l'opération en ne prenant que les deux tiers de la quantité de carbonate de sodium indiquée.

L'équation est la suivante :

$$(SO^4)\,^3Al^2 + 2\,(CO^3Na^2) = 2CO^2 + 2SO^4Na^2 + SO^4Al^2O^2.$$

Le plus souvent on ne précipite pas séparément le sulfate basique et l'opération de la teinture est faite en même temps.

On emploie quelquefois l'alumine, ou le sel basique, précipités de l'alun ou du sulfate d'aluminium, par le zinc métallique à l'ébullition.

L'aluminate de soude est également très employé. On mélange de l'aluminate de soude à une décoction de matière colorante et on verse le produit dans une solution de sulfate d'aluminium Il se précipite de l'alumine qui entraîne la matière colorante.

On emploie aussi comme *bases* des laques, différents sels d'aluminium insolubles, tels que les phosphates et surtout le borate d'aluminium. L'avantage qu'on y trouve, c'est que le borate d'alumine, par exemple, s'obtient au moyen du sulfate d'aluminium et du borax et que ce dernier sel n'ayant qu'une très faible réaction alcaline n'altère pas les matières colorantes sensibles à l'action des alcalis, telles que la cochenille, le bois rouge, etc.

Les aluminates insolubles, et notamment, l'*aluminate de magnésie*, servent également à la préparation des laques.

L'aluminate de magnésie s'obtient en ajoutant peu à peu de l'ammoniaque à une solution ainsi composée :

Alun de potasse....	45 grammes.
Sulfate de magnésie.........	13 —
Chlorhydrate d'ammoniaque...	6 —

Le mélange est dissous dans un quart de litre d'eau. En se précipitant l'alumine entraîne presque toute la magnésie.

Si on ajoute à la solution une matière colorante, une décoction de cochenille par exemple, on peut obtenir une belle laque, à la condition de ne pas employer un excès d'ammoniaque.

L'*acide stannique* se combine très bien avec les matières colorantes : la plupart des laques employées dans l'impression des tissus, sont à base d'acide stannique.

Le *stannate de soude* peut servir à la préparation des laques à base d'acide stannique. On procède comme pour l'aluminate de soude en précipitant par le bichlorure d'étain, une solution de matière colorante dans le stannate de soude. Parfois on emploie le sulfate d'aluminium pour précipiter le stannate de soude ; il se forme ainsi un véritable *stannate d'alumine*, qui représente la base de la laque.

L'acide antimonique, l'oxyde d'antimoine, l'acide tungstique, les oxydes de plomb, de zinc, de chrome, la magnésie, la chaux, etc., servent aussi de base à certaines laques, de même que la craie, l'albumine, la gélatine et même l'amidon ou la fécule. Nous ne nous y étendrons pas.

Pour la fabrication des papiers peints et pour l'impression des tissus, les laques sont livrées en pâte ; elles sont ainsi d'un emploi facile. Elles contiennent d'ordinaire 33 0/0 d'eau.

Pour la peinture à l'huile, les laques sont le plus souvent mises en *trochisques*. Quand on opère en petit, la pâte est versée dans un entonnoir dont la douille est presque fermée par une baguette de verre ; en agissant sur cette baguette on fait sortir cette pâte de manière à former de petits amas coniques qu'on dépose sur des feuilles de verre à vitres ; on porte ensuite à l'étuve pour sécher à une température peu élevée. Les trochisques se détachent aisément du verre après dessiccation.

On livre souvent les laques en poudre sèche, ce qui est plus simple et ne présente aucun inconvénient quand il s'agit de les broyer à l'huile ou à l'eau (Guignet, *Fabrication des couleurs. Enc. Fremy*).

127. Laques jaunes. — a. Laque de gaude. — La gaude (*Reseda luteola*), est une plante indigène qui a été cultivée très en grand pour les besoins de la teinture, mais dont les usages sont très diminués maintenant.

Le principe colorant de la gaude est la *lutéoline* découverte par Chevreul. La lutéoline est à peine colorée, mais elle devient d'un jaune foncé sous l'influence d'une base énergique ; elle cristallise en belles aiguilles et se comporte comme un acide faible. Elle est peu soluble dans l'eau bouillante, mais se dissout en assez grande quantité dans l'eau à 200° sous pression.

Pour fabriquer la laque de gaude, on choisit des plantes bien récoltées et séchées, non brunies par l'exposition à la pluie, à l'air et à la lumière. Des gaudes restées un peu vertes après le séchage sont d'aussi bon usage que les produits d'une teinte jaune pure.

La plante est coupée en menus fragments, puis elle est maintenue dans l'eau froide pendant 12 heures. On porte alors à l'ébullition et on ajoute un poids d'alun égal à celui de la gaude. On laisse bouillir pendant quelques instants puis on filtre sur une toile ; la liqueur est alors précipitée par une solution de carbonate de soude de manière à précipiter du sulfate basique d'aluminium. La matière colorante est entraînée avec le précipité qu'il suffit de recueillir, de laver par décantation et de sécher à une douce chaleur.

Un autre procédé consiste à préparer d'abord une *base blanche* en faisant bouillir 1 kilogr. de craie pure dans un litre d'eau et en ajoutant 100 grammes d'alun pulvérisé. Il se produit une vive effervescence ; on agite vivement le mélange et on ajoute peu à peu une décoction de gaude jusqu'à ce que la matière ne prenne plus de principe colorant. L'eau-mère séparée de la laque sert au traitement d'une nouvelle quantité de gaude.

La laque de gaude est la plus solide de toutes les laques jaunes et la seule qu'on doive employer pour la peinture d'art (Guignet, *loc. cit.*).

b. Stil de grain. — On désigne sous ce nom une laque de composition souvent très complexe, qu'on n'emploie que pour peindre les décors de théâtre, colorer les parquets, etc. Elle est peu solide.

Pour la préparation du stil de grain on emploie surtout la *graine d'Avignon* (*Rhamnus infectorius*) ; la *graine de Perse* (*Rhamnus saxatilis*) ; à ces graines on ajoute du *quercitron*, de la *gaude*, du *bois jaune*, du *carthame*, du *curcuma*, etc. Ces matières doivent être récemment récoltées.

On en fait une décoction en y ajoutant de l'alun ou du sulfate d'alumine, puis on filtre. Le filtrat est additionné de craie en poudre fine ; on agite vivement pour faciliter le dégagement de l'acide carbonique.

c. Autres laques jaunes. — On peut préparer de belles laques jaunes avec le *quercitron*, l'écorce d'un chêne d'Amérique (*Quercus nigra*) ; ces couleurs manquent de solidité (Guignet, *loc. cit.*).

128. Laques rouges et roses. a. Laques de garance ou d'alizarine **artificielle**. — La teinte des laques de garance est très variable et peut aller depuis le rose clair jusqu'au violet foncé, presque noir, en passant par toutes les gammes du rouge.

Pour les laques de couleur claire, on réussit assez facilement à les obtenir en observant les précautions suivantes :

Quand on opère avec la garance on l'épuise par l'eau froide, de manière à enlever toutes les matières étrangères (gommes, sucres, albumine, etc.), qui nuiraient à la production de la laque.

La plupart des procédés reposent sur la propriété que possède l'alizarine de se dissoudre dans une solution chaude d'alun.

L'emploi de l'alizarine artificielle est commode, car cette matière se dissout facilement dans une solution d'alun ; pour les laques roses ou rouges on se sert de l'*alizarine pour rouges* ; pour les violets et brun pourprés, c'est l'*alizarine pour violets* qui est utilisée. Ces deux produits sont livrés sous la forme d'une pâte liquide, d'un jaune-brun, très peu soluble dans l'eau, mais soluble dans l'alcool. Les solutions alcalines dissolvent l'alizarine en donnant une liqueur d'un beau rouge ; l'alun donne une solution un peu jaunâtre et si on opère à l'ébullition, une partie de l'alizarine se dépose par le refroidissement. Il vaut mieux d'ailleurs ne pas soumettre la garance ou l'alizarine à l'ébullition avec la solution d'alun ; une température de 40° à 50° suffit très bien pour saturer d'alizarine une solution de 1 kilogramme d'alun dans 10 à 12 litres d'eau.

On laisse refroidir jusqu'à 35° ou 40° et on ajoute peu à peu du carbonate de sodium en solution en agitant constamment. On n'ajoute que les 2/3 du carbonate de sodium qui serait nécessaire pour saturer tout l'alun.

La liqueur est alors devenue d'un rouge plus foncé. En la portant à l'ébullition, elle laisse déposer du sulfate basique d'aluminium qui entraîne avec lui l'alizarine en formant une laque d'un beau rose foncé même après dessiccation.

D'après Persoz cette laque présente l'avantage de se dissoudre complètement dans l'acide acétique, ce qui permet de l'employer dans l'impression des tissus.

D'après le même auteur on peut préparer cette laque d'une autre façon. On verse du sous acétate de plomb dans la solution d'alun saturée d'alizarine à la température de 30° ou 40°. Il se forme un abondant précipité de sulfate de plomb et on obtient par filtration une liqueur rouge foncé. En portant cette liqueur à l'ébullition, la laque se précipite.

Les proportions qui paraissent les plus convenables correspondent à des poids égaux d'alun et de sous-acétate de plomb solide.

L'eau-mère de la laque sert à dissoudre une nouvelle quantité d'alizarine.

On obtient une belle laque en dissolvant l'alizarine dans une eau très légèrement ammoniacale et versant peu à peu dans cette solution 100 grammes d'alun dissous dans un litre d'eau. Cette laque est rouge foncé. On peut obtenir de la même façon une laque d'un violet très foncé ou même presque noire en ajoutant du sulfate ferrique à l'alun ou en n'employant que du sulfate de fer.

Kopp a indiqué un procédé fort ingénieux qui consiste à traiter la garance par une solution d'acide sulfureux. Il se forme une solution d'alizarine, qui, chauffée avec de l'alun saturé, donne une laque de bonne qualité.

Les laques de garance ne sont plus que peu employées et ont été remplacées par les laques d'alizarine artificielle et les laques de purpurine.

Ces laques sont souvent falsifiées.

Dans les laques rouges on trouve souvent des laques de cochenille, de bois rouges, de fuchsine, d'éosine, de safranine, etc.

Dans les laques violettes ou noires, on rencontre souvent des laques de campêche, d'orseille, de violet d'aniline, etc. (Guignet, *loc. cit.*).

Ces falsifications sont délicates à diagnostiquer.

b. **Laques de cochenille**. — On emploie souvent pour fabriquer ces laques, les eaux-mères de la fabrication du carmin. On y délaie de l'alumine en gelée ou du sulfate basique d'aluminium, obtenu comme nous l'avons vu, ou encore on ajoute de l'alun, on sature par le carbonate de sodium et on porte à l'ébullition.

Il vaut mieux employer des matières neuves. On fait bouillir de la cochenille moulue avec de l'eau additionnée de bitartrate de potasse. On filtre et on ajoute de l'alun en poudre ; quand la solution est complète, on verse goutte à goutte une petite quantité de protochlorure d'étain. Au bout de quelque temps, il se dépose une laque de belle qualité ; on la recueille et en précipitant l'eau-mère par du carbonate de soude on obtient encore une laque, mais moins belle et moins foncée que la première (Guignet. *loc. cit.*).

Les laques de cochenilles, dites *laques carminées* sont souvent falsifiées avec de la craie ou de l'amidon.

On peut obtenir de très belles laques roses, d'une préparation facile, en dissolvant de la *cochenille ammoniacale* dans l'eau, filtrant et précipitant par l'alun saturé.

La *cochenille ammoniacale* en tablettes est également une laque, préparée d'une manière spéciale. Pour l'obtenir on fait macérer pendant 1 mois dans un vase fermé 3 parties d'ammoniaque et 1 partie de cochenille moulue. On tire au clair et on incorpore 0,4 partie d'alumine en gelée, on évapore dans une bassine en cuivre jusqu'à disparition de toute odeur ammoniacale ; la masse suffisamment épaisse est découpée en tablettes que l'on sèche (*Dictionnaire* de Wurtz).

c. **Lack-lack**. — La matière première pour l'obtention de ce corps est le *stick-laque*.

Le stick-laque se présente sous forme de croûtes épaisses. dures, adhérentes, enveloppant les tiges de certains grands figuiers ou mimosées. La masse principale est constituée par un mélange de résines renfermant des cellules juxtaposées, dans lesquelles sont emprisonnés des gallinsectés (*Coccus lacca*) contenant de la matière colorante rouge (acide carminique).

Pour préparer le lack-lack, on fait une décoction de stick-laque dans une solution faible de soude caustique et on précipite cette décoction par l'alun.

La lack-lack renferme :

Matière colorante ......   50 ;
Résines... ....   40 ;
Alumine.............   9 ;
Matières étrangères.....   1 ;

Pour l'usage on décompose la laque alumineuse par l'acide chlorydrique ou l'acide sulfurique (*Dictionnaire* de Wurtz).

d. **Laques de bois rouges.** — Les bois rouges sont fournis par des essences très diverses, telles que : (*Cæsalpinia crista*), Bois de Fernambouc ; (*Cæsalpinia brasiliensis*), Bois du Brésil ; *(Cæsalpinia sappan)*, Bois de Sapan ; (*Cæsalpinia vesicaria*), Brésillet ; ce dernier est le moins estimé.

On fait avec les bois rouges, des laques à base d'acide stannique, d'oxyde d'antimoine, etc.

La *laque en boules de Venise* se prépare en délayant un mélange de gélatine et d'alumine en gelée dans un jus de Brésil, renouvelé jusqu'à ce que la matière ne prenne plus de principe colorant. On avive ensuite la couleur par l'action de l'alun, ou bien on lui donne une nuance violette par l'action de l'eau de savon. La *laque plate d'Italie* s'obtient en ajoutant de l'alun à une décoction de bois rouge, puis de la craie qui sature en partie l'alun et détermine la précipitation de l'alumine sur laquelle se fixe la matière colorante.

On peut aussi employer le sulfate d'alumine basique, ou l'alun saturé d'avance, qui laisse déposer ce sulfate sous l'action de la chaleur. On ajoute souvent de la colle d'amidon aux laques de bois rouges, surtout quand elles sont destinées à la fabrication des papiers de fantaisie.

Les laques de bois rouges, bien que peu solides, sont fort employées pour la fabrication des papiers peints, des papiers marbrés, de fantaisie, etc., ainsi que pour la peinture des décors de théâtre (Guignet, *loc. cit.*).

c. **Laques rouges d'aniline.** — On en prépare plusieurs, qui sont très belles et suffisamment solides, au moyen des diverses matières colorantes artificielles.

129. Laques vertes. — Ce ne sont pas à proprement parler des laques, mais des mélanges de laques jaunes avec des bleus, effectués de façon à donner des verts transparents.

Les laques aux bois jaunes et le bleu de Prusse, par exemple, donnent de très beaux tons verts, mais peu solides.

130. Laques violettes. — On a fabriqué, comme nous l'avons vu, des laques violettes à la garance. On a employé également de belles laques violettes au campêche et au bichlorure d'étain.

On fabrique maintenant de très belles laques au violet d'aniline pour les papiers peints et les papiers de fantaisie.

On les obtient en teignant avec une solution aqueuse du violet d'aniline, des *bases blanches*, formées de sulfate basique d'alumine combiné avec de la gélatine ; souvent aussi on ajoute de petites quantités de tannin ainsi que de l'amidon.

Les plus beaux violets composés s'obtiennent avec le bleu de Prusse et les laques de garance et de cochenille (Guignet, *loc. cit.*).

131. Applications des sulfates d'aluminium à la fabrication du bleu de Prusse. — La fabrication du bleu de Prusse est fort simple : elle se réduit à précipiter une solution de ferrocyanure de potassium ou prussiate jaune, par une solution d'un sel de fer, dans des conditions convenables.

Pour la plupart des usages de la peinture on ne pourrait guère employer le bleu de Prusse pur. Les bleus de Prusse du commerce contiennent donc des matières étrangères qui ne sont pas toujours ajoutées dans un but de fraude. En particulier, le mélange avec un composé d'alumine, au moment de la précipitation, paraît améliorer le produit. On emploie dans ce but de l'alun, que l'on mélange au sulfate de fer ; il se forme du ferrocyanure d'aluminium qui ressemble à de l'alumine et reste intimement mêlé dans toute la masse.

Pour les bleus de Prusse de première qualité on emploie une partie d'alun pour sept ou huit parties de sulfate de fer,

Pour les sortes communes, la proportion s'élève à une partie d'alun pour deux ou trois de sulfate de fer.

Enfin les bleus de Prusse de qualité inférieure se préparent avec parties égales d'alun et de sulfate de fer. L'alun est avantageusement remplacé par une proportion équivalente de sulfate d'aluminium (Guignet, *loc. cit.*).

Le *bleu minéral* ou bleu d'Anvers est une sorte de bleu de Prusse falsifié au moment de la préparation.

Au lieu d'ajouter seulement de l'alun au sulfate de fer, on y adjoint du sulfate de magnésie et du sulfate de zinc, sels qui précipitent en blanc par le ferrocyanure de potassium.

132. Application des sulfates d'aluminium à la fabrication du bleu Thénard. — Cette couleur est maintenant presque inusitée. Elle présente cependant un intérêt historique assez grand, car le *bleu Thénard* est le premier bleu de cobalt, utilisé par la peinture d'art.

Pour le préparer, on précipite une solution de chlorure ou d'azotate de cobalt par une solution de phosphate de soude tribasique ; on obtient ainsi un précipité rose, un peu violacé, de phosphate de cobalt tribasique, un peu gélatineux. Après avoir lavé ce phosphate avec le plus grand soin, on le mélange très intimement avec de l'alumine en gelée.

Celle-ci s'obtient en ajoutant un excès d'ammoniaque à une solution d'alun ou de sulfate d'aluminium bien exempt de fer et en lavant le précipité.

Le mélange était séché à l'étuve, puis calciné au rouge cerise dans un creuset fermé. Les proportions données par Thénard étaient : une partie de phosphate de cobalt tribasique, à l'état de pâte égouttée à 30 0/0 d'eau, et huit parties d'alumine en gelée (Guignet, *loc. cit.*).

133. Application à la fabrication des jaunes Mars. — L'alun

a été employé à la préparation des *jaunes Mars* par M. Bourgeois. Le procédé consiste à précipiter par le carbonate de soude un mélange de sulfate de fer et d'alun.

Le précipité, qui est d'un beau brun jaune doré, prend des colorations diverses quand on le soumet à une calcination plus ou moins prolongée et ménagée.

134. Application à la fabrication du jaune indien. — En se

basant sur l'analyse qui indique que le *jaune indien* est constitué essentiellement par de l'acide euxanthique, de l'alumine et de la magnésie, on a essayé de reproduire artificiellement ce composé.

On fait dissoudre dans 1/4 de litre d'eau environ :

Alun de potasse.............	45 grammes.
Sulfate de magnésie.........	13 —
Chlorhydrate d'ammoniaque.	6 —

On verse alors dans cette solution, de l'acide euxanthique dissous dans la plus petite quantité possible d'ammoniaque.

Il se forme un précipité jaune ayant moins d'éclat que les jaunes indiens naturels.

§ 3. APPLICATIONS DIVERSES DES SULFATES D'ALUMINIUM.

135. Application à l'industrie des cuirs et peaux. — Le

tannage par les sels d'alumine, avec ou sans addition de savon a été essayé ; mais on n'a obtenu que des résultats peu satisfaisants.

Ce mode de tannage qui était basé sur ce fait que l'alun ou le sulfate d'aluminium peuvent former avec la gélatine, de même que le tanin, des composés insolubles dans l'eau, ne fournit que des cuirs d'imitation et on n'est pas encore arrivé, malgré de nombreuses tentatives, à produire de cette façon des cuirs à semelles.

Par contre, l'alun est employé avec succès pour le *hongroyage* et la fabrication des *peaux mégies*.

Le hongroyage des peaux épaisses de bœuf, de buffle, de cheval, produit le cuir blanc destiné à la sellerie et à la bourellerie.

Les peaux, rasées avec un couteau très effilé, sont encuvées dans l'*étoffe* ou solution aqueuse d'alun et de sel marin ; les peaux sont soumises à des foulonnages qui expulsent une partie de la *coriine* solubilisée par le sel marin ; l'alun agit par ses propriétés acides en déterminant et en entretenant le gonflement de la peau et par son action astringente et antiseptique. Au sortir de l'*étoffe*, les peaux sont séchées, portées à l'étuve et passées au suif.

Lorsqu'on emploie plus de trois molécules de sel marin pour une molécule d'alun, le dernier sel peut être décomposé en chlorure d'aluminium qui reste dans la peau et en sulfate alcalin qui diffuse dans les bains.

Dans la peau hongroyée, l'alumine, qu'elle s'y trouve à l'état d'alun ou de chlorure d'aluminium, n'est pas combinée à la matière animale ; un lavage à l'eau suffit pour la dissoudre et régénérer la peau, qui devient facilement transformable en gélatine par l'ébullition avec l'eau (F. Jean, *Industrie des cuirs et peaux*).

Les peaux *mégies* servent principalement à la chaussure et à la ganterie ; les peaux travaillées pour ganterie sont spécialement le chevreau, l'agneau, la chevrette et le mouton.

Les peaux sèches destinées à être mégissées sont mises en trempe pendant un temps plus ou moins long, suivant leur force et leur degré de sécheresse. Après les avoir écharnées, on les épile, soit à la chaux, soit au moyen du sulfure de sodium, on les ébourre et on les rince en les agitant dans un tonneau dit *turbulent*.

Les peaux ayant subi ces diverses préparations sont maintenues pendant six à douze heures dans une eau contenant des excréments de chien ou des fientes de pigeon en putréfaction. Ce premier *confit* a pour effet de dissoudre la chaux que les peaux pouvaient retenir, de les gonfler, de les assouplir et de les rendre aptes à recevoir l'*habillage*. Les peaux sont ensuite mises en *confit* pendant trois jours dans une cuve contenant de l'eau maintenue à 30°-35°, additionnée de son et de farine ; elles sont foulonnées chaque jour, rincées et travaillées au *chevalet* pour enlever les chairs. On procède ensuite à l'*habillage*, sorte de tannage de la peau mégissée ; pour cela on foulonne les peaux dans une *nourriture* tiède formée de sel marin, de farine, de jaune d'œuf, d'alun et d'eau, jusqu'à ce qu'elles soient uniformément imbibées et qu'elles présentent dans toutes leurs parties le même degré d'opacité. Après avoir subi ce traitement, les peaux sont pliées en deux, chair contre chair, séchées le plus rapidement possible et mises en paquets. Par le *palissonnage* et le *dolage*, on assouplit ensuite ces peaux, on enlève les résidus de la pâte d'habillage et les chairs ; rincées, puis mises au *vent*, elles sont alors prêtes à recevoir la teinture.

Dans le travail des peaux par la méthode allemande, qui se différencie de la méthode française par l'emploi de *pelains* plus actifs, par la suppression du confit de son et par un travail supplémentaire au *palisson* et au *foulon*, l'habillage des peaux se fait par trempage dans une mixture composée de :

Pour 1000 peaux,

Farine	12 k.	500
Œufs frais	45 lit.	
Alun	12 k.	500
Sel marin	5 k.	000
Lait	4 lit.	

Eau : quantité suffisante pour faire une pâte un peu liquide (F. Jean, *loc. cit*).

136. Applications à la papeterie. — Le papier fabriqué, soit avec les chiffons, soit avec les matières si diverses que l'industrie utilise actuellement, ne pourrait servir pour écrire, si on n'incorporait pas à la pâte certaines substances susceptibles d'agglutiner les fibres entre elles, de boucher les pores, etc.

On est donc forcé de *coller* les divers papiers.

On employa d'abord et cela surtout en Angleterre, le *collage à la gélatine*. Mais, outre que les papiers ainsi obtenus présentent certains inconvénients, le collage à la gélatine était délicat, coûteux et devait se faire sur le papier déjà mis en feuille.

On essaya bientôt le *collage en cuve*. Ce fut d'Arcet qui, le premier, proposa une formule pratique pour l'emploi des colles végétales.

La composition de son mélange était la suivante :

Fécule	12 k.
Résine dissoute dans 500 gr. de carbonate de soude	1 k.
Eau	315 k.

Ces proportions étaient établies pour 100 k. de pâte supposée sèche.

Les papiers ainsi fabriqués manquaient de tenacité ; d'Arcet modifia le dosage et indiqua :

Pour 100 k. de pâte sèche,

Colle de Flandre	4 k.
Savon résineux	8 k.
Alun	8 k.

D'après Payen, le savon résineux se prépare en broyant et tamisant 150 kilogrammes de résine ou de colophane. Cette résine est traitée à chaud par une lessive caustique obtenue en mélangeant 75 kilogrammes de cristaux de soude, 375 kilogrammes d'eau et 12 kilogrammes de chaux. L'eau de lavage et le chauffage à la vapeur augmentent de 150 kilogrammes la proportion d'eau, et l'on obtient après une demi-heure d'ébullition 750 kilogrammes de savon résineux.

Le savon ainsi préparé ne serait pas facilement délayable dans la pâte. Alors, on en dissout 75 kilogrammes dans 500 kilogrammes d'eau tiède renfermant 20 kilogrammes de fécule, dont tous les grains se gonflent considérablement dans la solution, amenée par un barbottage de vapeur à la température de l'ébullition.

Ce liquide est introduit dans la *pile* même, et, après un séjour de 1/4 d'heure, on le mélange bien et on y ajoute une solution d'alun pour former une colle imperméable insoluble. Les proportions suivantes sont souvent employées :

Pour 50 kilogrammes de papier fin et 950 litres d'eau, on ajoute environ 37 litres de colle, préparée comme nous l'avons vu. et on précipite avec 2 kilogrammes d'alun.

D'après M. Planche, pour dissoudre 100 kilogrammes de colophane, on fait bouillir pendant 3 ou 4 heures dans 210 litres d'eau, 16 kilogrammes de sel de soude à 80 degrés, avec 8 kilogrammes de chaux. On laisse déposer, on tire au clair, puis on met cette lessive caustique dans la chaudière destinée à faire le savon résineux. La résine y est projetée peu à peu, en même temps on agite la masse et on la porte à l'ébullition jusqu'à parfaite dissolution, ce qui demande 4 ou 5 heures environ.

Pendant les premières heures on doit chauffer avec précaution pour éviter que le savon résineux ne monte par dessus les bords de la chaudière.

Pour employer ce savon sans addition de fécule, on en délaye une partie dans vingt parties d'eau chaude. On laisse déposer cette solution pendant une heure ou deux, puis on la soutire au fur et à mesure des besoins.

Si on veut y mêler de la fécule, on soutire la solution de savon dans un cuvier, on y ajoute la fécule délayée dans l'eau tiède et passée au travers d'un tamis fin. Dès que le mélange est complet on fait bouillir pendant une demi-heure en agitant toujours.

La proportion de fécule ajoutée est ordinairement de deux parties pour trois parties de colophane.

Lorsque la pâte est bien imprégnée de colle, on la précipite avec de l'alun comme nous l'avons indiqué.

M. Liesching dit que l'encollage obtenu est bien meilleur si on emploie d'abord l'alun et ensuite la colle de résine. Il paraîtrait que la pénétration de l'alun dans les pores du papier se fait d'une façon plus complète.

Le sulfate d'alumine peut être avantageusement substitué à l'alun ; mais il faut qu'il ne contienne pas d'acide libre. Pour les papiers blancs ou devant être teints en nuances tendres, l'alun ne doit pas contenir de fer (Paul Charpentier, *Le Papier. Encyclopédie Fremy*). Quand les papiers doivent être azurés à l'outremer, il est essentiel que l'alun ou le sulfate d'alumine soient absolument exempts d'acide sulfurique libre.

Le sulfate d'alumine et l'alun sont encore employés dans l'industrie du papier comme mordants, pour teindre les papiers, au même titre que dans l'industrie de la teinture.

137. Application au durcissement du plâtre. — On sait depuis longtemps que le plâtre, préparé avec des dissolutions de certains sels, prend une dureté beaucoup plus grande que lorsqu'il est gâché seul.

L'emploi de l'alun pour produire le durcissement du plâtre, a été proposé par Pauware ; le procédé a été ensuite perfectionné par Greenwood, puis étudié dans tous ses détails par Elsner (Knapp. *Traité de Chimie technologique*. Trad. E. Merijot et A. Debize).

Dans le procédé primitif de Pauware, les objets en plâtre étaient traités par une dissolution d'alun, après moulage. On les laissait séjourner pendant un mois dans une dissolution composée de 1 p. d'alun exempt de fer et de 12 p. d'eau, à une température de 15° ; puis on lavait les objets et on les faisait sécher dans un courant d'air chaud. Après cette opération, le plâtre était devenu plus dur, ne tachait plus les doigts et ne se laissait pas facilement rayer par l'ongle ; mais au bout de quelque temps, les objets ne résistaient pas à l'influence de l'humidité et ils prenaient, en outre, une coloration grisâtre inégalement répartie. Par immersion dans l'eau, le plâtre, aluné par ce procédé, se ramollissait au point de prendre facilement l'empreinte des doigts.

Dans le second procédé, le plâtre en pierres, cuit comme à l'ordinaire, est plongé, pendant quelques minutes, dans une solution contenant 8 à 10 0 0 d'alun, puis est soumis à une seconde calcination, à la température du rouge sombre ; il est essentiel que cette température soit uniforme et constante. Le plâtre aluné, qu'on obtient ainsi, est mat, d'un blanc laiteux ou d'une légère teinte isabelle ; il se laisse facilement réduire en poudre. Lorsque la température, dans la seconde cuisson, a été poussée trop loin, les blocs arrivent à présenter, sur leurs arêtes, la dureté de la pierre ; ils ne se pulvérisent qu'avec difficulté et sont véritablement brûlés.

Les objets préparés au moyen du plâtre aluné se solidifient beaucoup plus lentement que ceux en plâtre ordinaire, mais ils finissent par prendre une dureté analogue à celle de l'albâtre ou du marbre ; de plus ils présentent, dans les parties de faible épaisseur et sur leurs arêtes, une espèce de translucidité qui les rapproche encore plus de ces matières. Des dalles d'une certaine épaisseur sont très difficiles à briser à coups de marteau. Exposées, pendant des mois entiers, aux intempéries, elles restent intactes sans perdre de leur dureté. D'après Elsner, un séjour de plusieurs heures, dans l'eau bouillante, n'altère pas visiblement la résistance du plâtre aluné.

Ce phénomène de durcissement des plâtres alunés a été expliqué de différentes manières. Payen pensait que la dureté de ces plâtres était due à la formation d'un sulfate double de chaux et de potasse, dont les cristaux étaient englobés dans un précipité d'alumine. M. Landrin, en analysant plusieurs échantillons de plâtres alunés, tout préparés, tels qu'on les emploie, comme stucs ou ciments, en France et en Angleterre, a constaté que ces plâtres sont presque complètement purs, exempts d'alumine et de potasse, et, de plus, très bien cuits ; il a été amené à admettre que la lenteur de la prise de ces plâtres ne pouvait être attribuée qu'à une action chimique, s'exerçant entre les éléments mis en présence et consistant en ce que les sulfates d'alumine et de potasse réagissent sur la pierre à plâtre pour transformer tout le carbonate de chaux en sulfate de chaux.

Dans cette interprétation du phénomène, l'action de l'alun est due uniquement à la présence de l'acide sulfurique. M. Landrin a cherché à vérifier son exactitude en faisant réagir sur le plâtre, un certain nombre de sulfates solubles, tels que les sulfates de soude, de potasse, d'ammoniaque, etc. En ayant bien soin de n'offrir au plâtre que la quantité de sulfate rigoureusement nécessaire pour saturer le carbonate de chaux, il obtint sensiblement les mêmes résultats qu'avec l'alun. Il a ensuite constaté que l'acide sulfurique seul pouvait jouer le même rôle, et il a été ainsi conduit à un procédé pratique et simple pour la préparation des plâtres dits *alunés*, ou *stucs*.

Ce procédé consiste à tremper, pendant 15 minutes environ, les plâtres crus dans de l'eau contenant 8 à 10 0 0 d'acide sulfurique et à les soumettre ensuite à la cuisson comme à l'ordinaire. Par ce procédé, non seulement on obtient des stucs de première qualité, mais encore, grâce à la dissociation d'un petit excès d'acide sulfurique, les matières organiques, qui se trouvent toujours en petite quantité dans le gypse, sont brûlées, de telle sorte que les plâtres produits, au lieu de la couleur grisâtre de presque tous les stucs, présentent une blancheur exceptionnelle.

Dans ce mode de préparation, il faut avoir grand soin de chauffer suffisamment le plâtre pour chasser complètement l'acide sulfurique, car la moindre trace de cet acide suffirait pour altérer les propriétés du produit obtenu, en le rendant très hygrométrique ; il convient d'ailleurs, de ne pas dépasser la température à laquelle le plâtre se fritte. La meilleure température de cuisson est comprise entre 600° et 700°.

Après avoir démontré que l'alunage du plâtre se réduit à la seule action de l'acide sulfurique sur le carbonate de chaux, M. Landrin a examiné pourquoi l'alunage ou la sulfatation des plâtres ordinaires retarde leur prise et il en donne l'explication suivante :

« Si l'on admet que par la cuisson, à une température assez élevée, le gypse perd une partie de son affinité pour l'eau, la combinaison ne peut avoir lieu immédiatement par le mélange du plâtre sulfaté et de l'eau ; l'action chimique étant très lente, il en sera de même pour la dessiccation et la prise sera retardée. Ce n'est que plus tard, lorsque l'eau se sera évaporée partiellement dans l'atmosphère, que la solution pourra se sursaturer ; alors seulement le plâtre fera prise. »

Si cette explication est exacte, on doit pouvoir déterminer immédiatement la prise du plâtre, en le chauffant légèrement, lorsqu'il vient d'être gâché ; c'est ce qui a lieu en effet. On peut encore arriver au même résultat en mélangeant du plâtre à prise lente avec du plâtre ordinaire ; ce dernier détermine un commencement de prise qui se transmet à toute la masse. Enfin, en gâchant du plâtre avec de l'eau chaude, le liquide s'évaporant plus vite détermine encore une prise plus rapide. Il y a donc, en définitive, une analogie complète entre les phénomènes de prise des plâtres ordinaires et des plâtres alunés ou sulfatés ; la seule différence consiste dans une perte d'affinités chimiques, produite par un excès de température ; cette différence se retrouve du reste, poussée au maximum pour l'anhydrite, qui ne fait prise avec l'eau dans aucun cas (Knapp, *loc. cit.*).

Les plâtres alunés ou stucs sont employés surtout pour la confection des ornements d'intérieur, à cause de la dureté que l'on obtient après la prise et de l'aspect des objets fabriqués, qui présentent l'apparence du marbre. On peut d'ailleurs augmenter cette ressemblance, en employant ces plâtres de manière à obtenir des marbrures de diverses colorations. On a alors recours à des matières colorantes, telles que le minium, le jaune de chrome, le rouge anglais, la terre de Sienne, le noir de fumée, etc., qu'on introduit dans l'eau, additionnée de colle forte, avec laquelle on gâche le plâtre. En superposant plusieurs couches de plâtre, diversement colorées, on peut obtenir une masse à section rubannée, qui, appliquée sur le fond, en la pressant et en l'entrelaçant, simule l'aspect des marbres par suite de la mise à nu des couches superposées.

Les stucs sont susceptibles de prendre le poli.

138. Application aux peintures à la chaux. — On sait combien est répandu dans les campagnes l'emploi, pour recouvrir les surfaces extérieures des habitations, des peintures au lait de chaux.

Même pour l'intérieur des bâtiments, surtout pour les étables, les écuries, etc., cet enduit est extrêmement employé. Cette façon de faire, outre son coût minime, permettant de donner à peu de frais à nos murailles, un aspect plus flatteur tout en les préservant des imtempéries, présente l'avantage de désinfecter les habitations malsaines

La peinture au lait de chaux. tel qu'on l'obtient en délayant la chaux grasse dans de l'eau, a le désavantage d'être très peu adhérente et de plus de s'écailler rapidement. On remédie à cet inconvénient en ajoutant au liquide, au moment de s'en servir, une minime quantité d'alun. Il se forme un précipité d'alumine gélatineuse, qui englobe les particules de chaux et favorise l'adhérence. La peinture ainsi faite est beaucoup plus solide et beaucoup plus durable.

139. Application à l'incombustibilisation des bois, tissus, etc. — Le récent sinistre du Bazar de la Charité, à Paris, est encore présent à toutes les mémoires.

Il n'a été si terrifiant que grâce à la rapidité de l'extension de l'incendie, qui s'est développé, pour ainsi dire, d'une façon foudroyante, grâce à l'extrème combustibilité des matériaux employés dans la construction.

Il eût suffi pour éviter tant de morts. d'imprégner les tissus et bois utilisés, d'une solution métallique les rendant moins sensible à l'action de la flamme et empêchant ainsi la propagation instantanée du fléau.

L'emploi de l'alun a été souvent indiqué pour incombustibiliser les bois et tissus. Notre expérience personnelle nous permet de conclure à l'efficacité de ce produit. Nous avons vu, en effet, des pièces de bois, ayant séjourné pendant quelques heures dans une solution chaude d'alun devenir, après dessiccation, absolument incombustibles.

Si l'on en croit les auteurs anciens, il y a longtemps que ce sel a été employé à cet usage. En effet, d'après *Aulu-Gelle*, pendant le siège d'*Athènes*, par *Sylla*, il fut impossible d'incendier une tour en bois construite par *Archélaüs*, parce que cette tour était enduite d'alun.

140. Application au blanchiment. — En décomposant une solution de chlorure de chaux par du sulfate d'aluminium, on obtient un composé décolorant, recommandé par *Orioli*. Ce corps, en vertu de sa grande tendance à se décomposer, peut se passer de l'intervention des acides. Son action blanchissante est due à ce qu'il se dédouble en chlorure d'aluminium et oxygène.

141. Applications à la photographie. — C'est surtout l'alun qui est ici employé.

Après le développement, le cliché (gélatino-bromure) est bien lavé, puis on le plonge dans un bain d'alun à 5 0/0 ; la couche impressionnée se raffermit et perd de sa tendance à se détacher ou à se plisser. Pour les clichés jaunis dans le révélateur, on peut les blanchir par un séjour de cinq minutes dans le bain suivant :

Eau..	1000 grammes
Alun...	100 —
Acide chlorhydrique	20 —

Les glaces sont ensuite lavées sommairement et fixées.

L'alunage n'est pas une opération indispensable, mais il est utile à la conservation des clichés.

142. Applications à la médecine. — C'est encore l'alun qui est surtout appliqué Calciné, on l'emploie comme caustique ; à l'état ordinaire, il sert à la préparation de certains gargarismes, etc.

143. Applications à l'épuration des eaux résiduaires. — Les eaux résiduaires des diverses industries, les eaux d'égouts, etc., contiennent, en quantités plus ou moins grandes, des graisses, des matières organiques en suspension ou en solution, des matières minérales, etc. Au point de vue de la santé publique, ce sont les matières organiques qui sont les plus dangereuses. En effet, au bout de quelque temps, elles entrent en putréfaction et viennent contaminer les eaux des cours d'eau où elles viennent se déverser.

On a ressenti de bonne heure la nécessité d'épurer chimiquement les eaux résiduaires. Un des meilleurs agents auquel on s'est adressé est certes le sulfate d'aluminium.

Quand ce produit est ajouté en petite quantité à une eau alcaline, ou alcalinisée par de la chaux, il se produit un précipité abondant, gélatineux, qui, en se déposant, entraîne toutes les matières en suspension. Ce précipité est de l'hydrate d'aluminium ; comme nous l'avons vu, ce corps a une grande affinité pour certaines matières organiques en solution, avec lesquelles il forme des laques. L'épuration de ce fait est aussi très sensible.

Les propriétés du sulfate d'aluminium ont été appliquées non seulement au traitement des eaux résiduaires industrielles, des eaux d'égout, etc., mais aussi au liquide obtenu par le traitement des vidanges par certains procédés.

C'est ainsi que dans le procédé *Lencauchez*, les liquides débarrassés de l'ammoniaque et ayant bouilli avec un excès de chaux sont envoyés dans des bassins de décantation où on les additionne d'une faible quantité de sulfate d'aluminium (environ 50 grammes par mètre cube) afin de faciliter la précipitation des matières en suspension, et de permettre une décantation rapide des liquides clairs, qui seront écoulés au dehors.

Dans le procédé *Hennebutte et de Vauréal*, exploité par la *Société anonyme des produits chimiques du Sud-Ouest*, c'est le *tout-venant* qui est traité par le sulfate d'aluminium.

Le *tout-venant* est additionné de 2 à 3 millièmes de sulfate de zinc et de 5 millièmes de sulfate d'aluminium ; on laisse reposer le mélange et on décante ensuite le liquide clair, qui est envoyé à l'appareil d'extraction des produits ammoniacaux.

Le dépôt est retraité par une nouvelle dose de réactif et envoyé dans des filtres-presses, par des monte-jus à air comprimé.

On obtient ainsi des tourteaux très consistants, faciles à sécher par simple exposition à l'air ou dans des séchoirs. et des liquides clairs qui sont réunis aux premiers.

Par l'emploi du sulfate de zinc et du sulfate d'aluminium, les matières sont désulfurées. et le précipité gélatineux d'alumine entraîne les matières solides en suspension. Les tourteaux obtenus ainsi renferment, après dessiccation, 3 à 4 0/0 d'azote. et environ 3 0/0 d'acide phosphorique (C. Vincent. *Industrie des produits ammoniacaux, Encyclopédie chimique*). L'alun est très commode à employer pour les épurations d'eaux résiduaires. Il est inutile de se servir de l'alun ordinaire du commerce ; il est possible de se procurer dans les usines, des aluns bruts, qui remplissent aussi bien le but cherché, et qui sont bien moins coûteux.

Les cristaux d'alun sont enfermés dans un sac et le tout est immergé dans le fossé où passent les eaux à épurer. Cet alun se dissout peu à peu, et, par suite du mouvement de l'eau, se mélange intimement avec le liquide. Il se forme un précipité d'alumine qui entraîne les matières en suspension. Le précipité est recueilli dans des bassins de dépôt.

Comme on le voit, les applications du sulfate d'aluminium et de l'alun sont nombreuses et d'une importance considérable.

CHAPITRE VI

USAGES ET EMPLOIS DU SULFATE FERREUX ET DES SULFATES FERRIQUES

§ 1. — USAGES DU SULFATE FERREUX.

111. Application aux arts de la teinture. a. **Emploi comme mordant.** — Le sulfate ferreux est connu sous le nom de *vitriol vert* ou *couperose verte*. Il se prépare de la façon que nous avons vue. Ses emplois comme mordant sont limités.

1o *Application au coton.* — Dans ce cas on emploie généralement le sulfate ferreux pour ternir les nuances, après application de la matière colorante. On fait bouillir le coton dans une décoction de matière colorante, on élimine l'excès de liqueur et on emploie alors la solution froide de sulfate ferreux. Cette méthode ne convient que pour les tons clairs.

Une meilleure méthode consiste à imprégner le coton d'une matière tannante et à le plonger ensuite dans une solution de sulfate ferreux ; cependant pour cette façon de teindre, le sulfate ferrique est préférable.

Le sulfate ferreux est employé à la manière de l'azotate ferrique pour la production des couleurs chamois de fer sur coton.

2o *Application à la laine.* — Pour cet usage, le sulfate ferreux a été en grande partie remplacé par le bichromate de potasse. Cependant il est encore employé dans certains cas.

On peut mordancer la laine en la faisant bouillir dans un mélange de sulfate ferreux et de crème de tartre en proportions convenables. Une quantité de tartre, assez considérable, est nécessaire.

Dans certains cas (bois de santal, etc.) il vaut mieux faire d'abord bouillir la laine dans une décoction de la matière colorante, jusqu'à ce que la plus grande partie ait été absorbée, ajouter ensuite le sulfate ferreux au même bain, ou le mettre dans un bain séparé dans la proportion de 5 à 8 0 0 du poids de la laine et continuer à faire bouillir pendant une demi-heure et plus (bruniture). (J. Hummel et F. Dommer, *loc. cit.*)

3o *Application à la soie.* — Le sulfate ferreux est peu employé comme mordant dans ce cas particulier.

Il est utilisé, en papeterie, comme mordant, pour la coloration des papiers.

b. Application à la confection d'autres mordants à base de fer. — Le sulfate ferreux peut être utilisé pour la confection de l'acétate ferreux, assez employé en teinture.

On obtient ce sel par double décomposition entre le sulfate ferreux et l'acétate de plomb ou de chaux.

Nous avons vu (*Fabrication du sulfate ferrique et du mordant de rouil*), de quelle façon le sulfate ferreux était traité pour en obtenir du sulfate ferrique normal ou du mordant de rouil.

Rappelons que les procédés usités consistent à le peroxyder par l'acide nitrique, en présence d'une quantité suffisante d'acide sulfurique.

c. Application à la teinture en indigo. — La méthode par excellence pour teindre en indigo, est basée sur la propriété qu'il possède de se convertir, sous l'influence des agents réducteurs, en *indigo blanc*, soluble dans les solutions alcalines, pouvant se fixer sur les fibres, et se transformant ensuite au contact de l'air, par oxydation, en indigotine insoluble, solidement liée aux fibres.

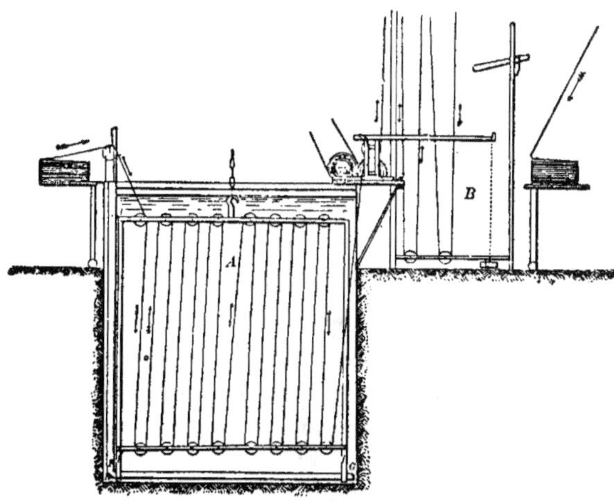

Fig. 185. — Teinture en indigo. Cuve au sulfate de fer (Figure empruntée à J. Hummel et F. Dommer « Manuel du teinturier ».

Selon les agents réducteurs employés, les cuves à indigo peuvent se classer ainsi : *cuve au sulfate de fer*, *cuve à la poudre de zinc*, *cuve à l'hydrosulfite*. Ces cuves sont surtout utilisées pour la teinture du coton. Nous n'étudierons naturellement ici que la *cuve* au *sulfate ferreux*.

Cette cuve est ordinairement connue sous le nom de *cure à la chaux et à la couperose.*

Les cuves sont des réservoirs rectangulaires en bois, en pierre ou en fonte. Les dimensions varient suivant la matière à teindre.

Pour la teinture du calicot, on leur donne généralement $2^m \times 2^m \times 1^m$. Pour la teinture en écheveaux, les dimensions sont un peu moindres. Afin d'économiser l'indigo, les cuves sont montées en série.

Pour la teinture du calicot, on emploie pour le montage de la cuve :

Eau	4000 litres
Indigo broyé	40 kilos.
Sulfate ferreux	70 »
Chaux vive	75 »

Pour la teinture du fil, les proportions sont :

Eau	750 litres
Indigo	4 kilos.
Sulfate ferreux	7 kilos.
Chaux vive	8 kilos.

Les réactions qui se passent lors du montage de la cuve sont très simples :

La chaux réagit sur le sulfate ferreux en donnant de l'hydrate ferreux très instable. Cet hydrate ferreux, en présence de l'indigo, réagit sur l'eau et se transforme en hydrate ferrique avec dégagement d'hydrogène naissant. Cet hydrogène réduit immédiatement l'indigotine pour former l'indigo blanc.

L'indigo blanc se combine alors avec l'excès de chaux en présence et entre en solution.

Les réactions peuvent s'exprimer au moyen des formules suivantes :

$$(1) \qquad SO^4Fe + CaO + H^2O = SO^4Ca + Fe(OH)^2.$$
$$(2) \qquad 2[Fe(OH)^2] + 2H^2O = Fe^2O^3, 3H^2O + H^2.$$
$$(3) \qquad C^{16}H^{10}Az^2O^2 + H^2 = C^{16}H^{12}Az^2O^2.$$

Une cuve nouvellement montée se présente dans de bonnes conditions, lorsqu'en remuant la liqueur il se produit à la surface de nombreuses veines, d'un bleu foncé, et que celle-ci se recouvre d'une écume épaisse. La liqueur doit être claire et présenter une couleur brun ambré.

L'ordre dans lequel les diverses substances nécessaires au montage sont ajoutées a peu d'importance et varie selon les opérateurs. Il est de toute nécessité que le sulfate de fer employé soit aussi pur que possible. On doit éviter un excès de ce sel, ainsi que de chaux.

A la fin de la journée de travail, il est nécessaire de remuer énergiquement les bains et, selon leur apparence, d'y faire de légères additions de chaux ou de sulfate de fer.

Avant de teindre on enlève l'écume, ou *fleurée*, avec une écumoire, pour éviter qu'elle ne tache l'étoffe ou le fil.

Cette cuve est surtout utilisée pour le coton. On commence par le faire bouillir dans l'eau, pour qu'il se teigne bien uniformément. Pour teindre en bleu clair, on n'opère que sur quelques écheveaux à la fois et toutes les manipulations doivent se faire avec la plus grande régularité. Pour les bleus foncés, il n'est pas nécessaire de prendre autant de précautions. Selon le ton du bleu demandé la durée de la trempe peut varier de une à cinq minutes et plus, et, après avoir tordu les écheveaux on les met de côté pour qu'ils s'oxydent complètement.

La méthode la plus économique consiste à teindre méthodiquement : on passe le coton d'abord dans les cuves les plus faibles, puis dans des cuves de plus en plus chargées, jusqu'à obtention de la teinte. Chaque bain est donc complètement épuisé à tour de rôle.

Après la teinture, la chaux déposée sur la fibre est enlevée par un bain d'acide sulfurique de 1,01 à 1,02 de densité. Cette opération enlève la teinte grise et donne du brillant à la couleur.

On donne ensuite un lavage final. Il faut éviter qu'il soit trop énergique, car l'indigo peut décharger en partie et la teinte manquerait d'homogénéité et d'intensité.

Pour la teinture du calicot, les pièces à l'état sec sont suspendues à un cadre de bois rectangulaire (champagne), et plongées dans le bain pendant 15 à 20 minutes. On retire alors du bain, afin d'exposer le calicot à l'air pendant le même temps (déverdissage).

Pour la teinture du calicot, on emploie souvent une machine continue, représentée fig. 185.

Les pièces à teindre passent sur une série de rouleaux fixés à des cadres de bois immergés dans la cuve. A la sortie, elles passent dans des rouleaux exprimeurs, puis sur d'autres rouleaux placés à l'extérieur et où se fait l'oxydation. On peut répéter l'opération plusieurs fois selon la teinte à obtenir.

A leur sortie des cuves, les pièces sont rincées à l'eau pure, puis à l'acide sulfurique étendu et finalement lavées et séchées (J. Hummel et F. Dommer, *loc. cit.*).

145. Applications du sulfate ferreux à la fabrication des couleurs. — a. **Fabrication du bleu de Prusse** (1). — Le bleu de Prusse est un *ferrocyanure ferrique*,

$$(Fe''Cy^6)^3 (Fe^{2VI})^2 + 18\,H^2O = Fe^7Cy^{18} + 18H^2O.$$

(1) Ainsi nommé du nom du pays où il fut découvert.

Sa découverte, due au hasard, date de 1704 et a été faite à Berlin par Diesbach, fabricant de couleurs, et Dippel, pharmacien, qui tinrent leur procédé secret. En 1724, Woodward, de la Société royale de Londres, décrivit le premier procédé pour le préparer en grand.

Jusqu'à présent, on n'a pu obtenir du bleu de Prusse de belle qualité qu'en précipitant par le ferrocyanure une solution de sulfate ferreux. Il est essentiel de verser peu à peu le ferrocyanure de potassium en solution, dans la liqueur de sulfate ferreux légèrement acide. Il ne faut jamais faire l'inverse, car le précipité retiendrait une forte proportion de ferrocyanure. Même, il est bon de s'assurer si les eaux du lavage du précipité ne contiennent pas un peu de ferrocyanure, c'est-à-dire si elles ne précipitent pas les sels ferriques en bleu.

On opère avec avantage en prenant les proportions suivantes :

$$\text{Sulfate ferreux}\ldots\ldots\ldots\ldots\quad 6 \text{ parties,}$$
$$\text{Ferrocyanure de potassium}\ldots\quad 6 \text{ parties,}$$

les deux sels étant dissous chacun dans 15 parties d'eau ; dès que le mélange est opéré on y ajoute une partie d'acide sulfurique concentré et 24 parties d'acide chlorhydrique fumant. On obtient ainsi un précipité blanc de cyanoferrure ferroso-potassique, $FeCy^6 . Fe''K^2$, qui, par oxydation, donne le bleu de Prusse.

$$6\,(FeCy^6 . Fe''\,K^2) + 3\,O = Fe^7Cy^{18} + 3\,FeCy^6K^4 + Fe^2O^3.$$

Ce précipité peut être oxydé soit par un contact prolongé avec l'air, soit par l'action de l'acide azotique, de l'anhydride chromique, du chlore, des chlorures décolorants, etc.

Dans le cas que nous avons considéré, quelques heures après l'adjonction de l'acide sulfurique et de l'acide chlorhydrique, on ajoute au mélange, par petites portions, une dissolution clarifiée de chlorure de chaux.

On laisse reposer le précipité pendant quelques heures, on le lave et on le dessèche. Pour le purifier, il est à recommander de le laisser digérer avec de l'acide chlorhydrique, puis de le laver à l'eau.

Nous avons vu, que généralement, pour donner de la qualité au bleu obtenu, on précipitait en même temps que le sulfate de fer, une certaine quantité d'alun : nous ne reviendrons donc pas sur ce sujet.

b. **Fabrication des couleurs Mars** (1). — Ces couleurs ont été destinées à remplacer les ocres naturelles. Ce sont des ocres artificielles, plus belles que les ocres naturelles.

1° *Jaune Mars.* — Pour le préparer on ajoute à une solution de sulfate

____

(1) Ainsi nommées à cause de Mars, ancien nom alchimique du fer. Exemple : Ethiops martial, pyrite martiale, etc.

ferreux bien pur, une quantité de lait de chaux suffisante pour saturer tout l'acide sulfurique. Il se forme un précipité d'hydrate ferreux, intimement mélangé de sulfate de chaux. On agite au contact de l'air jusqu'à ce que l'oxydation soit complète, On a ainsi une ocre jaune, d'un ton très pur et très transparente (Guignet, *loc. cit*).

En précipitant par l'ammoniaque, on obtient un produit plus foncé, d'un jaune moins pur.

2° *Orangé Mars*. — On l'obtient en chauffant modérément du sulfate ferreux. On forme ainsi des sulfates ferriques basiques dont la couleur varie suivant la température de la calcination.

3° *Rouge Mars*. — Il est obtenu de la même façon que l'orangé.

Les *rouges capucine*, les *rouges chair*, etc., employés dans la peinture sur porcelaine, doivent également être obtenus par ces procédés. Il est essentiel de bien laver ces produits pour enlever l'acide sulfurique soluble.

4° *Violet Mars*. — On l'obtient en calcinant le sulfate ferreux à très haute température. C'est une couleur très dure à broyer, possédant peu d'éclat, mais très solide (Guignet, *loc. cit.*).

c. **Rouge anglais**. — C'est le résidu obtenu en décomposant le sulfate ferreux par la chaleur, lorsqu'on prépare l'acide sulfurique fumant dit *acide de Nordhausen*.

Ce produit doit être exactement lavé, pour lui enlever toute trace d'acide sulfurique.

Il possède des tons différents suivant la température de la calcination.

146. Application à la fabrication des encres. — On a proposé un grand nombre de recettes pour la fabrication de l'encre à écrire. Cette encre a pour base le *tannate de fer* et nécessite trois matières premières : la *noix de galle*, la *gomme*, le *sulfate ferreux*.

On choisit de la noix de galle de première qualité, simplement concassée. On fait infuser pendant 24 heures, un kilogramme de ce produit dans 14 litres d'eau pure, de l'eau distillée de préférence. On fait bouillir pendant une demi-heure et on filtre sur une toile.

On fait dissoudre, d'un autre côté, 0 k. 500 de gomme arabique ou de gomme du Sénégal, dans un litre d'eau pure et tiède. On ajoute cette solution à la décoction de noix de galle.

Pour terminer, on fait dissoudre 0 k. 500 de sulfate de fer bien pur dans un litre d'eau chaude, on filtre et on ajoute le filtrat peu à peu, en agitant, dans le mélange de la gomme et de la décoction de noix de galle.

Cette encre se fonce fortement avec le temps, puis se décolore peu à peu en prenant une teinte jaune. L'encre à la noix de galle se couvre promptement de moisissures. Pour corriger ce défaut on peut y ajouter un peu d'acide phénique ou d'acide salycylique.

On peut rendre cette encre communicative ; il suffit de l'additionner d'un peu de sucre et de glycérine.

147. Application à la microbiologie ; coloration des cils des bactéries.

— Les cils vibratiles des bactéries mobiles prennent difficilement les matières colorantes. Pour les observer on est donc forcé de recourir à des méthodes de coloration spéciales.

La méthode de Lœffler est une des meilleures. Après séchage et fixation, les lamelles sont soumises à l'action d'un bain mordant composé ainsi qu'il suit :

Solution aqueuse de sulfate ferreux saturée à froid........   5 centim. cubes
Solution aqueuse de tannin, à 20 grammes pour 80 gr. d'eau   10   »   »
Solution saturée de fuchsine dans l'alcool absolu   1   »   »

On colore ensuite dans une solution saturée de fuchsine dans l'eau anilinée.

148. Application à la photographie.

— Le sulfate ferreux a été très employé en photographie comme révélateur. On dissout d'une part :

(1)	Oxalate de potasse...	250 grammes.
	Eau..............	1 litre.

Et d'autre part :

(2)	Sulfate ferreux...	100 grammes.
	Eau...................	300 »
	Acide sulfurique...	5 gouttes.

La solution (1) est stable et se conserve indéfiniment. La solution (2) s'oxyde à l'air et ne doit être préparée qu'en petite quantité à la fois

Pour l'usage, on verse de la solution ferreuse dans la solution d'oxalate et on développe la plaque dans le bain ainsi préparé.

Il est commode de n'ajouter la solution ferreuse que peu à peu et selon les besoins, suivant la manière dont s'effectue le développement. Par exemple, on mesure 80 cent. cubes de la solution d'oxalate, que l'on met dans la cuvette. On mesure ensuite 25 cent. cubes de solution ferreuse ; on ajoute le tiers de cette solution dans la cuvette et on commence le développement. Suivant la manière dont vient l'image on ajoute un second tiers ou même le reste de la solution.

149. Application à la préparation de l'acide sulfurique fumant, dit de Nordhausen.

— Nous étudierons cette fabrication à

propos du sulfate ferrique, la matière première utilisée étant un mélange de sulfate ferreux, de sulfate ferrique et de sulfate d'alumine, provenant du traitement des schistes.

150. Applications du sulfate ferreux à la désinfection. — Le sulfate ferreux est très employé pour la désinfection, et cela avec juste raison : il est précipité par les produits ammoniacaux et sulfurés, qui sont ainsi fixés.

Avec le sulfure d'ammonium, par exemple, la réaction est la suivante :

$$SO^4Fe + 2AzH^4S = SO^4 (AzH^4)^2 + FeS^2.$$

On l'emploie, dans l'hygiène domestique, pour la désinfection des fosses d'aisances, à la dose de quelques kilos que l'on ajoute de temps à autre.

On l'utilise également dans le traitement des eaux-vannes et des vidanges destinées à la fabrication des sels ammoniacaux et des tourteaux d'engrais. Dans ce cas, il agit en détruisant les composés sulfurés et en fixant l'ammoniaque.

On s'en est servi d'une manière heureuse pour désinfecter et aseptiser les boues, vases, détritus, etc., contenant des matières en décomposition et susceptibles de nuire à la santé publique.

Le procédé imaginé par M. Rabot a donné, partout où il a été appliqué, des résultats très concluants.

Il consiste à imbiber les matières à désinfecter d'une solution saturée de sulfate de fer, dans la proportion de 0 k. 500 de ce sel par mc. et à les couvrir ensuite d'un lait de chaux à raison de 1 k. de chaux par mc. Cette méthode a été expérimentée au moment du curage du grand canal de Versailles et du lac de Saint-Mandé.

151. Application du sulfate ferreux à la métallurgie de l'or. — Cette application repose sur la précipitation de l'or, à l'état métallique, par une solution de sulfate ferreux, réaction également usitée en analyse. Le minerai aurifère, grillé, est attaqué par le chlore. L'or se transforme en chlorure soluble. La matière est alors lessivée et la liqueur jaune obtenue, mise dans des baquets, est additionnée d'une solution de sulfate ferreux. Au bout de quelques heures, on décante la liqueur claire et on recueille le précipité boueux d'or métallique.

152. Application du sulfate ferreux à l'épuration du gaz d'éclairage. — Dès le début de la fabrication du gaz on a compris la nécessité de l'épuration chimique. En effet, à sa sortie des appareils d'épuration physique, le gaz de houille est bien complètement épuré des goudrons, mais il reste toujours une certaine quantité de gaz nuisibles ou odorants qu'on ne peut enlever que par l'emploi de réactifs chimiques.

Ces impuretés sont :

$$CO^2 ;$$
$$H^2S ;$$
$$SO^2 ;$$
$$CAz ;$$
$$CAzSH ;$$
$$CS^2 ;$$
$$AzH^3 ; \text{etc.}$$

Au début on se contenta de faire passer le gaz sur de la chaux éteinte ; l'épuration ainsi obtenue était très faible. Plus tard on essaya l'emploi des solutions métalliques, surtout de sulfate ferreux. L'inconvénient était qu'en barbotant le gaz produisait des pressions. De plus l'épuration était incomplète.

Après beaucoup de tâtonnements on est arrivé à confectionner un bon réactif, dans la composition duquel le sulfate ferreux joue un grand rôle.

Ce réactif est désigné sous le nom de *mélange* Laming.

C'est une poudre formée au moyen des ingrédients suivants :

Sulfate ferreux..... .... $SO^4Fe, 7H^2O,$
Hydrate calcique............ .... . $CaO^2H^2,$
Sciure de bois.

On prend le sulfate ferreux, on le pulvérise et on le transforme en bouillie ; on ajoute de la chaux éteinte puis on incorpore au mélange de la sciure de bois et on abandonne en tas.

La réaction est la suivante :

$$SO^4Fe + CaO^2H^2 = SO^4Ca + FeO^2H^2.$$

Au début, le mélange Laming contient donc : FeO^2H^2, SO^4Ca, CaO^2H^2 en excès, de la sciure.

Par suite de son abandon au contact de l'air FeO^2H^2 s'oxyde et se transforme en $Fe^2O^6H^6$.

Les proportions à employer pour la confection du mélange sont :

Sulfate ferreux........ ..   1/3
Chaux 1/3
Sciure 1/3

Dans ces conditions la chaux est en excès.

Le mélange est introduit dans les éléments de la batterie d'épurateurs. On a donné à ces épurateurs différentes formes. Primitivement ils étaient constitués par des caisses, portant à différentes hauteurs des claies recouvertes du mélange et entre lesquelles circulait le gaz à épurer (fig. 186).

Actuellement le mélange Laming est utilisé sous une seule couche de
0 m. 50 à 1 m. de hauteur.

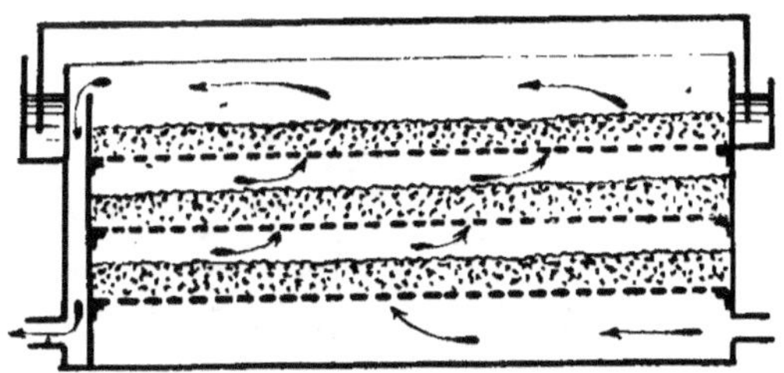

Fig. 186. — Élément d'une batterie d'épurateurs Laming (Forme primitive).

L'appareil utilisé est une grande caisse en tôle (fig. 187), de 4 à 8 m. de
côté, plate, posée à la surface du sol, portant un tube traversant le fond
et aboutissant à la partie supérieure ; c'est le tuyau d'arrivée du gaz. Un
autre tuyau part de la partie inférieure, c'est la sortie du gaz. A une certaine distance du fond se trouve une tôle perforée destinée à recevoir le
mélange.

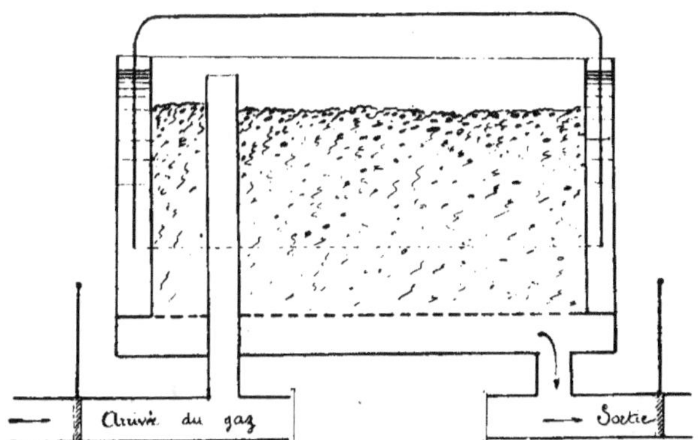

Fig. 187. — Elément d'une batterie d'épurateurs Laming (Forme actuelle).

Les épurateurs sont disposés en batterie et dans une batterie de quatre
appareils il y en a toujours trois en fonction. L'épuration doit être méthodique. Il faut donc que le gaz passe dans une tuyauterie disposée de
façon à mettre un épurateur en communication avec n'importe lequel des
autres. La disposition usitée est très simple ; au centre de la batterie est
une cuve pleine d'eau à laquelle tous les tuyaux allant ou venant des épurateurs viennent aboutir. Dans cette cuve se meut une cloche cloisonnée

au centre de laquelle arrive le gaz sortant des appareils d'épuration physique. Un autre conduite sert de tube de sortie. Le schéma (fig. 188) fera
suffisamment comprendre la disposition. Pour changer la marche, il suffit
de faire tourner la cloche de 45°.

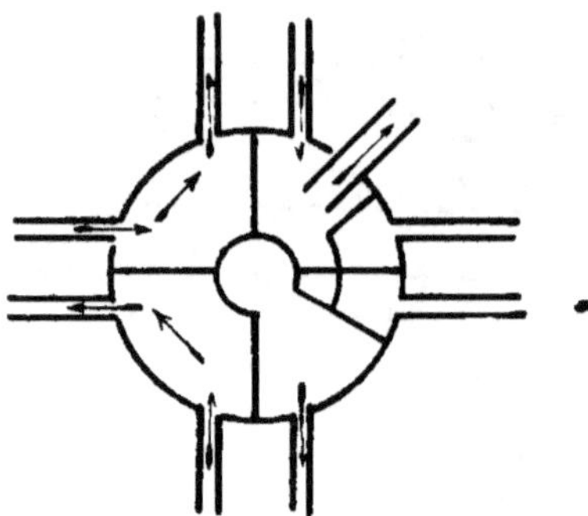

Fig. 188. — Distributeur d'une batterie d'épurateurs Laming.

L'action du mélange Laming sur le gaz se traduit tout d'abord par
l'absorption de CO^2 par la chaux. Il se forme CO^3Ca. H^2S est absorbé facilement par $Fe^2O^3, 3H^2O$, suivant la réaction

$$Fe^2O^3, 3H^2O + H^2S = FeO^2H^2 + S + 2H^2O,$$

SO^2 est également absorbé par la chaux. Avec CAz, la chaux donne $(CAz)^2Ca$
et avec $CAzSH$ on obtient $(CAzS)^2Ca$.

CS^2 est difficilement absorbable par CaO^2H^2, mais il est absorbé par CaS;
or H^2S se fixe toujours un peu sur la chaux :

$$CaO + H^2S = CaS + H^2O$$
$$CaS + CS^2 = CS^3CA.$$

Il se forme par conséquent du sulfo-carbonate de calcium.

L'ammoniaque existe surtout à l'état de carbonate, qui, en présence du
sulfate de chaux, va donner du CO^3Ca et du $SO^4(AzH^4)^2$.

Le gaz est donc purifié ; mais au bout d'un certain temps le mélange
Laming est devenu inactif. Il renferme alors :

$$CO^3Ca$$
$$FeO^2H^2$$
$$S$$
$$(CAz)^2 Ca$$
$$(CAzS)^2 Ca$$
$$CaS$$
$$CS^3Ca$$
$$SO^4 (AzH^4)^2$$

On peut régénérer ce mélange. On le sort des épurateurs et on y ajoute un peu de chaux éteinte. On l'expose alors à l'air ; FeO^2H^2 se transforme de nouveau en Fe^2O^3, $3H^2O$ et le mélange peut être remis dans les épurateurs. Cette opération peut se faire un certain nombre de fois, mais il arrive un moment où la régénération n'est plus possible et où il faut refaire un mélange neuf.

Le mélange usé qui contient de 30 à 45 0/0 de soufre, des sels ammoniacaux et des cyanures est traité pour l'extraction de ces corps.

153. Applications du sulfate ferreux à l'agriculture. — Ces applications sont extrèmement nombreuses et beaucoup sont des plus intéressantes. Nous étudierons les principales et accorderons une mention spéciale à l'une d'elles, la plus récente, mais aussi la plus originale : la destruction des sanves, ravenelles, moutarde des champs (*sinapis arvense*), dans les récoltes, par une solution de sulfate ferreux.

a. **Application à la destruction des mousses, dans les prairies**. — Les prairies humides sont généralement envahies par les mousses, qui entravent la végétation et sont cause qu'on n'obtient qu'un mauvais fourrage et en petite quantité.

Pour détruire ces mousses, on emploie avec un succès indiscutable le sulfate ferreux en poudre, épandu à la main ou au semoir à raison de 300 à 500 kilogrammes à l'hectare. On opère généralement au printemps, par un temps humide, avant la reprise de la végétation ; on peut aussi agir en février ou mars.

Le moyen le plus pratique est certainement l'arrosage, qui se fait avec une solution de sulfate ferreux à 5 ou 10 0/0.

Au bout de 8 ou 10 jours après le traitement, la mousse est devenue toute noire. Il faut alors briser énergiquement dans tous les sens, mettre les mousses en tas et les enlever. Si un premier traitement est insuffisant, il faut sans hésiter procéder à un second

b. **Application à la destruction de la cuscute dans les prairies artificielles**. — Ce traitement a donné quelques résultats. On coupe ras les parties de trèfle ou de luzerne atteintes par le parasite et on effectue un arrosage avec une solution de sulfate ferreux. Si on opère aussitôt l'apparition du fléau, une solution à 2 0/0 est suffisante ; sinon, il faut porter le titre de la solution à 3 ou 4 0/0.

c. **Application au traitement de la chlorose de la vigne et des arbres fruitiers, de l'anthracnose, du court-noué, etc**. — On connaît les signes distinctifs de la chlorose des végétaux et en particulier de la vigne. La végétation se ralentit, les feuilles deviennent jaunâtres, petites, les rameaux restent grèles, la plante se rabougrit et devient improductive. Les causes en sont encore un peu obscures. Dans certains cas on a pu l'attribuer au manque d'éléments fertilisants dans le sol, à l'absence de l'aération de la terre, etc. ; mais le plus généralement on la croit causée par un excès de calcaire. Certains plants s'y montrent réfractaires, d'autres y sont d'une extrême sensibilité. Quoi qu'il en soit, cette maladie causait de grands ravages dans nos vignobles lorsque le docteur Rassiguier trouva un procédé simple et pratique pour la combattre, procédé qui est maintenant appliqué partout et qui utilise d'énormes quantités de sulfate ferreux.

En raison de l'importance du sujet, nous laisserons parler M. le docteur Rassiguier et nous donnons ci-après, *in-extenso*, la note qu'il a publiée sur son procédé dans le *Bulletin de la Société des Agriculteurs de France* du 1er janvier 1896.

« *Du badigeonnage au sulfate de fer comme traitement de la chlorose.*

« Le badigeonnage au sulfate de fer de la vigne chlorosée, que j'ai imaginé en 1891 et expérimenté sur mes terres, a donné des résultats tels que ce procédé s'est propagé de proche en proche et qu'à ce jour, savants et viticulteurs, à la suite de sérieuses expériences, en ont reconnu la réelle valeur.

« Je vais, pour l'édification des viticulteurs qui n'auraient pas de données bien précises à ce sujet, résumer d'une façon aussi concise que possible les indications à suivre sur l'époque, la manière d'opérer et la dose à employer, indiquer les résultats sur la chlorose de la *vigne*, des *arbres fruitiers, des rosiers*, enfin les effets d'un seul badigeonnage annuel sur la *chlorose*, l'*anthracnose* et les *court-noués*.

« Le badigeonnage, pour obtenir son plein effet, doit être fait en automne. Les vignes les plus chlorosées doivent être les premières traitées et cela dès la chute des premières feuilles, j'estime même que celles fortement rabougries doivent l'être avec toutes leurs feuilles. Les unes et les autres seront badigeonnées immédiatement *après la taille de chaque souche.*

Toutes les plaies de taille, *sans exception*, doivent être imbibées de la solution ferrugineuse. Cette imbibition, suffisante pour la guérison de la chlorose, devra s'étendre sur toute la surface des coursons (sans en excepter les bourgeons que la bourre qui les recouvre protègera suffisamment), sur les bras de souche et le corps même de l'arbuste, comme je l'expliquerai ci-dessous. Ne pas s'effrayer de la couleur plus ou moins foncée du courson. — Si quelques coursons non aoûtés et par conséquent malingres et très sujets au dépérissement succombent sous l'effet du badigeonnage, quinze jours ou trois semaines après le départ de la végétation, il sortira, à côté ou au-dessous de ces coursons éteints, des bourgeons vigoureux qui les remplaceront avantageusement et donneront l'année suivante de beaux fruits. Toutes les vignes, sans exception, malades ou non, peuvent être badigeonnées avec avantage. La vigueur de la végétation s'en trouve accrue.

« Le badigeonnage, lorsque les froids intenses sont survenus, ne produit que très peu d'effet, et celui du printemps a des résultats beaucoup moins sensibles sur la chlorose que celui d'automne.

« Une femme un peu active, munie d'un seau de bois et d'un pinceau ou mieux d'un chiffon de laine lié en forme de pinceau au bout d'un bâtonnet, peut badigeonner le travail de trois tailleurs de vigne. Elle devra souvent, pendant l'opération, remuer le liquide, afin que la solution ait toujours à peu près la même densité La dose à employer est celle de saturation de l'eau, c'est-à-dire 40 à 45 kil. de sulfate de fer pour 100 litres d'eau. Un moyen fort simple, pour faire dissoudre ce sel, consiste à en mettre 40 à 45 kil. dans un grand panier d'osier, suspendu au moyen d'un bâton, mis en travers de l'anse, sur les bords d'un bassinet assez grand pour contenir 100 litres d'eau, sans que le panier qui y sera en partie plongé fasse déverser ce liquide. Le lendemain, l'opération du badigeonnage peut commencer avec cette solution.

« Les résultats sur la chlorose sont, la première année, en général, très remarquables et le plus souvent complètement curatifs ; mais il est de certains terrains peu favorables à la vigne où il est nécessaire de répéter l'opération pour arriver à une cure complète. Les arbres fruitiers et les rosiers chlorosés ont été traités avec la même dose, sur les surfaces de taille des parties émondées et ont été guéris.

« Le badigeonnage peut, en outre, avoir pour effet. quand on le pratique sur tout le corps de la souche, de détruire les germes d'oïdium, d'anthracnose, de mildew et les insectes logés dans les interstices de l'écorce

« Trois années consécutives de traitement de toutes mes vignes ont guéri les souches dites *court-nouées*, c'est-à-dire dont les nœuds des sarments, maladivement rapprochés. n'étaient plus qu'à deux ou trois centimètres de distance. Ces souches improductives donnent aujourd'hui une belle récolte et les mérithalles ont acquis la longueur ordinaire.

« Le traitement sur les jeunes greffes d'un an peut être fait à la dose de 20 à 30 0/0 et la dose de saturation être reprise la troisième ou quatrième année.

« Ainsi, par une seule opération annuelle. guérison de la chlorose, de l'anthracnose et, d'après mes résultats, des court-noués.

« Je conseille de tailler au milieu du bourgeon, immédiatement au-dessus de celui qui doit porter des fruits, de manière à laisser intacte la cloison protectrice qui existe sur ce point. Cette cloison, renforcée par la légère surface de cautérisation produite par le sulfate de fer, permet au mérithalle qui se trouve immédiatement au-dessous, de le garantir des effets des froids, des insectes, des pluies qui pourraient s'introduire dans

la moelle. et. ce mérithalle étant sain, le bourgeon fructifère n'en aura
que plus de vigueur. »

Voici de plus, pour bien montrer l'importance et la valeur de ce mode
de traitement, les conclusions d'un rapport de M. Guillon, répétiteur de
viticulture à l'Ecole nationale d'agriculture de Montpellier, rapport présenté à la Société centrale d'agriculture de l'Hérault, qui avait provoqué
des expériences sur le traitement de la chlorose.

« 1° Actuellement, sans considérer la valeur de résistance au calcaire
des divers porte-greffes, le moyen le plus énergique et le plus efficace pour
combattre la chlorose de la vigne, est le badigeonnage complet des souches
au sulfate de fer, suivant le procédé du docteur Rassiguier.

« 2° Le citrate de fer ammoniacal provoque aussi le reverdissement des
souches chlorosées; mais, outre que son action sur certaines maladies,
combattues sûrement par l'application du sulfate de fer, est inconnue, son
prix est beaucoup trop élevé pour en conseiller actuellement l'emploi.

« 3° Le badigeonnage produit des effets d'autant meilleurs qu'il a été
surtout appliqué à une date coïncidant avec la chute naturelle des feuilles.
c'est-à-dire à la fin d'octobre ou au commencement de novembre, ceci
pour la région méridionale. Au printemps, les effets sont beaucoup moins
marqués.

« 4° Le sulfate de fer, appliqué uniquement sur les coupes, donne des
résultats presque aussi bons que sur toute la souche, ce qui prouve nettement qu'il faut avoir grand soin, en pratiquant le badigeonnage, de ne
pas négliger les sections de taille.

« 5° Les solutions de sulfate de fer, pour le badigeonnage, doivent être
faites à des doses variant entre 40 et 50 0/0.

« 6° Dans les vignes assez fortement chlorosées, le remède n'est pas
toujours d'une efficacité complète la première année, et, même s'il l'est
en apparence, il est bon de pratiquer l'opération pendant plusieurs années
successives ».

Quant à l'explication du mode d'action du traitement de la chlorose par
le procédé Rassiguier. elle est assez difficile à donner. Voici cependant
celle de M. Coste-Floret :

« Après la chute des feuilles, dit M. Coste-Floret, le bourgeon se nour-
« rit encore et le bois grossit ; comment, à ce moment, la plante peut elle
« se procurer l'acide carbonique nécessaire à son accroissement, peu sen-
« sible, il est vrai, quoique continu ? Ce n'est qu'en décomposant les car-
« bonates de la sève, et c'est à ce moment que l'accumulation des sels
« de chaux se fait dans le bois jeune dans des proportions telles que la vé-
« gétation de l'année suivante peut s'en trouver compromise. Dès lors, le
« procédé Rassiguier est tout expliqué : il agit en paralysant les cellules
« encore actives de la vigne en fin de saison, et en empêchant cette végé-

« tation lente et continue qui succède à la chute des feuilles, il s'oppose à
« cette accumulation tardive et dangereuse des sels de chaux dans le végé-
« tal. C'est pour cela qu'il n'est tout à fait efficace que lorsqu'on l'appli-
« que de suite après la chute des feuilles, car plus tard le mal est fait. »

Contre l'*anthracnose*, M. Sahut préconise, à titre préventif, l'usage de la
formule suivante :

Sulfate de fer............ ...	20 parties.
Sulfate de cuivre	12 —
Chaux grasse............. ..	6 —
Eau....	100 —

On a également préconisé le sulfate de fer contre la *coulure*, lorsque
celle-ci peut être attribuée à la *dartrose*, maladie facilement reconnais-
sable.

Le traitement qui a donné les meilleurs résultats à M. Coudercq consiste en pulvérisations, effectuées l'hiver, au moyen du sulfate de cuivre
ou même d'un mélange de 3 k. de sulfate de fer et de 5 k. de sulfate de
cuivre par hectolitre de liquide.

Au début de l'hiver, puis en janvier, il est très bon de badigeonner les
troncs et branches des arbres fruitiers avec une solution de sulfate de fer
à 20 0/0, de façon à détruire les insectes et leurs œufs, les mouches et les
lichens. Contre le chancre de ces arbres, M. Prillieux conseille, après
avoir enlevé les parties nécrosées, de badigeonner avec une solution de
sulfate ferreux au 1/10. Il est utile également de mettre au pied de chaque
arbre du sulfate de fer pulvérulent, à la dose de 1 kilogramme environ,
en le répartissant sur une certaine surface selon la force de l'arbre.

Le sulfate de fer a été aussi utilisé comme insecticide et a été appliqué,
souvent avec succès, à la destruction des kermés, des pucerons, des che-
nilles.

Il a d'ailleurs été préconisé dans un grand nombre de cas. C'est ainsi
que M. G. Croquevieille, membre de la Société des agriculteurs de France,
l'a proposé pour le traitement de l'oïdium, du mildew, du black-rot, du
pourridié, etc., pour la vigne ; de l'ergot, charbon, carie, nielle, etc.,
pour les céréales. Nous avons lieu de croire que c'est singulièrement exagérer ses propriétés que d'en étendre ainsi l'application à presque toutes
les maladies des végétaux et il est probable que dans nombre de cas on
aura dû enregistrer des insuccès.

d. Application à la destruction des sanves, senès, ravenelles, etc. —
Ces plantes appartiennent à la famille des crucifères, et les noms vulgai-
res qui servent à les désigner dans les campagnes s'appliquent surtout
aux genres radis (*Raphanus*) et moutarde (*Sinapis*). Le genre radis est assez
rare et n'est représenté que par la *ravenelle* (*Raphanus Raphanistrum* L),

plante d'une hauteur de 1 à 2 décimètres à fleurs blanches veinées de brun ou de violet, à fruit allongé se partageant, à la maturité, en articles ne renfermant qu'une graine.

Le genre moutarde est le plus fréquent et on rencontre souvent : la *moutarde blanche* (*Sinapis alba*), la *moutarde* des champs (*Sinapis arvense*), la *moutarde noire* (*Sinapis nigra*).

La hauteur de ces plantes varie de 2 à 12 décimètres, leurs fleurs sont jaunes.

En dehors de ces types on rencontre de nombreux hybrides plus ou moins hauts, plus ou moins ramifiés, à fleurs d'un jaune plus ou moins éclatant.

Tous ces végétaux donnent de nombreuses graines germant très facilement. Dans certaines années, ils envahissent les champs de céréales si rapidement, leur végétation est si exubérante, que le blé, l'avoine, etc., sont étouffés et périssent ou tout au moins languissent fortement. Les senès, sanves, etc., causent souvent des dégâts considérables et sont justement redoutés par les cultivateurs.

Fig. 189. Pulvérisateur à dos d'homme. — R. Récipient. — A. Paroi inférieure traversée par le corps de pompe P. — D. Diaphragme circulaire en caoutchouc faisant office de piston. — J. Joint métallique maintenant le diaphragme D. — E. Bielle reliée au diaphragme D, par deux rondelles convexes D' et articulée par un vilbrequin porté par l'arbre B. — C. Levier permettant de communiquer à l'arbre B un mouvement de rotation alternatif dont l'effet est d'actionner le diaphragme D. — bb. Ouvertures permettant au liquide d'entrer dans le corps de pompe K ; ces ouvertures sont obturées pendant la compression du diaphragme par une rondelle. — J. Ouverture fermée pendant le mouvement de décompression du diaphragme, et permettant au liquide, entré par les ouvertures bb, de se rendre dans la partie supérieure du corps de pompe formant chambre à air. — K. Canal de sortie.

La destruction par le sarclage en est très coûteuse, aussi a-t-on essayé diverses autres méthodes. Celle qui est la plus répandue est celle dite de *l'essanvage*. Elle se fait au moyen d'appareils, dits *essanreuses*, que l'on promène sur le champ de façon à faucher les sommités fleuries de ces mauvaises herbes, sans toucher aux fanes des céréales. Cette méthode est fort imparfaite puisqu'elle laisse la plante intacte. Aussi la découverte, dans ces derniers temps, d'un procédé rapide, simple et économique de destruction totale de ces herbes a-t-elle été bien accueillie par les cultivateurs.

On appliqua d'abord le sulfate de cuivre à cette destruction. Une solution à 5 0/0 injectée à la dose de 10 à 15 hectol. à l'hectare sur les surfaces envahies, au moyen d'un pulvérisateur semblable à ceux usités pour les bouillies cupriques, détruit les senès en laissant les céréales intactes.

Fig. 190. — Pulvérisateur à traction animale. L'appareil est vu de côté, la lance haute et rabattue à ses extrémités.

Cet effet est dû à ce que la fane des céréales est glauque, recouverte d'un léger enduit gras, présentant au microscope l'aspect d'un vermiculé très fin, qui ne lui permet pas de se laisser mouiller par les liquides. La solution de sulfate de cuivre qui arrive sur ces fanes, coule donc sans les mouiller et tombe à terre sans pouvoir exercer son action destructive. La feuille, les tiges, les fleurs des sanves et senès, au contraire, se laissent mouiller par les liquides. La solution cuprique reste donc adhérente à ces plantes et agit comme caustique et comme poison. Le surlendemain de l'opération les senès apparaissent comme grillés, ils sont jaunis, commencent à se dessécher ; une quinzaine de jours plus tard ils ont tous disparu, permettant ainsi aux céréales de repousser avec vigueur.

Le sulfate de cuivre est un produit cher, surtout pour les petits cultivateurs qui n'en achètent à la fois que des quantités restreintes. On a donc cherché à le remplacer par un produit moins coûteux et on s'est adressé au sulfate ferreux.

Il faut, il est vrai, augmenter la dose et les pulvérisations doivent se faire à raison de 10 à 15 hectolitres à l'hectare, avec une solution à 15 ou à 20 0/0 de sulfate de fer. Le traitement est absolument efficace et étant donné le bas prix de vente de ce sel il est beaucoup moins coûteux qu'avec le sulfate de cuivre. Le sulfate de fer n'agit pas tout à fait à la manière du sulfate de cuivre. Il agit surtout comme caustique, en se transformant, dans les tissus de la plante qu'il vient imprégner, en sulfate ferrique, qui est un oxydant énergique. Des coupes microscopiques des sénés traités montrent bien la différence d'action.

Avec le sulfate de cuivre, en effet, il n'y a pour ainsi dire pas de zone extérieure de dissociation. L'épiderme de la plante se montre dans le champ du microscope tout aussi nettement que si le traitement n'avait pas eu lieu. Seul le contenu des cellules est modifié et partout on voit le protoplasma rétracté et accolé aux parois de ces cellules, quoique la coupe ait été faite dans une plante non séchée.

Avec le sulfate de fer cette coagulation du protoplasma a lieu également, et l'on voit en outre sur le pourtour de la coupe, là où a eu lieu le contact avec la solution ferreuse, une zone brune où les éléments sont indiscernables ; cette zone paraît comme brûlée et s'avance plus ou moins vers le centre.

Dans tous les cas, chose essentielle, la plante est détruite, les expériences que nous avons faites, en collaboration avec M. Vivien, de Saint-Quentin, ne laissent aucun doute à ce sujet.

D'autres plantes, les chardons, la matricaire camomille, etc., quoique résistant un peu plus, sont aussi détruites ou fortement endommagées.

Le traitement doit se faire, dès que les sénés ont poussé leurs premières feuilles. On réussit cependant encore très bien quand ils sont en pleine floraison.

C'est là une application très importante du sulfate ferreux.

e. **Application à la conservation des fumiers.** — Pour prévenir les pertes de substances qui se produisent toujours lorsqu'on conserve le fumier, surtout pour éviter la volatilisation de l'ammoniaque, on a proposé d'ajouter au fumier du sulfate de fer qui fixe l'ammoniaque. Théoriquement cela est vrai, mais dans la pratique on n'obtient par ce mode de faire qu'un mélange d'excréments et de litière, qui ne constitue pas du fumier.

b. **Applications du sulfate ferreux comme engrais.** — Le fer, à un état plus ou moins avancé d'oxydation, se rencontre dans presque toutes les terres arables qui lui doivent leur coloration brune ou rougeâtre. On le rencontre aussi, à faibles doses il est vrai, dans les cendres de la plupart des végétaux cultivés. Voici d'ailleurs, d'après M. P. Gontier, les poids de peroxyde de fer enlevés au sol à l'hectare par quelques récoltes de différents poids.

Noms des plantes	Poids des récoltes	Poids de peroxyde de fer enlevé par les récoltes
Froment (grain)....................	2.500 k	0k 200
— (paille).....................	6.000	9 900
Seigle (grain).....................	3.300	0 500
— (paille).....................	6.800	2 500
Orge (grain).......................	1.850	0 700
— (paille).....................	3.000	3 400
Avoine (grain).....................	1.800	0 200
— (paille).....................	3.600	4 100
Sarrazin (grain)...................	1.500	0 500
Maïs (grain).......................	2.800	0 300
Haricots (grain)...................	2 200	0 200
— (tiges).....................	2.200	0 400
Pois (grain).......................	1.025	0 000
— (tiges).....................	2.900	1 600
Vesces (grain).....................	1.040	0 000
— (tiges).....................	2.900	0 900
Colza (grain)......................	1.505	0 200
— (tiges).....................	4.500	4 000

De l'examen de ce tableau, il ressort que le fer se localise plutôt dans les parties herbacées que dans les graines; il n'en est pas moins d'une utilité évidente à la végétation ainsi que l'ont démontré les travaux de M. E. Gris en 1840, de M. Knop en 1859, du Dr Sachs en 1860 et de M. Boussingault en 1872.

C'est surtout depuis les recherches du Dr Griffiths en Angleterre que le rôle de cette substance dans la végétation a été bien établi. Cet auteur fit des expériences très nombreuses de culture avec du phosphate et du sulfate de fer, d'où il tira cette conclusion : que non seulement les engrais ferrugineux augmentent les rendements de la plupart des cultures, mais qu'ils ont une action manifeste sur la qualité des récoltes, surtout en ce qui concerne l'augmentation des matières albuminoïdes, des hydrates de carbone, des graisses, et cela au dépens de l'eau et de la matière fibreuse. En voici deux exemples concernant la pomme de terre et la betterave :

Eléments dosés	Betteraves		Pommes de terre	
	Avec sulfate de fer	Sans sulfate de fer	Avec sulfate de fer	Sans sulfate de fer
Matières albuminoïdes....	2,89	1,90	3,92	2,24
Hydrates de carbone......	11,21	9,32	24,00	21,37
Partie fibreuse...........	1,98	2,05	1,61	1,00
Matières grasses.........	0,25	0,21	0,29	0,21
Cendres..................	1,52	1,00	1,50	1,21
Eau.....................	82,15	85,52	68,68	73,97
Totaux.............	100,00	100,00	100,00	100,00

Il résulte des expériences du même auteur, que les engrais ferrugineux en excès ont une action défavorable sur la végétation, et même une action stérilisante manifeste.

Quels sont les terrains qui réclament du fer ?

D'une façon générale, et en premier lieu, tous ceux qui manquent de matières organiques ; car ces terrains, contiendraient-ils des quantités suffisantes de fer, qu'elles risqueraient d'être inassimilables ; puis, les terrains siliceux dans lesquels le fer est à l'état de silicate difficilement assimilable.

Les terrains calcaires réclament également l'emploi des engrais ferrugineux.

Le fer peut être employé comme engrais sous la forme d'un compost formé d'un mélange de chaux et de sulfate de fer, préalablement oxydé par l'aération.

Pour faire ce compost, on dissoudra le sulfate de fer dans l'eau et on y ajoutera de la chaux en poudre, en employant une partie de chaux hydratée pour deux parties de sulfate de fer ; le sel dissous se transformera en une bouillie ocreuse avec laquelle on mélangera le reste de la chaux.

Le sulfate ferreux peut également s'employer comme engrais à l'état libre. Les doses à appliquer sont variables et comprises entre 50 et 200 k. suivant les terrains ; pour les terrains siliceux il convient de se tenir entre 50 et 100 k. ; pour les terrains calcaires on peut mettre plus. Il faut assurer l'épandage régulier du sulfate de fer ; pour cela il est bon de mélanger cet engrais, avant de le semer, avec de la terre ou du sable.

L'épandage devra se pratiquer en automne, autant que possible après une pluie et par une journée chaude ; à défaut de pluie on opérera après une forte rosée ou par un temps lourd ; le mieux serait même de procéder à l'épandage en deux fois, en n'employant chaque fois que la moitié de la dose.

L'importance des conditions d'emploi pour le sulfate de fer est très grande, le manque de soins de ce côté peut amener des insuccès.

Il est certain que si le sel est en morceaux trop gros, si son état pulvérulent ne le rapproche pas autant que possible de celui d'une dissolution, si l'épandage se fait par un temps sec, si enfin la température est trop basse, on a un résultat négatif.

Dans ses expériences de culture, Eusèbe Gris avait déjà reconnu, et ceci peut être admis, qu'au-dessous de 10 degrés de chaleur l'effet était à peu près nul (A. Larbalétrier, *Les Engrais*).

Le sulfate de fer s'emploie très fréquemment, en mélange avec d'autres substances, pour former des engrais composés usités pour les plantes potagères et les plantes ornementales de jardins et d'appartements.

Pour les plantes à feuillage, on peut employer un mélange se rapprochant du suivant :

Nitrate de soude	3 kilogrammes.
Superphosphate	4 »
Chlorure de potassium	1 »
Plâtre	4 »
Sulfate de fer	2 »

Application : 300 grammes de ce mélange par mètre carré.

Pour les plantes à fleurs, en massif :

Nitrate de soude	2 kilogrammes.
Superphosphate	10 »
Chlorure de potassium	2 »
Plâtre	4 »
Sulfate de fer	2 »

Application : 300 grammes de ce mélange par mètre carré.

§ 2. APPLICATIONS DES SULFATES FERRIQUES.

154. Applications aux arts de la teinture. — a. **Application à la teinture du coton.** — Le sulfate ferrique normal n'est que très peu employé pour la teinture du coton ; c'est surtout le sulfate basique, appelé *Rouil*, dont nous avons longuement décrit la préparation, qui est usité comme mordant pour le coton, surtout pour la teinture en noir.

Le tissu est d'abord passé dans un bain froid de matière tannique, et soit immédiatement après, soit après l'avoir passé dans de l'eau de chaux, on le travaille et on le plonge, pendant une heure, dans un bain du mordant de fer étendu de façon à avoir une densité de 1,01 à 1,02. Après l'action de ce bain, on lave, soit dans l'eau ordinaire, soit dans une eau alcalinisée par de la craie en poudre, dans le but de compléter la précipitation du sel basique sur la fibre et d'enlever toute trace d'acide. Le coton est ensuite teint dans un bain de campêche.

Dans cette opération, l'acide tannique qui est attiré par le coton sert principalement à fixer le mordant de fer, quoiqu'il produise incidemment une couleur d'un noir bleuâtre (encre) en se combinant avec le sel ferrique.

Le passage dans l'eau de chaux après le bain de tannin donne évidemment du tannate de chaux, et la décomposition du sel ferrique est ainsi facilitée, la chaux entrant en réaction.

Ce mordant de fer peut aussi s'employer pour la teinture des couleurs chamois de fer, pour lesquelles on emploie encore le sulfate normal (J. Hummel et F. Dommer, *Manuel pratique du teinturier*).

b. **Application à la laine.** — Les sulfates ferriques ne sont pas, en général, employés dans le mordançage de la laine, quoiqu'ils puissent être utiles, s'ils sont convenablement appliqués.

c. **Application à la soie.** — C'est encore le *Rouil*, qui est ici le plus souvent appliqué.

La soie est mordancée, soit à l'état de *soie grège*, soit à l'état de *soie cuite*.

Pour mordancer la *soie grège*, on la travaille d'abord dans un bain tiède ($40°$ à $50°$ C.), de CO_3Na_2 ; on la lave, on la tord, puis on la passe dans une solution froide du mordant, étendue de façon à ce que la densité soit : $d = 1,075$. On la travaille dans ce bain pendant une demi-heure ou une heure; puis on met à sec, on tord, on lave, on tord de nouveau, et on travaille pendant une demi-heure dans un bain tiède de CO_3Na_2. On tord encore et on lave. Ces opérations sont répétées trois ou quatre fois, selon le but à obtenir.

Fig. 191. — Mordançage de la soie (Figure empruntée à J. Hummel et F. Dommer. « Manuel du teinturier »).

Pour la *soie cuite*, la matière est travaillée pendant une demi-heure à une heure, dans une solution du mordant à $1,25$ de densité. On tord et on lave d'abord dans l'eau froide, puis dans l'eau chaude. On répète ces opérations jusqu'à sept ou huit fois, puis, on fait bouillir la soie dans un vieux bain de savon. Le savon employé est souvent le savon provenant de la cuite, additionné, par chaque 100 k. de soie rouillée, de 12 0/0 de savon d'oléine et 2 0/0 de cristaux de soude. Le savonnage doit se faire à $100°$ durant une heure afin d'obtenir le maximum de fixation.

On complète le mordançage par un lavage final. Il est essentiel que la soie mordancée au *Rouil* ne sèche pas. Il faut, ou la laisser dans le mordant, ou la couvrir avec des draps humides, après lavage.

La soie imprégnée d'oxyde ferrique se détruit peu à peu, si on la conserve en cet état, par suite de l'oxydation lente de la fibre.

Le mode de fixation du *Rouil*, bien différent en pratique pour les *soies écrues* ou *grèges* et les *soies cuites*, comme nous venons de le voir, l'est également en théorie.

Dans le cas de la *soie grège*, pour laquelle on emploie une solution relativement faible du mordant, à part l'absorption générale du liquide, le grès lui-même produit la décomposition et la précipitation dans sa masse d'un sel insoluble basique. Le lavage à l'eau et le rinçage au CO^3Na^2 complètent la fixation.

Dans le cas de la *soie cuite*, la fibre absorbe simplement la solution du mordant. Il n'y a décomposition et précipitation de sel basique, que lorsque la solution s'étend par le lavage. L'emploi d'une eau contenant du bicarbonate de chaux facilite la fixation du mordant absorbé.

L'ébullition dans une solution de savon complète le mordançage.

Fig. 192. — Laveuse employée pour la soie (Figure empruntée à J. Hummel et F. Dommer. « Manuel du teinturier »).

Ainsi mordancée, la soie possède une couleur brun orangé foncé et grade son brillant. Elle a gagné 4 0/0 de son poids après un seul mordançage et 25 0/0 au bout de six ; après sept ou huit répétitions, il y a un gain d'environ 8 0/0, sur le poids d'origine de la soie grège.

L'appareil employé pour le rouillage des soies est très simple. Il se compose d'une caisse rectangulaire pour contenir le mordant. La soie est suspendue sur des lissoirs, qui sont manœuvrés à la main dans le bain (fig. 191). Après égouttage, l'excès de liquide est enlevé en faisant passer les écheveaux séparés dans une machine à exprimer.

Pour les lavages, on emploie une laveuse se composant d'une double rangée de bobines en porcelaine vernissée, cannelées, sur lesquelles on suspend et on travaille les écheveaux de soie. Le lavage se fait au moyen de conduites perforées, situées latéralement en dessous et entre les bobines (fig. 192). (J. Hummel et F. Dommer, *Manuel pratique du teinturier.*)

d. Applications des nitro-sulfates ferriques. — Ces mordants sont connus sous le nom de *nitrates de fer*. On les obtient en oxydant le sulfate ferreux par l'acide nitrique, en remplaçant, entièrement ou partiellement, l'acide sulfurique, ajouté par de l'acide nitrique.

Leur application est surtout importante dans la teinture en noir du coton et ils s'emploient de la même manière que les sulfates ferriques.

e. Applications de l'alun de fer $(SO^4)^3Fe^2,SO^4K^2,24H^2O$. — Ce sel peut s'employer de la même manière que l'alun ordinaire.

Son emploi a été jusqu'ici très restreint. Il n'a été utilisé que pour le mordançage de la laine devant prendre les couleurs d'alizarine (J. Hummel et F. Dommer, *loc cit.*).

155. Emplois du sulfate ferrique comme désinfectant et antiseptique. — a. **Généralités.** — Parmi les nombreuses applications auxquelles se prête le sulfate ferrique, il en est une sur laquelle on doit insister particulièrement : c'est l'utilisation de ses propriétés désinfectantes et antiseptiques.

L'étude du sulfate ferrique à ce point de vue a été faite il y a une vingtaine d'années déjà par M. Rohart ; mais c'est surtout à MM. Buisine, de Lille que l'on doit d'avoir des notions bien complètes sur ce sujet. Ce sont eux également qui ont trouvé le procédé pratique pour le préparer, procédé dont nous avons parlé dans le cours de cet ouvrage et qui est appliqué industriellement aux établissements Kuhlmann, de Lille.

Le sulfate ferrique peut former avec les matières organiques animales des combinaisons insolubles, très stables, imputrescibles. Ce sel les précipite de leur dissolution, en même temps qu'il les tient à l'abri de toute solubilisation nouvelle et de toute décomposition ultérieure au contact de l'air.

Ainsi, l'urée, l'acide urique, le mucus, la gélatine, les matières albuminoïdes, en un mot toutes les matières organiques azotées sont précipitées en donnant des combinaisons imputrescibles.

L'urine fraîche, traitée par le sulfate ferrique, donne un précipité qui renferme la presque totalité de l'azote et de l'acide phosphorique, et le liquide clair se conserve pendant très longtemps sans traces d'altération.

Des déjections humaines, solides et liquides, additionnées de ce réactif, peuvent être conservées sans aucun indice de fermentation, ni dégagement gazeux.

Des débris d'animaux, des viscères, plongés pendant quelques jours dans une solution de sulfate ferrique au 1/100, puis lavés et séchés à l'air, se conservent sans altération.

De petits animaux entiers ont pu être ainsi momifiés ; la chair conserve sa couleur, mais durcit au point de ne pouvoir être entamée que difficilement par l'ongle.

Après cette opération les pièces demeurent et se conservent absolument intactes.

Le sulfate ferrique se comporte, en un mot, en présence des matières animales, comme le tannin ; il les rend imputrescibles.

Ces résultats montrent à quel point le sulfate ferrique peut modifier les caractères des matières organiques, avec quelle énergie il empêche ou enraye la fermentation putride, c'est-à-dire toute sa valeur comme antiseptique.

Les propriétés désinfectantes du sulfate ferrique s'expliquent facilement.

Nous avons vu quelle était son action sur les matières solides. Sur les matières organiques en solutions, les matières albuminoïdes, par exemple, son action est tout aussi complète. Il les précipite sous forme de combinaisons avec l'oxyde ferrique, combinaisons imputrescibles, inaltérables.

Dans les liquides en voie de putréfaction, le sulfate ferrique élimine en outre les produits de cette décomposition, en particulier l'hydrogène sulfuré, l'ammoniaque, etc. ; le premier est précipité à l'état de sulfure de fer, l'ammoniaque est fixée sous forme de sulfate d'ammoniaque, de sorte que toute odeur disparaît.

Les germes organisés eux-mêmes sont englobés dans le précipité de peroxyde de fer, entraînés en grande partie dans le dépôt et par suite rendus inoffensifs. On comprend toute l'importance de ce fait.

Le sulfate ferrique se comporte aussi en présence de certaines matières comme agent oxydant. Dans ces conditions, l'oxyde ferrique passe à l'état d'oxyde ferreux qui reprend rapidement l'oxygène de l'air.

Etant donné ces propriétés, le sulfate ferrique est susceptible de nombreuses applications.

b. **Désinfection des fosses d'aisances.** — Le sulfate ferrique peut remplacer avantageusement pour cet usage, le chlorure de zinc, le sulfate cuivrique, le sulfate ferreux ordinairement employés. On l'utilise en poudre, à la dose de 2 à 4 kilos par mètre cube de fosse.

c. **Traitement des eaux-vannes de vidange.** — Ce réactif est employé par quelques usines pour le traitement des eaux-vannes de vidange. L'addition de ce sel rend ces liquides inodores et y produit un abondant précipité, qui, passé au filtre presse, donne des tourteaux azotés très riches.

d. Désinfection des urinoirs, des casernes, des hôpitaux, des établissements insalubres. — Répandu en poudre, le sulfate ferrique est très bon pour désinfecter tous les endroits où séjournent des déjections humaines ou autres, par exemple dans les urinoirs, autour des fosses d'aisances des établissements publics, des gares de chemins de fer, des écoles, des usines des casernes, des hôpitaux, des prisons, etc., sur les fumiers. On l'utilise de cette façon, en saupoudrages superficiels à la dose de 100 à 200 grammes par mètre carré de surface.

Il devrait être employé sous forme de dissolution très étendue pour l'arrosage des rues et le lavage des ruisseaux des quartiers malsains en temps d'épidémie.

Son emploi est surtout recommandable dans les hôpitaux où on devrait en placer, non seulement dans les fosses, mais aussi dans l'eau de lavage et dans les tuyaux d'aération, dans les vases et les crachoirs des malades, etc.

Dans les établissements insalubres, partout où on manipule des matières organiques altérables, dans les fonderies de suif, par exemple, on peut l'employer pour désinfecter les matières premières.

Il peut rendre également de grands services pour le lavage des établissements tels que les brasseries, les distilleries, etc., d'où il faut écarter, avec le plus grand soin, les germes de la putréfaction.

Le produit devrait être aussi utilisé pour le lavage des écuries, des étables qui ont été contaminées ; pour ces usages on peut employer une solution à 1 0 0.

Son usage est tout indiqué aussi dans les amphithéâtres, dans les salles de dissection. Il ne présenterait pas les dangers du bichlorure de mercure.

Dans les habitations, il y aurait lieu d'en mettre également dans les conduites où coulent les eaux ménagères qui, souvent, en séjournant, entrent en putréfaction. Le sulfate ferrique en briquettes est ici d'un emploi très commode.

e. Conservation des pièces anatomiques. — Le sulfate ferrique peut servir, comme l'ont montré MM. Buisine, pour la conservation des pièces anatomiques et pour permettre de manipuler sans danger des pièces altérées, chargées de germes infectieux ; de même au moment de l'enfouissement on devrait en recouvrir les cadavres d'animaux morts de maladie infectieuse.

f. Désinfection des boues, vases, gadoues, etc. — Nous avons parlé pour cet usage de l'emploi du sulfate ferreux. Le sulfate ferrique est également excellent.

g. Coagulation du sang. — On peut employer le sulfate ferrique normal pour coaguler le sang mais il est préférable de se servir d'une solution concentrée, fortement acidifiée par de l'acide sulfurique. On trouve dans le commerce, où elle est désignée sous le nom de *coagulant*, une solution d'un usage très commode et dont nous avons parlé à propos de la fabrication du mordant de *Rouil*.

Le mode d'emploi est des plus simples : sur le sang recueilli dans un récipient quelconque on verse le coagulant. Au moyen d'un bâton on mélange intimement et on obtient immédiatement une masse pâteuse que l'on peut passer au filtre-presse, ou jeter sur le sol pour en laisser égoutter l'eau. On obtient ainsi des tourteaux contenant environ 12 0/0 d'azote et 1 k. 5 0/0 d'acide phosphorique, c'est-à-dire ayant une très grande valeur commerciale.

La dose de coagulant à employer est de 1 litre par 20 litres de sang.

h. **Mélanges de sulfate ferrique avec d'autres antiseptiques.** — Nous avons vu que le sulfate ferrique, préparé par le procédé de MM. Buisine, fait prise comme le plâtre quand on le mélange avec une petite quantité d'eau. On peut utiliser cette propriété pour fabriquer des briquettes auxquelles on peut incorporer la plupart des antiseptiques connus : sels de cuivre, de zinc, de mercure, permanganate de potassium, phénol, etc.

Avec le phénol, par exemple, la fabrication est très simple. Le phénol est émulsionné dans la quantité d'eau nécessaire pour gâcher le sulfate ferrique, et la pâte obtenue est coulée dans des moules. La masse fait prise rapidement et on a ainsi des briquettes très dures dans lesquelles est emprisonné le phénol, qui, en présence de l'eau, se dissout peu à peu en même temps que le sulfate ferrique.

L'association du sulfate ferrique et du phénol constitue un désinfectant très énergique qui pourra rendre de très grands services, notamment dans les hôpitaux.

C'est le meilleur mode d'emploi du phénol, c'est aussi le plus commode.

On pourrait évidemment multiplier les préparations de ce genre à base de sulfate ferrique, mais nous resterons sur ces exemples qui montrent tout le parti qu'on peut tirer du produit.

Ce qui précède fait suffisamment ressortir l'intérêt que présente le sulfate ferrique comme agent désinfectant et antiseptique.

156. Application à l'épuration des eaux résiduaires. — Le sulfate ferrique constitue un excellent réactif pour l'épuration des eaux résiduaires.

Les expériences faites avec ce sel, sur une grande échelle par l'Administration des Ponts et Chaussées à l'usine de Grimontpont, sur les eaux de l'Espierre, qui reçoit les eaux résiduaires des villes de Roubaix et de Tourcoing, ont été des plus concluantes.

On avait affaire cependant dans ces expériences à un liquide extrêmement impur, ainsi qu'en témoignent les analyses suivantes :

Désignation des éléments dosés	1	2	3	4	5	6
Graisse	2gr	1gr 98	1gr 94	0gr 12	1gr 82	1gr 60
Matières organiques insolubles dans les acides	0 88	0 77	0 84	0 05	0 79	0 69
Matières organiques solubles, colorant l'eau en jaune paille	0 58	0 03	0 17	0 07	1 04	1 46
Sulfate de soude	0 41	0 32	0 31	0 02	0 14	0 42
Chlorure de sodium	0 29	0 25	0 22	0 01	0 11	0 31
Carbonates alcalins (CO_3K_2 et CO_3Na_2)	0 60	0 28	0 47	0 02	0 15	0 62
Carbonate de chaux	0 90	1 28	1 20	0 00	2 04	1 08
Sable, alumine, oxyde de fer, etc.	1 19	1 09	1 15	0 06	1 31	0 97
Résidu sec par litre	6 85	6 00	6 30	(1) 0 35	7 40	7 15

(1) La faiblesse du résidu sec dans ce cas tient à ce que cet échantillon a été prélevé un dimanche, jour d'arrêt des usines déversant leurs eaux dans l'Espierre.

Nota : Ces analyses sont extraites du rapport de la sous-commission, chargée,
en 1881, d'examiner la question de l'épuration des eaux de l'Espierre.

L'épuration de ces eaux, au moyen du sulfate ferrique, a donné d'excellents résultats ainsi qu'en témoignent les chiffres suivants, extraits d'un
travail de M. Buisine.

Eau de l'Espierre du 21 avril 1892.

Corps dosés	Echantillon pris à 8 h. 30 du matin.			Echantillon pris à 3 h. du soir.		
Pour 1 litre :	Eau brute	Eau épurée avec 4 kg. de chaux éteinte par m.c.	Eau épurée avec 1 kg. de sulfate ferrique par m.c.	Eau brute	Eau épurée avec 1 kg. 500 de chaux éteinte par m.c.	Eau épurée avec 0 kg. 400 de sulfate ferrique par m.c.
Résidu sec par litre	5gr 75	3gr 70	2gr 10	3gr 20	1gr 65	1gr 06
Résidu minéral »	1 95	2 90	1 80	1 60	0 99	0 91
Graisses »	2 08	«	«	0 72	«	«
Matières organiques en solution (Évaluées en acide oxalique cristallisé)	1 35	1 20	0 22	1 10	0 86	0 12
Alcalinité (évaluée en CaO)	«	0 80	neutre	«	0 26	neutre
Poids du précipité sec obtenu par l'épuration	«	6 96	4 29	«	3 03	1 90

La composition moyenne des boues d'épuration de l'Espierre (par
$(SO_4)_3Fe_2$), obtenues à l'usine de Grimontpont, est, après dessiccation sur
le sol, de :

Eau... 20,90
Résidu minéral (sable, argile, oxyde ferrique).. 30,63
Graisses... 30,00
Matières organiques azotées................... 18,47
                                                    ─────────
                        Total............... 100,00

Les graisses proviennent, soit des nombreux peignages des villes de Roubaix et de Tourcoing, soit des ordures ménagères rejetées à l'égout. Elles sont donc différentes des graisses de suint. On peut les séparer des boues d'épuration en traitant celles-ci par le sulfure de carbone. Une fois extraites, on peut les purifier par une distillation dans la vapeur d'eau surchauffée. Elles se fractionnent alors en une série de produits, utilisables, partie en stéarinerie, partie en savonnerie, partie comme huile de graissage.

Les résidus des boues, dégraissés par CS^2, renferment :

Oxyde ferrique.............. 25,35
Argile, sable, etc............. 37,05
Matières organiques azotées.... 37,60 (contenant : Azote... 2,92).
                          ─────────
                          100,00

Ces résidus constituent donc une poudrette azotée, assez riche, et d'un excellent usage en agriculture.

Le sulfate ferrique a été appliqué, avec le même succès, aux eaux résiduaires d'un grand nombre d'usines.

Il doit être surtout recommandé pour l'épuration des eaux des *amidonneries*, des *féculeries*, des *distilleries*, des *fabriques de sucre*, des *brasseries*, des fabriques de *levure*, de *colle*, de *gélatine*, des *papeteries*, des *teintureries*, des *tanneries*, des *lavages de laine*, des *abattoirs*, des *dépotoirs*, etc., etc.

Le *modus operandi* est très simple : il suffit de mélanger, avec agitation, aux eaux à épurer, la quantité de solution de sulfate ferrique suffisante pour que le précipité qui se forme se dépose *nettement* et *rapidement*.

Après dépôt, on laisse écouler les eaux claires et on enlève le résidu qui peut servir comme engrais en raison de l'azote qu'il contient.

Pour dissoudre le sulfate ferrique, on le met dans une cuve en bois avec 5 ou 6 fois son poids d'eau et on chauffe par un barbottage de vapeur, au moyen d'un tuyau en plomb.

Quand tout ce qui peut se dissoudre est entré en solution, on ajoute de l'eau de façon à avoir une dissolution au dixième.

Pour les essais préliminaires, on peut opérer en petit dans un ballon de 1 litre où on dissout 100 grammes.

Il s'agit maintenant d'estimer combien il faut mettre de cette liqueur dans les eaux à épurer.

Dans trois bocaux on met 1 litre de l'eau à essayer, dans l'un on verse 5 cent. cubes de la liqueur de sulfate ferrique, dans l'autre 10 et dans le troisième 15 cent. cubes, on agite simultanément et on voit quel est le liquide qui dépose le mieux. On sait alors s'il faut employer 0 k. 500, 1 kilo ou 1 k. 500 de sulfate ferrique par mètre cube d'eau à épurer.

En général, il y a assez de sulfate ferrique quand le liquide filtré coule inodore et facilement.

Les conditions de situation de chaque usine, la nature et la quantité des eaux à épurer font varier le mode d'application du procédé, et la quantité du sulfate ferrique à employer.

A titre de renseignement, nous donnons quelques chiffres :

Eaux résiduaires des amidonneries....	1 kil. à 5 kil. par mètre cube.	
Eaux rouges des féculeries	1 kil. à 3 kil.	do
Eaux des distilleries................	2 kil. à 4 kil.	do
Eaux de peignages	2 kil. à 3 kil.	do
Eaux de brasseries..................	2 kil. à 3 kil.	do

Si les eaux sont *acides*, comme le sont quelquefois les eaux de distilleries, de teintureries, etc., on les sature d'abord par la chaux, après quoi on ajoute le sulfate ferrique. Si elles sont *alcalines ou neutres* (eaux d'amidonneries, de féculeries, de lavage de laines, de sucreries, de brasseries, de papeteries, de fabriques de colles, etc.), on peut les traiter tout de suite par le sulfate ferrique.

Si l'usine est dans une ville et ne dispose pas de terrains libres à proximité, on peut laisser couler les eaux dans un réservoir en maçonnerie où elles sont agitées à bras ou mécaniquement, en ajoutant la quantité nécessaire de sulfate, puis passer immédiatement le liquide trouble au filtre-presse.

Dans les peignages de laine, 100 mètres cubes d'eau peuvent donner de 200 à 300 kilos de résidus secs qui sortent du filtre-presse avec 60 ou 65 0/0 d'eau et occupent un volume de 700 à 1000 litres.

Certains précipités offrent de très grandes difficultés pour le passage au filtre-presse, et dans ce cas on ne peut faire que de très minces gâteaux.

Avant de faire les frais d'une installation de filtres-presses, on devra s'assurer par des essais si on peut ou non employer ce moyen artificiel de séparation.

Si l'usine dispose de terrains à proximité, on creuse dans ces terrains des bassins de dépôt de 100 mètres carrés de surface et de 0^{m}40 à 0^{m}50 de profondeur ; avec les terres extraites, on entoure ces bassins de digues de 1^{m}00 de hauteur environ, ce qui donne aux bassins une profondeur de 1^{m}50.

On doit avoir dans l'usine un réservoir collecteur creusé en terre et maçonné, pouvant contenir les eaux d'une journée.

Une pompe centrifuge peut enlever ces eaux en 2 ou 3 heures pour les envoyer par une conduite en fonte, ou mieux par des goulottes en bois suspendues, dans les bassins de dépôt qui peuvent être, par conséquent, assez éloignés de l'usine.

Dans le tuyau d'aspiration de la pompe centrifuge on fait déboucher un petit tuyau qui vient de la cuve contenant la solution de sulfate ferrique pour une opération, et on règle le robinet de débit de cette solution, de manière que la cuve et le bassin collecteur des eaux résiduaires se vident en même temps.

Le mélange se fait donc dans la pompe centrifuge, et les eaux épurées, mais non déposées, vont directement dans les bassins de dépôt où en une nuit le précipité se dépose.

Tous les matins on vide les eaux claires et dans le même bassin on amène de nouveaux liquides à déposer.

Quand le précipité a atteint 0^m40 à 0^m50 d'épaisseur, ce qui arrive après une vingtaine d'opérations, on coule le liquide à déposer dans un autre bassin, et, au moyen de rigoles on draine celui qu'on vient d'abandonner.

Quand la boue a pris une certaine consistance, on en relève chaque jour, peu à peu, à la pelle, sur les digues et extérieurement aux digues ; elle sèche sous l'action de l'air ; on peut alors l'enlever pour s'en servir comme engrais.

Deux bassins de dépôt, pouvant contenir, en sus des boues, les eaux résiduaires d'une journée, peuvent suffire pendant l'été. L'hiver, époque où le séchage se fait difficilement, cette quantité est insuffisante.

Comme on doit égoutter les boues sur les digues avant de les enlever, on comprend qu'au point de vue de la main-d'œuvre de reprise de ces boues dans les bassins de dépôt, il y ait intérêt à faire ces bassins longs et peu larges.

La pompe centrifuge peut également conduire les eaux dans des bassins de dépôt communiquant entre eux, et si le parcours est assez long, les eaux sortent limpides à l'extrémité ; dans ce cas, il ne faut employer qu'une petite pompe centrifuge ou d'un autre système marchant continuellement.

Le prix de revient de l'épuration par le sulfate ferrique est minime, car ce produit est vendu très bon marché, 5 à 6 francs les 100 kilos.

§ 3. APPLICATIONS DES MÉLANGES DES SULFATES DE FER ET D'ALUMINIUM

157. Fabrication de l'acide sulfurique fumant ou de Nordhausen. — a. Généralités. — L'acide sulfurique a d'abord été obtenu par la calcination du sulfate ferreux ou vitriol vert, d'où son nom *d'huile de vitriol.* Cette fabrication s'est continuée jusqu'à nos jours pour satisfaire à certains besoins spéciaux. L'acide obtenu par ce procédé, en effet, est très concentré. Il représente une dissolution d'anhydride sulfurique dans l'acide sulfurique à 66°, qui est employée pour la fabrication de certains cirages, la dissolution de l'indigo et dans l'industrie des matières colorantes dérivées de l'anthracène.

La fabrication de l'acide sulfurique fumant était localisée autrefois en Saxe, dans le Harz, à Nordhausen, d'où son nom. Plus tard d'importantes fabriques furent montées en Bohême par la maison Jean David Starck.

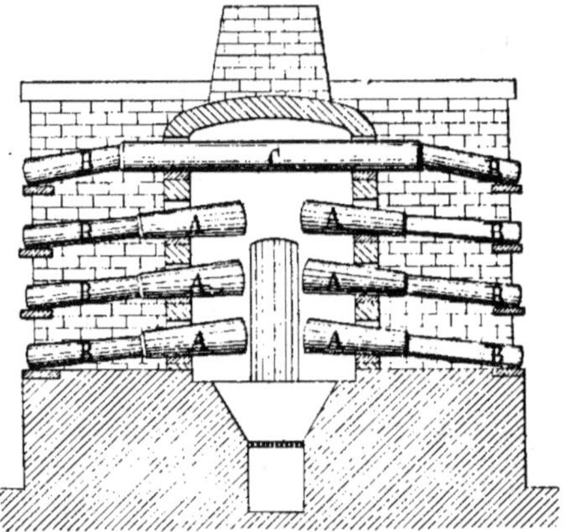

Fig. 193. — Four de galère pour la préparation de l'acide de Nordhausen.

La production de ce corps est intimement liée à celle du vitriol vert extrait des schistes pyriteux.

b. Fabrication. — 1° *Préparation de la « pierre de vitriol »*. — La matière première est fournie par les schistes de Prziban qui appartiennent à la formation silurienne. Ils sont disséminés en petits amas dans des bancs de schistes argileux. Les seuls employés sont ceux qui sont bitumineux et qui contiennent de 1 à 20 0/0 de pyrite.

Le minerai est d'abord enrichi par une lévigation.

Au début, on préférait calciner d'abord les schistes pyriteux à l'abri du contact de l'air dans des cornues en terre cuite. On obtenait ainsi de 12 à 14 0/0 de soufre qui pouvait être employé à différents usages et le résidu se trouvait déjà délité en partie.

Plus tard, on voulut consacrer tout le soufre à la préparation spéciale que l'on avait en vue. Le minerai, exposé sur une aire imperméable, subit l'action de l'air et de l'humidité pendant plusieurs années. La pyrite s'oxyde et il y a production de sulfate de fer et de sulfate d'aluminium (Voir la seconde partie de ce travail. Chap. IV, § 2, *Traitement des schistes et des lignites*).

Lorsque l'oxydation est suffisante, on lessive les tas et on conduit les liqueurs dans de vastes citernes où elles se clarifient. Ces liqueurs marquent de 18° à 23° Bé; elles contiennent principalement du sulfate ferreux, du sulfate ferrique et du sulfate d'aluminium.

On commence par les concentrer jusqu'à 40° Bé pour en retirer par cristallisation du sulfate ferreux. L'eau-mère est soumise à une seconde évaporation dans des bassines en fer où on l'amène à consistance sirupeuse et d'où on la coule sur une aire dallée.

La concentration est poussée suffisamment pour que, par le refroidissement, la matière se prenne en masse et on obtient ainsi un produit dur, d'un jaune verdâtre (pierre de vitriol). Cette pierre de vitriol est composée principalement de sulfate ferrique, de sulfate ferreux et de sulfate d'aluminium. Pour obtenir une partie de pierre de vitriol il faut de 15 à 20 parties de schiste pyriteux.

Ce résidu est introduit dans des fours de grillage. On le chauffe à basse température et on le brasse pour compléter l'oxydation du sulfate ferreux. On procède alors à la distillation.

Les sulfates ferreux, ferriques, d'aluminium sont de valeur bien inégale pour la fabrication de l'acide fumant.

Le sulfate ferrique est le sel qui convient le mieux. Lui seul, en effet, perd tout son acide sulfurique sans que celui-ci se décompose.

$$(SO^4)^3Fe^2 = 3SO^3 + Fe^2O^3.$$

Le sulfate ferreux passe d'abord à l'état de sulfate ferrique en dégageant la moitié de son soufre à l'état d'acide sulfureux, ce qui est une perte dans le cas qui nous occupe.

Enfin le sulfate d'aluminium ne perd son acide sulfurique qu'à une température où celui-ci se décompose en oxygène et acide sulfureux.

On a donc tout intérêt à distiller une *pierre de vitriol*, renfermant le plus possible de fer à l'état de sulfate ferrique.

2° *Distillation.* — La décomposition du sulfate ferrique exige une température élevée, aussi doit-on la faire dans des cornues formées de terre à creuset, et d'assez petites dimensions pour que la chaleur puisse les pénétrer partout. On emploie des vases A, légèrement coniques, de 0 m. 20 de diamètre et 0 m. 80 de longueur, disposés sur trois ou quatre rangs dans un four dit de *galère* (fig. 193). Les condenseurs B ont sensiblement la même capacité que les cornues et chacune en possède un. Chaque cornue est encastrée dans le mur du four et les condenseurs sont soutenus par une tablette en fer. Le col de ces derniers est engagé dans celui des cornues et luté. D'habitude on met dans le four **272** petites cornues. Souvent dans le haut on dispose une rangée de grandes cornues C, occupant toute la largeur des fourneaux de galère et chacun contient 32 de ces cornues. Il y a donc en tout 304 cornues. Le four est chauffé par un ou trois foyers.

On charge chaque cornue de 3 kilos de pierre de vitriol concassée. Puis, toutes les cornues étant chargées, on chauffe doucement en brûlant du bois de pin bien sec. Au bout de 4 heures environ, la distillation commence ; il se dégage d'abord de la vapeur d'eau avec des traces d'acide sulfurique et de l'acide sulfureux. Dès que les vapeurs blanches de l'anhydride apparaissent, on adapte les condenseurs, contenant un peu d'eau ou d'acide à 66° Bé et on élève peu à peu la température jusqu'au rouge blanc. L'opération dure de 24 à 36 heures.

Lorsque la distillation est terminée, on enlève les récipients sans les vider, on décharge les cornues pour les remplir de nouveau et recommencer une opération qui envoie une nouvelle quantité d'anhydride enrichir l'acide recueilli précédemment. Quand cet acide est suffisamment chargé d'anhydride pour marquer de 79° à 80° Bé, on le recueille dans des cruches en grès où on le laisse se clarifier huit jours.

Les condenseurs sont alors chargés à nouveau de 0 k. 500 d'eau ou de 190 cc. d'acide à 60° Bé. Dans le premier cas il faut 4 ou 5 distillations pour obtenir de l'acide à 79° Bé ; dans le second, trois ou quatre pour atteindre 80° Bé.

L'acide est emmagasiné dans des vases en grès, fermés par un bouchon également en grès, luté à la cire.

Pour 100 kilos d'acide, il reste environ 125 kilos d'oxyde de fer presque pur, appelé *caput mortuum*, *colcothar*, *potée rouge*, etc. Ce colcothar est utilisé pour le polissage des glaces, comme couleur etc. ; pour ce dernier usage on le livre, après des calcinations en vases clos avec ou sans sel marin, en 57 nuances variant du rouge sang au brun havane (Voir : Sorel, *Produits chimiques. Encyclopédie Frémy*).

3° *Prix de revient.* — Pour obtenir 100 kilos d'acide fumant on emploie environ 250 kilos de pierre de vitriol et 2.000 kilos de lignite.

D'après Payen, le compte de fabrication s'établirait comme suit :

Sulfate de fer desséché.	250 k.	14 fr.
Combustible (lignite).	2.000 k.	3 »
Main-d'œuvre......................		8 »
Entretien des cornues et récipients.		2 »
Intérêts		1 fr. 80
		28 fr. 80
A déduire la valeur des résidus....		2 »
Prix net de 100 k. d'acide fumant.		26 fr. 80

(Voir : Sorel, *loc. cit.*)

158. Application des mélanges de sulfate d'alumine et des sulfates de fer à l'épuration des eaux usiniaires. — Ces mélanges, formant le plus souvent des résidus de fabrication, ont été appliqués avec succès à l'épuration des eaux.

Les liqueurs résiduaires de la fabrication de l'alun et du sulfate de fer par le traitement des lignites ont été et sont encore souvent employées en sucrerie, distillerie, féculerie, tannerie, etc. Nous connaissons déjà (voir : 2e partie, *Traitement des lignites*) la composition de ces liqueurs.

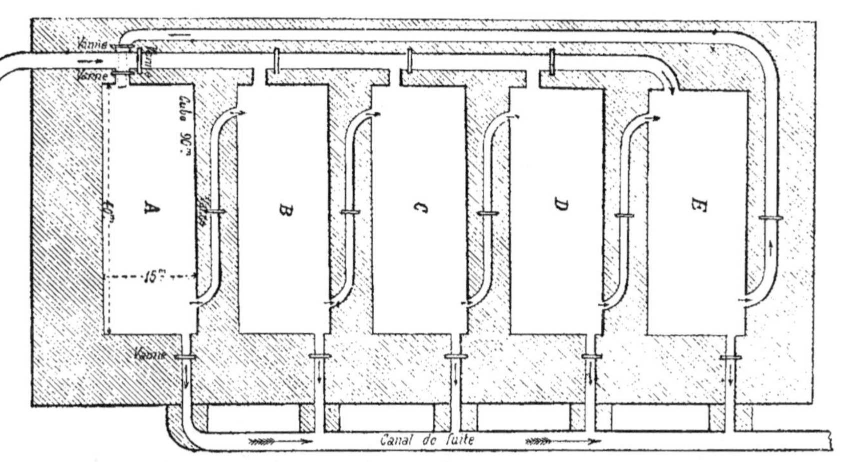

Vue en plan d'une série de bassins isolés et indépendants.

Fig. 195. Épurations des eaux résiduaires. Bassins de décantation.

M. Vivien, le savant chimiste de St-Quentin, s'est beaucoup occupé de leur utilisation et nous insérons ci-après quelques extraits d'un de ses travaux (*Epuration des eaux usiniaires et des eaux d'égouts*, A. Vivien. *Mém.* présenté. le 30 Décembre 1890 à la Commission du Conseil départemental d'hygiène de l'Aisne).

Les eaux-vannes de féculerie, distillerie, sucrerie, etc., sont souillées par des matières minérales (terre et sels minéraux) et par des matières organiques diverses, solubles et insolubles.

Les matières organiques sont la cause principale des altérations produites dans les cours d'eau où l'on déverse ces eaux résiduaires. Celles qui sont solubles agissent immédiatement ; celles qui sont insolubles entrent en décomposition et deviennent solubles à leur tour ; ces dernières dominent et sont les plus à redouter.

21

Les germes d'organismes inférieurs tels que *bactériacées, monades, mucors mucédinées*, abondamment répandus dans la nature, agissent au contact de l'air ; d'autres, tels que *vibrions, spirillums, bacilles*, etc., agissent à l'abri de l'air. Les uns comme les autres ont pour résultat de décomposer les matières organiques, même la cellulose ; ils donnent naissance à des êtres microscopiques et à des produits gazeux plus ou moins fétides.

Si c'est une matière organique non azotée qui est ainsi décomposée, on voit se dégager du gaz carbonique, de l'hydrogène carboné, en même temps qu'il se produit de l'eau, de l'acide acétique et des produits huileux et humifères très variés. Quand la matière organique est azotée et sulfurée, on constate en outre un dégagement d'hydrogène sulfuré et phosphoré et la formation d'ammoniaque et d'acide azotique.

En même temps, des algues spéciales se développent dans les cours d'eau souillés, d'abord des *hyphéothrix* prennent naissance, puis on voit apparaître des *beggiatoa*, des *leptomitus*, des *spirogyra*, enfin généralement des *cladophora* précurseurs de l'assainissement. La végétation aquatique disparaît tout d'abord et reprend quand l'eau est assainie.

Pour éviter ces inconvénients, il faut épurer l'eau, puis l'aérer, soit par un parcours en couche mince sur une prairie, soit par filtration au travers d'un sol poreux, mais cependant en laissant filtrer l'eau avec lenteur pour obtenir une destruction des matières organiques. Un terrain trop perméable ne peut convenir.

L'épuration des eaux usiniaires doit être pratiquée *au moment même où elles sortent de l'usine* et avant qu'elles aient éprouvé un commencement d'altération. Nous attachons une grande importance à ce sujet.

Voici les conditions qu'il faut réaliser, suivant nous, pour avoir une épuration satisfaisante des eaux de sucrerie et qui peuvent être modifiées pour les approprier à chaque condition particulière :

1° Epurer à part les eaux des presses à pulpes avant de les utiliser au lavage des betteraves, et à défaut d'un moyen d'épuration suffisamment efficace pour en permettre l'emploi au lavage des betteraves ou la rentrée dans les cours d'eau, les épurer par les procédés déjà connus et les faire absorber par le sol ou les oxyder par un parcours prolongé sur des prairies. Les eaux des presses à cossettes représentent, en sucrerie, de cinquante à soixante-dix litres par 100 kilos de betteraves, soit au maximum soixante-dix mètres cubes par 100.000 kilos de betteraves. On pourra, le plus souvent, trouver des terres convenables pour oxyder cette quantité, qui devra toujours être clarifiée au préalable.

2° Traiter les autres eaux usiniaires réunies, par la chaux seule ou par un sel de fer ou d'alumine, puis rendre alcalin par la chaux. On peut employer, ainsi que j'en ai fait l'expérience avec succès, les eaux *alumino-fer-*

riques (1), résidu de la fabrication de l'alun et de la couperose, dans la proportion de un kilo à 32° Baumé par mille kilos de betteraves travaillées ; puis après avoir laissé aux sels métalliques le temps d'agir, c'est-à-dire après que les eaux ont fait un parcours d'environ dix mètres, on ajoute du lait de chaux à 10° où 15° Baumé, en quantité suffisante pour obtenir une décomposition complète des sels de fer et d'alumine, et avoir une légère réaction alcaline de toute la masse, d'où formation d'un dépôt floconneux se déposant au sein d'un liquide bien clair. L'alcalinité exprimée en chaux (CaO) doit varier de cent à deux cents grammes par mètre cube.

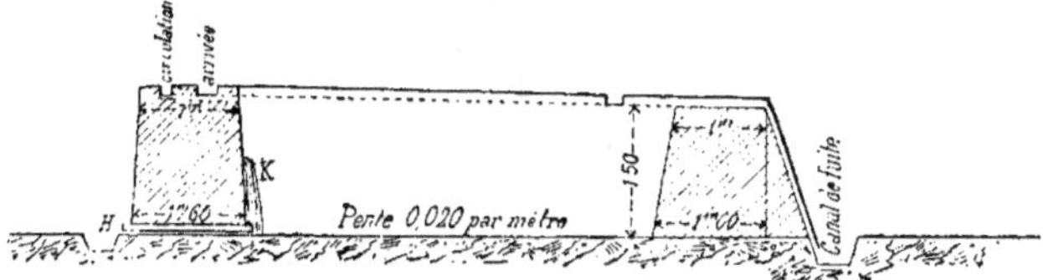

Fig.. 194 — Coupe verticale d'un bassin de décantation.

Les eaux usiniaires de sucrerie, ainsi traitées, décantent facilement ; on les dirige par un caniveau présentant une pente d'environ 0 m. 020 par mètre, vers une série de bassins disposés de façon à pouvoir isoler chacun d'eux dès qu'il est plein.

Soit la disposition indiquée par les figures 193 et 194 :

A, B, C, D, etc. sont des bassins, en plus ou moins grand nombre, ayant des dimensions variables et en rapport avec l'importance des matières à retenir ; ces dimensions sont calculées de façon que chaque bassin puisse être rempli dans un délai aussi court que possible, soit dix ou quinze jours au maximum, suivant les conditions d'altérabilité des dépôts.

Les eaux déposent dans le premier bassin, puis se rendent dans le deuxième, le troisième, etc., et ne tombent dans le canal de fuite que lorsqu'elles sont *parfaitement limpides*, soit à la sortie du troisième bassin C par exemple. Elles doivent alors présenter une très légère réaction alcaline au papier de tournesol sensible. Si on peut les répandre en couches minces sur le sol, et irriguer en nappe, par exemple, une prairie, avant de les faire rentrer dans un cours d'eau, ou bien les faire filtrer au travers d'un terrain convenablement perméable, on aura des eaux inoffensives bien aérées et épurées au maximum.

Lorsque le premier bassin est plein, on l'isole complètement et on fait arriver les eaux sales dans le deuxième B ; en même temps on dispose les vannes pour faire entrer l'eau dans le quatrième bassin et ainsi de suite.

(1) On désigne sous ce nom les liqueurs résiduaires de la fabrication de l'alun, dans ce traitement des lignites.

Le dernier bassin est réuni au premier pour établir une circulation continue et commencer une nouvelle série quand on est arrivé au dernier bassin.

Si l'on dispose d'un emplacement pour avoir des bassins en quantité suffisante pour loger tous les dépôts, il n'y a rien autre à faire ; mais si on est limité par l'emplacement on doit vider chaque bassin dès qu'il est isolé, de façon à pouvoir s'en servir après un nettoyage.

Si les bassins sont installés au-dessus du sol, ce que nous recommandons beaucoup et employons de préférence aux bassins en contre-bas du sol, l'égouttage et la vidange deviennent faciles ; il suffit de ménager pour chaque bassin, à la partie inférieure des berges, un ou plusieurs tuyaux en poterie H, de vingt centimètres de diamètre environ, et de placer, en face de leur ouverture, dans le bassin, des fascines K formant surface filtrante et empêchant leur obstruction.

Les tuyaux H sont fermés par un tampon quand le bassin est de service et sont débouchés quand on veut assainir, pour faciliter l'extraction des boues déposées.

Le fond en pente permet l'égouttage de l'eau, et on peut rompre une des digues pour procéder à l'enlèvement des boues.

En sucrerie les *eaux de lavage du triple effet*, par l'eau acidulée, doivent être neutralisées complètement et à part avant leur écoulement dans le bassin de dépôt de l'usine. La chaux et même la craie suffisent pour la neutralisation.

Dans les usines où on se sert de soude caustique pour laver les appareils, comme je l'ai conseillé, on doit conserver les liquides à part et ne pas les écouler sans les avoir, au préalable, neutralisés par un acide, quand, rendus hors d'usage, le moment est venu de s'en débarrasser. »

Le prix de revient, pour l'épuration des eaux de sucrerie, par exemple, au moyen des eaux alumino-ferriques, ou liqueurs résiduaires de la fabrication de l'alun, peut s'établir ainsi :

Par 1000 k. de betteraves travaillées.

Réactif : 1 k. à 4 fr. les 100................	0 fr. 04
Chaux : 10 k...............................	0 fr. 014
Main-d'œuvre..............................	0 fr. 018
Total................	0 fr. 072

Soit, en comptant 2 mc. 500 d'eaux résiduaires par 1000 k. de betteraves travaillées, une dépense de 0 fr. 03 environ par mc. d'eau résiduaire.

On a appliqué également à l'épuration des eaux résiduaires le mélange pâteux obtenu par l'évaporation des liqueurs données par le lessivage des lignites oxydés, désigné sous le nom de *magmas* et constitué par un sulfate d'alumine très impur, contenant une notable proportion de sulfate ferrique et du sulfate ferreux (Voir. 2e partie. Chapitre III, p. 125).

Ce sulfate d'alumine a été expérimenté à Clichy, aux environs du grand collecteur. On employait pour épurer 1 mc. d'eau d'égout, 200 gr. de ce produit.

On a obtenu ainsi d'assez bons résultats, ainsi qu'en témoignent les chiffres comparatifs suivants qui sont les moyennes des 9 premiers mois de 1867 :

Substances dosées	Quantités totales contenues dans 1 mc. d'eau d'égout	Quantités restant dans 1 mc. après épuration	Quantités obtenues en dépôt en traitant 1 mc. d'eau d'égout
	kilog.	kilog.	kilog.
Azote	0,033	0,014	0,017
Acide phosphorique	0,013	»	0,013
Potasse	0,028	0,028	»
Soude	0,116	0,116	»
Matières organiques	0,657	0,101	0,574
Matières minérales	1,898	0,595	1,421
Totaux	2,745	0,834	2,025

Les lignites oxydés eux-mêmes ont été employés à cet usage (Procédé Houzeau et Devedeix) ;

Le lignite délayé dans l'eau était versé dans l'eau-vanne à épurer ; on agitait et on versait immédiatement une certaine quantité de lait de chaux Le coagulum se formait et la matière se précipitait rapidement. La quantité de lignite à employer variait de 1 à 3 gr. par litre. (*Mémoire sur un projet d'épuration des eaux de la Ville de Reims au moyen des procédés de MM. J. Houzeau et Devedeix*. p. 11).

159. Utilisation des lignites pyriteux comme engrais, amendement, etc. — Les lignites pyriteux oxydés et même les résidus de leur lessivage ont été et sont encore très employés en agriculture. Ces produits étaient cependant beaucoup plus recherchés il y a 30 ans qu'aujourd'hui.

Les *cendres vierges*, ou lignites oxydés non lessivés, sont appliquées à raison de 10 à 12 hect. à l'hectare, surtout sur les prairies artificielles ou naturelles.

Elles agissent par le sulfate de fer qu'elles contiennent et elles produisent les mêmes effets. Sur les prairies artificielles elles agissent à la façon du plâtre, et leur effet est extrêmement net. De plus, comme elles contiennent de 0,3 à 0,5 d'azote, lentement assimilable il est vrai, elles constituent un engrais azoté d'une certaine valeur.

Les *cendres lessivées* sont employées aux mêmes usages, mais à des doses beaucoup plus élevées, 50 à 60 hect. à l'hectare.

Ces deux matières, cendres vierges et cendres lessivées, sont très employées dans la culture de la vigne, en Champagne ; on en forme des composts en les additionnant de fumier, de gadoues, de boues, etc.

En mélange avec du phosphate fossile elles solubilisent une partie de ce phosphate et le rendent assimilable.

On a essayé de traiter les fumiers par ce mélange et on a obtenu d'assez bons résultats.

Les cendres, ou lignites pyriteux, doivent surtout s'appliquer sur les terrains calcaires et siliceux et elles s'emploient en automne ou au printemps.

QUATRIÈME PARTIE

CARACTÈRES ANALYTIQUES DU FER ET DE L'ALUMINIUM
ANALYSES DE QUELQUES PRODUITS ALUMINEUX OU FERRUGINEUX

CHAPITRE VII

ALUMINIUM

§ 1. CARACTÈRES ANALYTIQUES DES SELS D'ALUMINIUM

160. Réactions générales des sels d'aluminium. — Les solutions des sels d'aluminium sont généralement acides au papier tournesol.

Les dissolutions des *alcalis caustiques*, versées dans une solution d'un sel d'aluminium, donnent un précipité blanc, gélatineux, soluble dans un excès de réactif.

L'*ammoniaque* précipite complètement l'alumine de ses dissolutions à l'état d'hydrate, et le précipité, pour être complet, doit être produit en présence du chlorhydrate d'ammoniaque et soumis à l'ébullition jusqu'à ce que l'ammoniaque libre soit éliminée.

Les *carbonates alcalins* donnent un précipité blanc d'alumine, avec dégagement d'acide carbonique et le précipité est insoluble dans le carbonate en excès.

L'*acide oxalique* et *les oxalates alcalins* ne précipitent pas les sels d'aluminium.

Le *phosphate de sodium* donne avec eux un précipité blanc de phosphate d'aluminium hydraté, difficile à distinguer, car il présente les mêmes propriétés que l'alumine elle-même ; il est gélatineux et soluble comme elle dans les alcalis caustiques et les acides.

Le *carbonate de baryum* et le *carbonate de calcium* en grand excès précipitent l'alumine même à froid ; l'action est lente à la température ordinaire, elle est rapide à l'ébullition.

L'hydrogène sulfuré ne donne pas de précipité dans les dissolutions des sels d'aluminium, mais, si on fait usage de *sulfhydrate d'ammoniaque*, on obtient la précipitation complète de l'aluminium, qui passe à l'état d'hydrate avec dégagement d'H^2S.

L'hyposulfite de sodium, sous l'influence de la chaleur. et lorsqu'il est en excès, précipite complètement l'alumine de ses solutions.

Une réaction assez sensible consiste à évaporer le sel d'aluminium à l'état de sulfate, en présence d'un excès de *sulfate de potassium*, il se fait de l'alun qui cristallise en cubes ou en octaèdres.

L'aluminium se recherche facilement par la voie microchimique. Une réaction d'une sensibilité exquise consiste à précipiter le sel d'aluminium, à l'état *d'alun de césium*, SO^4Cs^2, $(SO^4)^3Al^2$, $24H^2O$. La limite de sensibilité atteint 0.35 μ gr. d'aluminium.

On a aussi appliqué à la recherche de l'aluminium, en analyse microchimique, la précipation par le fluorure d'ammonium. La limite de sensibilité est : 0,3 μ gr. d'aluminium.

L'alumine se distingue aisément au chalumeau. Quand on la chauffe avec une solution d'azotate de cobalt elle prend une belle couleur bleue.

Cette réaction est caractéristique à la condition que l'essai ne fonde pas. Si le composé fondait au chalumeau, la production d'un globule bleu ne serait pas caractéristique de l'aluminium.

161. Dosage de l'aluminium. — On dose l'aluminium à l'état *d'alumine*.

Si l'aluminium se trouve avec *l'acide azotique* ou *l'acide chlorhydrique*, on le précipite à l'état d'hydrate d'aluminium. On met dans la liqueur du chlorhydrate d'ammoniaque, on fait bouillir, on retire du feu et on ajoute AzH^3, qui donne un précipité gélatineux, imprégné de sels ammoniacaux. On fait bouillir de nouveau afin de chasser l'excès de réactif, on laisse déposer pour rassembler l'alumine. et on procède à la filtration. Les lavages doivent se faire par décantation et être prolongés jusqu'à ce que le liquide évaporé sur une lame de platine ne donne plus de résidu.

On dessèche alors à 100^0 et on calcine le filtre et le précipité dans un creuset de platine muni de son couvercle. Quand on est certain que toute l'eau est expulsée on découvre le creuset et on achève la calcination au contact de l'air.

Le *sulfhydrate d'ammoniaque* est un bon réactif pour précipiter l'alumine, mais il ne faut pas qu'il y ait en présence d'autres métaux précipitables. Cependant avec cette méthode, il est toujours à craindre que pendant la filtration un peu de sulfhydrate ne s'oxyde et ne transforme l'alumine en

sous-sulfate insoluble, difficile à détruire par la calcination. On a alors
une petite surcharge sur le poids de l'alumine.

Si l'aluminium est en présence de *l'acide sulfurique*, quand on précipite
par l'ammoniaque, il se forme aussi des sous-sulfates insolubles et les dernières traces d'acide sulfurique ne s'enlèvent que difficilement à la calcination. Si on craint que cet accident ne soit arrivé, il faut redissoudre l'alumine dans l'acide chlorhydrique et recommencer la précipitation par AzH^3.

L'hyposulfite de sodium est un bon réactif pour précipiter l'alumine lorsqu'elle est en présence de l'acide sulfurique.

Enfin, on a proposé de doser l'alumine volumétriquement.

Le phosphate d'aluminium est insoluble dans l'acide acétique, en présence des phosphates alcalins ; une solution faible d'alumine, dans laquelle
l'ammoniaque ne décèle plus rien, se trouble encore sensiblement par l'addition d'un phosphate.

Le phosphate d'aluminium ne présente la composition constante
$(PO^4)^2Al^2$ que lorsqu'on verse la solution aluminique, additionnée d'acétate de sodium, dans la solution d'un phosphate tribasique, acidulée par
l'acide acétique ; si on opérait autrement, le précipité aurait une composition variable.

Fleischer a fondé sur cette réaction un procédé de dosage volumétrique
de l'alumine.

Il introduit la solution aluminique, additionnée d'acétate de sodium,
dans une burette (si la solution d'alumine était alcaline il faudrait d'abord
la saturer par HCl), puis il laisse tomber goutte à goutte cette liqueur
dans une solution de phosphate d'un titre connu. Pour connaître le terme
de la réaction, il faut filtrer de temps à autre quelques gouttes de la liqueur
phosphatique et voir si elle est encore troublée par l'alumine en solution.

On peut aussi employer comme indicateur une solution alcoolique de
brésiline, qui donne à chaud, avec un léger excès d'acétate d'aluminium,
une coloration bleu-violet.

La solution de phosphate se fait en dissolvant des poids égaux de phosphate ordinaire de sodium, non effleuri, et d'acétate de sodium de manière
à avoir une solution au dixième de la liqueur normale (*Dict. de Wurtz*,
1er Suppl., p. 113. *Aluminium*, d'après E. Fleischer, *Zeitschr. für Analyt.
Chem.*, 1865, p. 19, et 1867, p. 28).

162. Séparation de l'aluminium et des métaux. — On sé-
pare *l'aluminium* d'avec les *métaux alcalins*, le *calcium*, le *magnésium*, en
précipitant l'aluminium à l'état d'alumine, par l'ammoniaque, en présence
des sels ammoniacaux.

Les *sels alcalins*, le *calcium*, le *magnésium* restent dans la liqueur. Cependant s'il y avait beaucoup de calcium, sous l'influence de l'acide carboni-

que de l'air, et même par entraînement, une partie de ce corps serait également précipitée.

S'il y a du *baryum* et du *strontium* on précipite d'abord ces métaux par l'acide sulfurique, puis on sépare l'alumine par l'ammoniaque.

Si l'*aluminium* et le *calcium* sont en dissolution azotique on peut les séparer en employant ce que l'on nomme la *loi moyenne*.

Elle consiste à chauffer les azotates évaporés, à une température comprise entre 170° et 180°; l'azotate d'aluminium se décompose avec dégagement de vapeurs rutilantes, tandis que les azotates de calcium et de magnésium sont à peu près inaltérés. On reprend par une dissolution concentrée d'azotate d'ammoniaque qui redissout la totalité du calcium et du magnésium et laisse l'alumine hydratée complètement insoluble.

Si on doit séparer l'*aluminium* d'avec les acides *phosphorique* et *arsénique*, il faut partir d'une solution contenant l'aluminium à l'état d'azotate ou de chlorure; on évapore avec SO^3H^2 en excès jusqu'à apparition de fumées blanches. Après refroidissement, on ajoute une solution concentrée de sulfate d'ammoniaque, on agite; il se fait de l'alun que l'on rend insoluble en ajoutant de l'alcool. Au bout de quelques heures on filtre. La liqueur claire contient l'acide arsénique et l'acide phosphorique. Il arrive souvent qu'une petite quantité d'alumine passe dans la solution acide; pour s'en assurer, il faut saturer l'acide phosphorique par l'ammoniaque et précipiter par le sulfhydrate d'ammoniaque; le reste de l'aluminium se dépose à l'état d'oxyde.

On sépare l'*aluminium* d'avec le *zinc*, le *nickel*, le *cobalt* en ajoutant du carbonate de soude, puis du cyanure de potassium. On laisse digérer à froid et tous les carbonates se dissolvent. L'alumine est recueillie sur un filtre, mais ne peut être pesée qu'après dissolution par un acide et reprécipitation, car elle contient de l'alcali.

On sépare l'*aluminium* du *fer* et du *manganèse* par l'hyposulfite de sodium.

Sous l'influence de la chaleur, l'hyposulfite de sodium en excès précipite complètement l'alumine, mais retient tout le fer en solution à l'état d'hyposulfite double,

L'aluminium et le fer étant dissous dans l'acide chlorhydrique ou sulfurique, on sature la presque totalité de l'acide libre et on étend d'eau de manière que la liqueur ne contienne pas plus de 0 gr. 1 des deux oxydes par 50 cc.

A cette solution *froide*, on ajoute un léger excès d'hyposulfite et on attend qu'elle soit décolorée. On chauffe et on maintient l'ébullition tant qu'il se manifeste une odeur d'acide sulfureux.

On lave le précipité grenu, ce qui est rapide, on sèche, on calcine et on pèse. L'alumine est toujours blanche (Gerhardt et Chancel, *Préc. d'anal. chim.*, 1869, p. 282).

D'autres méthodes de séparation ont été également usitées; citons :

1° Séparation par l'emploi de NaOH ou KOH;

2° Fusion des deux oxydes avec NaOH ou KOH ;

3° Réduction des oxydes par l'hydrogène et dissolution du fer réduit, dans l'acide chlorhydrique étendu.

4° Traitement par H_2S ou AzH_4S de la solution des deux métaux, additionnée au préalable de citrate ou de tartrate d'ammoniaque.

MM. F. A. Gooch et F. S. Havens (*Monit. Scient. Quesn.*, 1897, p. 605), ont donné une méthode originale pour séparer l'aluminium du fer.

Cette méthode est basée sur ce fait que le chlorure d'aluminium hydraté Al_2Cl_6, $12H_2O$ n'est que très légèrement soluble dans l'acide chlorhydrique, tandis que Fe_2Cl_6 est très soluble.

On dissout le mélange des chlorures dans la plus petite quantité d'eau possible, on verse la solution dans un mélange en parties égales d'éther et d'HCl concentré, dans lequel Al_2Cl_6 est beaucoup plus insoluble que dans HCl seul ; on sature par HCl gazeux en maintenant la température du liquide à 15°C, on ajoute quelques centimètres cubes d'éther et on recommence à saturer par HCl gazeux ; Al_2Cl_6 précipite. On filtre sur amiante dans un creuset de Gooch, on lave avec le mélange d'HCl et d'éther, on dissout dans l'eau et on dose Al_2O_3 en précipitant par AzH_3.

1 partie Al_2O_3 correspondant à 5 parties Al_2Cl_6 se dissout dans 125.000 parties du mélange éthéro-acide.

On a proposé. (Vignon, *C. R.*, **100**, 639). de séparer le fer de l'aluminium par la *triméthylamine* en traitant par elle le mélange des deux oxydes. Il se forme probablement un aluminate soluble de triméthylamine que l'on sépare par filtration de l'oxyde ferrique insoluble.

Ilinski et de Knorre ont proposé d'utiliser. pour cette séparation, un autre corps organique, le *nitroso-β- naphtol*. Les sels ferreux et ferriques sont précipités par ce réactif en solution acétique, tandis que l'alumine reste en solution.

La méthode n'est pas applicable en présence des phosphates (Ilinski et de Knorre, *D. chem. G.*, **18**,2728 ; *Bull. Soc. chim.*, (2), **16**,510).

La séparation du fer et de l'aluminium peut également se faire par l'électrolyse, et les résultats sont très exacts.

On opère en présence d'un assez grand excès d'oxalate d'ammonium avec un courant d'une intensité de 1 1/4 ampère environ, en ayant soin de ne pas laisser la température s'élever; on sépare ainsi l'aluminium du fer, du nickel, du cobalt et du zinc.

Si on laisse la durée de l'électrolyse se prolonger, l'aluminium se précipite à l'état d'hydrate aluminique, *mais jamais à l'état de métal*. Dans ce cas, il est nécessaire de rajouter de l'acide oxalique jusqu'à dissolution de l'hydrate d'aluminium (*Dict. de Wurtz*, 2ᵉ suppl. p. 190, d'après Classen

et Ludwig, *D. chem. G.*, **18**,1795; *Bull. Soc. chim.* (2), **45**,892 ; A. Classen,
Quant. chem. Analyse durch. Electr., Berlin, 1886).

Les métaux du 3° groupe sont séparés tous ensemble en traitant le mélange par la potasse,en présence de l'acide tartrique. On ajoute du sulfure
de sodium. on décante après repos et on filtre en lavant avec de l'eau
chargée de sulfure de sodium. La liqueur contient l'aluminium et le chrome
seulement. On les sépare en chauffant cette liqueur avec du nitre et fondant
le résidu avec 4 p. de carbonate et 2 p. d'azotate de potasse ; quand tout
est fondu, on attaque par HCl et le chlorate de potassium, on évapore et
on reprend par l'eau. On verse de l'ammoniaque ; l'alumine précipite et
le chrome passe dans la liqueur claire.

L'aluminium se sépare facilement des métaux qui précipitent par l'hydrogène sulfuré en liqueur acide.

§ 2. ANALYSE DE QUELQUES PRODUITS ALUMINEUX

163. Analyse d'une argile ou d'un kaolin. — a. **Analyse complète.** — L'on dosera dans les argiles ou les kaolins :

1° Eau hygrométrique ; 2° eau combinée ; 3° matières organiques ;
4° alumine ; 5° oxyde de fer ; 6° silice et insoluble ; 7° chaux ; 8° magnésie ; 9° potasse ; 10° soude.

II. *Eau hygrométrique.* — Ce dosage se fera en desséchant une prise
d'essai à 120° jusqu'à poids constant.

II. *Eau combinée et matières organiques.* — La prise d'essai qui a servi au
dosage de l'eau hygrométrique est calcinée au rouge vif. On chasse ainsi :
l'eau combinée, les matières organiques, l'acide carbonique. Ce dernier
étant dosé par l'une des méthodes connues, on déduit facilement le bloc :
eau combinée et matières organiques.

III. *Silice et insoluble.* — Ce dosage se fait sur la matière calcinée. On la
porphyrise avec soin et on en mêle 1 gramme avec 4 ou 5 grammes de carbonate de sodium pur et sec, dans un creuset de platine. On chauffe graduellement jusqu'au rouge vif ; il se forme des silicates et des aluminates
alcalins, tandis que la chaux, la magnésie et l'oxyde ferrique se séparent.

Quand le mélange est fondu on retire le creuset du feu et on le pose sur
une plaque de fonte, ou bien on en trempe la base dans l'eau froide, de
façon à produire un refroidissement brusque, qui, le plus souvent, permet
de séparer facilement du creuset le culot de matière. On porte alors le tout
dans une capsule de porcelaine et on traite par 15 ou 20 parties d'acide
chlorhydrique étendu. Quand tout est dissous on retire le creuset, on le

lave, on joint les eaux de lavage à la liqueur et on évapore à sec. On reprend par l'eau acidulée par HCl, on filtre, on lave, on calcine, on pèse et on a la silice.

IV. *Alumine et fer*. — Les eaux de lavage du dosage précédent sont amenées à un volume connu. On en prend une portion aliquote à laquelle on ajoute un peu d'eau bromée pour peroxyder le fer. On porte à l'ébullition pour chasser l'excès de brome, on retire du feu, on ajoute un léger excès d'ammoniaque, on porte de nouveau à l'ébullition pour chasser l'excès d'ammoniaque, on filtre, on lave par décantation, puis sur filtre, on sèche, on calcine et on pèse. On obtient ainsi, en bloc, *l'alumine* et *l'oxyde ferrique*.

Sur ce précipité on peut opérer le dosage du fer par l'une des méthodes connues.

Nous préférons opérer sur une autre portion aliquote de la liqueur, aciduler par SO^4H^2, évaporer jusqu'à fumées blanches, reprendre par l'eau, réduire par le zinc et doser le fer par le permanganate. On le calcule en oxyde ferrique.

Par différence avec l'essai précédent on a l'alumine.

V. *Chaux, magnésie*. — Sur la liqueur filtrée, provenant de la précipitation du fer et de l'alumine, on dose la chaux par l'oxalate d'ammonium. Sur la liqueur filtrée, après séparation de l'oxalate de chaux, on précipite la magnésie par le phosphate de sodium, en opérant avec les précautions connues.

VI. *Potasse, soude*. — On pèse 2 à 4 grammes du produit à analyser et calciné. On désagrège par les acides sulfurique et fluorhydrique; on ajoute alors de l'acide chlorhydrique et on fait un volume connu. Une portion aliquote de la liqueur est traitée par la baryte caustique; on filtre, on lave et dans la liqueur claire on précipite l'excès de baryte par le carbonate d'ammonium; on filtre de nouveau, on évapore à sec; le résidu est calciné, repris par l'eau, traité de nouveau par le carbonate d'ammonium et la liqueur, filtrée une troisième fois. On évapore ensuite à sec, on sèche, on calcine, on pèse; on a ainsi la somme des deux chlorures. On sépare la potasse par le chlorure de platine et il est alors facile de calculer la soude (*Agenda du Chim.* 1896, p. 398).

On peut encore opérer de la façon suivante :

On mélange 1 ou 2 grammes du produit avec six fois son volume de fluorure d'ammonium. On place le mélange dans un creuset de platine et on élève progressivement la température jusqu'au rouge. La silice se dégage à l'état de fluorure de silicium. On obtient comme résidu des fluorures de calcium, magnésium, des fluorures alcalins etc. On traite par l'acide sulfurique qui donne des sulfates; ces sulfates doivent se dissoudre dans l'eau acidulée par HCl, sans résidu. On transforme alors en chlorure en précipitant l'acide sulfurique par le chlorure de baryum. On sépare le fer et l'alumine par l'ammoniaque, la chaux par l'oxalate d'ammoniaque ; on évapore la liqueur et on chauffe le résidu pour expulser les sels ammoniacaux. Il reste la magnésie et les alcalis à l'état de chlorure.

Il est facile maintenant de les séparer par les méthodes connues.

b. **Essai courant**. — Lorsque l'argile est destinée à servir à la fabrication du sulfate d'alumine ou de l'alun on peut se rendre compte de sa valeur d'une manière beaucoup plus simple et bien suffisante pour les besoins de la fabrication.

Ce mode d'essai a d'ailleurs l'avantage de reproduire en petit les opérations industrielles.

On prélève sur la masse d'argile à essayer un petit échantillon de 50 gr. que l'on place dans une capsule, de porcelaine ou de platine, tarée préalablement. On soumet cet échantillon comme dans les opérations en grand, à une calcination modérée. Quand l'argile a atteint la température du rouge sombre, on retire la capsule, on laisse refroidir et on pèse. On obtient ainsi la *freinte à la calcination*.

On verse ensuite sur l'argile calcinée et réduite en poudre, 100 gr. d'acide sulfurique à 60°Bé, on mélange bien et on chauffe doucement jusqu'à ce que la masse soit devenue solide. L'alumine est alors transformée en sulfate.

On lessive à l'eau bouillante, on filtre et on évapore les liqueurs réunies, jusqu'à 35°Bé environ.

On porte la liqueur à l'ébullition et on ajoute un léger excès de sulfate de potasse ou d'ammoniaque. On laisse cristalliser. Quand la capsule est froide, on décante, on lave l'alun avec une solution d'alun saturée à froid, on sèche et on pèse.

Du poids de l'alun on déduit le poids de l'alumine *(Mon. Sc. Quesn.* Pouchet, *(Revue des méthodes d'analyse des produits industriels.* 1875, p. 778-79, etc.

161. Analyse d'une bauxite. — On dose :

1° Eau et matières organiques ; 2° insoluble ; 3° alumine et oxyde ferrique ; 4° acide titanique.

I. *Eau et matières organiques.* — On calcine 0 gr. 3 de minerai, d'abord à feu modéré, puis au chalumeau à gaz jusqu'à poids constant.

II. *Insoluble.* — On opère sur 1 gr. 5 de bauxite porphyrisée et séchée à 100°C. On attaque par 50 cc. d'acide sulfurique à 42°Bé ; on évapore jusqu'à fumées blanches, on reprend par 100 cc. d'eau et on fait bouillir dix minutes ; on filtre, et on lave à l'eau chaude. Les liqueurs filtrées réunies doivent former un volume de 175 cc.

L'insoluble est calciné et pesé. C'est en majeure partie de la silice, avec un peu d'acide titanique, d'oxyde ferrique et d'alumine. On peut déterminer SiO^2. Pour cela l'insoluble est repris par HFl et SO^4H^2 ; après évaporation et calcination on pèse de nouveau ; la différence donne la silice.

Le nouveau résidu est fondu avec 1 gr. de bisulfate de potassium, puis on place la masse refroidie dans le becherglass qui contient la liqueur sulfurique provenant de l'attaque de la bauxite. Le petit résidu, laissé par cette fusion est de la silice, on l'ajoute à la silice pesée précédemment.

III. *Acide titanique.* — La solution sulfurique renferme la totalité de l'alumine, de l'oxyde ferrique, et de l'acide titanique. On complète le volume à 250 cc. et on agite. On prélève 50 cc représentant 0 gr. 3 de bauxite, on étend à 300 cc.; on ajoute 2 cc. HCl, puis AzH^3 en léger excès ; on fait bouillir 5 minutes, on filtre et on lave à l'eau bouillante. Finalement on pèse le précipité après calcination ; il renferme l'alumine, l'oxyde ferrique, l'acide titanique.

Pour doser l'acide titanique on prend 100 cc. de la solution sulfurique, représentant 0 gr. 6 de bauxite, et on y ajoute AzH^3, jusqu'à formation d'un précipité permanent ; on redissout ce précipité par une ou deux gouttes d'SO^4H^2 et on étend à 400 cc. Si la liqueur est riche en fer, elle est colorée en jaune ; si cela est, on réduit au moyen d'un courant de SO^2 et on fait bouillir pendant 1 heure en ajoutant, de temps à autre, un peu d'une solution saturée de SO^2. On filtre le précipité d'acide titanique et on le lave à l'eau bouillante. Si ce précipité est jaune (présence du fer), on le fond avec un gramme de bisulfate de potassium, on reprend par l'eau et on titre le fer par le permanganate après réduction par le zinc.

IV. *Oxyde ferrique.* — A 50 cc. de la solution sulfurique, on ajoute 10 cc. d'acide sulfurique dilué et 1 gr. de zinc en grenaille.

On laisse la réduction s'opérer et on titre au permanganate (1).

V. *Alumine.* — La différence entre le poids du précipité contenant l'alumine, l'oxyde ferrique, l'acide titanique et la somme de ces derniers oxydes, dosés comme nous venons de le voir, donne l'alumine (*Mon. Scient. Quesn.* 1807, pages 764 et suiv., *Analyse Indust. de l'al.. de ses min. et de ses all.*, par M. J. Otis Handy ; d'après *Ind. and Iron.* vol. XXI, nᵒˢ 1239, 1240 et 1241).

165. Analyse de l'alunite. — On dose : 1° Eau et perte à la calcination ; 2° silice et insoluble ; 3° potasse ; 4° alumine ; 5° oxyde ferrique.

(1) Pour des minerais très purs, ne contenant que peu de fer, il faut opérer sur 0 gr. 5. On place cette prise d'essai dans un grand creuset de platine, avec 3 cc. d'SO^4H^2 à 25 0/0 et 5 cc. d'HFl ; on évapore jusqu'à fumées blanches, on chasse l'excès de SO^4H^2 par la chaleur, puis, après refroidissement, on reprend par l'eau et 10 cc. d'SO^4H^2 dilué, on réduit par le zinc et on titre au permanganate.

I. *Eau* — On calcine modérément (1) une prise d'essai de 1 gramme ; on obtient ainsi la *perte à la calcination*.

II. *Silice et insoluble.* — 2 grammes de la matière porphyrisée sont traités dans une capsule en porcelaine par de l'acide chlorhydrique étendu. On évapore à sec, on reprend par l'acide chlorhydrique et l'eau à l'ébullition, on filtre, on lave, on calcine : on a ainsi l'*insoluble*. Les liqueurs sont réunies et jaugées à un volume connu.

III. *Acide sulfurique.* — Sur une portion aliquote de la liqueur claire, on détermine l'*acide sulfurique*, en précipitant par le chlorure de baryum avec les précautions connues.

IV. *Alumine et oxyde de fer.* — A une autre portion de la liqueur, on ajoute de l'eau bromée pour peroxyder le fer, puis après ébullition, de l'ammoniaque pour précipiter le fer et l'alumine. On pèse le précipité après lavages et calcination.

Le fer se dose en traitant un volume connu de la liqueur par SO^4H^2, évaporant, réduisant par le zinc et titrant par le permanganate. Il est alors facile de calculer l'alumine.

V. *Potasse.* — Pour doser la potasse on opère sur 1 gramme de matière.

On traite par l'acide chlorhydrique, on sépare le résidu et on précipite par la baryte. On sépare l'excès de baryte par le carbonate d'ammoniaque, on filtre, on lave, on évapore à sec. On reprend le résidu par de l'eau acidulée par HCl, on filtre encore, on évapore et on dose la potasse par le chlorure de platine.

166. Analyse de l'alumine. — a. **Alumine hydratée.** — On dose : 1° Eau ; 2° silice ; 3° alumine ; 4° soude.

I. *Eau.* — On calcine 1 gr. de l'échantillon dans un creuset bien fermé, en chauffant d'abord doucement, puis au chalumeau à gaz pendant 20 minutes. La perte représente l'eau et l'acide carbonique. On calcule l'acide carbonique d'après la quantité de soude dosée d'autre part et on retranche ce chiffre du résultat.

II. *Silice.* — L'alumine hydratée est soluble dans l'acide sulfurique à 42°Bé, tandis que la silice reste inaltérée. On prépare cet acide à 42°Bé, en mélangeant 900 cc. d'SO^4H^2 concentré avec 1290 cc. d'eau.

On traite 5 grammes d'aluminium par 25 cc. d'acide à 42°Bé et on chauffe jusqu'à complète dissolution. On étend à 100 cc. et on fait bouillir. Après filtration, le résidu est lavé, séché et fondu avec 1 gramme de bisulfate de potasse. On laisse refroidir, on reprend par l'eau, on filtre, on lave, on

(1) Le mieux est d'opérer sur la flamme d'un bec Bunsen, afin de ne pas décomposer les sulfates.

calcine et on pèse dans un creuset de platine. On traite ce résidu calciné, par HFl et SO^4H^2, on évapore à sec, on calcine à nouveau et on pèse ; la différence entre les deux pesées représente la *silice* (*Mon. Scient. Quesn.* 1897, p. 764 et suiv. *Anal. ind. de l'al., de ses min. et de ses all.*, par M. J. Otis Handy d'après *Ind. and Iron*, vol XXI, n⁰ˢ 1239-1248-1241).

III. *Soude.* — 1 gramme du produit est traité par de l'acide nitrique additionné d'acide chlorhydrique. On fait bouillir pour chasser HCl. On transvase la solution dans une grande capsule de platine et on évapore à sec. On chauffe sur un bec Bunsen jusqu'à ce qu'il ne se dégage plus de vapeurs nitriques. Le résidu est écrasé et mélangé avec 1 gramme de chlorure d'ammonium pur et 8 grammes de carbonate de chaux.

On chauffe dans un creuset de platine couvert, la flamme du Bunsen, pendant le premier quart d'heure, ne touchant que le fond du creuset ; on chauffe ensuite au rouge vif pendant 45 minutes. Après refroidissement on traite la masse par l'eau chaude, en quantité juste nécessaire pour la rendre friable. On pulvérise dans un mortier et on épuise par l'eau chaude. On filtre, on lave et on traite le filtrat par un léger excès de solution de carbonate d'ammoniaque. On agite ; il se forme un précipité de carbonate de chaux. On filtre dans une capsule de platine ; on évapore au bain-marie. On chauffe pour chasser les sels ammoniacaux. On dissout le résidu dans un peu d'eau, on traite encore par le carbonate d'ammoniaque, on agite, on filtre, on lave, on évapore, on sèche, on calcine légèrement et on pèse. On obtient ainsi le poids du chlorure de sodium. On le calcule en carbonate (M. J. Otis Handy, *loc. cit.*).

IV. *Alumine.* — On obtient l'alumine par différence.

b. **Alumine calcinée.** — L'eau et la soude sont déterminées de même que dans l'alumine hydratée. La soude est calculée en Na^2O.

La silice se détermine de la façon suivante : on fond 1 gramme du produit avec 10 grammes de bisulfate de potasse ; on reprend la masse par l'eau, ou filtre. Le résidu insoluble est calciné, puis fondu avec un gramme de CO^3Na^2. On reprend par 15 cc. d'eau et 25 cc. d'SO^4H^2 à 25 0/0, dans une capsule en porcelaine couverte. On dissout, puis on évapore à sec, jusqu'à apparition de fumées blanches. On laisse refroidir, on traite par l'eau, on filtre, on lave, on sèche, on calcine, on pèse. Le résidu repris par HFl et SO^4H^2est, après calcination, pesé de nouveau. La différence donne la silice.

167. Analyse de l'aluminate de soude. — Il faut déterminer l'alumine et la soude.

On peut opérer par les méthodes pondérales. G. Lunge (*Mon. Scient. Quesn.* 1891, p. 285) conseille le procédé titrimétrique suivant :

On dissout un poids donné d'aluminate et on l'étend à un volume connu. On détermine le résidu insoluble.

A une portion de la liqueur claire on ajoute de la phénolphtaléine et on titre à chaud avec une solution normale d'acide chlorhydrique, jusqu'à décoloration; on détermine ainsi la quantité de *soude* unie à l'alumine et à la silice.

On ajoute alors à la même liqueur une goutte de méthyl-orange et on continue le titrage en maintenant la température entre 30° et 37° C. Le titrage est terminé quand la teinte rouge vire au jaune permanent. On détermine ainsi l'*alumine*.

Cette méthode donne des résultats très satisfaisants.

Dans une expérience, on a trouvé 26,08 0/0 d'Al^2O^3 au lieu de 25,92 0/0 donnés par la méthode en poids.

Avec un produit pur, la méthode en poids a donné 2 gr. 818 d'Al^2O^3 au litre et la méthode volumétrique 2 gr. 8203. M. Bayer (*Dict. de Wurtz*, 2° suppl., p. 190. *Aluminium* d'après *Zeit. anal. Chem.* 24, 542) a donné une méthode à peu près semblable.

168. Analyse d'un sulfate d'alumine. — Il faut doser: 1° Eau ; 2° résidu insoluble ; 3° alumine ; 4° acide sulfurique total ; 5° potasse et soude ; 6° fer ; 7° acide sulfurique libre.

I. *Eau.* — L'eau se détermine facilement par une calcination très ménagée du produit.

II. *Résidu insoluble.* — On dissout dans l'eau distillée 2 à 5 grammes du produit à analyser. La partie insoluble, séchée à 100°, est pesée.

III. *Alumine.* — On la dose facilement, sur une portion aliquote de la liqueur précédente, par l'hyposulfite de sodium, en observant les prescriptions formulées précédemment.

IV. *Acide sulfurique total.* — Ce dosage se fait également sur une portion aliquote de la liqueur provenant du dosage de l'insoluble. Il ne souffre aucune difficulté.

V. *Potasse et soude.* — Il peut également s'effectuer sur une portion aliquote de la liqueur de sulfate d'alumine en éliminant d'abord les autres éléments au moyen des méthodes connues.

VI. *Fer.* — Quand le produit à analyser est impur et contient beaucoup de fer, ce dosage peut s'effectuer par le permanganate de potassium. C'est le cas le moins général. Ordinairement le sulfate d'alumine ne contient que des traces de fer, et le dosage titrimétrique devient impossible. Il faut alors avoir recours aux méthodes colorimétriques.

On a d'abord proposé le dosage par le sulfocyanate de potassium, en comparant simplement les teintes obtenues.

D'après MM. G. Krüss et H. Moraht, la coloration rouge n'est pas nécessairement proportionnelle à la teneur en fer ; elle est maxima lorsque le fer et le sulfocyanate sont en proportions équivalentes. La coloration est due à un sulfocyanate ferrico-potassique, dédoublable par l'eau ; son intensité est donc fonction de la dilution et ne peut servir à apprécier la teneur en fer.

L'équation :

$$Fe^2Cl^6 + 6\ CAzSK = (CAzS)^6Fe^2 + 6KCl$$

n'est pas l'expression exacte de la réaction qui correspond au maximum de coloration. Il faut en réalité 24 molécules de sulfocyanate de potassium pour 1 molécule Fe^2Cl^6, ce qui tend à montrer que la coloration est due à un sel double :

$$(CAzS)^6Fe^2, 18CAzSK ;$$

sel qui cristallise (d'après les auteurs), avec $8H^2O$, en prismes hygroscopiques.

Cette combinaison est dissociée par la dilution en :

$$12CAzSK$$

et en sel double :

$$(CAzS)^6Fe^2, 6CAzSK ;$$

ce dernier cristallise en prismes hexagonaux dont la solution est beaucoup plus pâle et d'une nuance orangée.

M. Magnanini est arrivé à des résultats un peu différents, mais conduisant aussi à conclure à l'incertitude du procédé.

D'un autre côté, M. J. Riban a établi expérimentalement que les solutions de sulfocyanate ferrique, aussi bien que les solutions colorées d'acétates et de tartrates doubles alcalins, éprouvent une dissociation progressive du sel colorant dissous et ne peuvent donc pas être comparées à des solutions types, et par suite se prêter à un dosage, même approximatif du fer.

M. R. Tatlock effectue le titrage colorimétrique de la solution ferrique par les sulfocyanates, en faisant l'essai dans un tube et agitant la solution rouge avec de l'éther. Il compare la coloration de la solution éthérée à celles obtenues dans les mêmes conditions avec des solutions ferriques types (*Fer. Analyse. Dict. de Wurtz*, 2ᵉ supplément, p. 25).

M. G. Lunge (*Dosage colorimétrique du fer. Mon. Scient. Quesn.*, a. 1897, p. 160) a donné pour le dosage du fer dans le sulfate d'alumine la méthode colorimétrique suivante, qui ne doit s'employer que pour le dosage de faibles quantités de fer.

On se sert de tubes en verre très blanc, bouchés à l'émeri et gradués en 1/10 jusqu'à 25 cc. La hauteur de ces tubes est de 17 cc. et celle de la graduation de 12 cc. pour qu'il soit possible d'agiter le liquide.

Le diamètre intérieur est de 13 mm. Pour chaque essai il faut au moins 3 de ces tubes, et il est préférable d'en avoir 5 ou 6.

Comme réactif on emploie :

1° Solution au 1/10 de sulfocyanure de potassium ;

2° Éther pur ;

3° Solution de sulfate ferroso-ammonique, obtenue en faisant dissoudre 7 grammes de ce sel dans un litre d'eau additionnée d'un peu d'SO^4H^2. Pour l'usage on étend 1 cc. de cette solution à 100 cc. La nouvelle solution contient donc 0 gr. 01 de fer au litre ;

4° Acide nitrique aussi exempt de fer que possible.

Lorsque le sulfate d'alumine à analyser est pur, on en dissout 1 à 2 gr. dans un peu d'eau et on ajoute 1 cc. d'AzO^3H ; on chauffe, on laisse refroidir et on étend d'eau de manière à avoir 50 cc. ; en même temps on étend 1 cc. d'acide azotique de manière à faire aussi 50 cc.

Dans un des tubes, on introduit 5 cc. de la liqueur à essayer. Dans trois ou quatre autres tubes on met 5 cc. de l'acide nitrique étendu, puis une quantité variable de la solution de sulfate ferroso-ammonique, de manière à faire une échelle de teneurs entre lesquelles sera comprise celle du produit à essayer.

On affleure tous les tubes au même point avec de l'eau pure, pour que la dilution soit la même partout et on ajoute à chaque essai 5 cc. de la solution de sulfocyanate de potassium.

La coloration se produit, mais elle est le plus souvent jaune rouge sale et non en rapport avec la quantité de fer. On ajoute alors à chaque essai 10 cc. d'éther et on agite fortement. Le sulfocyanate multiple de potassium, de fer, d'aluminium est décomposé par l'éther qui dissout le sulfocyanate de fer seul, en se colorant proportionnellement aux quantités en présence. Il faut que la couche aqueuse soit complètement décolorée ; la coloration de la couche éthérée se fonce de plus en plus et il convient de ne comparer les colorations qu'après quelques heures de repos, mais sans attendre trop longtemps cependant, car il peut y avoir décoloration. On compare alors aux tubes que l'on a préparés avec le sulfate ferroso-ammonique et on en déduit la teneur en fer.

Le degré de précision peut être poussé jusqu'à $\pm$ 0 cc. 1 de la solution ferreuse, c'est-à-dire à $\pm$ 0 gr. 000001 de fer pour les 5 cc. de liqueur de sulfate d'alumine employée, à la condition expresse que ces 5 cc. ne contiennent pas plus de 0 gr.00002 de fer.

VII. *Acide sulfurique libre*. — On peut en constater la présence par la teinture de campêche (1 partie bois, 3 parties eau, 1 partie alcool). La coloration violette vire au brun.

Le dosage en est délicat.

1° Dosage en extrait alcoolique.

Suivant O. Miller (*Zeitsch. f. anal. ch.* t. XXIV, p. 258), il faut évaporer l'extrait alcoolique obtenu en traitant la prise d'essai par l'alcool ,et dès que l'alcool est chassé, titrer par une solution de soude décinormale en présence de l'orange de méthyle.

D'après Williams (*Zeitsch. f. anal. ch.* 1890, p. 73), il faut renoncer à chasser l'alcool, pour éviter une perte d'SO^4H^2, et doser directement l'acidité par $NaOH$ en employant comme indicateur la phénophtaléine.

Dans le premier cas, d'après Lunge, les résultats sont trop faibles et dans le second trop fort et, de plus, sont irréguliers.

2° Dosage par l'ébullition avec du phosphate ammoniaco-magnésien humide en excès.

Suivant Erlenmeyer et Levinstein (*Jahresb. der Chemie*), la totalité de l'Al^2O^3 est précipitée à l'état de sel neutre et dans la liqueur filtrée on peut doser SO^4H^2 libre.

Beilsten et Grosset ne recommandent pas cette méthode.

3° Méthode de Beilsten et Grosset.

Cette méthode est basée sur le fait que par l'addition de sulfate d'ammoniaque neutre au sulfate d'aluminium, celui-ci se précipite à l'état d'alun et SO^4H^2 libre reste en solution. L'alcool précipite le restant de l'alun et le sulfate d'ammoniaque en excès.

Voici comment on opère :

1 ou 2 grammes de sulfate d'alumine sont dissous dans 5 cc. d'eau ; la solution est additionnée de 5 cc. d'une solution saturée de sulfate d'ammoniaque ; on agite fréquemment pendant 1/4 d'heure et on traite ensuite par 50 cc. d'alcool à 95 0/0. On filtre, on lave avec 50 cc. d'alcool, on évapore au bain-marie la solution filtrée et la liqueur de lavage, on reprend par l'eau et on titre par la soude décinormale en présence de la phénolphtaléine.

D'après Lunge cette méthode est la plus exacte.

La méthode qui consiste dans le titrage direct sur le produit à essayer, soit avec la tropéoline 00, l'orange de méthyle, etc. est inexacte (*Mon. Sc. Quesn.* a. 1896, p. 40. H. de Kéler et G. Lunge. *Recherches sur le sulfate d'alumine du commerce*).

CHAPITRE VIII

FER

§ 1. CARACTÈRES ANALYTIQUES DES SELS DE FER

169. Réactions générales des sels de fer. — a. **Sels ferreux.**
— Ces sels sont en général vert clair quand ils sont hydratés, blancs quand
ils sont anhydres.

La potasse et la soude donnent dans leurs solutions un précipité blanc,
qui verdit et finit par devenir brun. Ce précipité est insoluble dans un
excès de réactif. Il est difficile à obtenir tout à fait blanc à cause de l'influence de l'air ; pour y arriver il faut faire l'expérience dans un verre où
on fait dégager pendant quelques minutes un courant d'acide carbonique.

L'ammoniaque donne le même précipité, insoluble dans un excès de
réactif.

Si on verse un carbonate alcalin dans un sel ferreux, on a un précipité
blanc de carbonate, peu stable, abandonnant rapidement de l'acide carbonique et subissant les mêmes transformations que l'oxyde hydraté.

L'acide sulfhydrique ne précipite pas les sels ferreux pourvu qu'ils
soient acides ; mais le sulfhydrate d'ammoniaque donne un précipité noir
insoluble dans un excès de réactif.

L'acide oxalique et les oxalates solubles donnent un précipité jaune
d'oxalate ferreux inaltérable à l'air et soluble dans les acides.

Le prussiate jaune de potasse donne un précipité blanc qui bleuit à l'air.

Le prussiate rouge donne un précipité bleu très intense et très caractéristique.

Le succinate et le benzoate d'ammoniaque ne donnent aucun précipité.

Le tannin ne donne pas de précipité, mais la liqueur noircit promptement
à l'air.

Le phosphate de potassium donne un précipité blanc qui bleuit, et l'arséniate un précipité blanc qui verdit.

b. **Sels ferriques.** — Ils s'obtiennent en soumettant les sels ferreux à l'action des oxydants ou en dissolvant l'hydrate ferrique dans les acides. Ils sont colorés en jaune intense ou encore en brun rouge.

Les alcalis, potasse, soude ou ammoniaque donnent un précipité brun d'hydrate ferrique insoluble dans un excès de réactif.

Les carbonates alcalins forment le même précipité brun d'hydrate avec dégagement de CO^2.

L'acide sulfhydrique donne un précipité blanc de soufre très divisé et le sel ferrique se change en sel ferreux :

$$Fe^2Cl^6 + H^2S = 2HCl + S + 2(FeCl^2)$$
$$(SO^4)^3Fe^2 + H^2S = SO^4H^2 + S + 2(SO^4Fe).$$

Le carbonate de baryum a la propriété de précipiter l'oxyde ferrique même à froid ; il se dégage de l'acide carbonique et le baryum se substitue au fer dans la dissolution.

Le prussiate jaune donne un précipité bleu intense. Le prussiate rouge ne donne rien. Ces deux derniers réactifs permettent de distinguer les sels ferreux des sels ferriques.

Le succinate et le benzoate d'ammoniaque donnent un précipité brun dans les liqueurs neutres ou ammoniacales.

Le tannin donne un précipité d'un noir bleuâtre qui est l'encre ordinaire.

Le sulfocyanure de potassium colore les sels ferriques en rouge sang.

Les matières organiques contenues dans la solution d'un sel de fer empêchent la précipitation par l'ammoniaque et la potasse, mais le sulfhydrate d'ammoniaque donne toujours la totalité du fer à l'état de sulfure insoluble.

Il arrive souvent que l'on ait affaire à un mélange d'un sel ferreux et d'un sel ferrique. Pour s'en assurer, on verse dans la liqueur une solution d'acide sulfhydrique. S'il y a un sel ferrique, on obtient aussitôt un précipité blanc jaunâtre de soufre très divisé. Ceci fait, on essaie l'action du prussiate rouge sur une autre portion de la liqueur, et, s'il se fait un précipité bleu intense, c'est qu'il y a également un sel ferreux.

170. Dosage du fer. — Ce dosage peut se faire soit par pesées, soit par les liqueurs titrées, soit colorimétriquement. Nous avons parlé de ce dernier mode de faire à propos de l'analyse du sulfate d'alumine, nous n'en parlerons donc plus.

Pour effectuer le dosage par les pesées, on fait passer la totalité du fer, au maximum d'oxydation, par AzO^3H, par le chlore ou l'eau régale, par le brome, etc. On porte à l'ébullition et on sature par AzH^3. Le fer se précipite à l'état d'hydrate ferrique. On laisse se rassembler, on décante, on lave par décantation, etc. Lorsqu'on a entraîné la totalité des sels solubles, on filtre, on lave le filtre à l'eau bouillante, on sèche, on sépare le précipité du filtre et on calcine ce dernier à part. Comme une petite partie du précipité adhérent au filtre pourrait être réduite par le charbon, on imbibe le résidu avec un peu d'AzO³H, on évapore, on calcine de nouveau et on joint alors le précipité au résidu. Après calcination, on laisse refroidir et on pèse.

Lorsque le fer est à l'état d'azotate, ce dosage est très exact. S'il est à l'état de chlorure, il faut laver le précipité jusqu'à ce que les eaux de lavage ne précipitent plus le nitrate d'argent. Sans cette précaution, à la calcination, il se formerait du perchlorure de fer volatil et le dosage serait faussé.

Si on ne peut isoler le fer par AzH³, ce qui arrive lorsqu'il est en présence d'acide citrique, tartrique ou d'autres matières organiques, on commence par le précipiter au moyen du sulfhydrate d'ammoniaque. On recueille le sulfure, on le lave et on le calcine. On pèse le peroxyde obtenu. Le dosage ainsi fait est bon s'il n'y a que de petites quantités de sulfure; dans le cas contraire il faut reprendre par HCl le résidu de la calcination et précipiter par l'ammoniaque.

La méthode de dosage la plus employée est la méthode titrimétrique due à Margueritte, qui repose sur l'action du permanganate de potassium. Ce corps oxyde les sels ferreux en solution acide étendue et les transforme en sels ferriques. En même temps le réactif se décolore et passe à l'état de sel de manganèse et de potassium.

Quand l'oxydation est complète, une goutte de réactif, ajoutée en excès, communique au liquide une coloration rose persistante qui annonce le terme de la réaction :

$$10\,(SO^4Fe) + 8\,SO^4H^2 + Mn^2O^8K^2 = 5\,[(SO^4)^3Fe^2] + SO^4K^2 + 2\,(SO^4Mn) + 8\,H^2O.$$

On commence par préparer une solution de permanganate de potassium contenant 4 à 5 gr. de sel pur cristallisé par litre ; on l'introduit dans une burette graduée en cent. c. et dixièmes de cent. c. et on s'occupe de la titrer exactement, c'est-à-dire de rechercher quel volume il faut employer pour suroxyder un poids connu de fer.

Pour cela, on prend du fer métallique à l'état de fil d'archal très fin ; on en pèse 3 à 4 décigrammes sous la forme de très petits fragments qu'on introduit dans un ballon de 100 c³ avec de l'eau et 5 à 6 gr. d'acide sulfurique. On ferme le ballon au moyen d'un bouchon traversé par un tube effilé et l'on chauffe doucement. Le fer se dissout en dégageant de l'hydrogène et passe à l'état de sel ferreux. Quand tout le métal a disparu on place cette dissolution dans une capsule de porcelaine, on lave le ballon à l'eau distillée froide et on étend de manière à faire un volume total de 300 à 400 cent. cubes. Alors, on verse au moyen de la burette le permanganate de potassium dans le sel ferreux, en agitant continuellement au moyen d'une baguette de verre. Les gouttes rouges disparaissent d'abord rapidement et le liquide qui était incolore prend une teinte jaunâtre à cause de la transformation du sel ferreux en sel ferrique. Bientôt la réaction devenant plus lente on s'efforce d'y verser le permanganate avec assez de précaution pour pouvoir saisir à une goutte près le moment où l'on arrive à une coloration rougeâtre persistante malgré l'agitation.

On lit sur la burette le volume employé et on en déduit celui qui correspond à l'unité, c'est-à-dire à 1 gramme de fer.

Cela posé, quand il s'agit de titrer le fer contenu dans un minerai ou une substance ferrugineuse, on en pèse 1/2 à 1 gramme suivant la richesse présumée, on dissout dans l'acide chlorhydrique bouillant, puis on évapore avec 5 à 6 grammes d'acide sulfurique jusqu'à apparition des premières fumées blanches. On laisse refroidir et on reprend par l'eau. Le plus souvent la solution ainsi obtenue contient le fer à l'état de sulfate ferrique. Pour que le permanganate ou caméléon puisse agir, il faut le transformer en sel ferreux.

Le meilleur moyen pour cela consiste à y placer du zinc pur en petites grenailles. Il se dégage aussitôt de l'hydrogène naissant qui opère la réduction. Dès que la liqueur est devenue incolore on la transvase dans une capsule blanche, on acidule encore si l'on craint qu'une trop grande partie de l'acide ait disparu par l'action du zinc, on étend d'eau et l'on titre comme précédemment avec le permanganate. La dose de fer cherchée est proportionnelle à la quantité de permanganate qu'il a fallu verser pour produire la teinte rose persistante.

Ce procédé est très exact, quand on opère rigoureusement dans les conditions que nous avons décrites, mais il ne convient que pour le cas où l'on doit doser le fer à l'exclusion de toutes les autres matières contenues dans la substance proposée.

Souvent, au lieu d'employer pour la fixation du titre du caméléon, le fer métallique qui contient au moins 3 à 4 millièmes de carbone et d'autres impuretés, on se sert du sulfate double de fer et d'ammonium :

$$SO^4Fe + SO^4(AzH^4)^2 + 6H^2O.$$

Ce sel peut s'obtenir très pur, se conserver sans altération et, comme il contient juste 1/7 de son poids de fer, il suffit d'en dissoudre 2,00 à 2,5 dans 300 à 400 centimètres cubes d'eau pure et froide, avec addition de 5 à 6 gr. d'acide sulfurique libre, pour pouvoir déterminer rapidement la force du permanganate dont on veut se servir.

171. Séparation du fer et des métaux. — Pour séparer le fer d'avec les alcalis, on le précipite par l'ammoniaque après l'avoir fait passer au maximum ; on évapore à sec le liquide filtré joint aux eaux de lavage et on calcine pour chasser les sels ammoniacaux. Dans le résidu, on trouve les alcalis.

Lorsque le fer est en présence du baryum et du strontium le même procédé est applicable, sauf à redissoudre ensuite l'oxyde de fer et à recommencer la précipitation par l'ammoniaque si l'on craint qu'il ait entraîné quelques traces des bases alcalino-terreuses. En opérant, au contraire, en premier lieu, la précipitation par l'acide sulfurique, les sulfates insolubles entraînent beaucoup de fer qu'il est très difficile d'enlever complètement, même par des lavages à l'acide chlorhydrique concentré et bouillant.

Même observation pour la séparation du fer d'avec le calcium et le magnésium, à la condition que la liqueur contienne des sels ammoniacaux en excès. On utilise avec avantage dans ce dernier cas le procédé fondé sur la décomposition des azotates, indiqué déjà dans le cas de l'aluminium et du calcium. Le fer reste à l'état de peroxyde insoluble dans l'azotate d'ammonium tandis que la chaux et la magnésie se redissolvent complètement.

Pour évaluer le fer en présence de l'aluminium on les précipite ensemble par le sulfhydrate d'ammoniaque, on calcine, on oxyde le résidu par l'acide azotique, on chauffe encore et l'on pèse, puis on redissout dans HCl, on évapore avec SO^4H^2 et on dose le fer par le permanganate.

Un autre moyen consiste à réduire le mélange des deux oxydes par l'hydrogène au rouge et à reprendre le résidu par l'acide azotique très étendu : le fer se dissout seul. Le procédé est applicable également en présence de l'oxyde de chrome.

Le fer se sépare du manganèse, du cobalt, du nickel, etc. par précipitation du peroxyde de fer au moyen du carbonate de baryum agissant à l'abri de l'air.

Enfin, quand on a dans une même liqueur du peroxyde de fer, de l'alumine, de l'oxyde de manganèse, du cobalt, etc., le procédé d'analyse le plus employé consiste à précipiter le fer et l'aluminium à l'état d'acétates. Le liquide contenant les métaux à l'état de chlorures est étendu de beaucoup d'eau et saturé par le carbonate de sodium jusqu'à ce qu'il présente une coloration rouge et commence à perdre sa transparence. Alors on y verse un excès d'acétate de sodium et on fait bouillir. Le fer et l'alumine se séparent à l'état de sous-acétates insolubles au milieu d'une solution limpide et incolore. On recueille les sous-acétates avec les précautions connues, on les calcine et on pèse les oxydes formés. Quant au manganèse il se trouve dans les eaux de filtrage d'où on le précipite par le brome ou par le sulfhydrate d'ammoniaque.

Tous les métaux précipitables par l'hydrogène sulfuré en liqueur acide se séparent facilement du fer par ce réactif.

§ 2. ANALYSE DE QUELQUES PRODUITS FERRUGINEUX

172. Analyse d'un lignite pyriteux. — On dose : 1° Humidité ; 2° matières insolubles ; 3° sulfate ferreux ; 4° sulfate ferrique ; 5° sulfate d'alumine ; 6° acide sulfurique total ; 7° bisulfure de fer.

I. *Humidité.* — On pulvérise finement une certaine quantité de matière et on dose l'humidité sur une prise d'essai de 2 gr. en maintenant à 100° jusqu'à poids constant.

II. *Matières insolubles.* — Sur une autre prise d'essai de 2 gr. on dose les matières insolubles. On effectue le lavage de la matière à l'eau chaude et *le plus rapidement possible* pour parer à l'oxydation du sulfure non oxydé.

Les liqueurs claires sont réunies et jaugées à un volume connu.

Le résidu est séché et pesé.

III. *Sulfate ferreux.* — Sur une portion aliquote de la liqueur claire on dose le sulfate ferreux par le permanganate de potassium. Comme cette liqueur renferme des matières organiques solubles, la détermination de la fin de la réaction manque de netteté, le permanganate se décolorant encore dès que tout le fer est oxydé. On s'assure que la réaction est terminée en procédant à de petits essais à la touche au moyen de quelques gouttes d'une solution de prussiate rouge posées sur une assiette en porcelaine. Dès que l'une de ces gouttes ne donne plus, avec la liqueur à essayer, une coloration bleue caractéristique, tout le fer est entré en réaction. On lit le volume de liqueur permanganique utilisé et on calcule le résultat en sulfate ferreux.

IV. *Sulfate ferrique.* — On le détermine en réduisant par le zinc une partie de la liqueur et titrant au permanganate. Par différence avec l'essai précédent on a la quantité de liqueur permanganique correspondant au fer au maximum. On en déduit la teneur en sulfate ferrique.

V. *Sulfate d'alumine.* — On le détermine en précipitant l'alumine par l'hyposulfite de sodium.

VI. *Acide sulfurique total.* — Une partie de la liqueur provenant du dosage de l'insoluble est acidifiée par HCl. On précipite par le chlorure de baryum et on recueille le sulfate de baryum formé, avec les précautions connues.

VII. *Bisulfure de fer.* — On le dose sur une prise d'essai de 1 gr. *très finement pulvérisée.* On attaque par l'eau régale au bain de sable, à une chaleur modérée en rajoutant de la liqueur acide au fur et à mesure de l'évaporation. On termine l'attaque en chauffant plus vivement et en projetant de temps à autre dans la liqueur quelques cristaux de chlorate de potassium. Dans ces conditions le soufre s'oxyde et se transforme en acide sulfurique. On évapore presque à sec pour chasser l'excès d'acide nitrique et on reprend par l'eau. On filtre, on lave et sur une portion de la liqueur on effectue le dosage de l'acide sulfurique. Par différence avec l'essai précédent on obtient l'acide sulfurique correspondant au soufre non oxydé de la matière. On le calcule en bisulfure de fer.

173. Analyse d'un sulfate ferreux. — On ne dose généralement que le fer à l'état de sulfate ferreux. Ce dosage s'effectue très simplement en mettant le produit en solution, acidifiant par SO^4H^2 et titrant par le permanganate. Dans le cas où on voudrait doser l'insoluble, le sulfate ferrique, l'acide sulfurique total, etc. on y parviendrait facilement au moyen des procédés connus.

174. Analyse d'un sulfate ferrique. — On dose : 1° Eau ; 2° résidu insoluble ; 3° sulfate ferrique soluble ; 4° acide sulfurique soluble ; 5° acide sulfurique libre.

I. *Eau.* — On la détermine en maintenant à l'étuve jusqu'à poids constant une prise d'essai de 5 grammes.

II. *Résidu insoluble.* — On traite 5 grammes de matières par l'eau distillée chaude et on épuise le résidu jusqu'à ce que la liqueur ne précipite plus le chlorure de baryum. Ce résidu est séché et pesé.

III. *Sulfate ferrique soluble.* — On le dose par le permanganate après réduction par le zinc d'une portion aliquote de la liqueur précédente.

IV. *Acide sulfurique soluble.* — Une portion aliquote de cette liqueur est acidifiée par HCl. On précipite alors le fer par l'ammoniaque et on lave, sèche et pèse le précipité dont le poids doit concorder avec le dosage du sulfate ferrique. S'il n'y avait pas concordance, on rechercherait l'alumine, la chaux, etc.

Sur la liqueur claire acidifiée par HCl, on dose SO^4H^4 par le chlorure de baryum.

V. *Acide sulfurique libre.* — On déduit de l'acide sulfurique soluble total, l'acide sulfurique combiné au fer et on obtient approximativement l'acide sulfurique libre.

175. Analyse du mordant de Rouil. — On dose généralement : 1° Acide sulfurique ; 2° sulfate ferreux ; 3° fer total ; 4° soude.

I. *Acide sulfurique.* — On le dose par le chlorure de baryum après séparation préalable du fer par AzH³, ou même par précipitation directe sans séparation préalable du fer. Dans ce dernier cas, malgré l'entraînement d'une petite quantité de fer par le précipité, les résultats sont suffisamment exacts pour la pratique.

Dans les deux cas, il faut acidifier les liqueurs par l'acide chlorhydrique avant de précipiter par le chlorure de baryum.

II. *Sulfate ferreux.* — Il s'effectue facilement par le permanganate. On jauge 10 cc. à 100 cc. ou à peu près, on acidifie fortement par SO⁴H², et on titre au permanganate jusqu'à coloration rose persistante.

III. *Fer total.* — Ce dosage demande quelques précautions. Le Rouil contient presque toujours une légère quantité de produits nitreux, de l'acide nitrique libre, etc.

Lors de la réduction par le zinc, ces produits sont aussi réduits et viennent ainsi fausser le titrage subséquent en influant sur le permanganate. Il faut donc les chasser ou les détruire.

On additionne 10 cc. de Rouil de 2 ou 3 cc. de SO⁴H², on porte à l'ébullition et on évapore presque à sec. On reprend par l'eau, on réduit par le zinc et on titre au permanganate sur une portion aliquote de la liqueur. On a ainsi le fer total.

IV. *Soude.* — On peut la doser à l'état de chlorure après séparation préalable des métaux et de l'acide sulfurique ; cette méthode est longue et pratiquement on peut la remplacer par la suivante, qui donne des résultats suffisamment exacts pour renseigner sur la valeur du produit analysé.

On prend 10 cc. du Rouil à essayer et on y ajoute un excès de soude normale. On note le volume de soude employé. On jauge la liqueur et le précipité à 500 cc. ; on agite et on filtre. On recueille 100 cc. ou 200 cc. de la liqueur claire représentant 1 cc. ou 2 cc. du Rouil essayé ; au moyen d'une liqueur sulfurique normale on titre l'excès de soude. Par différence on connaît la soude qui a servi à neutraliser la liqueur, et par suite l'acide sulfurique afférent aux bases précipitables par la soude. On déduit cette quantité de l'acide sulfurique total donné par le chlorure de baryum. La différence est calculée en sulfate de soude, ce dernier étant lui-même calculé en bisulfate.

TABLE DES MATIÈRES

Introduction... v

PREMIÈRE PARTIE

ÉTUDE THÉORIQUE DE L'ALUMINIUM, DU FER ET DE LEURS COMPOSÉS

CHAPITRE PREMIER

Aluminium et ses composés.

§ 1. — ALUMINIUM.

Art.		Pages
1	Obtention dans les laboratoires. Historique	1
2	Fabrication industrielle de l'aluminium	2
3	Propriétés de l'aluminum	8
4	Usages	9

§ 2. — COMPOSÉS DE L'ALUMINIUM.

Art.		Pages
5	Fluorures d'aluminium	9
6	Chlorures d'aluminium	11
7	Bromure d'aluminium	14
8	Iodure d'aluminium	15
9	Alumine	15
10	Aluminates	17
11	Sulfure d'aluminium	19
12	Sulfite d'aluminium	19

Art.		Pages
13	Sulfates d'aluminium	20
14	Aluns	26
15	Dithionate d'aluminium	35
16	Azoture d'aluminium	35
17	Nitrate d'aluminium	36
18	Phosphates d'aluminium	36
19	Arsénite d'aluminium	38
20	Arséniates d'aluminium	38
21	Silicates d'aluminium	39

§ 3. — MINÉRAUX DE L'ALUMINIUM.

Art.		Pages
22	Minéraux contenant du fluor	39
23	Oxyde anhydre	40
24	Oxydes hydratés	41
25	Aluminates	43
26	Minéraux sulfatés	44
27	Minéraux phosphatés	48
28	Silicates	48

CHAPITRE II

Fer et ses composés.

§ 1. — FER. (Fe : 56)

Art.   Pages

29 Obtention dans les laboratoires 55
30 Propriétés du fer 55

§ 2. — COMPOSÉS DU FER.

31 Fluorures de fer 58
32 Chlorures de fer 60
33 Chlorates de fer 66
34 Bromures de fer 66
35 Bromates de fer 66
36 Iodures de fer 67
37 Iodates de fer 67
38 Oxydes de fer 67
39 Ferrites 74
40 Acide ferrique 75
41 Ferrates 75
42 Sulfures de fer 76
43 Nitrosulfures de fer 79
44 Sulfites de fer 82
45 Hyposulfite ferreux 82
46 Hyposulfates de fer 82
47 Tétrathionate ferreux 82
48 Sulfates de fer 83
49 Séléniure de fer 92
50 Sélénites de fer 92
51 Séléniates de fer 92
52 Tellurites de fer 93
53 Tellurates de fer 93
54 Azotures de fer 93

Art.   Pages

55 Azotates de fer 93
56 Phosphures de fer 96
57 Phosphites de fer 96
58 Hypophosphites de fer 96
59 Phosphates de fer 96
60 Arséniures de fer 100
61 Arsénites de fer 100
62 Arséniates de fer 100
63 Sulfarsénites de fer 101
64 Sulfarséniates de fer 101
65 Carbures de fer 101
66 Carbonates de fer 101
67 Sulfocarbonates de fer 102
68 Nitrososulfocarbonate de fer. 102
69 Silicate de fer 103
70 Borure de fer 103
71 Borates de fer 103

§ 3. — MINÉRAUX DU FER.

72 Oxydes anhydres 103
73 Oxydes hydratés 106
74 Spinelles de fer 107
75 Minéraux sulfurés 108
76 Minéraux sulfatés 111
77 Minéraux phosphatés 111
78 Minéraux contenant de l'arsenic 113
79 Fer carbonaté 113
80 Silicates de fer 115
81 Silicates multiples de fer 115

DEUXIÈME PARTIE

FABRICATION DES SULFATES D'ALUMINIUM ET DES ALUNS

CHAPITRE III

Fabrication du sulfate d'aluminium et des aluns

§ 1. — FABRICATION DU SULFATE D'ALUMINIUM.

Art.		Pages
82	Généralités	121
83	Fabrication du sulfate d'aluminium au moyen du kaolin ou des argiles et de l'acide sulfurique	122
84	Alum cake	124
85	Fabrication du sulfate d'aluminium par les schistes, les argiles et l'acide sulfureux	124
86	Fabrication du sulfate d'aluminium au moyen des lignites argileux et pyriteux	125
87	Fabrication du sulfate d'aluminium au moyen de l'alumine pure provenant, soit de la cryolithe, soit de la bauxite	127
88	Traitement de la bauxite	132

Art.		Pages
89	Épuration du sulfate d'aluminium	144

§ 2. — FABRICATION DE L'ALUN.

Art.		Pages
90	Généralités	148
91	Fabrication de l'alun au moyen des argiles, du kaolin, de la bauxite, etc. Alun de soude	149
92	Fabrication de l'alun par le procédé de Spence	155
93	Fabrication de l'alun au moyen des feldspaths naturels	155
94	Traitement de l'alunite. Fabrication mixte de l'alun et du sulfate d'aluminium	156
95	Production de l'alun au moyen des schistes ou des lignites pyriteux	165

CHAPITRE IV

Fabrication des sulfates de fer

§ 1. — FABRICATION DU SULFATE FERREUX.

Art.		Pages
96	Généralités	166
97	Préparation au moyen des pyrites	167
98	Procédé de Spence	168

Art.		Pages
99	Préparation du sulfate ferreux au moyen des minerais naturels	168
100	Préparation du sulfate ferreux au moyen du fer mé	

Art. — Pages

tallique et de l'acide sulfurique........ 169
101 Procédé Buisine.......... 169

§ 2. — FABRICATION MIXTE DU SULFATE FER-
REUX ET DES ALUNS.

A. *Traitement des schistes.*

102 Généralités................ 172
103 Efflorescense et grillage.... 174
104 Lessivage............... 175
105 Traitement des lessives..... 175

B. *Traitement des lignites pyriteux.*

106 Généralités................ 175
107 Etude du minerai.......... 179
108 Fabrication du sulfate de fer. 186
109 Fabrication de l'alun....... 207
110 Epuration de l'alun........ 215

Art. — Pages

111 Construction et entretien des
appareils............... 227
112 Perfectionnements à apporter au traitement des lignites pyriteux............. 234

§ 3. — FABRICATION DU SULFATE FERRIQUE
ORDINAIRE.

113 Généralités................ 243
114 Procédé Marguerite........ 243
115 Procédé Rohart........... 243
116 Procédé ordinaire de pér-
oxydation avec récupéra-
tion des produits nitreux. 246
117 Procédé Buisine........... 246

§ 4. — FABRICATION DU SULFATE FERRIQUE
BASIQUE. INDUSTRIE DU MORDANT DE ROUIL.

118 Généralités................ 248
119 Rouil sulfate. Sa fabrication. 250

TROISIÈME PARTIE

APPLICATIONS DES SULFATES D'ALUMINIUM ET DE FER

CHAPITRE V

Usages et emplois du sulfate d'aluminium et des aluns

§ 1. — APPLICATIONS AUX ARTS DE
LA TEINTURE.

Art. — Pages

120 Généralités............... 261
121 Application au coton....... 262
122 Application à la laine...... 262
123 Application à la soie....... 263
124 Préparation et utilisation des
acétates d'alumine....... 264
125 Application du sulfate d'a-
luminium à l'épaillage chimique................. 267

§ 2. — APPLICATIONS A LA FABRICATION
DES COULEURS.

Art. — Pages

126 Fabrication des laques. Généralités............... 268
127 Laques jaunes............ 270
128 Laques rouges............ 271
129 Laques vertes.... 274
130 Laques violettes.......... 274
131 Applications du sulfate d'a-
luminium à la fabrication
du bleu de Prusse....... 275

Art.   Pages

132 Applications du sulfate d'a-
    luminium à la fabrication
    du bleu Thénard........   275
133 Application à la fabrication
    des jaunes Mars........   276
134 Application à la fabrication
    du jaune indien........   276

§ 3. — APPLICATIONS DIVERSES DES
      SULFATES D'ALUMINIUM.

135 Applications à l'industrie des
    cuirs et peaux..........   276
136 Applications à la papeterie.   278

Art.   Pages

137 Application au durcissement
    du plâtre..............   280
138 Application aux peintures à
    la chaux...............   282
139 Application à l'incombusti-
    bilisation des bois, tissus,
    etc....................   283
140 Application au blanchiment.   283
141 Applications à la photogra-
    phie   283
142 Applications à la médecine.   284
143 Applications à l'épuration
    des eaux résiduaires.....   284

CHAPITRE VI

Usages et emplois du sulfate ferreux et des sulfates ferriques

§ 1. — USAGES DU SULFATE FERREUX.

Art.   Pages
144 Applications aux arts de la
    teinture................   286
145 Applications du sulfate fer-
    reux à la fabrication des
    couleurs................   289
146 Application à la fabrication
    des encres..............   291
147 Application à la microbiolo-
    gie ; coloration des cils des
    bactéries...............   292
148 Application à la photogra-
    phie...................   292
149 Application à la fabrication
    de l'acide sulfurique fu-
    mant...................   292
150 Applications du sulfate fer-
    reux à la désinfection....   293
151 Application à la métallurgie
    de l'or.................   293
152 Application à l'épuration du
    gaz d'éclairage..........   293
153 Applications du sulfate fer-
    reux à l'agriculture......   297

§ 2. — APPLICATIONS DES SULFATES
         FERRIQUES.

Art.   Pages
154 Applications aux arts de la
    teinture................   307
155 Emplois du sulfate ferrique
    comme désinfectant et an-
    tiseptique   310
156 Application à l'épuration des
    eaux résiduaires.........   313

§ 3. — APPLICATIONS DES MÉLANGES DES
      SULFATES DE FER ET D'ALUMINIUM.

157 Fabrication de l'acide sulfuri-
    que fumant ou de Nord-
    hausen   317
158 Application des mélanges de
    sulfate d'alumine et des
    sulfates de fer à l'épura-
    tion des eaux usiniaires..   321
159 Utilisation des lignites py-
    riteux comme engrais,
    amendement, etc........   325

QUATRIÈME PARTIE

CARACTÈRES ANALYTIQUES DU FER ET DE L'ALUMINIUM. ANALYSE DE QUELQUES PRODUITS ALUMINEUX OU FERRUGINEUX

CHAPITRE VII

Aluminium

§ 1. — CARACTÈRES ANALYTIQUES DES SELS D'ALUMINIUM.

Art. — Pages

160 Réactions générales des sels d'aluminium 327
161 Dosage de l'aluminium.... 328
162 Séparation de l'aluminium et des métaux.... 329

§ 2. — ANALYSE DE QUELQUES PRODUITS ALUMINEUX.

Art. — Pages

163 Analyse d'une argile ou d'un kaolin 332
164 Analyse d'une bauxite..... 334
165 Analyse de l'alunite........ 335
166 Analyse de l'alumine....... 336
167 Analyse de l'aluminate de soude.......... 337
168 Analyse d'un sulfate d'alumine 338

CHAPITRE VIII

Fer

§ 1. — CARACTÈRES ANALYTIQUES DES SELS DE FER.

Art. — Pages

169 Réactions générales des sels de fer................. 342
170 Dosage du fer............. 343
171 Séparation du fer et des métaux................... 345

§ 2. — ANALYSE DE QUELQUES PRODUITS FERRUGINEUX.

Art. — Pages

172 Analyse d'un lignite pyriteux 346
173 Analyse d'un sulfate ferreux. 348
174 Analyse d'un sulfate ferrique. 348
175 Analyse du mordant de Rouil 348

INDEX ALPHABÉTIQUE

Pages

Achmite.................................... 118
Acides fluo-aluminiques............. 40
Acide ferrique............................ 75
Acide de Nordhausen............ 292-317
Acide de Nordhausen (*Prix de revient*)................................. 320
Albite.................................... 53
Alumiane................................. 44
Alum-cake................................ 124
Aluminates............................... 17
Aluminate de potassium............ 18
    «   de sodium............. 18
    «   de baryum............. 18
    «   de calcium............. 19
Alumine anhydre................... 15
Alumine hydratée.................. 16
Alumine soluble..................... 16
Alumine cristallisée (*Reproduction de l'*)................................ 16
Aluns.............................. 26-45
Alun de potasse...................... 29
Alun de Rome........................ 33
Alun ammoniacal.................... 33
Alun de soude........................ 35
Alun de glace (*Compte de fabrication*).................................. 225
Alun épuré (*Compte de fabrication*). 226
Alun (*Rendements*)................... 212
Alun ferrico-ammonique............. 91
Alun ferrico-potassique............. 91
Alunogène............................. 44
Alunite............................. 32-45
Alunite (*Préparation*)............... 158
Alunite (*Attaque*)................... 159
Alunite (*Cristallisation de l'alun*)... 162
Alunite (*Concentration des liqueurs*).. 164
Alunite ammoniacale................. 35
Améthyste orientale................. 41
Analyse d'une argile (*An. compl.*)... 332
    «   «   (*Ess. cour.*).... 334
Analyse d'une bauxite.............. 334
Analyse de l'alunite................. 335
Analyse de l'alumine hydratée...... 336
Analyse de l'alumine calcinée...... 337
Analyse de l'aluminate de soude.... 357
Analyse d'un sulfate d'alumine..... 338
Analyse d'un lignite pyriteux...... 346
Analyse d'un sulfate ferreux....... 348
Analyse d'un sulfate ferrique...... 348
Analyse du mordant de Rouil...... 348

Andalousite........................ 51
Andésine 53
Anhydrosulfate ferreux............ 86
Anorthite.......................... 52
Applications des sulfates d'aluminium à l'industrie des cuirs et peaux 276
Application des sulfates d'aluminium à la papeterie.................... 278
Application de l'alun au durcissement du plâtre..................... 280
Application de l'alun à la photographie............................... 283
Applications de l'alun à la médecine. 284
Applications des sulfates d'aluminium à l'épuration des eaux...... 284
Application du sulfate ferreux à la photographie.................... 292
Applications du sulfate ferreux à la désinfection.................... 293
Application du sulfate ferreux à la métallurgie de l'or............... 293
Applications du sulfate ferreux comme engrais..................... 304
Applications des nitro-sulfates ferriques............................. 310
Applications de l'alun de fer....... 310
Arfvedsonite....................... 419
Argiles proprement dites........... 49
Argiles smectiques.................. 50
Arsénite d'aluminium.............. 38
Arséniates d'aluminium............ 38
Arséniures de fer................... 100
Arsénite ferreux.................... 100
Arsénites ferriques 100
Arséniate ferreux.................. 100
Arséniates ferriques............... 100
Attaque de la bauxite.............. 136
Attaque de l'alunite............... 159
Atomicité du fer................... 57
Augite.............................. 116
Azoture d'aluminium............... 35
Azotate d'aluminium............... 36
Azotures de fer.................... 93
Azotate ferreux.................... 93
Azotate ferrique normal............ 94
Azotates ferriques basiques........ 95

Bauxite (*Minéralogie*)............... 42
Bauxite (*Traitement, généralités*).... 132
Bauxite (*Préparation*)............... 133

	Pages
Bauxite (*Attaque*)	436
Bauxite (*Concentration des liqueurs*)	141
Bauxite (*Manutention du sulfate d'alumine*)	143
Bisulfure de fer	78
Blanchiment	283
Bols et ocres	51
Borate ferreux	103
Borate ferrique	103
Borure de fer	103
Botryogène	111
Brévetage	207
Brévetage (*Compte de fabrication*)	214
Bromure d'aluminium	14
Bromure ferreux	66
Bromure ferrique	66
Bromate ferreux	66
Bromate ferrique	67
Cacoxène	112
Caractères du Rouil	259
Carbures de fer	101
Carbonate ferreux	101
Carbonate ferrique	102
Chalcopyrite	111
Chlorate ferreux	66
Chlorate ferrique	66
Chlorophéite	115
Chlorure d'aluminium anhydre	11
Chlorure d'aluminium hydraté	13
Chlorures doubles d'aluminium	14
Chlorures basiques d'aluminium	14
Chlorure ferreux	60
Chlorure ferrique anhydre	61
Chlorure ferrique hydraté	63
Chlorures de fer divers	64
Chlorure ferroso-potassique	61
Chlorure ferroso-ammonique	61
Chlorure de fer intermédiaire	61
Chlorure ferroso-ferrique	61
Coagulation du sang	312
Coloration des cils des bactéries	292
Conservation des fumiers	304
Conservation des pièces anatomiques	312
Construction et entretien des appareils	227
Copiapite	111
Coquimbite	111
Corindon	40
Cronstedtite	119
Cryolithe	11-40
Couperose refonte	203
Cymophane	44
Destruction des mousses	297
Destruction de la cuscute	297
Destruction des sanves, etc.	301
Désinfection des fosses d'aisance	311
Désinfection des urinoirs	312
Désinfection des boues, etc.	312
Diaspore	41
Distillation de la pierre de vitriol	319
Dithionate d'aluminium	35
Dosage de l'aluminium	328
Dosage du fer	343
Dufrénite	112
Élimination du fer par les acides étendus	145
Élimination du fer par le ferrocyanure	145
Emplois du sulfate ferrique comme désinfectant	310
Épaillage chimique	267
Épidote	118
Épuration du sulfate d'alumine	144
Épuration par le zinc	145
Épuration du gaz	293
Épuration des eaux par le sulfate ferrique	313
Épuration des eaux résiduaires	321
Fabrication du sulfate d'alumine (*Généralités*)	121
Fabrication du sulfate d'alumine au moyen des lignites	125
Fabrication de l'alumine pure	127
Fabrication de l'aluminium (*Procédé Castner*)	2
Fabrication de l'aluminium (*Procédé Netto*)	3
Fabrication de l'aluminium (*Procédé Grabau*)	5
Fabrication de l'aluminium (*Procédé Cowles*)	5
Fabrication de l'aluminium (*Procédé Héroult*)	6
Fabrication de l'aluminium (*Procédé Minet*)	6
Fabrication de l'alun (*Généralités*)	148
Fabrication de l'alun (*Au moyen des argiles, etc*)	149
Fabrication de l'alun de soude (*Généralités*)	151
Fabrication de l'alun de soude (*Procédé Augé*)	153
Fabrication de l'alun de soude (*Procédé Kessler*)	153
Fabrication du sulfate ferreux (*Généralités*)	166
Fabrication du sulfate ferreux (*Au moyen des pyrites*)	167
Fabrication du sulfate ferreux (*Procédé Spence*)	168
Fabrication du sulfate ferreux (*Procédé Janicot*)	168
Fabrication du sulfate ferreux (*Au moyen du fer*)	169
Fabrication du sulfate ferreux (*Procédé Buisine*)	169
Fabrication de l'alun de glace	215
Fabrication de l'alun épuré	223
Fabrication des laques (*Généralités*)	268
Fabrication du bleu de Prusse	275-289
Fabrication du bleu Thénard	275
Fabrication des jaunes Mars	276-291
Fabrication du jaune indien	276
Fabrication des encres	291
Fayalite	115
Feldspaths	51

Pages

Fer arséniaté 113
Fer oxydulé 103
Ferrate de potassium............... 75
Ferrate de sodium.................. 76
Ferrate d'ammonium................ 76
Ferrate de baryum................. 76
Ferrite de potassium............... 74
Ferrite de sodium 74
Ferrite de calcium................. 74
Ferrite de baryum................. 74
Ferrite de magnésium.............. 74
Ferrite de zinc 74
Ferrite de manganèse.............. 75
Ferrite de cuivre................. 75
Fibro-ferrite 111
Fluellite.......................... 39
Fluorure d'aluminium anhydre..... 9
    «   «   hydraté..... 10
Fluorure ferreux.................. 58
Fluorure ferroso-potassique 59
Fluosilicate ferreux.............. 59
Fluorure ferrique................. 59
Fluorures ferrico-potassiques 60
Fluorure ferrico-sodique.......... 60
Fluorure ferrico-ammonique........ 60
Fluosilicate ferrique 60
Franklinite....................... 107

Glauconite........................ 120
Gœthite 107
Grenat almandin 117
Hédenbergite 117
Hématite 104
Hisingérite....................... 115
Hypersthène 117
Hydrate ferreux................... 68
Hydrate ferroso-ferrique.......... 69
Hydrates ferriques................ 71
Hyposulfite ferreux 82
Hyposulfate ferreux............... 82
Hyposulfate ferrique.............. 82
Hypophosphite ferreux............. 96
Hypophosphite ferrique............ 96

Ilménite 106
Ilvaïte........................... 118
Incombustibilisation des bois, etc... 283
Iodure d'aluminium................ 15
Iodure ferreux.................... 67
Iodure ferrique................... 67
Iodate ferreux.................... 67
Iodate ferrique................... 67

Kaolin............................ 49
Knébelite......................... 115

Labradorite....................... 52
Laque de gaude.................... 270
Laques de garance ou d'alizarine... 271
Laques de cochenille.............. 273
Lack-lack......................... 273
Laques de bois rouges............. 274
Laques rouges d'aniline........... 274
Laques vertes..................... 274
Laques violettes 274

Pages

Lessivage méthodique (Théorie).... 237
Lessivage à chaud................. 244
Limonite 106
Lignites (Gisements).............. 179
Lignites (Composition)............ 181
Lignites (Exploitation) 182
Lignites (Préparation) 184
Lignites (Lessivage).............. 186
Lignites (Verdissage des liqueurs).. 193
Lignites (Concentration des liqueurs). 194
Lignites (Cristallisation du sulfate
    ferreux)...................... 199
Lignites (Compte général de fabrica-
    tion)......................... 226
Lignites (Enrichissement du minerai). 234
Lœwigite ammoniacale 35
Lœwigite 32-47

Marcassite........................ 110
Mares de Rouil................. 255-257
Mélantérite....................... 111
Mélanges de sulfate ferrique et d'an-
    tiseptiques 313
Mispickel......................... 113
Mordançage du coton........ 262-286-307
Mordançage de la laine...... 262-286-307
Mordançage de la soie....... 263-286-308

Nitrosulfures de fer.............. 79
Nitrosulfocarbonate de fer........ 102
Nontronite........................ 115

Obtention de l'aluminium dans les
    laboratoires 1
Obtention du fer pur.............. 55
Oligoclase........................ 53
Opération de couperose (Compte de
    fabrication).................. 199
Orangé Mars....................... 291
Orthose........................... 53
Oxychlorures de fer............... 64
Oxybromures de fer................ 66
Oxyde ferreux anhydre............. 68
Oxyde magnétique anhydre.......... 68
Oxydes des battitures............. 69
Oxyde $Fe^2O^3,9FeO$.............. 69
Oxyde ferrique anhydre............ 69

Peintures à la chaux.............. 282
Perchlorate ferreux 66
Perchlorate ferrique 66
Péridot........................... 115
Periodate ferrique................ 67
Persulfure de fer................. 79
Phosphate d'aluminium (Ortho) 36
Phosphate d'aluminium (Pyro) 37
Phosphate d'aluminium (Méta)...... 37
Phosphate $(PO^4)^2 Fe^3$......... 96
Phosphate (Pyro) ferreux.......... 97
Phosphate (Ortho) ferrique........ 97
Phosphate (Pyro) ferrique......... 98
Phosphate (Tri) ferrique 98
Phosphate (Tétra) ferrique 98
Phosphate (Hexa) ferrique......... 99
Phosphates ferriques basiques..... 99

Pages

Phosphite ferreux 93
Phosphite ferrique 96
Phosphures de fer 96
Préparation des acétates d'alumine 264
Préparation des mordants à base de fer 287
Préparation de la pierre de vitriol 318
Procédé Bayer 130
Procédé de Laminne 124
Procédé Newland 146
Procédé Chadwyck et Kynaston 146
Procédé Fahlberg 146
Procédé Spence 155
Procédé Geschwind (*Rouil sulfate*) 256-259
Propriétés physiques de l'aluminium 8
Propriétés chimiques de l'aluminium 8
Propriétés physiques du fer 55
Propriétés chimiques du fer 56
Pyrite 108
Pyrite magnétique 78-108
Pyrrhotine 108
Pyrosulfarsénite ferreux 101
Pyrosulfarséniate ferreux 101

Réactions des sels d'aluminium 327
Réactions des sels ferreux 342
Réactions des sels ferriques 342
Rouillage de la soie 308
Rouil (*Généralités*) 248
Rouil sulfate 249
Rouil nitrate 249
Rouil acétate 249
Rouil chlorure 249
Rouil acéto-nitrate 250
Rouil sulfate (*Installation*) 250
Rouil sulfate (*Fabrication*) 251
Rouil sulfate (*Récupération*) 252
Rouil sulfate (*Prix de revient*) 256-259
Rouil sulfate (*Procédé Geschwind*) 256
Rouil sulfate (*Dissolution des mares*) 257
Rouil sulfate (*Dissolution du nitrate*) 258
Rouge anglais 291
Rouge Mars 291
Rubis spinelle 43

Sels doubles de fer (*Sulfates divers*) 91
Séléniure de fer 92
Sélénite ferreux 92
Sélénite ferrique 92
Séléniate ferreux 92
Séléniate ferrique 93
Séparation du sulfate d'aluminium à l'état de sous-sulfate insoluble 145
Séparation de l'aluminium et des métaux 329
Séparation du fer et des métaux 345
Sesquisulfure de fer 78
Sidérose 113
Sous-oxyde de fer 67
Sous-sulfure de fer Fe^2S 76
Sous-sulfure de fer Fe^2S 77
Stilpnomélane 119
Stil de grain 271

Silicates d'aluminium 39
Silicates de fer 103
Sulfarsénite ferrique 101
Sulfarséniate ferrique 101
Sulfate d'aluminium anhydre 20
Sulfate d'aluminium ordinaire 20
Sulfates d'aluminium basiques 23
Sulfate ferreux normal 83
Sulfate ferreux anhydre 86
Sulfate ferreux à 1 mol. H^2O 86
  «   «   « 2 mol. H^2O 86
  «   «   « 3 mol. H^2O 86
  «   «   « 4 mol. H^2O 86
  «   «   « 5 mol. H^2O 86
  «   «   « 6 mol. H^2O 86
  «   «   acide 86
Sulfate ferroso-potassique 87
  « ferroso-sodique 87
  « ferroso-ammonique 87
Sulfate ferreux et sulfate de zinc 87
  «   « et sulfate de cuivre 87
Sulfates ferroso-ferriques 87
Sulfate ferrique normal 88
Sulfate basique $Fe^2O^3, 2SO^3$ 89
Sulfate basique $3Fe^2O^3, 5SO^3$ 90
Sulfate basique $2Fe^2O^3, 5SO^3$ 90
Sulfate basique $(Fe^2)^2 \begin{Bmatrix} SO^1 \\ O^2 \end{Bmatrix}$ 90
Sulfate basique $(Fe^2)^2 \begin{Bmatrix} SO^1 \\ O \end{Bmatrix}$ 90
Sulfate basique $(Fe^2)^4 \begin{Bmatrix} SO^1 \\ O\, « \end{Bmatrix}$ 90
Sulfate basique $(Fe^2)^7 \begin{Bmatrix} SO \\ O^{20} \end{Bmatrix}$ 90
Sulfate basique $(Fe^2)^7 \begin{Bmatrix} (SO^1)^{12} \\ O^9 \end{Bmatrix}$ 90
Sulfate ferrique (*Généralités*) 245
Sulfate ferrique (*Procédé Marguerite*) 245
Sulfate ferrique (*Procédé Rohart*) 245
Sulfate ferrique (*Proc. ord. de per-oxydation*) 246
Sulfate ferrique (*Procédé Buisine*) 246
Sulfite d'aluminium 19
Sulfite ferreux 82
Sulfite ferrique 82
Sulfocarbonate ferreux 102
Sulfocarbonate ferrique 102
Sulfure d'aluminium 19
Sulfure ferreux 77

Teinture en indigo 287
Tellurate ferreux 93
Tellurate ferrique 93
Tellurite ferreux 93
Tellurite ferrique 93
Tétrathionate ferreux 82
Topaze 41
Traitement du kaolin ou des argiles 122
Traitement des feldspaths 155
Traitement de l'alunite (*La Tolfa*) 156
  «   « (*Pommier*) 156
  «   « (*Procédé actuel*) 158
Traitement des schistes (*Généralités*) 172

	Pages		Pages
Traitement des chistes (*Efflorescence et grillage*)	174	Turgite	107
Traitement des chistes (*Lessivage*)	175	Turquoise	48
Traitement des schistes (*Traitement des lessives*)	175	Usages de l'aluminium	9
Traitement des Lignites (*Généralités*)	175	Utilisation des lignites comme engrais	325
Traitement de la chlorose des végétaux	297	Violet Mars	291
		Vivianite	111
Traitement des eaux-vannes	311		
Triphylline	112	Wawellite	48
Triplite	112	Webstérite	44
Troïlite	108	Wichtine	119

INDEX ALPHABÉTIQUE
DES PRINCIPAUX TABLEAUX

C

	Pages
Composition de diverses bauxites..	42-43
Composition de diverses alunites.	45-46-47
Composition de diverses argiles et kaolins	49-50
Composition de divers bols et ocres.	51
Composition de quelques limonites.	107
Composition de divers sulfates d'aluminium	165
Composition de divers schistes.....	173
Composition des schistes oxydés ...	174
Composition de divers lignites.....	181
Composition des lignites oxydés ...	185
Composition des liqueurs de lessivage des lignites...............	188
Composition des eaux-mères de sulfate de fer.....................	207
Composition des liqueurs brevetées.	215
Composition de quelques sulfates ferriques.....................	247-248
Composition des liqueurs obtenues avec les marcs de Rouil.........	257
Composition de divers Rouils......	260
Composition de betteraves et pommes de terre cultivées avec ou sans sulfate de fer...................	305
Composition des eaux de l'Espierre.	314
Compte des dépenses par m.c. de lignite oxydé....................	186
Compte de fabrication (*Opération de couperose*)	199
Compte de fabrication (*Brevetage*)..	215
Compte de fabrication (*Masse d'alun de glace*).....................	225
Compte de fabrication (*Refonte pour 1/2 AE*)	225
Compte de fabrication (*Masse de 1/2 AE*)......................	226
Compte de fabrication (*Masse d'AE*).	226
Compte général de fabrication (*Traitement des lignites*)...............	227
Compte de fabrication (*Mordant de Rouil. Procédé ordinaire*)........	256
Compte de fabrication (*Mordant de Rouil. Procédé Geschwind*)	259

D

	Pages
Densité des solutions de chlorure d'aluminium.....................	13
Densité des solutions de sulfate d'aluminium.....................	23
Densité des solutions d'alun ordinaire...........................	31
Densité des solutions d'alun ammoniacal...........................	34
Densité des solutions de chlorure ferrique	62
Densité des solutions de sulfate ferreux à 17°2 (*R. Jagnaux*).........	84
Densité des solutions de sulfate ferreux à 15° (*Gerlach*).............	84
Densité des solutions de sulfate ferroso-ammonique.................	87
Densité des solutions de sulfate ferrique.............................	89
Densité des solutions d'alun de fer.	91
Densité des solutions de nitrate ferrique.............................	95

P

	Pages
Poids d'oxyde de fer enlevé au sol par diverses récoltes.............	305

S

	Pages
Solubilité du sulfate d'aluminium anhydre.........................	20
Solubilité du sulfate d'aluminium hydraté.........................	22
Solubilité de l'alun ordinaire hydraté............................	30
Solubilité de l'alun ordinaire anhydre............................	31
Solubilité de l'alun ammoniacal hydraté............................	34
Solubilité de l'alun ammoniacal anhydre............................	34
Solubilité du sulfate ferreux.......	83

T

	Pages
Table pour le brevetage...........	208

ERRATA

Page 48, ligne 22, au lieu de : *blene d'azur*, lire : *bleu d'azur*.
Page 55, ligne 1, au lieu de : *parlerons pas ici*, lire : *parlerons ici que*.
Page 58, ligne 33, au lieu de : *des 2 molécules*, lire : *de chacune des 2 molécules*.
Page 66, ligne 2, au lieu de : *de Cl. Béchamp*, lire : *de Chlore. Béchamp*.
Page 131, ligne 33, au lieu de : *(0 m. 0,254)*, lire : *(0 m. 0254)*.
Page 132, ligne 4, au lieu de : *l'avons, vu dans*, lire : *l'avons vu, dans*.
Page 310, ligne 9, au lieu de : *sulfurique, ajouté par*, lire : *sulfurique ajouté, par*.
Page 321 et 323 : coter *194* la fig. de la page 321 et *195* celle de la page 323.
Page 323, ligne 14 : lire : *194* et *195*.

Laval. — Imprimerie parisienne L. BARNÉOUD & Ce.